LEI DE IMPROBIDADE ADMINISTRATIVA COMENTADA

Wallace Paiva Martins Júnior

Alexandre Alberto de Azevedo Magalhães Júnior

Beatriz Lopes de Oliveira

LEI DE IMPROBIDADE ADMINISTRATIVA COMENTADA

3ª edição
revista, atualizada
e ampliada

2025

EDITORA JusPODIVM
www.editorajuspodivm.com.br

EDITORA *Jus*PODIVM
www.editorajuspodivm.com.br

Rua Canuto Saraiva, 131 – Mooca – CEP: 03113-010 – São Paulo – São Paulo
Tel: (11) 3582.5757
• Contato: https://www.editorajuspodivm.com.br/central-de-relacionamento

Diagramação: Equipe *Jus*PODIVM

Capa: Maitê Coelho e Cendi Coelho *(cendicoelho@gmail.com)*

Imagem da capa: Ibrahimov Isroil em Shutterstock

M189l Magalhães Júnior, Alexandre Alberto de Azevedo
Lei de Improbidade Administrativa Comentada / Alexandre Alberto de Azevedo Magalhães Júnior, Beatriz Lopes de Oliveira e Wallace Paiva Martins Júnior. – 3.ed., rev., atual. e ampl. - São Paulo: Editora JusPodivm, 2025.

416 p.

Inclui Bibliografia
ISBN: 978-85-442-5620-6.

1. Direito Administrativo. 2. Improbidade Administrativa. I. Magalhães Júnior, Alexandre Alberto de Azevedo. II. Oliveira, Beatriz Lopes de. III. Martins Júnior, Wallace Paiva. IV. Título.

CDD 341.3

BIBLIOTECÁRIA RESPONSÁVEL
Ana Carolina Ribeiro Mois – CRB7 – RJ 007348/0

3.ª ed., *2.ª tir.*: mar./2025; *3.ª tir.*: ago./2025.

“Vivemos através de um Direito sonâmbulo.”

(Oswald de Andrade)[1]

1. Manifesto Antropófago. *Revista de Antropofagia*, n. 1, 1º. de maio de 1928. São Paulo.

"Ben puoi veder che la mala condotta
è la cagion che 'l mondo ha fatto reo,
e non natura che 'n voi sia corrotta."

(Dante Alighieri)[1]

1. *La divina commedia*, Purgatório, Canto XVI, ns. 97 a 112, 127 a 129.

APRESENTAÇÃO

A Constituição de 1988 eleva à condição de valor imprescindível nos negócios públicos a probidade, como herdeira direta e predileta do princípio de moralidade que inseriu no *caput* de seu artigo 37.

Em 02 de junho de 1992 veio a lume a Lei nº 8.429/92 para disciplinar esse mandado de responsabilização pela prática de atos de improbidade. Sua aplicação foi intensa e fecunda desde então. Passados quase 30 anos de sua edição, colecionando diversos entendimentos doutrinários e jurisprudenciais, foi sancionada a Lei nº 14.230 em 25 de outubro de 2021 que nela produziu diversas modificações.

Este livro é fruto de pesquisa e de experiência da luta contra a improbidade – necessária para assegurar os princípios republicano e democrático – a partir da nova conformação dada à Lei nº 8.429 pela Lei nº 14.230. Por isso, a opção pela forma de comentários à Lei de Improbidade Administrativa, sem abdicar da avaliação, com juízo crítico, de seus pontos positivos e negativos, a fim de que possa colaborar como referência a estudantes, professores, pesquisadores, magistrados, membros do Ministério Público, advogados, defensores públicos e demais profissionais do Direito.

Agradecendo a tantos quantos se interessem, dedicamos, singelamente, este livro a nossos familiares.

Os autores

SUMÁRIO

ÍNDICE (ANALÍTICO)

1

PROBIDADE ADMINISTRATIVA (ART. 1º)

Capítulo I
Das Disposições Gerais

Art. 1º O sistema de responsabilização por atos de improbidade administrativa tutelará a probidade na organização do Estado e no exercício de suas funções, como forma de assegurar a integridade do patrimônio público e social, nos termos desta Lei. (Redação dada pela Lei nº 14.230, de 2021)

Parágrafo único. (Revogado). (Redação dada pela Lei nº 14.230, de 2021)

§ 1º Consideram-se atos de improbidade administrativa as condutas dolosas tipificadas nos arts. 9º, 10 e 11 desta Lei, ressalvados tipos previstos em leis especiais. (Incluído pela Lei nº 14.230, de 2021)

§ 2º Considera-se dolo a vontade livre e consciente de alcançar o resultado ilícito tipificado nos arts. 9º, 10 e 11 desta Lei, não bastando a voluntariedade do agente. (Incluído pela Lei nº 14.230, de 2021)

§ 3º O mero exercício da função ou desempenho de competências públicas, sem comprovação de ato doloso com fim ilícito, afasta a responsabilidade por ato de improbidade administrativa. (Incluído pela Lei nº 14.230, de 2021)

§ 4º Aplicam-se ao sistema da improbidade disciplinado nesta Lei os princípios constitucionais do direito administrativo sancionador. (Incluído pela Lei nº 14.230, de 2021)

§ 5º Os atos de improbidade violam a probidade na organização do Estado e no exercício de suas funções e a integridade do patrimônio público e social dos Poderes Executivo, Legislativo e Judiciário, bem como da administração direta e indireta, no âmbito da União, dos Estados, dos Municípios e do Distrito Federal. (Incluído pela Lei nº 14.230, de 2021)

§ 6º Estão sujeitos às sanções desta Lei os atos de improbidade praticados contra o patrimônio de entidade privada que receba subvenção, benefício ou incentivo, fiscal ou creditício, de entes públicos ou governamentais, previstos no § 5º deste artigo. (Incluído pela Lei nº 14.230, de 2021)

§ 7º Independentemente de integrar a administração indireta, estão sujeitos às sanções desta Lei os atos de improbidade praticados contra o patrimônio de entidade privada para cuja criação ou custeio o erário haja concorrido ou concorra no seu patrimônio ou receita atual, limitado o ressarcimento de prejuízos, nesse caso, à repercussão do ilícito sobre a contribuição dos cofres públicos. (Incluído pela Lei nº 14.230, de 2021)

§ 8º Não configura improbidade a ação ou omissão decorrente de divergência interpretativa da lei, baseada em jurisprudência, ainda que não pacificada, mesmo que não venha a ser posteriormente prevalecente nas decisões dos órgãos de controle ou dos tribunais do Poder Judiciário. (Incluído pela Lei nº 14.230, de 2021)

1. IMPROBIDADE. Improbidade é substantivo feminino, de origem latina, que pode ter conceitos laico, vernacular, jurídico e normativo com variáveis sentidos dependendo das condições de tempo e espaço. Ela pode assumir significados como desonestidade, corrupção (*lato sensu*), suborno, enriquecimento ilícito, desvio, malversação, abuso de função etc. Também ser punida, tolerada ou até mesmo incentivada; aliás, em diferentes lugares e períodos, se ela é reprimida por normas, a prática e o costume podem ser opostos. É possível, ainda, que sendo classificada jurídica e normativamente como ilícito, a dimensão da correlata responsabilização tenha um ou mais matizes, desde a tipificação de delito à infração administrativo-disciplinar ou de outras naturezas. Para fins jurídico-normativos no sistema brasileiro, a essência e o conteúdo do conceito de improbidade dependerão da ação legislativa (constitucional ou infraconstitucional), sem prejuízo das contribuições jurisprudenciais e doutrinárias e das experiências normativas nacionais e internacionais.

É certo que sob esse prisma técnico improbidade não equivale à corrupção, pois, esta é crime (art. 317, Código Penal) e sua descrição normativa assimila-se a uma das figuras da espécie de enriquecimento ilícito do gênero atos de improbidade administrativa (art. 9º, I e X, Lei n. 8.429/92). Por isso, corrupção em sentido amplo pode se associar à ideia de improbidade, mas, em sentido estrito, ela é um dos crimes contra a Administração Pública ao lado de outros constantes do Código Penal. A lei penal brasileira contempla os crimes de corrupção passiva (art. 317) e ativa (art. 333), que coabitam com outras *fattispecie* da tutela penal da moralidade administrativa como os delitos de peculato (art. 312), concussão (art. 316) e outros. Para o Código Penal, corrupção passiva é a conduta do agente público consistente na solicitação ou recebimento, para si ou para outrem, direta ou indiretamente, ainda que fora da função ou antes de assumi-la, mas em razão dela, vantagem indevida, ou aceitar promessa de tal vantagem, enquanto corrupção ativa é, basicamente, o comportamento de particular de oferta ou promessa de vantagem indevida a funcionário público, para determiná-lo a praticar, omitir ou retardar ato de ofício. Peculato é a apropriação, pelo funcionário público de dinheiro, valor ou qualquer outro bem móvel, público ou particular, de que tem a posse em razão do cargo, ou desviá-lo, em proveito próprio ou alheio. Concussão consiste na exigência, pelo agente público, para si ou para outrem, direta ou indiretamente, ainda que fora da função ou antes de assumi-la, mas em razão dela, vantagem indevida.

Estas definições correspondem, *grosso modo*, aos conceitos de suborno de funcionários públicos constante do art. 15 da Convenção das Nações Unidas contra a Corrupção, que, por sua vez, também alude a outros delitos como malversação ou peculato, apropriação indébita ou outras formas de desvio de bens por um funcionário público (art. 17), tráfico de influência (art. 18), abuso de função (art. 19) e o enriquecimento ilícito (art. 20)[1].

1. É carente a legislação penal brasileira desse último crime, caracterizado, segundo a normativa internacional, pelo "incremento significativo do patrimônio de um funcionário público relativos aos seus ingressos legítimos que não podem ser razoavelmente justificados por

Portanto, o que prosaicamente se denomina corrupção não corresponde ao seu conceito jurídico-normativo. Na realidade normativa brasileira ela é figura inerente à espécie de atos de improbidade administrativa (gênero), consistente no enriquecimento ilícito de agente público no exercício de função pública, tal como dispõe a mencionada Lei n. 8.429/92 (Lei da Improbidade Administrativa) no catálogo exemplificativo de seu art. 9º: nele está expresso no *caput* que enriquecimento ilícito é auferir qualquer tipo de vantagem patrimonial indevida em razão do exercício de cargo, mandato, função, emprego no setor público, seguindo em alguns de seus incisos a descrição de condutas que podem se assemelhar à corrupção passiva.

A Constituição de 1988, diferentemente das anteriores, também não reduz improbidade administrativa ao enriquecimento ilícito na função pública, como consta do § 4º de seu art. 37. Este é uma das espécies daquela que constitui o gênero. Não se trata de mera retórica, senão da percepção resultante da evolução normativa, jurisprudencial e doutrinal do tema que na história jurídica brasileira se movimentou por vários marcos para a edificação do autêntico código da moralidade administrativa que é a Lei n. 8.429/92. Conveniente o registro no domínio normativo das Leis n. 3.164/57 e n. 3.502/58, que disciplinavam o sequestro e o perdimento de bens por enriquecimento ilícito em posições públicas e abuso de função, e da Lei n. 4.717/65, que regula a ação popular constitucional, assim como das normas contidas em códigos de ética e estatutos do funcionalismo público, e da própria legislação penal com os denominados crimes funcionais, semearam o ajuste racional, natural e global para um enfoque mais amplo que envolve o processo de concepção dos bens jurídicos objetos da tutela da probidade administrativa.

Portanto, improbidade administrativa (em sentido amplo) é o gênero que equivale à desonestidade na função pública e compreende as espécies de atos de enriquecimento ilícito no exercício de função pública (art. 9º), prejuízo ao patrimônio público (art. 10) e atentado aos princípios da administração pública (art. 11).

---

ele", sem prejuízo de substanciar ilícito civil no inciso VII do art. 9º da Lei n. 8.429/92 (Lei da Improbidade Administrativa).

Improbidade administrativa é grave e contundente violação do dever de probidade (descendente direto do princípio de moralidade administrativa) que demonstra a inabilitação ética para o exercício de função pública (*lato sensu*) ou para estabelecer relação com o poder público, substanciando-se pelo descumprimento de balizas, deveres e princípios como moralidade, ética, boa-fé, honestidade, lealdade, fidelidade, aderência à vocação institucional, boa administração. É o desvio da pauta ética da função estatal que, todavia, não se reduz a simples ilegalidades ou meras irregularidades, e que reclama para sua caracterização, nos termos da atual conformação da Lei n. 8.429/92, o elemento volitivo na ação ou omissão porque ela se apresenta como responsabilidade subjetiva pela prática de ato ilícito.

Com efeito, improbidade significa desonestidade no exercício de função pública (*lato sensu*)[2] e tem a ver com a grave violação dos deveres de boa administração, boa-fé e ética funcional e do princípio da moralidade administrativa. Ela consiste na violação do dever de probidade e que, segundo Juarez Freitas, é "aquele que veda a violação de qualquer um dos princípios, independentemente da caracterização de dano material, desde que tal violação se mostre causadora concomitante de um dano mensurável, num certo horizonte histórico, à moralidade administrativa"[3].

No direito brasileiro, a repressão à improbidade administrativa tem lugar em várias instâncias, cumulativamente, conforme a natureza do bem jurídico tratado. Enquanto o Código Penal define crimes que

2. A literatura especializada, sem embargo das contribuições de Hely Lopes Meirelles e José Afonso da Silva, oferece conceitos de probidade e de improbidade administrativa, como se capta de vários estudos temáticos (GARCIA, Emerson Garcia; e ALVES, Rogério Pacheco. *Improbidade Administrativa*, Rio de Janeiro: Lumen Juris, 2006, 3ª ed., pp. 46-49, n. 17; SOBRANE, Sérgio Turra. *Improbidade Administrativa: aspectos materiais, dimensão difusa e coisa julgada*, São Paulo: Atlas, 2010, pp. 24-28; OSÓRIO, Fábio Medina. *Improbidade Administrativa*, Porto Alegre: Síntese, 1997, pp. 55-58; MARQUES, Silvio Antonio. *Improbidade Administrativa: ação civil e cooperação jurídica internacional*, São Paulo: Saraiva, 2010, pp. 38-41; FIGUEIREDO, Marcelo. *O Controle da Moralidade na Constituição*, Malheiros: São Paulo, 2003, pp. 47-53; GIACOMUZZI, José Guilherme. *A moralidade administrativa e a boa-fé da Administração Pública: o conteúdo dogmático da moralidade administrativa*, São Paulo: Malheiros, 2002, pp. 285-288; MARTINS JÚNIOR, Wallace Paiva. *Probidade Administrativa*, São Paulo: Saraiva, 2009, 4ª ed., pp. 101-120, ns. 21-23).

3. FREITAS, Juarez. "Do Princípio da Probidade Administrativa e sua máxima efetivação" *in Revista de Direito Administrativo nº 204*, p. 71.

possibilitam a imposição de sanção penal consistente na privação da liberdade, a Lei da Improbidade Administrativa arrola ilícitos que proporcionam a incidência de sanções civis[4] ou autônomas[5] (isto é, não penais) como perda de bens ou da função pública, suspensão dos direitos políticos, ressarcimento do dano, etc. Ambas são aplicadas, todavia, pelo Poder Judiciário observado o *adjective due process of law* especificamente delineado em lei. Além delas, há as instâncias político-administrativa, eleitoral e administrativa.

A Constituição de 1988 contém um mandado de responsabilização específica pela prática de atos de improbidade *a latere* de sua criminalização, como emerge do § 4º de seu art. 37. Ela determina à legislação infraconstitucional assim o faça. Trata-se de norma impositiva que revela para além de seu comando e mandamento uma proibição de atos ímprobos. Às normas infraconstitucionais assistem os deveres jurídicos de produção de normativas para, com razoabilidade e proporcionalidade, punição da improbidade e de sua proibição, embaladas pelas perspectivas de prevenção, precaução, interdição e responsabilização, podendo se utilizar um ou ambos modais de expressão normativa porque, em essência, a punição se arrima sobre a violação do dever, ínsito na própria norma jurídica ou constante de outra, como geratriz da obrigação e da responsabilidade. Afinal, o "esforço mais notável" da Constituição de 1988, diz Luís Roberto Barroso, "é o de procurar resguardar o espaço público da apropriação privada, o que faz mediante normas que exigem concurso para ingresso em cargo ou emprego público, licitação para a celebração de

4. Decisão do Supremo Tribunal Federal giza que "atos de improbidade administrativa são aqueles que, possuindo natureza civil e devidamente tipificados em lei federal, ferem direta ou indiretamente os princípios constitucionais e legais da administração pública, independentemente de importarem enriquecimento ilícito ou de causarem prejuízo material ao erário; podendo ser praticados tanto por servidores públicos (improbidade própria), quanto por particular – pessoa física ou jurídica – que induzir, concorrer ou se beneficiar do ato (improbidade imprópria)" (STF, AO 1.833-AC, 1ª Turma, Rel. Min. Alexandre de Moraes, 10-04-2018, DJe 08-05-2018).

5. José Roberto Pimenta Oliveira e Dinorá Adelaide Musetti Grotti explicam que a "probidade administrativa foi erigida a bem jurídico-público (e, logo, metaindividual), tutelado por sistema não penal de responsabilização singular e autônomo". (Panorama do sistema de responsabilização pela prática de atos de improbidade administrativa na Lei de Improbidade Administrativa reformada, *in Lei de Improbidade Administrativa Reformada*, São Paulo: Revista dos Tribunais, 2022, pp. 51-83, coordenação DAL POZZO, Augusto Neves; e OLIVEIRA, José Roberto Pimenta).

contratos com a Administração Pública, prestação de contas dos que administram dinheiro público, bem como sancionam a improbidade administrativa", para se alforriar da herança patrimonialista[6].

A constitucionalidade da Lei n. 8.429 antes das inovações da Lei n. 14.230 foi analisada pelo Supremo Tribunal Federal, merecendo especial atenção as seguintes conclusões além da inexistência de vício procedimental no seu processo legislativo[7]: (a) o duplo regime sancionatório de agentes políticos é possível, à exceção do Presidente da República, de modo que não se vislumbra inconstitucionalidade no art. 2º; (b) o art. 12 não contraria a garantia da intransmissibilidade da sanção; a norma mostra-se razoável e necessária, limitando sua abrangência às pessoas jurídicas das quais o particular condenado por ato de improbidade administrativa é sócio majoritário, ou seja, atua ostensivamente no controle e direcionamento da atividade empresarial; (c) o art. 13, que prevê a obrigação de todo agente público apresentar sua declaração de imposto de renda e proventos de qualquer natureza, busca assegurar mecanismos de fiscalização do patrimônio de agentes públicos, de modo a resguardar a moralidade e o erário, inexistindo ofensa ao postulado da proporcionalidade; (d) o art. 15, ao preconizar o acompanhamento do procedimento administrativo relativo a possível ato de improbidade pelo Ministério Público, não viola o postulado da separação entre os poderes, pois o mero acompanhamento do processo não representa interferência em sua condução, e a norma permite que os órgãos de controle tenham imediato conhecimento de condutas ímprobas, de modo a adotar as providências pertinentes em seu âmbito de atuação, com o integral conhecimento das circunstâncias probatórias e do desfecho do processo administrativo; (e) inexistência de relação entre a cláusula constitucional do devido processo legal e a desnecessidade de comprovação do dano ao patrimônio público para configuração de determinados atos de improbidade prevista no art. 21, I, na medida em que a defesa da probidade administrativa não se restringe à proteção do erário, sob o prisma patrimonial,

6. BARROSO, Luís Roberto. *Curso de direito constitucional contemporâneo: os conceitos fundamentais e a construção do novo modelo*, 7. ed., São Paulo: Saraiva, 2018, pp. 55-56.

7. STF, ADI 2.182/DF, Tribunal Pleno, Rel. Min. Cármen Lúcia, 12/05/2010, DJe 10/09/2010 (RTJ 218/60).

alcançando condutas que, mesmo sem lesionar o erário, resultam em enriquecimento ilícito de terceiros (art. 9º) ou violam princípios da Administração Pública (art. 11)[8]; (f) as sanções do art. 12 se coadunam com os princípios constitucionais que regem a Administração Pública assim como sua ampliação para além do § 4º do art. 37 da Constituição no art. 12[9], não havendo violação à proporcionalidade[10]; (g) desproporcionalidade da evolução de patrimônio e renda implica, como presunção relativa, ato de enriquecimento ilícito (art. 9º, VII)[11].

2. CAUSAS E EFEITOS DA IMPROBIDADE. A improbidade administrativa é endêmica, tradicional e estrutural nas relações de poder, e sua gênese se radica no patrimonialismo. Patrimonialismo, em linhas gerais, é a confusão (ou inexistência de separação) entre as esferas do público e do particular[12], exibindo uma nítida situação de conflito de interesses naquele que presenta a Administração Pública e se apropria, em proveito próprio ou alheio, de seus bens, direitos e interesses. A Lei n. 12.813/13 no inciso I do art. 3º define como conflito de interesses "a situação gerada pelo confronto entre interesses públicos e privados, que possa comprometer o interesse coletivo ou influenciar, de maneira imprópria, o desempenho da função pública"; ela arrola tais hipóteses durante ou após o exercício de cargo ou emprego público nos arts. 5º e 6º.

Não bastasse o tradicional culto à ilegalidade, que foi diagnosticado por Sérgio Buarque de Holanda – ao assinalar em sentença lapidar que "as constituições feitas para não serem cumpridas, as

8. STF, ADI 4.295/DF, Tribunal Pleno, Rel. Min. Gilmar Mendes, 22/08/2023, DJe 02/10/2023.
9. STF, RE 598.588/RJ, 2ª Turma, Rel. Min. Sepúlveda Pertence, 15/12/2009, DJ 26/02/2010.
10. STF, AI 705294 AgR - segundo/SP, 1ª Turma, Rel. Min. Rosa Weber, 06/10/2017, DJe 06/11/2017.
11. STF, RMS 33.666/DF, 1ª Turma, Rel. Min. Edson Fachin, 31/05/2016, DJe 21/09/2016.
12. Para Lilia Moritz Schwarcz o patrimonialismo é resultado da relação viciada que se estabelece entre a sociedade e o Estado, quando o bem público é apropriado privadamente. Ou, dito de outra maneira, trata-se do entendimento, equivocado, de que o Estado é bem pessoal, 'patrimônio' de quem detém o poder" e valendo-se de Max Weber mostra que ele remete "a uma forma de poder em que as fronteiras entre as esferas públicas e privadas se tornam tão nebulosas que acabam por se confundir. Patrimonialismo passou a designar, então, a utilização de interesses pessoais, destituídos de ética ou moral, por meio de mecanismos públicos" (*Sobre o autoritarismo brasileiro*. 1. ed., São Paulo: Companhia das Letras, 2019, pp. 65-66).

leis existentes para serem violadas, tudo em proveito dos indivíduos e oligarquias, são fenômeno recorrente em toda a história da América do Sul"[13] –, o patrimonialismo deturpa o poder como fonte de favorecimento (pessoal ou alheio), fixando uma verdadeira cultura da improbidade – marcada pela "Lei de Gerson" ("o importante é levar vantagem em tudo"), conhecida por aforismos ("rouba mas faz") e integrante do cancioneiro popular ("são 300 picaretas com anel de doutor"; "dormia a nossa Pátria-mãe tão distraída sem perceber que essa subtraída em tenebrosas transações"). Reside no estabelecimento de ligações perigosas entre o mau uso do poder por agentes públicos e os interesses particulares escusos, arquitetando o exercício da função pública como fonte de criação de dificuldades para a venda de facilidades, encarando os agentes públicos o poder como meio para aquisição de riquezas.

A função pública é aparelhada para criação ou distribuição de renda, favores e mercês. Trata-se de um mecanismo de atuação paralela à estrutura estatal formal que é derruída entre agentes dos setores público e privados que atuam no atacado e no varejo das relações públicas mediante singelos esquemas ou sofisticadas organizações, orientando-se em relações espúrias direcionadas para abusar do poder, locupletar-se ilicitamente e saquear o erário, impulsionado pela difusão generalizada da má-fé bilateral nas relações públicas que, baseadas nesse código de relacionamento pessoal, retratam a instituição de uma forma paralela, real e prática de uso do poder.

Ao patrimonialismo adere o clientelismo, herança romana baseada na proeminência do *patronus*, e que, segundo Alfio Mastropaolo, sobreviveu pela adaptação em face de administrações centralizadas e das sociedades políticas (através do "partido dos notáveis" – os senhores fundiários) pela coligação e integração numa posição subordinada ao sistema político por meio de estruturas de acesso e contato, servindo como "elemento de ligação do poder com a sociedade civil e com seus próprios clientes, a quem continua a dispensar proteção e ajuda diante de um poder frequentemente distante e hostil, em troca do consenso

13. HOLANDA, Sérgio Buarque de. *Raízes do Brasil*, 26. ed. São Paulo: Companhia das Letras, 2009, p. 182.

eleitoral". Tal fenômeno é típico das sociedades em desenvolvimento e, para além, a partir dos partidos de massa, adota outro estilo pelos políticos de profissão. Estes "oferecem em troca da legitimação e apoio (consenso eleitoral), toda a sorte de ajuda pública que têm ao seu alcance (cargos e empregos públicos, financiamentos, autorizações etc.)" e seu objetivo é "uma rede de fidelidades pessoais que passa, quer pelo uso estatal por parte da classe política, dos recursos estatais, quer, partindo destes, em termos mais mediatos, pela apropriação de recursos 'civis' autônomos"[14]. E outras expressões de patrimonialismo se encontram nas espécies do nepotismo, do aparelhamento, do empreguismo, do coronelismo etc.

No Brasil, o patrimonialismo tem origens na colonização, de maneira que a formação nacional foi fortemente influenciada pelo domínio doméstico e, como observou Sérgio Buarque de Holanda, "não era fácil aos detentores das posições públicas de responsabilidade, formados por tal ambiente, compreenderem a distinção fundamental entre os domínios do privado e do público"[15]. De fato, é longevo o diagnóstico da vocação de expropriação particular de recursos públicos[16], muito embora o fenômeno da cultura da improbidade não seja nódoa exclusiva que tisna o Estado brasileiro nem que seja patologia crônica deste ou daquele momento de sua história. É preocupação antiga: Juarez Freitas colheu em Roma a *lex de repetundis* sancionando os delitos de improbidade dos administradores públicos desonestos com o ressarcimento do dano ao erário, e a *lege Julia* com drásticas penalidades como devolução em quádruplo dos prejuízos, exílio, perda dos direitos civis[17].

---

14. BOBBIO, Norberto; MATEUCCI, Nicola; e PASQUINO, Gianfranco. *Dicionário de política*. 6. ed. Trad. João Ferreira. Brasília: Editora UnB, 1994. vol. 1, pp. 177-178.
15. HOLANDA, Sérgio Buarque de. *Raízes do Brasil*, São Paulo: Companhia das Letras, 26ª ed., 2009, pp. 145-146.
16. "Deste modo se hão os povoadores, os quais, por mais arraigados que na terra estejam e mais ricos que sejam, tudo pretendem levar a Portugal (...) E isto não têm só os que de lá vieram, mas ainda os que cá nasceram, que uns e outros usam da terra, não como senhores, mas como usufrutuários, só para a desfrutarem e a deixarem destruída. Donde nasce também que nem um homem nesta terra é repúblico, nem zela ou trata do bem comum, senão cada um do bem particular" (Frei Vicente do Salvador. *História do Brasil*, 1627).
17. FREITAS, Juarez. *O Controle dos Atos Administrativos e os princípios fundamentais*, São Paulo: Malheiros, p. 100.

O caldo de cultura da improbidade se enreda por diversos artifícios de apropriação de vantagens públicas nas tenebrosas transações entre agentes dos setores público e privado: (a) o *mercado del favor legal*[18] (criação de dificuldades para venda de facilidades[19]); (b) a tendência congênita ao desvio de poder e ao amesquinhamento da ética e da boa-fé; (c) a falta ou o menor grau de transparência agregada à atuação oculta do *lobby*; (d) a facilitação do *blanchiment de l´argent sale*; (e) as deficiências do sistema político-partidário (com a captação de *fondi neri* para financiamento de campanhas eleitorais[20]); (f) a pluralização excessiva de cargos comissionados; (g) o nepotismo; (h) a burocratização; (i) a excessiva intervenção na esfera privada; (j) a atuação no varejo da satisfação das necessidades populares (clientelismo, coronelismo, apadrinhamento); (k) a percepção da posição pública como fonte de riqueza; (l) a compreensão da *res publicae* como *res nullius*; (m) a deficiência dos órgãos e mecanismos de controle; (n) a Administração paralela[21]; (o) a impunidade dos autores, coauto-

18. SABÁN GODOY, Alfonso. *El marco jurídico de la corrupción*, Madrid: Civitas S.A., p. 25.

19. Manoel Gonçalves Ferreira Filho anota que a corrupção é um dos fatores da crise de governabilidade, colocando em risco a democracia, e percebe que ela compreende três modalidades: corrupção-suborno (busca de vantagens materiais indevidas), corrupção-favorecimento (concessão de privilégio particular) e corrupção-solapamento (corrosão do fundamento último da legitimidade do sistema). Segundo discorre, ela é bem estimulada nas sociedades em que não há uma efetiva separação entre o público e o privado, constituindo causas da corrupção-suborno a burocracia excessiva (criação de dificuldades para venda de facilidades) e o intervencionismo estatal na economia privada (*Constituição e governabilidade*, São Paulo: Saraiva, 1995, pp. 110-115).

20. Alfonso Sabán Godoy vai ao centro da questão que impulsiona a ruptura do dever de probidade administrativa, cuja análise não pode desmerecer ou ignorar a contribuição do jogo político-partidário, pois é na fase de postulação à investidura em mandatos que se ajustam e se confundem interesses públicos com privados. Segundo expõe, "*el más grave es el de la financiación por medio de actos corruptos de los partidos políticos. Sorprende la naturalidad con la que se habla de un fenomeno que, desde el punto de vista de la moral pública, es muchísimo más grave que el enriquecimiento más burdo y cuantioso*" (*El marco jurídico de la corrupción*, Madrid: Ed. Civitas, 1991, p. 97). Essa preocupação também é explorada por José Alfredo Oliveira Baracho ao observar que "entre as formas corruptivas existentes convém ressaltar as questões referentes ao financiamento público e os gastos dos partidos políticos, quando se examinam o financiamento público e o financiamento privado" (O enriquecimento injusto como princípio geral do direito administrativo, RT, 755:41).

21. A administração paralela, parassistemática, é assentada em uma moral de igual natureza, como explica Agustín Gordillo: "*Pareciera en definitiva como si siempre existiera una tendencia a emerger fuentes de poder que difieren de las de la administración institucionalizada conforme a la Constitución y a las leyes, y que esas fuentes de poder también se organizan y ejercen un poder paralelo. (...) Pareciera entonces como que si la doble moral reflejara claramente la existencia y funcionamiento de un doble sistema de todo: El sistema formal, con sus preceptos*

res, partícipes e beneficiários[22], de tal maneira que percola no tecido social o malbaratamento da coisa pública como regular alicerce do próprio Estado, periclitando a democracia e a existência do próprio Estado de Direito, com nocivos efeitos que amesquinharam os valores éticos tão caros à nação, incorporando valores antiéticos, imorais e amorais ao ambiente social.

Por sua importância à vitalidade dos valores éticos e republicanos, elementares ao adequado e reto exercício de função pública *lato sensu*, que repugna seu uso para amealhar vantagens indevidas ou distribui-las, ou para perseguições e favorecimentos, o combate à improbidade deve ser orgânico, sistemático e eficiente. É uma política pública permanente e não uma bandeira partidária. É um fenômeno atemporal, com variação de gradientes e expedientes conforme seu momento histórico.

Embora o poder seja de elementar uso regular do agente público, e nessa medida também represente um dever para o alcance dos fins objetivados pelo direito, muitos investidos nessa condição o empregam como uma fonte inesgotável de aquisição, usufruto, distribuição e transmissão de regalias e mordomias, um modo de obter vantagens

---

expresos o implícitos del deber, sea constitucional, político, tributario, administrativo, etc., y el parasistema. La doble moral implica la consigna de que el sistema no debe ser cumplido fiel ni íntegramente, que ello carece de sentido; es el parasistema el que da entonces realidad y sentido obligacional a las conductas individuales. (...) Concluimos así que existe en las sociedades subdesarrolladas o en vías de desarrollo latinoamericanas un importante parasistema económico, administrativo, social y jurídico que funciona imbricado e interrelacionado con el sistema económico, jurídico, etc. Si bien el parasistema aparentemente viola el sistema, en realidad aún violándolo lo completa e integra; a la inversa, el sistema se deforma progresivamente, conteniendo cada vez mayor número de normas irreales o excesivas, o irreales y excesivas a la vez, que se dictan sobre la hipótesis de que existe un parasistema en el cual tales normas irreales y/o excesivas no habrán de ser cumplidas, por existir normas parasistemáticas que a su vez autorizan comportamientos opuestos a las disposiciones sistemáticas irrazonables" (GORDILLO, Agustín. *Tratado de Derecho Administrativo*, 2. ed., Buenos Aires: FDA, 2012, tomo VI, AP II pp. 15-19, AP III, pp. 16-17).

22. Cármen Lúcia Antunes Rocha aponta os ingredientes para a receita da corrupção administrativa: a) grande dose de poder decisório concentrado em um único agente; b) multiplicidade de órgãos competentes para execução sem esquadrinhamento perfeito e exclusivo de atribuições; c) ausência de mecanismos de controle efetivo, permanente, transparente e rigoroso; d) restrita e precária publicidade administrativa; e) impunidade, inclusive para corruptores (*Princípios constitucionais da Administração Pública*, Belo Horizonte: Del Rey, 1994, pp. 200-201).

ilícitas para si ou para outrem (coronelismo[23], nepotismo[24], empreguismo[25] etc.), um meio para distribuir favores ou prejudicar direitos, uma forma exercer o poder de maneira abusiva, em concurso com pessoas físicas e jurídicas de direito privado, motivo pelo qual não é de hoje a preocupação legislativa concreta com o fenômeno da imoralidade administrativa.

A deturpação tradicional do poder disseminou na sociedade brasileira a inconveniente, insuportável e incômoda cultura da improbidade administrativa, pela qual os maiores e mais gritantes escândalos eram vistos com passividade geral como decorrência da naturalidade das coisas, como se fossem absoluta, elementar e naturalmente lícitos aos agentes públicos a obtenção de vantagens ilícitas, o malbaratamento dos recursos do erário, o vilipêndio aos princípios da Administração Pública e o desprezo aos direitos e garantias individuais e sociais.

---

23. "Como indicação introdutória, devemos notar, desde logo, que concebemos o 'coronelismo' como resultado da superposição de formas desenvolvidas do regime representativo a uma estrutura econômica e social inadequada. Não é, pois, mera sobrevivência do poder privado, cuja hipertrofia constituiu fenômeno típico de nossa história colonial. É antes uma forma peculiar de manifestação do poder privado, ou seja, uma adaptação em virtude da qual os resíduos do nosso antigo e exorbitante poder privado têm conseguido coexistir com um regime político de extensa base representativa.

    Por isso mesmo, o 'coronelismo' é sobretudo um compromisso, uma troca de proveitos entre o poder público, progressivamente fortalecido, e a decadente influência social dos chefes locais, notadamente dos senhores de terras. (...)

    Paradoxalmente, entretanto, esses remanescentes de privatismo são alimentados pelo poder público, e isso se explica justamente em função do regime representativo, com sufrágio amplo, pois o governo não pode prescindir do eleitorado rural, cuja situação de dependência ainda é incontestável.

    Desse compromisso fundamental resultam as características secundárias do sistema "coronelista", como sejam, entre outras, o mandonismo, o filhotismo, o falseamento do voto, a desorganização dos serviços públicos locais." (LEAL, Victor Nunes. *Coronelismo, enxada e voto: o município e o regime representativo no Brasil*. 4. ed., São Paulo: Companhia das Letras, 2012, pp. 43-44).

24. "Vivo e absorvente órgão da formação social brasileira, a família colonial reuniu, sobre a base econômica da riqueza agrícola e do trabalho escravo, uma variedade de funções sociais e econômicas. Inclusive, como já insinuamos, a do mando político: ou oligarquismo ou nepotismo, que aqui madrugou, chocando-se ainda em meados do século XVI com o clericalismo dos padres da Companhia" (FREYRE, Gilberto. *Casa grande & senzala*. 51. ed. São Paulo: Global, 2008, p. 85).

25. "A escolha dos homens que irão exercer funções públicas faz-se de acordo com a confiança pessoal que mereçam os candidatos, e muito menos de acordo com as suas capacidades próprias" (HOLANDA, Sérgio Buarque de. *Raízes do Brasil*, São Paulo: Companhia das Letras, 26ª ed., 2009, p. 146).

No passado, a improbidade administrativa foi até vista com naturalidade como fator do desenvolvimento econômico nos países subdesenvolvidos. Com efeito, a ideia da corrupção como ferramenta do desenvolvimento econômico nos países emergentes ou periféricos há muito caducou. Manoel Gonçalves Ferreira Filho lembra que Samuel Huntington identificou na experiência brasileira que a corrupção estimulou o desenvolvimento econômico[26]. Um dos principais resultados nocivos da amálgama entre corrupção e desenvolvimento consistia no agravo à livre concorrência, corroendo um dos pilares da sociedade capitalista. Além disso, não raro se assistia à expatriação de recursos investidos nestas nações para paraísos fiscais, abastecendo ativos secretos de seus dirigentes e parceiros do setor privado, em detrimento da melhoria das condições de vida da população. O capitalismo internacional corrigiu os equívocos das lições pretéritas, em que a corrupção era tida como ingrediente necessário do desenvolvimento econômico dos povos subdesenvolvidos, e conhecendo os riscos de falta de controle sobre o *blanchiment de l'argent sale* (máxime pelas movimentações financeiras do tráfico internacional de drogas, do terrorismo e das organizações criminosas transnacionais), cuidou de alterar seus padrões pela imposição de regras de boa governança no financiamento econômico de nações emergentes[27]. Daí decorre a preocupação com os paraísos fiscais e a exigência de medidas anticorrupção, tanto que alardeou, na imprensa, em 28 de julho de 2002, o Secretário do Tesouro dos Estados Unidos da América, Paul O'Neil, ser inconcebível que o dinheiro de empréstimos internacionais fosse desviado por agentes públicos para contas bancárias secretas no Exterior em vez de ser aplicado em seus objetivos de melhora das condições de vida da população, ao se referir especificamente ao Brasil, à Argentina e ao Uruguai.

Não é possível desconsiderar a característica transnacional da mazela que desperta a preocupação global e conduziu à celebração de importantes convenções internacionais, das quais o Brasil é signatário, como a Convenção das Nações Unidas contra a Corrupção, a

26. FERREIRA FILHO, Manoel Gonçalves. *Constituição e governabilidade*, São Paulo: Saraiva, 1995, p. 115.
27. MARTINS JÚNIOR, Wallace Paiva. *Probidade Administrativa*, São Paulo: Saraiva, 2002, pp. 03-13; *Transparência Administrativa*, São Paulo: Saraiva, 2004, pp. 224-231.

Convenção Interamericana contra a Corrupção, a Convenção sobre o Combate à Corrupção de Funcionários Públicos Estrangeiros em Transações Comerciais Internacionais da Organização para a Cooperação e Desenvolvimento Econômico (OCDE).

Além disso, a Agenda 2030, que se predispõe ao combate à pobreza e à fome, tem entre seus objetivos "reduzir substancialmente a corrupção e o suborno em todas as suas formas" (16.5), sob a consideração de que o desenvolvimento sustentável empenha "um efetivo Estado de Direito e boa governança em todos os níveis e em instituições transparentes, eficazes e responsáveis", pois, desigualdade, corrupção, má governança, são fatores da violência, da insegurança e da injustiça e de outros agravos ao bem comum. Basta timbrar que "os gastos destinados ao enriquecimento privado reduzem recursos e investimentos públicos na saúde, educação, segurança, habitação, transporte ou em programas sociais e de infraestrutura"[28].

As nações que ocupam as melhores posições nos *rankings* de transparência e que têm as menores taxas de improbidade administrativa são justamente aquelas que possuem elevados Índices de Desenvolvimento Humano (IDH) e indicadores socioeconômicos portadores de maiores graus de justa distribuição de renda, de progresso científico e educacional. Ou seja, quanto maior o nível de eficiência no combate à corrupção, de igual ou maior medida será o de luta contra a miséria. E essas deduções são extraídas independentemente das cores político-partidárias dominantes.

De fato, o Brasil, por exemplo, caiu da 79ª posição para a 96ª no índice de percepção da corrupção (IPC) da Transparência Internacional em 2017, bem distante dos situados na cimeira como Nova Zelândia, Dinamarca, Finlândia, Noruega, Suíça, Cingapura, Suécia, Canadá, Luxemburgo, Holanda, Reino Unido e Alemanha[29]. Basta verificar o IDH da Noruega na 1ª posição (0,944) e o do Brasil na 75ª (0,755),

28. SCHWARCZ, Lilia Moritz. *Sobre o autoritarismo brasileiro*. 1. ed., São Paulo: Companhia das Letras, 2019, p. 90.

29. Índice de percepção da corrupção 2017: Brasil caiu da 79ª para a 96ª posição no ranking mundial. Disponível em: https://www.ipc.transparenciainternacional.org.br/. Acesso: agosto, 2018.

em 2014.[30] Em 2016, o país caiu para a 79ª posição com 0,754[31]. O recurso a outros indicadores também evidencia esse contexto: o índice de Gini, que mensura a renda, é de 0,491 em 2015, segundo o Instituto Brasileiro de Geografia e Estatística (IBGE). Esse indicador substancia a medida do grau de concentração de renda, cujo valor varia de zero (perfeita igualdade) até um (a desigualdade máxima). [32]

Segundo Yury Fedotov, Diretor Executivo do Escritório das Nações Unidas para o combate às Drogas e Crime (UNDOC) na reunião de abertura da 5ª Sessão da Conferência dos Estados Partes da Convenção das Nações Unidas Contra a Corrupção (CNUCC), ocorrida no Panamá, "a corrupção é o ladrão do desenvolvimento econômico e social, rouba as oportunidades das pessoas para progredirem e prosperarem". E tece importante consideração ao referir que "a corrupção tem um impacto devastador em todo o mundo. O Banco Mundial estima que a cada ano são perdidos entre 20 a 40 milhões de dólares em países em desenvolvimento devido à corrupção e suborno"[33].

Entre seus deletérios e nocivos efeitos da radicalização central da cultura da improbidade se contabilizam (a) a inviabilização ou dificultação de inversões internas ou externas, (b) a agudização da miséria e da injustiça na distribuição de renda, (c) a carência de serviços públicos basais e essenciais à dignidade da pessoa humana (educação, saúde, transporte coletivo, saneamento, assistência social), (d) a descrença generalizada nas instituições e agentes oficiais, (e) os baixos índices de desenvolvimento econômico e social, (f) o encarecimento corrente dos custos das obras e dos serviços públicos, (g) as ligações perigosas com o crime organizado, (h) periclitação à higiene moral do sistema republicano-democrático. Se o conflito de interesses substanciado pela

---

30. Programa das Nações Unidas para o Desenvolvimento (PNUD). Ranking IDH Global 2014. Fonte: Relatório de Desenvolvimento Humano 2015. Disponível em: http://www.br.undp.org/content/brazil/pt/home/idh0/rankings/idh-global.html. Acesso em: agosto, 2018.
31. HIROSE, Regina Tamami. "A atuação estratégica da Procuradoria-Geral da Fazenda Nacional (PGFN) na prevenção e no combate à corrupção e à sonegação fiscal", *in Advocacia pública contemporânea*. Belo Horizonte: Fórum, 2019, pp. 287-311, coordenação MOURÃO, Carlos Figueiredo e HIROSE, Regina Tamami.
32. Sistema IBGE de recuperação automática (Sidra). Indicadores de Desenvolvimento Sustentável. Disponível em: https://sidra.ibge.gov.br/tabela/5801#resultado. Acesso em: agosto, 2018.
33. Disponível em https://www.unric.org/pt/actualidade/31316-a-corrupcao-impede-o-desenvolvimento-e-gera-outros-crimes-diz-diretor-do-unodc. Acesso em 20 de outubro de 2018.

confusão entre as esferas do público e privado é a geratriz do desvio ético na condução dos negócios públicos, entre seus múltiplos efeitos se notabiliza o aprofundamento da miséria e da exclusão social; enfim, da injustiça na distribuição de renda, porque as inversões para seu enfrentamento são desperdiçadas ou desvirtuadas, e isso gera o embaraço aos novos investimentos, notadamente de organismos supranacionais, como anotado na literatura[34].

Soa lugar comum, mas, é inevitável concluir que sem o custo da corrupção maiores índices e níveis de igualdade social e econômica seriam alcançados. De fato, os níveis de pobreza, desemprego, submoradia, *homeless*, desigualdade ou vulnerabilidade socioeconômica, têm queda acentuada quando há justa redistribuição de renda, por meio de políticas públicas de inclusão social, uma vez que originados os seus recursos dos dinheiros públicos bem e parcimoniosamente empregados. Ou seja, desenvolvimento sustentável se alcança tanto pela probidade no governo, quanto pelo desenvolvimento de políticas públicas de erradicação da pobreza e de proteção ambiental, que atuam em relação de sinergia. O custo médio da corrupção no Brasil é estimado entre 1,38% a 2,3% do Produto Interno Bruto (PIB), valendo destacar que, no ano de 2016, o PIB chegou a R$ 6,3 trilhões, revelando que o "desperdício de recursos públicos está num patamar alarmante e preocupante", conforme disserta Regina Tamami Hirose[35].

As incertezas geradas pela falta de credibilidade da classe política aumentam o grau de desconfiança do mercado e da população, comprometendo políticas públicas. Induvidoso que direitos fundamentais (como vida, saúde e educação, por exemplo) foram afetados pelo ciclo devastador da corrupção. Enquanto sobrava dinheiro público para propinas e financiamento ilegal de campanhas político-partidárias, a rede pública desses serviços essenciais foi sucateada pela falta de investimentos. E a ausência dessas inversões reside na escassez de

34. MARTINS JÚNIOR, Wallace Paiva. Improbidade administrativa: causas, efeitos, sujeitos e tipos na atualidade, *in Justitia*, São Paulo, anos 68-69 (202/203), jan./dez. 2011-2012, pp. 229-237.
35. HIROSE, Regina Tamami. "A atuação estratégica da Procuradoria-Geral da Fazenda Nacional (PGFN) na prevenção e no combate à corrupção e à sonegação fiscal", *in Advocacia pública contemporânea*. Belo Horizonte: Fórum, 2019, pp. 287-311, coordenação MOURÃO, Carlos Figueiredo; e HIROSE, Regina Tamami.

verbas públicas, pois, de alguma forma, era destinada para obras, serviços, ou aquisições com superfaturamento ou sobrepreço.

Outro efeito deletério que o custo da improbidade estabelece é o solapamento das instituições, convolando a anormalidade das relações públicas em padrão regular totalmente dissociado da ética que deve presidir os negócios públicos. Afinal, bem aplicar os recursos do erário é gerir a *res publicae* de maneira conforme, razoável e moral. A improbidade abala a estabilidade que a democracia merece.

Para se alcançar a maturidade democrática, a ética deve ser eleita como baldrame republicano. Por isso, a moralidade administrativa é princípio constante da Constituição. É crônico o menosprezo aos valores éticos na vida pública, e, não raro, há a banalização do problema. Sua incidência não é demérito da democracia, já que nas ditaduras a ausência de liberdade de imprensa e de confiança nas instituições é a nuvem de fumaça que a encobre. A vantagem da democracia é a transparência das apurações de erros e denúncias administrativas, que não se compara às trevas dos regimes autoritários, onde não são livres a imprensa e os Poderes constituídos e, por isso, há uma falsa impressão de honestidade. A apuração de fatos e a punição dos responsáveis é o marco diferencial entre uma democracia madura e um arremedo de democracia periférica e artificial. A democracia é o regime da responsabilidade e da ética. Há, desde a redemocratização, a coincidência entre as aspirações do povo e as exigências das normas jurídicas, consultando o interesse público a reação aos atos de improbidade administrativa, no atacado e no varejo, alcançando os detentores do poder político e econômico. Somente a maturidade democrática (que impõe a responsabilidade) fornecerá credibilidade e segurança.

A sobrevivência do Estado Democrático de Direito impõe necessariamente a proteção da moralidade e da probidade administrativa nos atos da Administração, exaltando as regras de boa administração e extirpando da gerência dos negócios públicos agentes que ostentam inabilitação moral para o exercício de funções públicas, com recompensas dadas ao agente público para executar a lei de ofício. Improbidade é conduta humana associada à disfunção do uso do poder. E ela se verifica não apenas na zona da penumbra da ilegalidade; também a legalidade é campo fecundo para a corrupção, pelas recompensas dadas ao agente público para executar a lei de ofício.

Na essência, a cultura da improbidade atribuiu ao interesse a absurda condição de *res nullius* ou quiçá de *res derelicta*, quando em verdade se trata de incontestável *res omnius*.

3. DIREITO SUBJETIVO PÚBLICO. Não é heresia afirmar que a violação das normas de ética pública e de moralidade administrativa significam também gravíssima ofensa aos direitos humanos e fundamentais. É inato ao indivíduo o direito à boa gestão nos negócios públicos, pois, converge para a satisfação das necessidades humanas. É o que explica Rodrigo Otávio Maziero Wanis assinalando que "patrimônio público e moralidade administrativa são objeto tanto de proteção das declarações sociais (direitos humanos), quanto das Constituições (direitos fundamentais), estando presentes em diversos documentos internacionais de positivação de direitos humanos, bem como no âmbito interno brasileiro, como direitos fundamentais"[36].

A importância do tema outrossim se capta de normativas e eventos internacionais.

Em 1994, realizou-se em Washington, Estados Unidos da América, o I Congresso Internacional de Ética Pública, amealhando destaque o informe Nolan, de autoria do Juiz Lord Nolan, da Grã-Bretanha, que preconiza a austeridade como elemento essencial na vida pública por meio de *standards* de conduta. De acordo com esse documento, a ética pública é síntese dos deveres funcionais de interesse público (finalidade), integridade (independência dos agentes públicos em face de quaisquer indivíduos ou organizações que possam influenciá-los no cumprimento dos deveres), objetividade (busca de resultados positivos na gestão da coisa pública), responsabilidade (interna, perante os órgãos e entes públicos, e externa, perante a sociedade, pela submissão à fiscalização necessária de agentes, entidades e órgãos públicos), transparência (motivação, acesso a informações, contraditório e participação popular), honestidade (dever de o agente público declarar impedimentos e proteger o interesse público, ainda que contrário ao

36. WANIS, Rodrigo Otávio Mazieiro. *A defesa da sociedade contra os atos de improbidade administrativa: análise crítica e desafios para a atuação eficiente do Ministério Público*, Belo Horizonte: Editora D'Plácido, 2019, pp. 31-32.

seu) e liderança (atitudes em apoio desses princípios servindo como exemplos)[37].

À parte da experiência brasileira – e dos demais países periféricos e não obstante de algumas democracias ocidentais mais vetustas – convém o registro da assunção de importância global dedicada ao tema pela edição de convenções internacionais, as quais houve a aderência do Brasil, a saber: (a) "Convenção sobre o Combate da Corrupção de Funcionários Públicos Estrangeiros em Transações Comerciais Internacionais" (Paris, 1997), aprovada pelo Decreto-Legislativo n. 125/00 e promulgada pelo Decreto n. 3.678/00; (b) "Convenção das Nações Unidas contra a Corrupção" (2003), aprovada pelo Decreto-Legislativo n. 348/05 e promulgada pelo Decreto n. 5.687, de 31 de janeiro de 2006; (c) Convenção Interamericana contra a Corrupção (Caracas, 1996), aprovada pelo Decreto-Legislativo n. 152/02 e promulgada pelo Decreto n. 4.410, de 07 de outubro de 2002.

Ciente a Constituição de 1988 que a probidade na função pública na prática e na história brasileira não recebeu o devido prestígio apesar de diplomas legais outrora existentes, o texto constitucional a sublimou formal e materialmente no projeto de construção de Estado Democrático de Direito, situando-a como baldrame que se ergue cimentada na própria concepção republicana de poder na medida em que substancia direito subjetivo público a uma administração honesta, como se capta das lições de Hely Lopes Meirelles e Rodolfo de Camargo Mancuso e da jurisprudência[38], de natureza difusa, geral, e transgeracional.

37. MARTINS JÚNIOR, Wallace Paiva. *Probidade administrativa*, 4. ed., São Paulo: Saraiva, 2009.

38. Não se deve olvidar que Hely Lopes Meirelles ao comentar a ação popular assinala que o povo é titular do direito subjetivo ao governo honesto (*Mandado de Segurança, Ação Popular, Ação Civil Pública, Mandado de Injunção e Habeas Data,* 16 ed. São Paulo: Malheiros, 1995, pp. 88- 91), e Rodolfo de Camargo Mancuso vislumbra um direito público subjetivo a uma administração pública proba e honesta em leitura dos arts. 5º, LXXIII, e 37, da Constituição Federal (*Ação Popular,* São Paulo: Revista dos Tribunais, 1994, p. 22). Essas concepções se alinham à decisão do Supremo Tribunal Federal timbrando que "todos que o cidadão tem o direito de exigir que o Estado seja dirigido por administradores íntegros, por legisladores probos e por juízes incorruptíveis, que desempenhem as suas funções com total respeito aos postulados ético-jurídicos que condicionam o exercício legítimo da atividade pública. O direito ao governo honesto – nunca é demasiado reconhecê-lo – traduz uma prerrogativa insuprimível da cidadania" (STF, MS 27.141 MC/DF, Rel. Min. Celso de Mello, 22-08-2008, DJe 27-02-2008).

A relevância dessa operação jurídico-normativa não é destituída de sentido ou conteúdo; ela revela uma predisposição pelo bem comum, afinal colima predicar com ética a gestão dos negócios públicos para que se concretize autenticamente na administração da *res publicae* como *res omnius*, e não como *res derelicta* ou *res nullius* suscetível a desvio, apropriação, malversação etc. Daí se afirmar, sem receio, que o direito à probidade administrativa é direito fundamental permanente. O direito à moralidade é de titularidade permanente no tempo, pertencendo às presentes e futuras gerações, pois o desvio, o malbaratamento, o desperdício e a desonestidade projetam efeitos deletérios ao porvir.

Uma nação, de acordo com os parâmetros das modernas sociedades políticas ocidentais, só pode aspirar à condição de desenvolvimento se os compromissos de seu projeto constitucional forem adimplidos com eficiência e legitimidade. A legitimidade não se esgota no processo de investidura (transitória) no poder, impondo-se sua concepção como um processo (que dele se inicia) que orienta o exercício do poder, de maneira a existir uma afinidade entre o material estático-normativo (a Constituição e a legislação) e o elemento dinâmico-político (a execução de ações estatais e políticas públicas). A eficiência diz como os modos de alcance desses resultados. E ela não se alcança com a ilegitimidade: é absolutamente intolerável a improbidade para fins lícitos sob o prisma moral ou jurídico. Sob os auspícios da compreensão de governança não há espaço para empreitadas corruptas como móveis de desenvolvimento social e econômico. Todas elas são ilegítimas. A pauta jurídica anticorrupção é definida por mecanismos inerentes ao dever de boa administração, refratário à improbidade.

Em um ambiente como o da administração pública brasileira em que grassa forte conteúdo patrimonialista, clientelista, personalista e estamental[39], e não trafegou completamente pela administração

39. Segundo Raymundo Faoro, "há a burocracia, expressão formal do domínio racional, própria ao Estado e à empresa modernos, e o estamento burocrático, que nasce do patrimonialismo e se perpetua noutro tipo social, capaz de absorver e adotar as técnicas deste, como meras técnicas. Daí seu caráter não transitório", e aponta que "não impera a burocracia, a camada profissional que assegura o funcionamento do governo e da administração (*Berufsheamtentum*), mas o estamento político (*Beamtenstand*). A burocracia, como burocracia, é um aparelhamento neutro, em qualquer tipo de Estado, ou sob qualquer forma de poder. Seu domínio será compatível com a monarquia absoluta, mas pode caracterizar-se pela redução do chefe supremo a uma figura decorativa, espécie de primeiro magistrado. Não se converte,

burocrática – embora prime pela burocratização (vício significativo de excesso de formalismos inúteis)[40] – há uma seara profícua para a percolação da improbidade no tecido socioinstitucional. Se a doutrina contemporânea augura a transição do modelo burocrático de Estado ao de administração gerencial[41], é inconteste que o Estado brasileiro ainda não completou o curso do modelo burocrático de gestão pública e sequer superou o tipo patrimonialista (ou regaliano)[42], registrando-se certa desconfiança sobre a "adoção indiscriminada de vertentes do modelo gerencial" pela ausência do "amadurecimento cultural dos valores burocráticos" (como meritocracia, racionalidade, impessoalidade e isonomia), o que pode conduzir ao restabelecimento de "formas pré-burocráticas de gestão, que se orientam para o *spoil system* (sistema patrimonialista de despojo e partilha), tendo em vista o predomínio

o estamento político, entretanto, em governo da soberania popular, ajustando-se, no máximo, à autocracia com técnicas democráticas" (*Os donos do poder: formação do patronato político brasileiro*, 3. ed., São Paulo: Globo, 2001, pp. 872-873).

40. Burocracia é assaz confundida com burocratização. Como assinala Pier Paolo Girglioli, sua origem, no século 18, cunhada por Vincent de Gournay designava "o poder do corpo de funcionários e empregados da administração estatal, incumbido de funções especializadas sob a monarquia absoluta e dependente do soberano", e ostentava forte conotação negativa expressada através de ataques ao formalismo, ao espírito corporativo, à proliferação de normas e regulamentos, ao desperdício de recursos, "em suma, a ineficiência das grandes organizações públicas e privadas". No século 19 surge outra concepção de burocracia, em sentido técnico, a partir do novo aparelho administrativo prussiano, organizado monocrática e hierarquicamente em substituição aos velhos corpos administrativos colegiados. Sua ênfase é normativa "e se refere especificamente à precisa especificação das funções, à atribuição de esferas de competência bem delimitadas, aos critérios de assunção e de carreira", ou seja, uma técnica de administração pública. Max Weber considera a burocracia como "uma específica variante moderna das soluções dadas ao problema geral da administração", baseada num sistema de legitimidade racional da autoridade legal como meio de superação da disfuncionalidade administrativa e da antidemocraticidade dos partidos e do Estado (GIRGLIOLI, Pier Paolo. *Dicionário de Política*, Brasília: Editora UnB, vol. 1, 1994, 6 ed., pp. 124-125, BOBBIO, Norberto; MATEUCCI, Nicola; e PASQUINO, Gianfranco, tradução de João Ferreira).

41. MOREIRA NETO, Diogo de Figueiredo. *Mutações do Direito Administrativo*, Rio de Janeiro: Renovar, 2000, pp. 25-28, 40-48.

42. Diogo de Figueiredo Moreira Neto observa que a administração pública passou por sucessivas fases evolutivas do absolutismo, do estatismo e da democracia, consistindo a primeira na administração regaliana (prevalência do interesse do rei), a segunda na administração burocrática (prevalência do interesse do Estado), e a terceira na administração gerencial (prevalência do interesse da sociedade) e anota que "no Brasil, essa segunda transição juspolítica, da administração burocrática para a gerencial, está tendo seu início antes que houvesse completado a primeira, pois as atividades e comportamentos do Estado-administrador continuam aferrados a conceitos e princípios do patrimonialismo, do paternalismo e do assistencialismo *personalizantes* e *ineficientes*, herdados ainda da Colônia e pouco tocados no Império" (*Mutações do Direito Administrativo*, Rio de Janeiro: Renovar, 2000, p. 17).

do nepotismo e da pessoalidade nas relações funcionais"[43]. Afinal, nos quadros de pessoal da Administração Pública brasileira, salvo exceções, ocupa o funcionário patrimonial o lugar do puro burocrata definido por Max Weber, como sintetiza Sérgio Buarque de Holanda ao escrever que para "o funcionário 'patrimonial', a própria gestão política apresenta-se como assunto de seu interesse particular; as funções, os empregos e os benefícios que aufere relacionam-se a direitos pessoais do funcionário e não a interesses objetivos", e desta maneira há "o predomínio constante das vontades particulares que encontram seu ambiente próprio em círculos fechados e pouco acessíveis a uma ordenação impessoal"[44].

4. MORALIDADE, PROBIDADE E IMPROBIDADE. O embasamento do sistema de punição da improbidade se radica no princípio da moralidade administrativa que descende imediatamente do princípio republicano, pois, a responsabilidade no exercício do poder é elementar à república e à democracia, tendo em vista que o "regime republicano é regime de responsabilidade"[45] e a "irresponsabilidade é característica de regime despótico"[46]. Antes mesmo, Pimenta Bueno assinalava, ao tempo do Império, que "a responsabilidade dos agentes do poder constitui, pois, uma das condições e necessidades essenciais da ordem e liberdade pública, uma das garantias indispensáveis dos governos constitucionais. Se, pois, e não obstante estes justos fundamentos, o funcionário público, violando a lei e os seus deveres morais, converte o emprego em meio de interesse pessoal ou instrumento de suas paixões, não só o cidadão injustamente lesado deve ter o direito de promover sua responsabilidade, mas os seus próprios superiores estão na obrigação de provocá-la, ou fazer efetiva"[47].

---

43. NOHARA, Irene Patrícia. *Reforma Administrativa e Burocracia: impacto da eficiência na configuração do Direito Administrativo Brasileiro*, São Paulo: Atlas, 2012, p. 151.
44. HOLANDA, Sérgio Buarque de. *Raízes do Brasil*, São Paulo: Companhia das Letras, 26ª ed., 2009, p. 146.
45. ATALIBA, Geraldo. *República e Constituição*. 2. ed. São Paulo: Malheiros Editores, 1998, p. 65.
46. TEIXEIRA, J. H. Meirelles. *Curso de direito constitucional*. Rio de Janeiro: Forense Universitária, 1991, p. 466.
47. BUENO, José Antonio Pimenta. *Direito Público Brasileiro e análise da Constituição do Império*, Brasília: Senado Federal-Editora Universidade de Brasília, 1978, p. 430, n. 602-603.

A Constituição de 1988 fez uma opção pela higiene ética na gestão da coisa pública, bem resumida no discurso do Deputado Ulysses Guimarães, Presidente da Assembleia Constituinte, por ocasião de sua proclamação: "A moral é o cerne da pátria. A corrupção é o cupim da República. República suja pela corrupção impune toma nas mãos de demagogos que a pretexto de salvá-la a tiranizam. Não roubar, não deixar roubar, pôr na cadeia quem roube, eis o primeiro mandamento da moral pública".

A formulação teórica do princípio da moralidade administrativa – explicitado na cabeça do art. 37 da Constituição de 1988 – liga-se à compreensão de que "a república, que inclui a ideia de responsabilidade dos governantes, é prevista como um princípio constitucional sensível (CRFB/1988, art. 34, VII, a), e, portanto, de observância obrigatória", como decidiu o Supremo Tribunal Federal[48], e a um espaço de penetração da Moral no Direito (o que não constitui heresia à vista da semeadura, no direito privado, da teoria do abuso de direito) e originária e historicamente no direito francês como antídoto contra o desvio de finalidade.

No nível normativo infraconstitucional, o princípio já estava amparado, por exemplo, na alínea *e* do art. 2º da Lei da Ação Popular (Lei n. 4.717/65) que edificava entre as regras de previsão de nulidade dos atos da Administração a figura do desvio de finalidade[49], o que foi erigido ao *status* constitucional no inciso LXXIII do art. 5º da Constituição de 1988 ao estender o cabimento da ação popular para anulação de ato lesivo à moralidade administrativa. Com a Constituição de 1988 seu fortalecimento ocasionou o sensível efeito de expansão do controle judiciário sobre a Administração Pública, sendo possível atualmente se concluir que a Administração Pública não se vincula apenas à

48. STF, ADI 4.764-AC, Tribunal Pleno, Rel. Min. Roberto Barroso, 04-05-2017, m.v., DJe 15-08-2017.

49. E antes mesmo pelo disposto no art. 13 da Lei n. 221, de 20 de novembro de 1894, cujo § 9º, alínea *b*, dispunha que: "§ 9º. Verificando a autoridade judiciaria que o acto ou resolução em questão é illegal, o annullará no todo ou em parte, para o fim de assegurar o direito do autor. (...) b) A medida administrativa tomada em virtude de uma faculdade ou poder discricionario sómente será havida por illegal em razão da incompetencia da autoridade respectiva ou do excesso de poder". A Lei n. 8.429, de 02 de junho de 1992, em sua redação original considerava o desvio de finalidade ato de improbidade administrativa, mas, o inciso I do art. 11 foi revogado expressamente pelo inciso VI do art. 4º da Lei n. 14.230/21.

legalidade administrativa, mas, também, à moralidade e aos demais princípios jurídico-administrativos (proporcionalidade, razoabilidade, transparência, eficiência), e que convergem para a concepção de uma subordinação à juridicidade – isto é, ao ordenamento jurídico inteiro (princípios e regras constitucionais e infraconstitucionais), atuando conforme o Direito. Posteriormente, presente em várias normas infraconstitucionais (como a Lei de Licitações e Contratos Administrativos, o princípio da moralidade administrativa foi conceituado pela Lei Geral do Processo Administrativo Federal como a "atuação segundo padrões éticos de probidade, decoro e boa-fé" (art. 2º, IV).

Segundo Antônio José Brandão, a doutrina francesa capitaneada por Maurice Hauriou elaborou a serventia do princípio da moralidade administrativa como recurso contra o desvio de poder a partir da ideia de aferição da atuação administrativa com os princípios basilares de boa administração – explicada como conjunto de regras de conduta tiradas da disciplina interior da Administração, que se baseia na vocação institucional reservada à Administração Pública, de específica adaptação dos meios utilizáveis à consecução do objetivo previsto. Henri Welter adicionou a necessidade de atuação administrativa dentro dos próprios fins assinalados ao poder público pela função administrativa, requerendo o exercício do senso moral no uso dos poderes jurídicos e dos meios técnicos e a conformidade desse uso com a própria ordem institucional[50].

Ela foi difundida no direito brasileiro, se encontrando em clássicas lições. Enquanto Hely Lopes Meirelles assevera que o agente público não poderá desprezar o elemento ético de sua conduta, devendo conhecer as fronteiras do lícito e do ilícito, do justo e do injusto, do honesto e do desonesto[51], de José Afonso da Silva se capta "a lei pode ser cumprida moralmente ou imoralmente. Quando sua execução é feita, p. ex., com intuito de prejudicar alguém deliberadamente, ou

50. BRANDÃO, Antônio José. "Moralidade Administrativa" *in Revista de Direito Administrativo*, nº 25, jul./set. 1951, pp. 457-459.

51. Hely Lopes Meirelles disserta que "tanto infringe a moralidade administrativa o administrador que, para atuar, foi determinado por fins imorais ou desonestos como aquele que desprezou a ordem institucional e, embora movido por zelo profissional, invade a esfera reservada a outras funções, ou procura obter mera vantagem para o patrimônio confiado à sua guarda" (*Direito Administrativo Brasileiro*, 20 ed. São Paulo: Malheiros, pp. 83-85).

com intuito de favorecer alguém, por certo que se está produzindo um ato formalmente, mas materialmente comprometido com a moralidade administrativa"[52]. Para além, é possível afirmar-se que tanto a lei pode ser executada de maneira imoral quanto ela mesma pode ser imoral. Em síntese, gravitam como fatores de compreensão do princípio da moralidade administrativa parâmetros como boa-fé, lealdade, imparcialidade, honestidade, probidade, convergentes a premissas da ética pública (ou seja, no exercício de função pública *lato sensu*) e da boa administração. Por sua vez, Celso Antônio Bandeira de Mello realça que de acordo com o princípio da moralidade administrativa a Administração Pública e seus agentes têm de atuar na conformidade de princípios éticos, sob pena de invalidade por ilicitude, compreendidos neles a lealdade e a boa-fé, devendo proceder em relação aos administrados com sinceridade e lhaneza, interditos quaisquer comportamentos astuciosos ou maliciosos, produzidos "de maneira a confundir, dificultar ou minimizar o exercício de direitos por parte dos cidadãos"[53]. E precioso aresto giza que "a elevação da dignidade do princípio da moralidade administrativa ao patamar constitucional, embora desnecessária, porque no fundo o Estado possui uma só personalidade, que é a moral, consubstancia uma conquista da Nação que, incessantemente, por todos os seus segmentos, estava a exigir uma providência mais eficaz contra a prática de atos dos agentes públicos violadores desse preceito maior"[54].

O princípio da moralidade tem sensível e potente utilidade para o controle da discricionariedade administrativa, reduzindo as imunidades do poder[55] e dilatando sua fiscalização judicial. Essa contribuição foi diagnosticada com rigor por Maria Sylvia Zanella Di Pietro ao resumir que é "no âmbito dos atos discricionários que se encontra campo mais fértil para a prática de atos imorais", pois a Administração Pública tem liberdade de escolha entre as várias alternativas válidas

---

52. SILVA, José Afonso da. *Curso de Direito Constitucional Positivo*, 6 ed. São Paulo: Revista dos Tribunais, p. 399.
53. MELLO, Celso Antônio Bandeira de. *Curso de Direito Administrativo*, 6 ed. São Paulo: Malheiros, 1995, pp. 59-60.
54. STJ, REsp 695.718-SP, 1ª Turma, Rel. Min. José Delgado, 16-08-2005, v.u., DJ 12-09-2005, p. 234.
55. Garcia de Enterría, EDUARDO y FERNANDEZ, Tomás-Ramón. *La lucha contra las imunidades del poder*. Madrid: Cuadernos Civitas, 1983, p. 22.

juridicamente, mas a mera atenção à legalidade não satisfaz porque a solução adotada pode contrariar os valores éticos subjacentes na coletividade. Se é certo que a Administração Pública deve atingir os fins determinados pela lei e, em última análise, pelo interesse público, o princípio da moralidade exsurge como o tipo de comportamento que os administrados dela esperam para alcance de seus fins, orientada por uma "comunidade moral de valores, expressos por meio de *standards*, modelos ou pautas de conduta"[56]. Destacando a eficiência do princípio da razoabilidade para a revelação de que o ato administrativo em si mesmo considerado (seu objeto, seu conteúdo) pode contrariar a ética da instituição e afrontar a norma de conduta aceita como legítima pela coletividade, discorre que "a imoralidade salta aos olhos quando a Administração Pública é pródiga em despesas legais, porém inúteis, como propaganda ou mordomia, quando a população precisa de assistência médica, alimentação, moradia, segurança, educação"[57].

Sua eficácia reforçada é negativa (destruição de atos infringentes de seu conteúdo) ou positiva (exigibilidade de comportamentos concordes ao seu postulado) e, ademais, o princípio da moralidade atua de maneira preventiva, insuflando a construção de expedientes tendentes em regras jurídicas a concretizá-lo: assim ocorre com as incompatibilidades e os deveres funcionais negativos, os institutos da licitação e do concurso público, as normas de transparência, motivação, participação popular e controle etc.

A obra jurídico-normativa nem sempre preza por uma distinção entre Moral e Direito. Tércio Sampaio Ferraz Júnior em tom de fina ironia coloca em voga esse paradoxo, apresentado como "um angustiante ceticismo e até um despudorado cinismo"[58]. Realmente, aí exposto está o mais sensível paradoxo da ciência jurídica. O princípio

---

56. DI PIETRO, Maria Sylvia Zanella. *Discricionariedade administrativa na Constituição de 1988*, São Paulo: Atlas, 1991, p. 116.

57. DI PIETRO, Maria Sylvia Zanella. *Discricionariedade Administrativa na Constituição de 1988*, São Paulo: Atlas, 1991, p. 111.

58. "O direito, em suma, privado de moralidade, perde sentido, embora não perca necessariamente império, validade, eficácia. Como, no entanto, é possível às vezes, ao homem e à sociedade, cujo sentido de justiça se perdeu, ainda assim sobreviver com o seu direito, este é um enigma da vida humana, que nos desafia permanentemente e que leva muitos a um angustiante ceticismo e até um despudorado cinismo" (FERRAZ JÚNIOR, Tércio Sampaio. *Introdução ao Estudo do Direito*, 2. ed. São Paulo: Atlas, 1994, p. 358).

da moralidade tem autonomia em relação ao princípio de legalidade administrativa. Os romanos já expressavam que *non omnis quod licet honestum est* e São Paulo, o Apóstolo do Gentio, proclamava que "*omnia mihi licent!'. Sed non omnia expediunt. 'Omnia mihi licent!'. Sed ego sub nullius redigar potestate*" na I Carta aos Coríntios. Não obstante, durante os séculos as sociedades humanas conviveram com a trágica dicotomia entre o lícito e o moral.

Diogo Figueiredo Moreira Neto empresta relevo a uma distinção "bem mais palpável, entre a moralidade na criação da lei – a Moral *no* Direito, e a moralidade na aplicação da lei – a moral *do* Direito", realçando esta última ao perscrutar a intersecção da moral no direito em termos de aplicação, sem devotar preocupação "até que ponto a norma legal incorpora a moral, mas até que ponto a norma inspira e condiciona a aplicação da norma legal"[59].

As lições de Miguel Reale demonstram que as leis culturais se caracterizam por referibilidade a valores, adequando meios aos fins, tendo natureza axiológica ou teleológica. A ética é a ciência normativa do comportamento humano e figura dentre as leis culturais de cunho obrigatório, compreendendo as normas morais, políticas, religiosas e jurídicas. Normas éticas envolvem juízo de valor sobre comportamentos humanos e a adoção de uma diretriz compulsória e imperativa numa coletividade expressada através de uma regra deontológica (dever-ser)[60]. São elas que orientam as condutas humanas e os julgamentos entre o certo e o errado, o justo e o injusto. Segundo essa doutrina, a teoria do mínimo ético [o Direito representa apenas o mínimo de Moral declarado obrigatório, e era ilustrada pela imagem dos dois círculos concêntricos em que o maior é o da Moral e o menor é o do Direito (concepção ideal)], foi criticada porque nem todas as regras jurídicas têm ingrediente moral. Ademais, o Direito amiúde tutela o imoral e o amoral, de modo que "sempre permanece um resíduo de imoral tutelado pelo Direito", razão pela qual Direito e Moral se representam por dois círculos secantes (concepção real). O cumprimento das

59. MOREIRA NETO, Diogo de Figueiredo. *Mutações do Direito Administrativo*, Rio de Janeiro: Renovar, 2000, p. 54.

60. REALE, Miguel. *Lições preliminares de Direito*, 10. ed., São Paulo: Saraiva, 1983, 10. ed., pp. 23-40.

regras morais reside na espontaneidade do agente, enquanto o adimplemento das regras jurídicas repousa na sua coercibilidade. Elas têm validade objetiva e transpessoal, independentemente da vontade do sujeito (heteronomia), diferentemente das regras morais (autonomia), e são dotadas de bilateralidade atributiva, consistente na proporção intersubjetiva em função da qual os sujeitos de uma relação ficam autorizados a pretender, exigir ou fazer, garantidamente, algo[61]. De outra parte, agrega-se a consequência da violação, porque a norma jurídica, de ordinário, tem em sua estrutura a consequência (promessa da sanção) pelo seu descumprimento.

Mas, é na própria teoria tridimensional do Direito que se encontrará a resposta. A norma jurídica é a síntese integrante de fatos ordenados segundo distintos valores[62]. O fato é objeto de valoração na norma jurídica cuja construção ou interpretação é dinâmica. Em preito a Miguel Reale, Diogo de Figueiredo Moreira Neto destaca que "ao integrar fato, valor e norma, o nosso jusfilósofo maior alçou o fundamento moral (valor) a elemento essencial do Direito, não importando tanto assim uma distinção entre este e Moral"[63].

A consagração ou explicitação dos princípios de moralidade e de impessoalidade na Administração Pública representa um inequívoco processo de penetração da Moral no Direito, com a ressalva de que não se trata da moral comum e subjetiva, senão da moral jurídica objetiva no desempenho de função pública. A penetração é visível em princípios e regras: no Direito Privado, pela censura ao abuso de direito caracterizado pelo exercício excessivo do direito em relação a pautas flexíveis dotadas de intensa dose axiológica como a boa-fé (art. 187, Código Civil), assim como pela exigência de boa fé e probidade na conclusão e na execução dos contratos (art. 422, Código Civil); e com maior intensidade, o Direito Público ostenta várias remissões à moralidade e à probidade na Constituição (arts. 5º, LXXIII, 14, § 9º, 37, *caput*, e § 4º, 85, V, *v.g.*) e nas leis infraconstitucionais (art. 2º, *e*, Lei n. 4.717/65; arts. 4º, 9º a 11, Lei n. 8.429/92; arts. 2º, IV, 4º,

61. REALE, Miguel. *Lições preliminares de Direito*, 10. ed. São Paulo: Saraiva, 1983, pp. 41-54.
62. REALE, Miguel. *Lições preliminares de Direito*, 10. ed. São Paulo: Saraiva, 1983, pp. 64-67.
63. MOREIRA NETO, Diogo de Figueiredo. *Mutações do Direito Administrativo*, Rio de Janeiro: Renovar, 2000, p. 53.

II, Lei n. 9.784/99; *v.g.*), destacando-se, no particular, que o § 4º do art. 37 da Constituição Federal de 1988, caudatário direto dos princípios democrático e republicano que orientam a construção do Estado Democrático de Direito, consegue aproximar Direto e Moral, não a moral comum, mas, a moralidade administrativa, e que não se trata da moral subjetiva, senão da moral jurídica objetiva no desempenho de função pública.

O vício de imoralidade poderá residir em elementos do ato como motivo, objeto e, sobretudo, finalidade, até porque esses três respondem à estrutura nuclear e material dos atos da Administração. E amiúde o diagnóstico da legitimidade desses atos tem como parâmetros conjugados outros princípios de capital importância como os de proporcionalidade, razoabilidade, impessoalidade etc.

Por sua vez, probidade administrativa é conceituada como dever funcional[64] (geral e positivo) decorrente do princípio da moralidade[65], mas, há entendimentos, como o de Juarez Freitas, sublinhando constituir um subprincípio deste, "mais propriamente como especificação do que qualificação daquele", e que não pode ser reduzido como conjunto de regras deontológicas extraídas da disciplina interna da Administração, senão também "com padrões éticos de uma determinada sociedade, de acordo com os quais não se admite a universalização de máximas de conduta que possam fazer perecer os liames sociais"[66]. É certo que o conceito de probidade está compreendido no de moralidade,

64. Marcello Caetano explica o dever de probidade como aquele pelo qual "o funcionário deve servir a Administração com honestidade, procedendo no exercício de suas funções sempre no intuito de realizar os interesses públicos, sem aproveitar os poderes ou facilidades delas decorrentes em proveito pessoal ou de outrem a quem queira favorecer", de tal sorte que "impõe assim ao funcionário uma conduta de absoluta isenção, de modo a que não seja suspeito de prevaricar, de deixar-se corromper ou de por outro modo ser infiel à entidade servida e aos interesses gerais que lhe cumpre realizar e defender" (CAETANO, Marcello. *Manual de Direito Administrativo*. Coimbra: Livraria Almedina, 1997, tomo II, pp. 749-750, n. 288).

65. Maurício Antônio Ribeiro Lopes observa que "o dever de probidade decorre diretamente do princípio da moralidade que lhe é superior pelo maior grau de transcendência que os princípios têm em relação dos deveres. Pode-se dizer que a probidade é uma das possíveis formas de externação da moralidade" (LOPES, Maurício Antônio Ribeiro. *Ética e Administração Pública*, São Paulo: Revista dos Tribunais, 1993, p. 58).

66. FREITAS, Juarez. *O Controle dos Atos Administrativos e os princípios fundamentais*, São Paulo: Malheiros, 1997, pp. 68-70.

sendo aquela um de seus vetores, e que, em linhas gerais, significa honestidade.

Assim, por exemplo, Antônio José de Mattos Neto sublinha que "o princípio da probidade administrativa é norma superior que exige do agente público e de terceiros atos honestos e leais para com a administração pública"[67], e Juarez Freitas complementa que o princípio da probidade consiste "na proibição de atos desonestos ou desleais para com a Administração Pública, praticados por agentes seus ou terceiros", acrescendo que mesmo não ocorrido enriquecimento ilícito ou dano patrimonial ao erário a "violação do princípio da moralidade pode e deve ser considerada, em si mesma, apta para caracterizar a ofensa ao subprincípio da probidade administrativa, na senda correta de perceber que o constituinte quis coibir a lesividade à moral positivada, em si mesma, inclusive naqueles casos em que não se vislumbram, incontrovertidos, os danos materiais"[68].

Portanto, a probidade atende a honestidade de meios e fins empregados pela Administração Pública e seus agentes, sublinhando valores convergentes à ideia de boa administração, de cumprimento das regras da ética interna da administração pública e da vocação institucional da administração pública como lealdade, imparcialidade, finalidade e boa-fé.

Possível dizer-se, ainda, que a moralidade seria parâmetro dos atos da Administração enquanto a probidade baliza mensurada da conduta dos agentes públicos. Essa interessante distinção é tecida por José Guilherme Giacomuzzi após tratar da moralidade administrativa subjetiva (representada pelo desvio de finalidade) e objetiva (concretizada no controle do objeto e do motivo), ele expõe que esse princípio congrega dois aspectos: "Enquanto princípio jurídico, a moralidade também contém um aspecto objetivo (pouco explorado) e outro subjetivo. No primeiro, que é em verdade o mais fecundo campo de aplicação do princípio da moralidade, ela veicula a boa-fé objetiva no campo do direito público-administrativo, exigindo um

67. MATTOS NETO, Antônio José de. Responsabilidade Civil por Improbidade Administrativa in *Revista dos Tribunais, nº 752*. São Paulo: Revista dos Tribunais, junho de 1998, p. 33.

68. FREITAS, Juarez. Do Princípio da Probidade Administrativa e sua máxima efetivação in *Revista de Direito Administrativo, nº 204*, p. 71.

comportamento positivo da Administração e impondo a ela deveres de conduta transparente e leal. A inação administrativa pode, examinado o caso concreto, gerar ao cidadão direito subjetivo público a prestações do Poder Público ou a indenizações. A proteção à confiança legítima dos administrados é seu principal desdobramento, não havendo, em princípio, óbice para o aproveitamento dos institutos decorrentes da boa-fé objetiva desenvolvida no campo jurídico-privado aos domínios do direito público-administrativo. No segundo aspecto (subjetivo) impõe um dever de honestidade ao administrador público, podendo-se falar em um dever de probidade, estando o ilícito – civil *lato sensu* – de improbidade previsto na LIA".[69]

Ou seja, ao lado da boa-fé objetiva (exigência de comportamento positivo da Administração Pública respeitante aos deveres de conduta transparente e leal) há o dever de honestidade ao administrador público; daí porque se trata de um dever de probidade, no qual o ilícito civil *lato sensu* (improbidade) é previsto na Lei 8.429/1992. A identificação da moralidade administrativa com a boa-fé objetiva do Direito Privado é, aliás, preconizada por Hely Lopes Meirelles ao explicar que "é vista como uma 'norma de comportamento leal' ou um 'modelo de conduta social, arquétipo ou *standard* jurídico', ao qual cada pessoa deve ajustar a própria conduta, 'obrando como obraria um homem reto: com honestidade, lealdade, probidade' (...)"[70].

A improbidade é a violação da probidade e da moralidade. José Afonso da Silva rotula o ato de improbidade administrativa como a imoralidade administrativa qualificada pelo dano ao erário e correspondente vantagem ao ímprobo ou a outrem[71]. Juarez Freitas visualiza na associação do princípio da probidade administrativa mais uma especificação do que uma qualificação subsidiária do princípio da moralidade administrativa, ligando-o aos valores de honestidade e lealdade, de modo que "a violação da moralidade pode e deve ser considerada, em si mesma, apta para caracterizar ofensa ao subprincípio da

---

69. GIACOMUZZI, José Guilherme. *A moralidade administrativa e a boa-fé da administração pública*. São Paulo: Malheiros, 2002, p. 307-309.

70. MEIRELLES, Hely Lopes. *Direito administrativo brasileiro*. 35. ed. São Paulo: Malheiros, 2009, p. 93.

71. SILVA, José Afonso da. *Curso de Direito Constitucional Positivo*, 6 ed. São Paulo: Revista dos Tribunais, p. 563.

probidade administrativa"[72]. Em resumo, improbidade é desonestidade no exercício de função pública (*lato sensu*) e tem a ver com a grave violação dos deveres de boa administração e de ética funcional e do princípio da moralidade administrativa. Improbidade não se reduz a corrupção ou enriquecimento ilícito; estes são espécies daquela que é gênero.

O § 4º do art. 37 da Constituição é regra que descende direta e imediatamente do princípio da moralidade constante da cabeça do mesmo artigo ao dispor que "os atos de improbidade administrativa importarão a suspensão dos direitos políticos, a perda da função pública, a indisponibilidade dos bens e o ressarcimento ao erário, na forma e gradação previstas em lei, sem prejuízo da ação penal cabível". Dessa normativa decorre (a) a repressão jurisdicional civil e penal da improbidade administrativa e sua independência, (b) o conceito amplo de improbidade administrativa como gênero a abranger espécies definidas em lei, (c) as consequências (sanções ou não) dela derivadas, e (d) a necessidade de lei disciplinando a matéria, inclusive estabelecendo a forma e gradação de sua aplicação.

5. A TUTELA DA PROBIDADE NO DIREITO BRASILEIRO. A proteção e o combate à improbidade no direito brasileiro é ampla e compreende vários matizes para sua análise. No que concerne ao aspecto repressivo, a punição ou responsabilização pela prática de atos ímprobos contém na Constituição de 1988 múltiplas expressões nos arts. 14, § 9º, 15, V, 37, § 4º, e 85, V, sendo adequado afirmar-se que ela é temática transversal no ordenamento jurídico, presente em diversas disciplinas da Ciência do Direito (administrativa, eleitoral, política, civil, penal).

Descendente direto e predileto do princípio de moralidade administrativa inscrito no *caput* do art. 37 da Constituição de 1988 é o mandado de responsabilização pela prática de atos de improbidade administrativa contido no § 4º desse mesmo art. 37, do qual se extrai o dever de probidade exigível a tantos quantos exerçam função pública *lato sensu* ou que se relacionem de qualquer maneira com o poder público. Em uma perspectiva mais abrangente, esses dispositivos da

72. FREITAS, Juarez. Do Princípio da Probidade Administrativa e sua máxima efetivação in *Revista de Direito Administrativo, nº 204*, p. 71.

Constituição se ligam a outros que a exemplo do inciso LXXIII de seu art. 5º edificam o direito subjetivo público à honestidade dos negócios públicos e do exercício do poder. A relevância do dever de probidade é tão intensa e profunda no direito constitucional brasileiro que, nos termos do art. 15, V, da Constituição, a excepcional suspensão de direitos políticos encontra na improbidade administrativa uma de suas causas.

O § 4º do art. 37 da Constituição é norma punitiva do descumprimento de obrigação jurídico-normativa, estabelecendo que a violação ao dever de probidade implicará a suspensão dos direitos políticos, a perda da função pública, a indisponibilidade de bens e o ressarcimento ao erário, na forma e gradação previstas em lei, sem prejuízo da ação penal cabível. Seu sentido é o de proibir a prática de atos de improbidade, o que é tônica na Constituição de 1988 como se verifica explicitamente de seus arts. 14, § 9º, 15, V, e 85, V, e que não esgota todas as perspectivas de repressão aos atos de improbidade administrativa, pois, do próprio § 4º do art. 37 emerge a responsabilidade penal por atos de improbidade.

Daí é possível a visualização da estrutura de variegadas esferas: (a) a responsabilidade civil, subjetiva e pessoal, de agentes públicos e terceiros, delineada nas Leis n. 4.717/65 e n. 8.429/92; (b) a responsabilidade objetiva, civil ou administrativa, de pessoas jurídicas de direito privado por atos lesivos ao patrimônio público, de que cuida a Lei n. 12.846/13; (c) a responsabilidade administrativo-disciplinar, subjetiva e pessoal, prevista nos estatutos dos servidores públicos, pela prática de infração funcional inclusive por improbidade administrativa (*v.g.*, art. 132, IV, da Lei n. 8.112), sujeitando-os à demissão; (d) a responsabilidade penal, subjetiva e pessoal, baseada nos denominados crimes contra a Administração Pública (peculato, corrupção passiva, concussão, emprego irregular de verbas públicas etc.) e nos crimes funcionais, típicos de agentes públicos, como a Lei de Abuso de Autoridade ou em outras leis especiais; (e) a responsabilidade política do Chefe do Poder Executivo e outras autoridades por crime de responsabilidade consistente no atentado contra a probidade na Administração (art. 85, V, Constituição; arts. 4º, V, e 9º, Lei n. 1.079/50), assim como a cassação de mandato de parlamentares por procedimento incompatível com o decoro (art. 55, II, §§ 1º e 2º,

Constituição Federal); (f) a responsabilidade eleitoral pela prática de condutas vedadas nas eleições (Lei n. 9.504/97), destinadas também à defesa da probidade administrativa.

Além disso, a Lei Complementar n. 64/90 regula casos de inelegibilidade inclusive para proteção da probidade administrativa, fiel ao § 9º do art. 14 da Constituição de 1988 que confere à lei complementar o estabelecimento de outros casos de inelegibilidade e os prazos de sua cessação, a fim de proteger a probidade administrativa, a moralidade para exercício de mandato considerada vida pregressa do candidato, e a normalidade e legitimidade das eleições contra a influência do poder econômico ou o abuso do exercício de função, cargo ou emprego na administração direta ou indireta. Inelegibilidade não é sanção, senão consequência decorrente, entre outros, da imposição de uma sanção como, por exemplo, com base na Lei da Improbidade Administrativa.

O Ato das Disposições Transitórias da Constituição de 1988 tipifica diretamente atos de improbidade, relacionados à execução de verbas devidas pelos entes estatais como a não liberação tempestiva de recursos para satisfação de precatórios (arts. 97, § 10, III, 101, § 3º, e 104, II).

Não obstante, a tutela da probidade se articula outrossim por normas que instituem instrumentos preventivos de atuação, como a disciplina de incompatibilidades (impedimentos e suspeições) e conflitos de interesses, os códigos de ética que densificam os deveres funcionais, os institutos da licitação, do concurso público e do *compliance*, entre outros, o controle da legitimidade do enriquecimento dos agentes públicos, os processos de *accountability*, a firme e independente atuação de instituições controladoras como o Ministério Público e o Tribunal de Contas (e, no âmbito interno, de controladorias, ouvidorias, corregedorias), a observância das normas de responsabilidade fiscal, bem como a imprescindibilidade da expansão de vetores tendentes à transparência na gestão dos negócios públicos como publicidade, motivação e transparência, e a atuação da Administração pautada pelos demais princípios regentes de suas atividades para além da legalidade: razoabilidade, proporcionalidade, impessoalidade, imparcialidade, interesse público etc.

No aspecto histórico, a disciplina repressiva da improbidade administrativa no direito brasileiro foi originariamente inserida no direito penal, espraiando-se paulatinamente para uma configuração extrapenal, que atingiu o patamar de sanção constitucional, decretada pelo devido processo legal jurisdicional (civil ou criminal para o sequestro e perda de bens) e pela instância administrativa exclusiva da Presidência da República (confisco).

A previsão de responsabilização mediante sequestro e perdimento de bens pelo enriquecimento ilícito, influência ou abuso no exercício de cargo ou função pública na Constituição de 1946 (art. 141, § 31), foi justificada por Francisco Bilac Moreira Pinto ao comentar que "foi precisamente essa ineficácia das normas legais vigentes que levou o legislador constituinte a formular novo tipo de sanção (...) Se tivermos em vista que os casos mais correntes de enriquecimento ilícito das classes atingidas pela norma constitucional ocorrem precisamente em razão da não observância dos princípios éticos que devem regular a sua conduta, perceberemos, a um só tempo, não só a nota original dessa modalidade de sanção, mas, também o vasto campo que se abre para o controle da moralidade da administração pública"[73]. Veio a lume a Lei n. 3.164/57 (Lei Pitombo-Godói Ilha), tratando da tutela extrapenal da probidade, seguida da Lei n. 3.502/58 (Lei Bilac Pinto) que deu maior abrangência e amplitude ao conceito de função pública e entidades administrativas, descrevendo e conceituando enriquecimento ilícito e regulando o respectivo processo civil.

Em 13 de dezembro de 1968 foi editado o Ato Institucional n. 05, que concedeu poderes ao Presidente da República, excluindo a apreciação judicial, para o decreto do confisco de bens daqueles que houvessem enriquecido ilicitamente no exercício de cargo ou função pública, inclusive de autarquias, empresas públicas e sociedades de economia mista, sem prejuízo das sanções penais cabíveis. Criou-se pelo Decreto-lei n. 359, de 17 de dezembro de 1968, a Comissão-Geral de Investigações no Ministério da Justiça para promoção das investigações sumárias visando ao futuro confisco, e o Ato Complementar

73. PINTO, Francisco Bilac Moreira. *Enriquecimento ilícito no exercício de cargos públicos*, Rio de Janeiro: Forense, 1960, pp. 109- 112.

n. 42, de 27 de janeiro de 1969, regulamentou esse confisco e definiu o enriquecimento ilícito.

O Ato Institucional n. 14, de 05 de setembro de 1969, deu nova redação ao § 11 do art. 150 da Constituição Federal, remetendo à legislação infraconstitucional dispor sobre o confisco e "sobre o perdimento de bens por danos causados ao Erário, ou no caso de enriquecimento ilícito no exercício de cargo, função ou emprego na Administração Pública, Direta ou Indireta", e manteve a cláusula de insindicabilidade jurisdicional e a vigência de toda a legislação regente do confisco de bens em casos de enriquecimento ilícito.

Promulgada em 17 de outubro de 1969, a Emenda n. 01 à Constituição Federal de 1967 manteve no art. 153, § 11, a mesma redação dada ao art. 150 citado, não admitindo o confisco, salvo nos casos de guerra externa, psicológica adversa, revolucionária ou subversiva, nos termos da lei. Estabeleceu, ainda, que a legislação infraconstitucional deveria dispor sobre o "perdimento de bens por danos causados ao erário, ou no caso de enriquecimento ilícito no exercício do cargo, função ou emprego na Administração Pública, direta ou indireta", possibilitando, no art. 154, a suspensão dos direitos políticos, por prazo determinado, pelo Supremo Tribunal Federal, por representação do Procurador-Geral da República, sem prejuízo de ação civil ou penal, na hipótese de abuso de direito individual ou político com o propósito, dentre outros, de corrupção.

A Emenda n. 11, de 13 de outubro de 1978, alterou o § 11 do art. 153, remetendo à legislação infraconstitucional a tarefa de dispor "sobre o perdimento de bens por danos causados ao erário ou no caso de enriquecimento ilícito no exercício de função pública", tendo revogado os atos institucionais e complementares a ela contrários, ressalvada a eficácia dos atos com base neles praticados, imunes de apreciação judicial.

6. BENS JURÍDICOS TUTELADOS. Da interpretação do *caput* e dos §§ 5º a 7º do art. 1º da Lei n. 8.429/92 emerge que o diploma legal institui um sistema de responsabilização pela prática de atos de improbidade administrativa. A meta da lei é a punição do vício de improbidade. Sua finalidade é a tutela do bem jurídico violado, pois, a probidade é considerada valor fundamental na organização do Estado e no exercício de suas funções, uma vez que ela se apresenta como elemento indispensável para garantia da integridade do patrimônio público e social, o que envolve os bens, direitos, e interesses materiais (ou patrimoniais) e imateriais do Estado como pessoa jurídica e como comunidade jurídica organizada de expressão e coesão da sociedade.

O conceito legal de atos de improbidade se verbaliza pela violação da probidade na organização do Estado e no exercício de suas funções e a integridade do patrimônio público e social, alcançado, os praticados no âmbito de todos os Poderes e na Administração direta e indireta federal, estadual, municipal e distrital.

Pertencem ao espectro sancionador os atos de improbidade praticados contra o patrimônio de pessoa jurídica de direito privado que receba subvenção, benefício ou incentivo, fiscal ou creditício, de entes públicos ou governamentais, conforme enuncia o § 6º do art. 1º. É possível classificar genericamente que se trata de improbidade experimentada por entidade privada fomentada com recursos de entidades da Administração Pública, oriundos de subvenções econômicas ou sociais, de mútuos ou empréstimos de instituições financeiras estatais, de isenções tributárias ou outros favores fiscais, e que, segundo Rafael de Oliveira Costa e Renato Kim Barbosa, afastou a interpretação de que a improbidade administrativa contra as entidades fomentadas só ensejaria punição em caso de comprovado dano ao erário[74].

O § 7º do art. 1º da Lei n. 8.429/92 limita o ressarcimento do dano, no caso de pessoa jurídica de direito privado criada ou mantida por recursos públicos, à repercussão do ilícito de modo proporcional à contribuição do erário, sendo irrelevante ela integrar ou não a Administração descentralizada. O preceito se liga às entidades privadas fomentadas (§ 6º do art. 1º) e parceiras (parágrafo único do art. 2º) e não se aplica às empresas estatais (sociedades de economia mista e empresas públicas) que estão disciplinadas no § 5º do art. 1º, sem distinção quanto ao objetivo institucional (prestação de serviço público ou exploração de atividade econômica) ou à sua condição de empresa

74. COSTA, Rafael de Oliveira Costa; e BARBOSA, Renato Kim. *Nova Lei de improbidade administrativa*, São Paulo: Almedina, 2022, p. 52.

estatal dependente nos termos do art. 2º, III, da Lei Complementar n. 101/00.

7. ESPÉCIES ENDÓGENAS E EXÓGENAS DE IMPROBIDADE. O sistema normativo de responsabilização e punição de atos de improbidade administrativa parte do gênero para as espécies: a Constituição de 1988 no § 4º do art. 37 trata da improbidade como gênero, não se limitando ao enriquecimento ilícito.

As espécies ou modalidades são as matrizes conceituadas nos arts. 9º, 10 e 11 da Lei n. 8.429/92, sem prejuízo de outras criadas em leis especiais. Daí porque tomando-se como ponto de referência a Lei n. 8.429 há espécies endógenas e exógenas: aquelas são constituídas pelo enriquecimento ilícito de agente público no exercício de função pública (art. 9º), pelo prejuízo ao erário (art. 10), e pelo atentado contra os princípios da Administração Pública (art. 11); estas por normas da legislação especial, como o art. 52 do Estatuto da Cidade (Lei n. 10.257/01), o art. 73, § 7º, da Lei n. 9.504/97, o art. 32, § 2º, da Lei de Acesso à Informação (Lei 12.527/11), o art. 12 da Lei do Conflito de Interesses (Lei n. 12.813/13), o art. 73 da Lei de Responsabilidade Fiscal (Lei Complementar n. 101/00), o art. 10 da Lei das Organizações Sociais (Lei n. 9.637/98), o art. 13 da Lei das Organizações da Sociedade Civil de Interesse Público (Lei n. 9.790/99), o art. 29 da Lei das Parcerias Público-Privadas (Lei n. 11.079/04). Para a Lei n. 8.429/92 essas espécies de improbidade devem ser necessariamente dolosas, como explicita o § 1º de seu art. 1º adicionado pela Lei n. 14.230, limitação que não incide para outras espécies criadas pela legislação extravagante.

A arquitetura das espécies endógenas é baseada em conceitos típicos no correlato *caput* acompanhados de rol de situações que o particularizam, elencando situações que ontologicamente se subsumem ao seu comando, coerente com a respectiva espécie. Esses róis são exemplificativos nos arts. 9º e 10 e taxativo no art. 11, considerando a redação dada pela Lei n. 14.230/21, diferentemente da primitiva redação da Lei n. 8.429/92 em que todos eram exemplificativos e se admitia a culpa no art. 10. Mesmo que não esteja arrolada a hipótese fática nas figuras dos incisos dos arts. 9º e 10, se ela se ajusta à descrição conceitual e típica da cabeça desses dispositivos o ato de improbidade poderá ser classificado como enriquecimento ilícito no exercício de função pública ou prejuízo ao erário, ao passo que, para os fins do art. 11, a hipótese fática deve se ajustar tanto ao seu *caput* quanto aos seus incisos respectivos para se caracterizar como atentado contra os princípios da administração pública, por se tratar de rol *numerus clausus*.

As espécies exógenas são as que, como dito antes, constam da legislação esparsa, recordando que o Ato das Disposições Transitórias da Constituição contém a previsão de improbidade administrativa do Chefe do Poder Executivo pela não liberação tempestiva de recursos para satisfação de precatórios (arts. 97, § 10, III, e 104, II) além do dirigente da instituição financeira que os receber para promoção dos pagamentos (art. 101, § 3º).

Convém a análise dessas leis especiais, precedidas de algumas observações preliminares.

O § 2º do art. 11 da Lei n. 8.429/92 na redação dada pela Lei n. 14.230/21 incorpora a baliza do § 1º desse mesmo artigo. Em outras palavras, somente haverá improbidade administrativa quando for comprovado na conduta funcional do agente público o fim de obter proveito ou benefício indevido para si ou para outra pessoa ou entidade (art. 11, § 1º). Essa regra se reporta à Convenção das Nações Unidas contra a Corrupção, promulgada pelo Decreto nº 5.687, de 31 de janeiro de 2006. Contudo, sua aplicação é restrita a espécie de atos de improbidade administrativa arrolados no art. 11, isto é, aqueles que atentam contra os princípios da administração pública. Nesse sentido, a atenta leitura do § 1º desse art. 11 reforça essa conclusão, pois a fórmula normativa adotada explicita seu cabimento "na aplicação deste artigo". Ademais, a exigência de dolo específico na convenção internacional é limitada ao abuso de funções (art. 19), não incidindo nas figuras de malversação ou peculato, apropriação indébita ou outras formas de desvio de bens por um funcionário público (art. 17) e enriquecimento ilícito (art. 19).

Logo, o § 2º do art. 11 ao determinar a aplicação do dolo específico (referido no § 1º) "a quaisquer atos de improbidade administrativa tipificados nesta Lei e em leis especiais e a quaisquer outros tipos especiais de improbidade administrativa instituídos por lei" merece interpretação que não o coloque em confronto com a convenção internacional no tocante às demais espécies exógenas ou endógenas de improbidade administrativa, considerada a superioridade hierárquico-normativo da referida convenção, sob pena de sua inconstitucionalidade, pois não é possível a extensão dessa exigência às espécies de enriquecimento ilícito no exercício de função pública ou de prejuízo ao erário (arts. 9º e 10).

Conquanto as fórmulas normativas dos arts. 9º e 10 da Lei n. 8.429/92 se caracterizem por relações exemplificativas, diferentemente do art. 11 que, após a modificação decorrente da Lei n. 14.230/21, adotou rol taxativo para a correlata espécie de ato de improbidade administrativa, não há impedimento à lei adicionar novas figuras ao art. 11 nem à lei especial criar outra espécie de improbidade administrativa

Além disso, à lei é defesa a classificação arbitrária de atos de improbidade administrativa segundo as espécies constantes dos arts. 9º, 10 e 11 da Lei n. 8.429/92, ainda que por expressa previsão normativa (reprodutiva, repetitiva ou remissiva), que, *in casu*, se afastaria dos cânones de razoabilidade e proporcionalidade na produção normativa. E por idêntica razão, não é válida interpretação nesse sentido. Em outras palavras, não pode a lei classificar o ato de improbidade em determinada espécie ou incluí-lo no respectivo rol se, conceitual, ontológica e materialmente, ele pertence a outra.

A eventual antinomia entre a Lei n. 8.429/92 e as leis especiais posteriores que remetam à Lei n. 8.429/92 ou criem figuras de atos de improbidade administrativa é resolvida pelos critérios de cronologia e especialidade. Questão mais profunda é avaliar esse conflito após a redação dada pela Lei n. 14.230/21. Nesse caso, somente o critério de especialidade poderá resolver o impasse interpretativo, devendo ser considerada a Lei n. 8.429/92 como lei geral que, após as modificações dadas pela Lei n. 14.230/21, não revogou as leis especiais porque não regulou inteiramente as matérias tratadas nas leis especiais e não há incompatibilidade, assim como estabeleceu regras gerais a par das contidas naquelas leis especiais. Especificamente no que se relaciona ao art. 11 da Lei n. 8.429/92, a previsão de figuras nessas leis especiais subsumíveis a essa espécie de improbidade não desnatura a natureza taxativa de seu rol.

7.1. LEI DAS ELEIÇÕES. A Lei n. 9.504, de 30 de setembro de 1997, que estabelece normas para as eleições, tem o intento moralizante de evitar o quanto possível o abuso de poder político. Seu art. 73 contém um rol de proibições iluminadas pelo art. 37 da Constituição. O *caput* da disposição legal tem amplo conceito, interditando aos agentes públicos a prática de condutas tendentes a afetar a igualdade de oportunidades entre candidatos nos pleitos eleitores e seus incisos arrolam situações dessa natureza, prevendo-se sanções eleitorais.

O § 7º do art. 73 determina que "as condutas enumeradas no *caput* caracterizam, ainda, atos de improbidade administrativa, a que se refere o art. 11, inciso I, da Lei nº 8.429, de 2 de junho de 1992, e sujeitam-se às disposições daquele diploma legal, em especial às cominações do art. 12, inciso III". Reporta-se, no ponto, à advertência doutrinária precedente à Lei n. 14.230/21: "como o *caput* é norma de tipo aberto e exemplificativo, lógico que as situações descritas nos incisos do art. 73 e nos arts. 75 e 77 também caracterizam improbidade administrativa. Entretanto, o ponto de divergência situa-se na remissão direta e específica ao art. 11 da Lei n. 8.429/92, na medida em que as situações descritas nas normas proibitivas eleitorais acomodam-se à definição legal de outras – e mais graves, inclusive no aspecto punitivo – modalidades de improbidade administrativa da Lei n. 8.429/92"[75].

Como o inciso I do art. 11 da Lei n. 8.429/92 foi revogado pela Lei n. 14.230/21 a remissão a ele contida no § 7º do art. 73 da Lei das Eleições merece detida reflexão. Exclui-se qualquer exegese enunciando que as condutas dos incisos I a VIII do art. 73 da Lei n. 9.504/97 não mais caracterizam improbidade administrativa por conta da revogação da remissão contida no § 7º ao inciso I do art. 11 da Lei n. 8.429/92. Persistente a perspectiva de caracterização de improbidade na prática de condutas vedadas aos agentes públicos porque o *caput* do art. 11 da Lei n. 8.429/92 não foi revogado, somente seu inciso I, albergando as situações descritas nos incisos I a VIII desse art. 73. E para além, retomando a crítica acima reproduzida, não é adequada

75. Wallace Paiva Martins Junior. *Probidade administrativa*, 4. ed., São Paulo: Saraiva, 2009, p. 210, n. 37a.

a inserção automática das hipóteses dos incisos I a VIII do art. 73 da Lei n. 9.504/97 a espécie de improbidade administrativa existente na Lei n. 8.429/92 (como a do art. 11), mediante classificação arbitrária, pois há situações descritas que substancialmente caracterizam enriquecimento ilícito de agente público (art. 73, II, *v.g.*) ou prejuízo ao erário (art. 73, VIII, *v.g.*).

7.2. LEIS DE FOMENTO PÚBLICO. A legislação de fomento de atividades privadas de interesse público prevê a extensão das sanções da improbidade administrativa relacionada ao uso de verbas públicas decorrentes de contrato de gestão (art. 10 da Lei n. 9.637/98) e termo de parcerias (art. 13 da Lei n. 9.790/99). A incidência da Lei n. 8.429/92, é óbvio, será empreendida nos termos dos §§ 6º e 7º de seu art. 1º, abrangendo as hipóteses de enriquecimento ilícito e prejuízo ao patrimônio público. No tocante às parcerias reguladas pela Lei n. 13.019, de 31 de julho de 2014, esta alterou a Lei n. 8.429/92 com inovações totais ou parciais (incisos VIII e XVI a XX de seu art. 10), em sua maioria mantidos pela Lei n. 14.230/21.

7.3. ESTATUTO DA CIDADE. A Lei n. 10.257, de 10 de julho de 2001 (Estatuto da Cidade), estabelece a responsabilidade de Prefeito de Município por improbidade administrativa, com expressa referência à Lei n. 8.429/92 em seu art. 52 que arrola nos incisos II a VIII as figuras típicas. Esse rol não é exaustivo, senão exemplificativo. Como o Estatuto da Cidade não indica em quais das três espécies de improbidade administrativa os casos enumerados no art. 52 se encaixam ou a quais sanções estão sujeitos os agentes públicos e particulares beneficiários ou partícipes, é mister perquirir se a situação de qualquer dos incisos do art. 52 se amolda às definições de enriquecimento ilícito de agentes públicos no exercício de função pública, prejuízo ao patrimônio público ou atentado aos princípios da Administração Pública (arts. 9º a 11 da Lei n. 8.429/92), e daí decorre a imposição das respectivas sanções, conforme o ajuste da situação a uma das três espécies (art. 12, I, II e III, da Lei n. 8.429/92). Numa visão macroscópica da Lei n. 10.257/01, a maioria dos incisos do art. 52 pode caracterizar prejuízo ao patrimônio público (incisos II, III, IV, V e VIII) ou atentado aos princípios da Administração Pública (incisos VI e VII).

A lei enumera as seguintes situações para caracterização de improbidade administrativa: a) adestinação ou tredestinação de bem desapropriado pelo descumprimento da função social da propriedade urbana (art. 52, II); b) utilização de áreas adquiridas por meio do direito de preempção em desacordo com as finalidades do art. 26 (art. 52, III); c) desvio de recursos auferidos pela ampliação de vantagens aos particulares mediante outorga onerosa do direito de construir e alteração de uso, cujas finalidades são as mesmas do exercício do direito de preempção (art. 52, IV); d) desvio de recursos auferidos com operações consorciadas em desacordo, pois tais receitas têm uso regular e exclusivo na própria operação consorciada (art. 52, V); e) frustração da transparência na elaboração e na fiscalização do plano diretor (art. 52, VI); f) ausência da tomada de providências necessárias para instituição do plano diretor obrigatório e de sua revisão decenal, caracterizada pela falta injustificada de remessa do projeto de lei, pela violação indébita do devido processo legislativo (supressão da oitiva da população, por exemplo), pela remessa incompleta de projeto de lei etc. (art. 52, VII); g) aquisição de imóvel objeto de direito de preempção pelo valor da proposta apresentada, comprovadamente, superior ao de mercado (art. 52, VIII) – o que, ademais, encontra simetria com o art. 10, V, da Lei n. 8.429/92 e o art. 4º, V, *b*, da Lei n. 4.717/65.

O art. 21 da Lei n. 13.089, de 12 de janeiro de 2015, conhecida como Estatuto da Metrópole, que previa figuras outras de improbidade administrativa, típicas para Governador de Estado, foi revogado pela Lei n. 13.683, de 19 de junho de 2018.

7.4. LEI DAS PARCERIAS PÚBLICO-PRIVADAS. A Lei n. 11.079, de 30 de dezembro de 2004, que regula as parcerias público-privadas, promove remissão à Lei n. 8.429/92 em seu art. 29, que pode ocorrer à vista de qualquer das espécies de atos de improbidade administrativa (arts. 9º, 10 e 11 da Lei n. 8.429/92) pela violação de seus preceitos, sua utilização inadequada ou irregular, vícios na licitação ou no contrato como em qualquer ajuste bilateral da Administração Pública, abrangendo a ofensa de suas regras sobre garantias, financiamento, compartilhamento de riscos etc.

7.5. LEI DE RESPONSABILIDADE FISCAL. De igual maneira, a Lei Complementar n. 101, de 04 de maio de 2000 (Lei de Responsabilidade

Fiscal), contém regra promovendo a remissão à Lei n. 8.429/92 para responsabilização por infração a suas disposições. Também institui, por acréscimo da Lei Complementar n. 131, de 27 de maio de 2009, direito de petição especificamente vocacionado a qualquer cidadão, partido político, associação ou sindicato para denunciar ao respectivo Tribunal de Contas e ao Ministério Público o descumprimento das prescrições nela estabelecidas (art. 73-A).

Chama a atenção, entre outros vários aspectos da Lei de Responsabilidade Fiscal, para sua interação com a Lei de Improbidade Administrativa as despesas públicas consideradas ilícitas e lesivas ao patrimônio público (art. 15) e nulas (art. 21).

A Lei Complementar n. 159, de 19 de maio de 2017, que institui o regime de recuperação fiscal dos Estados e do Distrito Federal, também determina que as infrações às suas regras serão punidas com base na Lei de Improbidade Administrativa (art. 17-A).

7.6. LEI DE ACESSO À INFORMAÇÃO. A Lei n. 12.527, de 18 de novembro de 2001 (Lei de Acesso à Informação), atende ao princípio de transparência estatal fincado sob as bases da publicidade como regra e o sigilo como exceção, da divulgação de informação pública sem necessidade de pedido, e do direito de acesso à informação pública.

Ela estabelece a responsabilidade por improbidade administrativa (art. 32, § 2º), sem prejuízo de sanções administrativas, catalogando as seguintes condutas ilícitas: a) recusa ao fornecimento de informação requerida (contrária à lei), retardamento deliberado de seu fornecimento, ou fornecimento intencional de forma incorreta, incompleta ou imprecisa (art. 32, I); b) uso indevido, subtração, destruição, inutilização, desfiguração, alteração ou ocultação, total ou parcial, de informação sob sua guarda ou a que tenha acesso ou conhecimento em razão do exercício das atribuições de cargo, emprego ou função pública (art. 32, II); c) atuação com dolo ou má-fé na análise das solicitações de acesso à informação (art. 32, III); d) divulgação, permissão de divulgação, acesso ou permissão de acesso indevidos à informação sigilosa ou informação pessoal (art. 32, IV); e) imposição de sigilo à informação para obtenção de proveito pessoal ou de terceiro ou para fins de ocultação de ato ilegal cometido por si ou por outrem (art. 32,

V); f) ocultação da revisão de autoridade superior competente informação sigilosa para benefício próprio ou de outrem, ou em prejuízo de terceiros (art. 32, VI); g) destruição ou subtração, por qualquer meio, de documentos concernentes a possíveis violações de direitos humanos por parte de agentes do Estado (art. 32, VII).

A Lei n. 13.709, de 14 de agosto de 2018 (Lei Geral de Proteção de Dados), estendendo a responsabilidade administrativa por sua infração a órgãos e entes públicos não elimina a perspectiva de incidência da Lei n. 8.429/92 a seus agentes (art. 52, § 3º), além de prescrever que a incompatibilidade de atuação em determinadas situações após o exercício do cargo, por membros do Conselho Diretor da Autoridade Nacional de Proteção de Dados, caracteriza improbidade administrativa (art. 55-F).

7.7. LEI DE CONFLITO DE INTERESSES. Amalgama-se à tutela da probidade, corroborada pelas regras do inciso III do § 3º e do § 7º do art. 37 da Constituição de 1988, a Lei n. 12.813, de 16 de maio de 2013 (Lei de Conflito de Interesses), que dispõe sobre o conflito de interesses no exercício de cargo ou emprego do Poder Executivo (federal) e impedimentos posteriores ao exercício do cargo ou emprego.

Trata-se de diploma legal que tem íntima conexão com o princípio de moralidade administrativa, denotando sua funcionalidade preventiva de incompatibilidades entre a atuação nos setores público e privado. Após definir conflito de interesses e informação privilegiada (art. 3º) e cunhar os deveres (de prevenção e impedimento) daí decorrentes (art. 4º), essa lei enumera as situações que configuram conflito de interesses durante o exercício do cargo ou emprego (art. 5º) e após o seu exercício (art. 6º).

Sua incidência é direcionada a algumas espécies de agentes públicos, nomeadamente os ocupantes dos cargos (ou empregos) de Ministro de Estado, de natureza especial ou equivalentes, de dirigentes (presidente, vice-presidente e diretor, ou equivalentes) de autarquias, fundações públicas, empresas públicas ou sociedades de economia mista, do Grupo-Direção e Assessoramento Superiores – DAS, níveis 6 e 5 ou equivalentes (art. 2º). Além desses, os ocupantes de cargos ou empregos cujo exercício proporcione acesso a informação privilegiada capaz de trazer vantagem econômica ou financeira para o agente público ou para terceiro, conforme definido em regulamento (art. 2º, parágrafo).

Caracteriza o conflito de interesses no exercício de cargo ou emprego público: a) divulgação ou uso de informação privilegiada, em proveito próprio ou de terceiro, obtida em razão das atividades exercidas (art. 5º, I); b) exercício de atividade que implique a prestação de serviços ou a manutenção de relação de negócio com pessoa física ou jurídica que tenha interesse em decisão do agente público ou de colegiado do qual este participe (art. 5º, II); c) exercício, direta ou indireta, de atividade que em razão da sua natureza seja incompatível com as atribuições do cargo ou emprego, considerando-se como tal, inclusive, a atividade desenvolvida em áreas ou matérias correlatas (art. 5º, III); d) atuação, ainda que informal, como procurador, consultor, assessor ou intermediário de interesses privados nos órgãos ou entidades da administração pública direta ou indireta de qualquer dos Poderes da União, dos Estados, do Distrito Federal e dos Municípios (art. 5º, IV); e) prática de ato em benefício de interesse de pessoa jurídica de que participe o agente público, seu cônjuge, companheiro ou parentes, consanguíneos ou afins, em linha reta ou colateral, até o terceiro grau, e que possa ser por ele beneficiada ou influir em seus atos de gestão (art. 5º, V); f) recebimento de presente de quem tenha interesse em decisão do agente público ou de colegiado do qual este participe fora dos limites e condições estabelecidos em regulamento (art. 5º, VI); g) prestação de serviços, ainda que eventuais, a empresa cuja atividade seja controlada, fiscalizada ou regulada pelo ente ao qual o agente público está vinculado (art. 5º, VII).

Configura conflito de interesses após o exercício de cargo ou emprego, a qualquer tempo, a divulgação ou uso de informação privilegiada obtida em razão das atividades exercidas (art. 6º, I) e, no período de 6 (seis) meses, contado da data da dispensa, exoneração, destituição, demissão ou aposentadoria (salvo quando expressamente autorizado, conforme o caso, pela Comissão de Ética Pública ou pela Controladoria-Geral da União): a) prestação, direta ou indireta, de qualquer tipo de serviço a pessoa física ou jurídica com quem tenha estabelecido relacionamento relevante em razão do exercício do cargo ou emprego; b) aceite de cargo de administrador ou conselheiro ou estabelecimento de vínculo profissional com pessoa física ou jurídica que desempenhe atividade relacionada à área de competência do cargo ou emprego ocupado; c) celebração com órgãos ou entidades do Poder Executivo federal de contratos de serviço, consultoria, assessoramento ou atividades similares, vinculados, ainda que indiretamente, ao órgão ou entidade em que tenha ocupado o cargo ou emprego; d) intervenção, direta ou indireta, em favor de interesse privado perante órgão ou entidade em que haja ocupado cargo ou emprego ou com o qual tenha estabelecido relacionamento relevante em razão do exercício do cargo ou emprego (art. 6º, II).

O art. 12 da Lei de Conflito de Interesses prevê a responsabilidade por improbidade administrativa do agente público pela prática dos atos descritos nos arts. 5º e 6º, "na forma do art. 11 da Lei nº 8.429, de 2 de junho de 1992, quando não caracterizada qualquer das condutas descritas nos arts. 9º e 10 daquela Lei". A fórmula normativa é apropriada, não incorrendo no erro denunciado ao § 7º do art. 73 da Lei n. 9.504/97. Há atos de improbidade descritos na Lei n. 12.813/13 que se enquadram em espécies mais graves de improbidade que os do art. 11 da Lei n. 8.429/92, revelados por sua substância a partir das classificações conceituais que se contém nos arts. 9º, 10 e 11 da Lei de Improbidade Administrativa. O inciso VI do art. 5º da Lei n. 12.813/13 é exemplar conduta de enriquecimento ilícito.

Além disso, e para evitar aparente conflito entre as Leis n. 8.429/92 e n. 12.813/13 deve-se considerar a incidência do critério de especialidade sob o vértice subjetivo da Lei n. 12.813/13, que se destina às autoridades e agentes públicos indicados nos incisos de seu art. 2º, e no tocante aos demais agentes públicos o critério diferencial do parágrafo único desse art. 2º, direcionando seu regime aos ocupantes de cargos ou empregos cujo exercício proporcione acesso a informação privilegiada capaz de trazer vantagem econômica ou financeira para o agente público ou para terceiro.

Outro aspecto interessante é que, não obstante a Lei n. 12.813/13 seja aplicável à esfera federal para tutela administrativa da probidade, a sua tipificação de atos de improbidade prevista na norma extensiva do art. 12 (com remissão aos arts. 5º e 6º) vale para as demais esferas federadas em razão da competência normativa privativa da União, radicada no art. 22, I, da Constituição de 1988, para criar espécies, modalidades, figuras e sanções no combate judicial da improbidade administrativa.

7.8. OUTRAS LEIS. Há diversas outras legislações que contemplam referências remissivas à Lei n. 8.429/92. A contratação com licitação dispensada por situação de emergência, celebrada por empresa estatal, "não dispensará a responsabilização de quem, por ação ou omissão, tenha dado causa ao motivo ali descrito, inclusive no tocante ao disposto na Lei nº 8.429, de 2 de junho de 1992" (art. 29, § 2º, Lei n. 13.303, de 30 de junho de 2006).

Dispondo sobre a regularização fundiárias das ocupações de terras pertencentes à União, a Lei n. 11.952, de 25 de junho de 2009, prevê que os agentes públicos que cometerem desvios em sua aplicação incorrerão nas sanções previstas na Lei n. 8.429, de 2 de junho de 1992, sem prejuízo de outras penalidades cabíveis.

A Lei n. 12.618, de 30 de abril de 2012, que autoriza a criação de 03 (três) entidades fechadas de previdência complementar, estabelece que caracteriza improbidade, nos termos do art. 10 da Lei n. 8.429/92, o descumprimento injustificado dos prazos de sua criação e início de seu funcionamento (art. 32).

A Lei n. 12.594, de 18 de janeiro de 2012, que instituiu o sistema nacional de atendimento socioeducativo, preceitua que "àqueles que, mesmo não sendo agentes públicos, induzam ou concorram, sob qualquer forma, direta ou indireta, para o não cumprimento desta Lei, aplicam-se, no que couber, as penalidades dispostas na Lei nº 8.429, de 2 de junho de 1992, que dispõe sobre as sanções aplicáveis aos agentes públicos nos casos de enriquecimento ilícito no exercício de mandato, cargo, emprego ou função na administração pública direta, indireta ou fundacional e dá outras providências (Lei de Improbidade Administrativa)" (art. 29).

Estabelecendo a Política Nacional de Segurança de Barragens destinadas à acumulação de água para quaisquer usos, à disposição final ou temporária de rejeitos e à acumulação de resíduos industriais, a Lei n. 12.334, de 20 de setembro de 2010, foi acrescida do art. 18-A pela Lei n. 14.066, de 30 de setembro de 2020, preceituando no § 3º que compete ao poder público municipal adotar as medidas necessárias para impedir o parcelamento, o uso e a ocupação do solo urbano na zona de autossalvamento, sob pena de caracterização de improbidade administrativa, nos termos da Lei n. 8.429.

O art. 13 da Lei n. 13.425, de 30 de março de 2017, que estabelece diretrizes gerais sobre medidas de prevenção e combate a incêndio e a desastres em estabelecimentos, edificações e áreas de reunião de público, determina que incorre em improbidade administrativa, nos termos do art. 11 da Lei n. 8.429/92, o Prefeito Municipal que deixar de tomar as providências necessárias para garantir a observância, no prazo máximo de 02 (dois) anos contados de sua vigência (fixada no art. 23), no planejamento urbano do Município, de normas especiais.

Ainda há diplomas legais, como a Lei n. 14.973, de 16 de setembro de 2024, que utilizam a Lei de Improbidade Administrativa como condição da prática de atos da Administração. Essa lei fixa que a concessão, o reconhecimento, a habilitação e a coabilitação de incentivo, a renúncia ou o benefício de natureza tributária dependem da inexistência de sanções previstas no art. 12 da Lei de Improbidade Administrativa (art. 43, § 2º, II).

8. ELEMENTO SUBJETIVO: DOLO. A reforma promovida pela Lei n. 14.230/21 na Lei n. 8.429/92 se predispôs em reiterar o entendimento da jurisprudência – principalmente do Superior Tribunal de Justiça – a respeito do elemento anímico da conduta para fins de responsabilidade por improbidade, que enunciava a necessidade do dolo nos casos dos arts. 9º e 11 da lei e à eliminação da culpa *stricto sensu* para caracterização de improbidade administrativa, e que era admitida na redação primitiva desse diploma legal no art. 10, o que gerava intensa controvérsia tendo em vista que improbidade se associa à desonestidade e má-fé, e não em ineficiência ou inabilidade. É certo que a redação originária da Lei de Improbidade Administrativa não tecia distinção de grau da culpa no art. 10 e não existia dúvida da culpa grave, equivalente ao erro grosseiro[76], e da culpa conscien-

76. Neste sentido, o Supremo Tribunal Federal analisando a Medida Provisória n. 966, de 2020, decidiu que "1. Configura erro grosseiro o ato administrativo que ensejar violação ao direito à vida, à saúde, ao meio ambiente equilibrado ou impactos adversos à economia, por inobservância: (i) de normas e critérios científicos e técnicos; ou (ii) dos princípios constitucionais da precaução e da prevenção. 2. A autoridade a quem compete decidir deve exigir que as

te, para caracterização de improbidade, o que, de certo modo, foi reforçado pelo art. 28 da Lei de Introdução às Normas do Direito Brasileiro, ainda que se instale conflito de normas no tempo em que a especialidade pode resolver.

Porém, imperícia e negligência como modalidades de culpa não são incompatíveis com a noção de improbidade se as soluções adotadas por agentes públicos destoam do ordenamento jurídico, da competência vinculada, da razão, da técnica e da ciência ou se a omissão lesiva demonstra inequívoca opção pela inobservância do dever objetivo de cuidado. A desídia é reflexiva de negligência, de falta de zelo, de incúria, assim como a inércia e a inação.

De qualquer modo, submetida a questão ao escrutínio do Supremo Tribunal Federal em repercussão geral, foi firmada a tese da responsabilidade subjetiva para tipificação dos atos de improbidade administrativa, em qualquer de suas espécies, pela presença do dolo como elemento subjetivo (Tema 1199), chancelando a exclusão da culpa *stricto sensu* promovida pela Lei n. 14.230/21[77].

O § 2º do art. 1º conceitua o dolo, cifrando que constitui a vontade livre e consciente de alcançar o resultado ilícito tipificado nos arts. 9º, 10 e 11 da lei, e explicitamente timbrando que não basta a voluntariedade do agente. A responsabilidade por improbidade é subjetiva.

opiniões técnicas em que baseará sua decisão tratem expressamente: (i) das normas e critérios científicos e técnicos aplicáveis à matéria, tal como estabelecidos por organizações e entidades internacional e nacionalmente reconhecidas; e (ii) da observância dos princípios constitucionais da precaução e da prevenção, sob pena de se tornarem corresponsáveis por eventuais violações a direitos" (STF, ADI 6.421 MC/DF, Tribunal Pleno, Rel. Min. Roberto Barroso, 21/05/2020, DJe 12/11/2020).

77. "1) É necessária a comprovação de responsabilidade subjetiva para a tipificação dos atos de improbidade administrativa, exigindo-se – nos artigos 9º, 10 e 11 da LIA – a presença do elemento subjetivo – DOLO; 2) A norma benéfica da Lei 14.230/2021 – revogação da modalidade culposa do ato de improbidade administrativa –, é IRRETROATIVA, em virtude do artigo 5º, inciso XXXVI, da Constituição Federal, não tendo incidência em relação à eficácia da coisa julgada; nem tampouco durante o processo de execução das penas e seus incidentes; 3) A nova Lei 14.230/2021 aplica-se aos atos de improbidade administrativa culposos praticados na vigência do texto anterior da lei, porém sem condenação transitada em julgado, em virtude da revogação expressa do texto anterior; devendo o juízo competente analisar eventual dolo por parte do agente; 4) O novo regime prescricional previsto na Lei 14.230/2021 é IRRETROATIVO, aplicando-se os novos marcos temporais a partir da publicação da lei" (Tema 1199).

Ela, pela Lei n. 14.230/21, tem no dolo o elemento necessário para configuração do ato de improbidade.

Trata-se de dolo genérico como regra, correndo por conta de expressas exceções a exigibilidade do dolo específico, em que a norma ajunta à descrição elemento subjetivo especial a revelar a finalidade última ou o momento especial de ânimo do agente, ou, ainda, a tendência especial da ação. Esse dolo pode ser direto ou eventual.

O conceito do § 2º do art. 1º é o de dolo genérico e não de dolo específico que ocorre em expressas exceções constantes de figuras das espécies de improbidade cuja descrição agregue para além do resultado um especial fim do agente, como as dos incisos VI e XII do art. 11. Dolo específico exige comprovação da intenção especial do agente. Isso não se confunde com a finalidade de obtenção de proveito ou benefício indevido para si ou para outrem, previsto no art. 11, §§ 1º e 2º, da Lei n. 8.429/92 em sua novel redação. O dolo genérico é típico e elementar nos atos de improbidade administrativa desde a primitiva redação da Lei n. 8.429/92, ressalvadas tópicas previsões explícitas do dolo específico (por exemplo, os incisos I, VII e XII do art. 9º): o agente público abusa de sua função para, em qualquer espécie de ato ímprobo, amealhar proveito ou benefício indevido para si ou terceiro, inclusive no atentado aos princípios da administração pública. Se o agente público prefere indevidamente alguém numa relação administrativa o faz em proveito dele. Converge a essa interpretação o entendimento indicando que esses novos preceitos contêm a explicitação do dolo de beneficiamento, como observou Ronaldo Pinheiro de Queiroz[78], presente desde a redação primitiva da lei.

De acordo com essa opinião, "dolo específico é a vontade de realizar a conduta descrita na lei acrescentada de uma finalidade diferenciada descrita no próprio tipo. Esse tipo de dolo está presente nos *tipos incongruentes*, que são aqueles que contêm uma finalidade especial dentro do tipo, para além da conduta em si", enquanto o dolo de beneficiamento "consiste em valer-se do cargo para obter proveito

---

78. QUEIROZ, Ronaldo Pinheiro de. Dolo de beneficiamento na improbidade administrativa. Disponível em: <https://www.jota.info/opiniao-e-analise/artigos/dolo-debeneficiamento-na--improbidade-administrativa-23052022> Acesso em 18-07-2022.

ou benefício para si (beneficiamento próprio) ou para outra pessoa ou entidade (beneficiamento alheio). O dolo de beneficiamento não é propriamente um dolo específico, pois está inserido genericamente em quase todas as condutas de crimes e infrações patrimoniais e também nas situações de abuso de função, cujas violações ocorrem para trazer algum benefício. Frise-se que o proveito ou benefício deve ser indevido, mas não precisa ser necessariamente financeiro. É dizer, o beneficiamento está compreendido basicamente nas condutas das pessoas que se enriquecem; enriquecem outras pessoas ou tiram algum proveito indevido da sua função pública".

Ora, obter vantagem patrimonial indevida, proporcionar benefício a outrem em detrimento do patrimônio público, atuar deslealmente, parcialmente, divulgar *inside information*, se abster da prática de ato de ofício, admitir parentes, agir mirando fim diverso do previsto em lei, são comportamentos com o elementar propósito de benefício indevido ao agente ou terceiro. Pois, se é devido o proveito, não há improbidade. Logo, essa conformação do dolo existia na Lei n. 8.429/92 desde sua origem, concebida como dolo genérico e não como dolo específico.

Dolo se apresenta no Direito Privado como artifício ou expediente astucioso, empregado para indução de alguém à prática de ato, que o prejudica, aproveitando ao autor do dolo ou a terceiro[79], por comissão (positivo) ou omissão (negativo), contendo os elementos subjetivo (*animus decipiendi*) e objetivo (conduta deliberada)[80].

A disciplina é diferente no Direito Penal em que o dolo resulta da consciência e da vontade na realização da conduta típica constante da lei penal. Nesse campo, o dolo poderá ser genérico ou específico: aquele se verifica quando o tipo previsto na norma penal exige apenas a realização do fato descrito; este quando ele inclui determinada finalidade como elemento do crime. Põe-se aí a questão da tipicidade: o tipo se expressa por elementos objetivos-descritivos, normativos (juízos de valor) e subjetivos (especiais finalidades de ação, tendências ou intenções) – estes também denominados elementos subjetivos

79. BEVILACQUA, Clóvis. *Theoria geral do direito civil*, 6. ed., Rio de Janeiro: Livraria Francisco Alves, 1953, p. 280, § 52.

80. ABREU, José. *O negócio jurídico e sua teoria geral*, 2. ed., São Paulo: Saraiva, 1988, p. 241, n. 47.

especiais do tipo ou elementos subjetivos do injusto, que condicionam ou fundamentam a ilicitude[81]. Isso dá origem à concepção dos tipos objetivo (descrição do ato) e subjetivo (descrição de sua característica subjetiva), e da relação de conformidade (ou simetria) ou não do tipo objetivo ao subjetivo surgem os tipos congruentes ou incongruentes[82] (ou tipos com congruência simétrica ou assimétrica)[83].

No tocante ao Direito Administrativo, as sanções administrativas são guiadas igualmente pela legalidade, "porém com importantes distinções em relação à legalidade penal", comportando certa flexibilidade, em que os tipos são "em regra, mais elásticos que os tipos penais" em razão das próprias características dessa disciplina jurídica, sendo eles compostos por conceitos indeterminados ou cláusulas gerais[84].

A tipicidade na Lei n. 8.429/92 não se distancia do tratamento que o Direito Administrativo dá às infrações administrativas.

A nova redação da Lei n. 8.429, dada pela Lei n. 14.230, restringe a improbidade ao dolo, aproximando-se de seu conceito no Direito Penal (art. 1º, § 2º), mas, as alterações que ela promoveu nas espécies de atos de improbidade não descaracterizaram a legalidade com determinada dose ou fórmula de elasticidade, flexibilidade ou plasticidade, como ocorre no Direito Administrativo, pois continua empregando juízos ou conceitos abertos de experiência ou de valor, elementos normativos, e, ainda, em determinados preceitos, tonificando elementos subjetivos.

O propósito de proveito próprio ou alheio consta das figuras típicas dos incisos I, VII e XII do art. 9º desde sua redação originária da Lei n. 8.429, a indicar o dolo específico pela inserção de elementos subjetivos de especial escopo de agir nesses casos, diferentemente do *caput* e dos demais incisos que tratam do enriquecimento ilícito no exercício de função pública.

---

81. BITENCOURT, Cezar Roberto. *Tratado de direito penal volume 1*, 26. ed., São Paulo: Saraiva, 2020.
82. JESUS, Damásio E. de. *Imputação objetiva*, São Paulo: Saraiva, 2000, p. 18.
83. ZAFFARONI, Eugenio Raúl, e PIERANGELI, José Henrique. *Manual de direito penal brasileiro: parte geral*, 2. ed., São Paulo: Revista dos Tribunais, 1999, pp. 479-480, n. 249.
84. OSÓRIO, Fábio Medina. *Direito administrativo sancionador*, São Paulo: Revista dos Tribunais, 2000, pp. 204-205.

No âmbito do prejuízo ao erário, a nova redação atribuiu elementos normativos expressivos de juízo de valor nos incisos I, VIII, X e XIX do art. 10, sem indicar elementos subjetivos expressivos de especial finalidade da ação. Esse peculiar fim da atuação consta de algumas figuras do atentado contra os princípios da administração pública, como os incisos V, VI, XI e XII e o § 5º do art. 11.

É certo que o § 1º do art. 11 da Lei n. 8.429 é norma remissiva da Convenção das Nações Unidas contra a Corrupção circunscrevendo a improbidade administrativa da espécie de atentado aos princípios da administração pública à obtenção de proveito ou benefício indevido em proveito próprio ou alheio, e o § 2º estende essa cláusula às demais espécies de atos de improbidade. Se o § 1º do art. 11 liga-se ao art. 19 da convenção que trata do abuso de funções[85], observa Rita Tourinho[86] que "o § 2º do art. 11 da Lei nº 8.429/1992, ao estender a exigência do § 1º para as hipóteses dos arts. 9º e 10, viola os termos dos arts. 20 e 17 do Decreto nº 5.687/2006, que correspondem à improbidade por enriquecimento ilícito e prejuízo ao erário, respectivamente, uma vez que não exigem o dolo específico, bastando para sua configuração o dolo direto"[87]. A extensão não resiste ao controle de convencionalidade.

Não bastasse, os núcleos típicos dos conceitos e das figuras dos arts. 9º e 10 dispensam o dolo específico porque esse excedente é

85. Art. 19. Abuso de funções: Cada Estado Parte considerará a possibilidade de adotar as medidas legislativas e de outras índoles que sejam necessárias para qualificar como delito, quando cometido intencionalmente, o abuso de funções ou do cargo, ou seja, a realização ou omissão de um ato, em violação à lei, por parte de um funcionário público no exercício de suas funções, com o fim de obter um benefício indevido para si mesmo ou para outra pessoa ou entidade.

86. TOURINHO, Rita. "O elemento subjetivo do tipo na nova Lei de Improbidade Administrativa: avanço ou retrocesso?", *in Revista do Ministério Público do Estado do Rio de Janeiro nº 84*, abr./jun. 2022, pp. 147-169.

87. A convenção estabelece no art. 17 com relação à malversação ou peculato, apropriação indébita ou outras formas de desvio de bens por um funcionário público qualificar como delito, quando cometido intencionalmente, a malversação ou o peculato, a apropriação indébita ou outras formas de desvio de bens, fundos ou títulos públicos ou privados ou qualquer outra coisa de valor que se tenham confiado ao funcionário em virtude de seu cargo, e no art. 20 referentemente ao enriquecimento ilícito qualificar como delito, quando cometido intencionalmente, o enriquecimento ilícito, ou seja, o incremento significativo do patrimônio de um funcionário público relativos aos seus ingressos legítimos que não podem ser razoavelmente justificados por ele.

elementar ao auferimento de vantagem patrimonial indevida ou à geração de perda patrimonial, desvio, apropriação etc. Com efeito, a ação de auferir é de obtenção em proveito próprio ou de terceiro e, no caso, do prejuízo ao erário, ensejar a perda patrimonial significa enriquecer outrem em detrimento do erário. Quanto às figuras do art. 11 cujo tipo respectivo não descreva o dolo específico, este não há de se exigir por se acoimar a remissão normativa o abuso, violador da proporcionalidade: se a caracterização dessa espécie de improbidade prescinde de locupletamento ilícito ou dano ao erário, qual a razão de requisição de proveito ou benefício próprio ou alheio na violação do dever de sigilo, na negativa de publicidade aos atos oficiais, no descumprimento de normas para celebração e fiscalização de parcerias (art. 11, III, IV, VII e VIII)? A remissão, portanto, é um *nonsense*, sendo especificamente incompatível com esses bens jurídicos tutelados e a própria descrição normativa.

Por sua vez, o § 3º desse mesmo art. 1º proclama que o mero exercício da função ou desempenho de competências públicas, sem comprovação de ato doloso com fim ilícito, afasta a responsabilidade por ato de improbidade administrativa. Esse preceito é reforço do citado § 2º, afastando o ato viciado por mera irregularidade ou simples ilegalidade, desprovido do elemento anímico, da caracterização de improbidade. Cuida-se de causa de exclusão de tipicidade e, consequentemente, de responsabilidade para os fins da Lei n. 8.429/92, o que não alija responsabilidade do agente fundada em outros marcos normativos nem as consequências da validade do ato.

É certo que não somente enriquecimento ilícito no exercício de função pública ou prejuízo ao erário caracterizam improbidade. Evidenciam essa premissa os art. 11, *caput* e § 4º, e 21, I, da Lei da Improbidade Administrativa, possibilitando a aplicação de sanção nas hipóteses em que ocorra apenas lesão à moralidade administrativa. Mas, a improbidade não se configura (nem para efeito do art. 11) em face de mera irregularidade ou simples ilegalidade dissociada de desvio ético de conduta, desonestidade, má-fé, como expressa o Superior Tribunal de Justiça[88].

---

88. STJ, REsp 1.026.516-MT, 1ª Turma, Rel. Min. Luiz Fux, 22-02-2011, v.u., DJe 07-04-2011; STJ, REsp 884.083-PR, 1ª Turma, Rel. Min. José Delgado, 18-10-2007, m.v., DJe 16-04-2008; STJ, REsp 797.671-MG, 1ª Turma, Rel. Min. Luiz Fux, 05-06-2008, v.u., DJe 16-06-2008.

Não há responsabilidade objetiva[89], pois, se exige o dolo[90], em regra, genérico[91].

8.1. CRIME E ATO DE IMPROBIDADE. Embora a Lei n. 8.429/92 possa ter se baseado em alguns crimes ou tipos penais, a correspondência ou reprodução nem sempre são totais, podendo mesmo até se conceber que ela se aproxima, nesse particular, da compreensão que o Direito Administrativo dá à denominada falta residual no âmbito da responsabilidade administrativa disciplinar dos agentes públicos. Antes da radical modificação operada pela Lei n. 14.230/21 na Lei de Improbidade Administrativa, era comum dizer que todo crime funcional próprio, praticado contra a Administração Pública, caracterizava ato de improbidade administrativa, embora nem todo ato de improbidade administrativa constituísse crime.

Isso se devia em razão da adoção de róis exemplificativos nos arts. 9º, 10 e 11 da Lei n. 8.429, pois, mesmo que não estivesse o fato catalogado em seus respectivos incisos, sua adequação ao *caput* de cada um desses artigos bastava para tipificação do ato de improbidade.

Com essa alteração legislativa, o art. 11 da Lei de Improbidade Administrativa passou a ter redação taxativa resultando que se o crime contra a Administração Pública não constituir enriquecimento ilícito (art. 9º) – como o peculato, a concussão ou a corrupção passiva – ou prejuízo ao erário (art. 10) – como a contratação direta ilegal, a fraude em licitação ou contrato –, ele não será punido com base no citado art. 11, impossibilitando a aplicação de sanções da Lei n. 8.429 que não existem na legislação penal. Embora punidas como crimes, tentativas

89. STJ, REsp 875.425-RJ, 1ª Turma, Rel. Min. Denise Arruda, 09-12-2008, v.u., DJe 11-02-2009.

90. STJ, REsp 734.984-SP, 1ª Turma, Rel. Min. Luiz Fux, 18-12-2007, m.v., DJe 16-06-2008; STJ, REsp 604.151-RS, 1ª Turma, Rel. Min. Teori Albino Zavascki, 25-04-2006, m.v., DJ 08-06-2006, p. 121.

91. Antes da reforma ditada pela Lei n. 14.230/21, o entendimento do Superior Tribunal de Justiça era no sentido de que "o ato de improbidade administrativa, previsto no art. 11 da Lei 8.429/92, exige a demonstração de dolo, o qual, contudo, não necessita ser específico, sendo suficiente o dolo genérico. Cumpre destacar que o dolo que se exige para a configuração de improbidade administrativa é a simples vontade consciente de aderir à conduta, produzindo os resultados vedados pela norma jurídica – ou, ainda, a simples anuência aos resultados contrários ao Direito quando o agente público ou privado deveria saber que a conduta praticada a eles levaria –, sendo despiciendo perquirir acerca de finalidades específicas" (STJ, AgInt-AREsp 297.450-SP, 2ª Turma, Rel. Min. Assusete Magalhães, 16-05-2017, v.u., DJe 23-05-2017).

de enriquecimento ilícito ou de prejuízo ao erário[92] e também delitos como prevaricação, condescendência criminosa, advocacia administrativa, tortura, não são puníveis pela Lei de Improbidade Administrativa, porque, em síntese, não se amoldam às descrições típicas dos arts. 9º e 10 e nem estão descritos no rol do art. 11. Além disso, deve-se considerar outras particularidades: as pessoas jurídicas de direito privado que podem ser coautoras ou beneficiárias de improbidade não são punidas pela legislação penal (*societas delinquere non potest*)[93]; há sanções típicas na Lei de Improbidade (como o pagamento de multa civil ou a proibição de contratação com o poder público) que não são previstas na legislação penal; nem sempre a jurisdição penal impõe como efeito secundário da condenação a perda da função pública.

Trata-se de disfuncional e ilógica situação que tem o grave inconveniente de dispensar à tutela do interesse público grau menos eficiente. A interpretação deve evitar esse autêntico buraco negro normativo que rui a premissa da imprescindibilidade de reação com maior intensão ao ato ilícito de improbidade – exigente de responsabilização nas

92. O Decreto n. 5687, de 31 de janeiro de 2006, que promulga a Convenção das Nações Unidas contra a Corrupção, estabelece, em seu art. 27, a diretriz que determina a punição da tentativa: 1. Cada Estado Parte adotará as medidas legislativas e de outras índoles que sejam necessárias para qualificar como delito, em conformidade com sua legislação interna, qualquer forma de participação, seja ela como cúmplice, colaborador ou instigador, em um delito qualificado de acordo com a presente Convenção. 2. Cada Estado Parte poderá adotar as medidas legislativas e de outras índoles que sejam necessárias para qualificar como delito, em conformidade com sua legislação interna, toda tentativa de cometer um delito qualificado de acordo com a presente Convenção. 3. Cada Estado Parte poderá adotar as medidas legislativas e de outras índoles que sejam necessárias para qualificar como delito, em conformidade com sua legislação interna, a preparação com vistas a cometer um delito qualificado de acordo com a presente Convenção.

93. Esse é um tópico a merecer reflexão, pois, não há óbice à expansão da responsabilidade penal da pessoa jurídica para além da previsão da Constituição de 1988, referente à proteção ambiental. A Convenção das Nações Unidas contra a Corrupção, internalizada pelo Decreto n. 5. 687, de 31 de janeiro de 2006, apregoa no art. 26 a responsabilidade penal da pessoa jurídica pelos delitos de corrupção: "1. Cada Estado Parte adotará as medidas que sejam necessárias, em consonância com seus princípios jurídicos, a fim de estabelecer a responsabilidade de pessoas jurídicas por sua participação nos delitos qualificados de acordo com a presente Convenção. 2. Sujeito aos princípios jurídicos do Estado Parte, a responsabilidade das pessoas jurídicas poderá ser de índole penal, civil ou administrativa. 3. Tal responsabilidade existirá sem prejuízo à responsabilidade penal que incumba às pessoas físicas que tenham cometido os delitos. 4. Cada Estado Parte velará em particular para que se imponham sanções penais ou não-penais eficazes, proporcionadas e dissuasivas, incluídas sanções monetárias, às pessoas jurídicas consideradas responsáveis de acordo com o presente Artigo."

esferas civil e penal – por se tratar da reprovação à desonestidade na condução e gestão da *res publica*.

A solução da controvérsia transita pela exata compreensão da cláusula do § 4º do art. 37 da Constituição, mandamento constitucional determinante da repressão à improbidade administrativa, cuja fórmula final ("sem prejuízo da ação penal cabível") prevê a dúplice punição (civil e penal) desses atos ilícitos. É uma obrigação que garante à sociedade o seu direito subjetivo público à honestidade nos negócios públicos, fundamento primígeno da república e que decorre do princípio de moralidade administrativa constante da Constituição de 1988.

Ademais, essa interpretação empolga o alcance da penetração no direito brasileiro dos compromissos internacionais assumidos pelo Brasil sob os auspícios da diretriz de prevenção e repressão à corrupção *lato sensu*, mediante instrumentos eficazes, eficientes e efetivos de responsabilização pelo abuso de função, entre outros. Tratados e convenções internacionais com esse propósito se incorporam ao direito nacional com status supralegal ou constitucional.

Essas balizas são proficientes para a exata compreensão que a Lei n. 8.429 merece em sua redação atual, a fim de sua conformidade com a Constituição de 1988, sob pena de – a despeito de seus arts. 9º e 10 com suas relações exemplificativas resolverem parcialmente a questão – se criar, como dito, um buraco negro normativo (algo que deve ser evitado no tratamento de assunto tão sério). Com efeito, como demonstrado, em virtude da supremacia da Constituição na hierarquia das normas, o art. 11 da lei deve ter compatibilidade com a Carta Magna de 1988, não se solucionando a grave, delicada e sensível controvérsia sob o argumento de opção legítima do legislador. O mínimo que se pode construir, para eliminar nicho de impunidade, é afirmação da responsabilidade por improbidade administrativa de ato capitulado como delito como atentado aos princípios da administração pública se não caracterizar enriquecimento ilícito ou prejuízo ao erário.

9. INTERAÇÃO COM OS PRINCÍPIOS DO DIREITO ADMINISTRATIVO SANCIONADOR. Conforme reza o § 4º do art. 1º, na responsabilidade por improbidade são aplicáveis os princípios constitucionais do Direito Administrativo Sancionador. É uma remissão normativa a esses princípios constitucionais. A regra jurídica em análise não menciona quais são exatamente esses princípios, compelindo à sua prospecção na Constituição, porque a referência é somente aos princípios e apenas com *status* constitucional.

A Constituição de 1988 enumera diversos princípios e regras conectados à responsabilidade por atos ilícitos no art. 5º, entre outros dispositivos, alguns com aplicabilidade geral a qualquer esfera de responsabilização, outros a áreas mais específicas. Dentre aqueles se perfilam a controlabilidade jurisdicional de ameaça ou lesão a direito, a irretroatividade das normas, a intranscendência das penas, a individualização da pena, a proibição de determinadas sanções, a proporcionalidade, a autoridade competente, o devido processo legal, o contraditório, a ampla defesa, a inadmissão de provas ilícitas, a publicidade, a duração razoável do processo e a celeridade (art. 5º, XXXV e XXXVI, XLV a XLVII, LIII a LVI, LX, LXXVIII, Constituição), que devem ser interpretados conjuntamente às matizes normativas da Constituição peculiares à punição dos atos de improbidade.

A Lei Geral do Processo Administrativo Federal (Lei n. 9.784/99) menciona princípios em seu art. 2º que se aplicam a qualquer espécie de processo administrativo, inclusive os sancionadores ou punitivos, e a maioria deles têm *status* constitucional. Doutrinadores como Fábio Medina Osório e Daniel Ferreira arrolam os postulados de legalidade, tipicidade, devido processo legal, *reformatio in pejus*, *non bis in idem*, irretroatividade, retroatividade da lei mais benigna, culpabilidade, lealdade, boa-fé, vedação de provas ilícitas[94].

No entanto, o Supremo Tribunal Federal, em sede de repercussão geral, e após considerar a natureza civil das sanções na responsabilização por atos de improbidade administrativa, decidiu, considerando a ausência de expressa previsão de anistia geral aos condenados por ato de improbidade administrativa culposo ou de "retroatividade da lei civil mais benéfica", e a inexistência de regra de transição, que "o princípio da retroatividade da lei penal, consagrado no inciso XL do artigo 5º da Constituição Federal ("a lei penal não retroagirá, salvo para beneficiar o réu") não tem aplicação automática para a responsabilidade por atos ilícitos civis de improbidade administrativa,

94. OSÓRIO, Fábio Medina. *Direito Administrativo Sancionador*. São Paulo: Revista dos Tribunais, 2000; FERREIRA, Daniel. *Sanções administrativas*. São Paulo: Malheiros, 2001.

por ausência de expressa previsão legal e sob pena de desrespeito à constitucionalização das regras rígidas de regência da Administração Pública e responsabilização dos agentes públicos corruptos com flagrante desrespeito e enfraquecimento do Direito Administrativo Sancionador", sopesando, entre outros fundamentos, o caráter de *favor libertatis* da regra da retroatividade da lei penal mais benéfica, a excepcionalidade da retroatividade das leis em geral, a proteção da parêmia *tempus regit actum* e da *res judicata* (Tema 1.199).

10. EXCLUSÃO DE RESPONSABILIDADE POR DIVERGÊNCIA INTERPRETATIVA. Um dos tópicos oriundos da reforma produzida pela Lei n. 14.230/21 de maior impacto e controvérsia é o § 8º acrescido ao art. 1º da Lei n. 8.429/92. Trata-se de uma causa legal de exclusão da caracterização e, por conseguinte, da responsabilidade por improbidade. Estabelece essa regra que a improbidade não se configura por ação ou omissão decorrente de divergência interpretativa da lei, consistindo esta na exegese baseada na jurisprudência, ainda que não pacificada, mesmo que não venha a ser posteriormente prevalecente nas decisões dos órgãos de controle ou dos tribunais judiciais.

A regra em foco vulnera os princípios de razoabilidade e proporcionalidade. A cláusula de isenção sedimentada sobre conceito (exageradamente) indeterminado se aplicará, em desfavor da probidade administrativa, em qualquer caso que haja divergência de interpretação jurídica, tão somente pelo fato de ser oriunda de jurisprudência ainda que não pacificada, mesmo que não venha a ser acolhida *a posteriori*.

Ora, no momento em que o ordenamento jurídico constitucional e processual fez uma opção assumida pela valorização da jurisprudência centralizada (súmulas vinculantes ou não, repercussão geral, julgamento de recursos repetitivos, incidentes de resolução de demandas repetitivas ou de assunção de competência, precedentes etc.), excluir a responsabilidade com lastro em julgados isolados ou minoritários ofende o bom senso, a lógica e a razão, e confere proteção insuficiente ao bem jurídico em foco, pois o que se deveria admitir, para calibrar a discricionariedade da conformação do legislador, seria, *ad argumentandum tantum*, nessa cláusula de indulgência com a improbidade, limitá-la aos pronunciamentos iterativos dos Tribunais Superiores e racionalmente estáveis ou, se tanto, servir como parâmetro na dosimetria das sanções.

No labor interpretativo há decerto diversidade de métodos e conclusões, porém, não é qualquer resultado do processo de compreensão e aplicação da lei que servirá como pilar para descaracterização da improbidade, mormente em se considerando que ela depende da dolosa afronta à ética na gestão pública. A regra do § 8º do art. 1º é um foco de impunidade e é exigível para uma cláusula excepcional como essa interpretação restritiva, sob pena de convolar a exceção em regra e vice-versa. A diversidade de interpretação da lei deve requerer algo mais que essa norma manifestou. A divergência interpretativa deve ser reconduzida ao próprio conceito de jurisprudência e, além disso, que seja razoável. A lei, tal como construída no dispositivo em cena, aliás, tem o grave defeito de militar contra a segurança jurídica à vista da ambiguidade e vagueza do conceito indeterminado. Por isso, ela não pode se estadear sobre jurisprudência que não seja pacífica.

A segurança jurídica conduziu à suspensão liminar da eficácia da norma em ação direta de inconstitucionalidade, sopesando a atomização de órgãos controladores e a necessidade de regularidade da atividade administrativa e efetividade da tutela da probidade, timbrando a decisão do Supremo Tribunal Federal que "a excludente imaginada pelo legislador depende um critério seletivo em relação a quais precedentes judiciais permitiriam ao gestor público a sua adoção em situações concretas. Do contrário, a inovação legislativa em foco, ao invés de proteger o administrador que age de boa-fé, estaria fornecendo ao gestor ímprobo a ocasião de encontrar pretextos para afastar a aplicação correta da legislação administrativa"[95].

95. STF, ADI 7.236 MC/DF, Rel. Min. Alexandre de Moraes, 27/12/2022, DJe 10/01/2023.

2

SUJEITOS
(ARTS. 2º A 8º)

Art. 2º Para os efeitos desta Lei, consideram-se agente público o agente político, o servidor público e todo aquele que exerce, ainda que transitoriamente ou sem remuneração, por eleição, nomeação, designação, contratação ou qualquer outra forma de investidura ou vínculo, mandato, cargo, emprego ou função nas entidades referidas no art. 1º desta Lei. (Redação dada pela Lei nº 14.230, de 2021)

11. AGENTES PÚBLICOS: CONCEITO E ESPÉCIES. Acompanhando a evolução jurídica a respeito do tema, a Lei n. 8.429/92 dedicou científica atenção na atribuição da sujeição do dever de probidade administrativa ao agente público, que se reflete internamente na relação estabelecida entre ele e a Administração Pública, superando a noção de servidor público, com uma visão mais dilatada do que o conceito de funcionário público contido no Código Penal (art. 327). Assim, por exemplo, hospitais e médicos conveniados ao SUS, que, além de exercerem função pública delegada, administram verbas públicas, são sujeitos que respondem pelos atos de improbidade[1], como também os dirigentes e empregados de empresas estatais[2]. Desse modo, são sujeitos ou titulares do dever de probidade administrativa o agente público, qualquer que seja a forma de seu vínculo com a Administração Pública, além de terceiros estranhos (particulares), como o partícipe.

1. STJ, REsp 416.329-RS, 1ª Turma, Rel. Min. Luiz Fux, 13-8-2002, v.u., DJ, 23 set. 2002.
2. STJ, REsp 255.861-SP, Rel. Min. Milton Luiz Pereira, 1ª Turma, 26-6-2001, v.u., DJ, 22 out. 2001.

Agentes públicos são pessoas físicas que desempenham atividades normativamente estabelecidas em entidades estatais da Administração Pública centralizada ou descentralizada, de qualquer âmbito, esfera, poder ou nível, investidos em funções públicas *lato sensu*, de modo transitório ou permanente e de forma remunerada ou gratuita, sob um determinado regime de vínculo. Este conceito amplo abrange todos que, sem distinção, exercem função pública em gênero, inclusive aqueles investidos em cargos, funções (*stricto sensu*) e empregos públicos[3].

Para o art. 2º da Lei n. 8.429, consideram-se agente público o agente político, o servidor público e todo aquele que exerce, ainda que transitoriamente ou sem remuneração, por eleição, nomeação, designação, contratação ou qualquer outra forma de investidura ou vínculo, mandato, cargo, emprego ou função nas entidades referidas em seu art. 1º.

O conceito da Lei n. 8.429 tem conteúdo amplo e genérico e é consequência de uma evolução normativa que teve marcos significativos transitando pelos conceitos de funcionário público para responsabilização penal (art. 327, Código Penal), de servidor público para perda de bens ou valores por enriquecimento ilícito, influência ou abuso de cargo ou função (Lei n. 3.502/58), e de autoridade para fins de impetração de mandado de segurança (art. 1º, § 1º, Lei n. 1.533/51)[4] ou de responsabilização por abuso de autoridade (art.

3. MARTINS JÚNIOR, Wallace Paiva. "Agentes políticos", *in Tratado de direito administrativo*, 2, São Paulo: Saraiva, 2013, coordenação de DALLARI, Adilson Abreu; NASCIMENTO, Carlos Valder do Nascimento; e MARTINS, Ives Gandra da Silva.

4. Conveniente o registro da oscilação da noção de autoridade na antiga legislação de mandado de segurança: o § 1º do art. 1º na redação primitiva da Lei n. 1.533/51 cunhava que "consideram-se autoridade para os efeitos desta lei os administradores ou representantes das entidades autárquicas e das pessoas naturais ou jurídicas com funções delegadas do poder público, somente no que entende com essas funções"; a Lei n. 6.978/82 a majorou estabelecendo que "consideram-se autoridades, para os efeitos desta Lei, os representantes ou órgãos dos Partidários Políticos e os representantes ou administradores das entidades autárquicas e das pessoas naturais ou jurídicas com funções delegadas do poder público, somente no que entender com essas funções"; por último, a Lei n. 9.259/96 contraiu-a ao enunciar que "consideram-se autoridades, para os efeitos desta lei, os representantes ou administradores das entidades autárquicas e das pessoas naturais ou jurídicas com funções delegadas do Poder Público, somente no que entender com essas funções". Na vigente Lei n. 12.016/09, o conceito de autoridade tem abrangência denotada pelo emprego da fórmula "seja de que categoria for e sejam quais forem as funções que exerça" (art. 1º, *caput*), tonificado pela

5º, Lei 4.898/65) – conquanto autoridade não se equipare a agente ou servidor, pois, autoridade é, segundo preciso conceito do art. 1°, § 1°, III, da Lei n. 9.784/99, "o servidor ou agente público dotado de poder de decisão"; nem todo agente ou servidor público é autoridade, senão aquele portador de capacidade decisória[5].

A vigente Lei de Abuso de Autoridade (Lei n. 13.869, de 05 de setembro de 2019), persegue a trilha da Lei da Improbidade Administrativa ao adotar assemelhado conceito de agente público[6], sendo expletiva ao gizar que a situação jurídica de agente público é mais dilatada que a de servidor público com as fórmulas "agente público,

---

equiparação dos "representantes ou órgãos de partidos políticos" e dos "administradores de entidades autárquicas, bem como os dirigentes de pessoas jurídicas ou as pessoas naturais no exercício de atribuições do poder público, somente no que disser respeito a essas atribuições" (art. 1º, § 1º), e uma exclusão objetiva-formal relacionada aos "atos de gestão comercial praticados pelos administradores de empresas públicas, de sociedade de economia mista e de concessionárias de serviço público" (art. 1º, § 2º).

5. A qualificação de um agente público como autoridade decorre da natureza das atribuições do cargo (e não da pessoa que o ocupa) de nível diretivo e decisório, o que o distingue daquele cuja função seja limitada ao cumprimento de ordens na organização hierarquizada. Ou, como expõe Cármen Lúcia Antunes Rocha, "não é o agente público que é autoridade, mas ele age com autoridade, tornando-se ele mesmo titular dessa qualidade havida em seu desempenho", de maneira que a autoridade reside "na própria atribuição como manifestação do poder político do Estado que se põe e impõe com aquela qualidade" (ROCHA, Cármen Lúcia Antunes. *Princípios constitucionais dos servidores públicos*, São Paulo: Saraiva, 1999, pp. 75-76), ligando, portanto, autoridade à competência qualificada.

6. Art. 1º. Esta Lei define os crimes de abuso de autoridade, cometidos por agente público, servidor ou não, que, no exercício de suas funções ou a pretexto de exercê-las, abuse do poder que lhe tenha sido atribuído.

(...)

Art. 2º. É sujeito ativo do crime de abuso de autoridade qualquer agente público, servidor ou não, da administração direta, indireta ou fundacional de qualquer dos Poderes da União, dos Estados, do Distrito Federal, dos Municípios e de Território, compreendendo, mas não se limitando a:

I – servidores públicos e militares ou pessoas a eles equiparadas;

II – membros do Poder Legislativo;

III – membros do Poder Executivo;

V – membros do Poder Judiciário;

V – membros do Ministério Público;

VI – membros dos tribunais ou conselhos de contas.

Parágrafo único. Reputa-se agente público, para os efeitos desta Lei, todo aquele que exerce, ainda que transitoriamente ou sem remuneração, por eleição, nomeação, designação, contratação ou qualquer outra forma de investidura ou vínculo, mandato, cargo, emprego ou função em órgão ou entidade abrangidos pelo *caput* deste artigo.

servidor ou não" (art. 1º, *caput*) e "qualquer agente público, servidor ou não" (art. 2º).

A Constituição de 1988 não conceitua agentes públicos, não obstante às vezes se refira ao termo (arts. 37, §§ 5º e 6º, e 151, II) ou empregue vocábulos como autoridades ou servidores públicos (arts. 5º, LXIX, 37, V, VI X, XIV, e § 1º, 38, 39, 135, 144, § 9º, 169, §§ 3º a 5º, 247), e mencione outras expressões como agente político, membro de Poder, ocupantes de cargos, funções ou empregos públicos, detentores de mandato eletivo etc. Tampouco os classifica, embora sua leitura sistêmica forneça elementos quando precisa distinções normativas topológicas e atomizadas.

São elementos do conceito de agente público: (a) a pessoalidade; (b) a execução de atividades de competência estatal; (c) a investidura em funções públicas *lato sensu*; (d) o regime de vínculo. Não ingressam nessa definição a natureza profissional ou eventual da relação entre Estado e a pessoa física, a espécie (ou tipo) de vínculo e seus corolários, nem mesmo a maior ou menor intensidade de subordinação de seu regime. O conceito é propositalmente amplificado e inclusivo para abarcar todas as pessoas que prestam algum serviço ao Estado e em seu nome.

Sob os prismas subjetivo e material do conceito: (a) se excluem pessoas jurídicas de direito privado exógenas à Administração Pública e executoras de serviço público a título de delegação (concessão ou permissão) em nome próprio, mesmo porque não são pessoas físicas (e que correspondem ao que se denominava agentes públicos delegados ou particulares em colaboração com o poder público) e não se investem em função pública (no sentido de posição ou posto); e (b) se incluem pessoas físicas vinculadas (profissionalmente ou não) a empresas estatais (pessoas jurídicas de direito privado) exploradoras de atividades econômicas (ou entes estatais econômicos) porque, como empregados públicos (consoante demonstrado adiante), exercem em nome desses instrumentos de ação do Estado atividades que lhe são atribuídas. No entanto, e como será adiante demonstrado, para fins de responsabilidade por ato de improbidade a Lei n. 8.429/92 pessoas físicas jurídicas de direito privado que manipulem recursos públicos são equiparadas (art. 2º, parágrafo único).

Sob o prisma objetivo há uma relação de ocupação física numa posição pública. Agentes públicos são investidos em funções públicas, compreendida sua acepção ampla porque abrange cargos, funções e empregos públicos, plexos individualizados de atuação legalmente atribuídos. A tipologia de funções públicas é assaz variegada (e nem sempre a legislação assimila os contornos peculiares assentados em doutrina ou jurisprudência), englobando funções eventuais (cívicas ou honoríficas; temporárias) ou permanentes (funções de confiança; funções estáveis; funções gratificadas). Também é diversificada a natureza dessa relação em razão de diferentes formas de acesso e ocupação adotadas de acordo com as especificações constitucionais (nomeação, designação, contratação, requisição, eleição etc.) que influenciam temas que se conectam ao seu regime como a permanência do agente, a profissionalidade da função, a gratuidade do exercício.

Sob o prisma formal há o regramento jurídico do vínculo que une pessoa física e Estado numa relação de sujeição especial ou geral. É a disciplina jurídica que guia, preside e baliza esse relacionamento pela instituição de regras respectivas, inclusive para a estruturação de seus componentes particulares como onerosidade, definitividade, profissionalidade ou não. Não é adequado sumular que somente os agentes públicos profissionais e remunerados estão sujeitos a algum regime jurídico. Todos aqueles que executam uma missão de serviço público estão em maior ou menor dose subordinados a um complexo denso ou tênue de regras relacionais, pouco importando *a priori* a natureza e a característica dessa ligação, pois, a variação de grau não desmente a existência de um regime normativo. E considerando, ainda, a pluralidade de funções (em sentido amplo) de natureza distinta, é de bom grado adiantar que há diversidade de regimes jurídicos e mesmo no regime mais difusa ou tradicionalmente adotado a coexistência de regime geral e de regimes especiais. Em suma, há um regime jurídico geral a todos os agentes públicos e diversidade de regimes jurídicos especiais.

No ordenamento jurídico brasileiro vigente é possível captar as seguintes espécies de agentes públicos que fornecem indicadores para uma classificação. Sopesando a natureza da função, eles podem ser arrolados como (a) agentes políticos eletivos, comissionados (em alto grau) e vitalícios, (b) servidores públicos (em sentido amplo), compreendendo servidores públicos (em sentido estrito[7]), servidores temporários e empregados públicos, (c) militares, e (d) agentes civis especiais (ou honoríficos).

De acordo com a esfera espacial de poder, podem ser classificados em agentes (a) federais, (b) estaduais, (c) distritais e (d) municipais, o que implica diferentes zonas de atuação (central, regional e local; integral ou parcial) de acordo com as competências de seus entes, órgãos e postos.

Também podem ser catalogados em: (a) profissionais ou (b) não profissionais à luz das características da função; (c) permanentes ou (d) sazonais à vista da temporariedade do vínculo; (e) transitórios, (f) precários, (g) efetivos ou (h) vitalícios sob o prisma da durabilidade da ocupação.

Agentes civis especiais ou honoríficos[8] são as pessoas que exercem função pública determinada e transitória em colaboração ou representação, mediante convocação, requisição etc., em razão de seu *status* cívico, de seu mérito e de sua capacidade pessoal, ou de sua honorabilidade, sem vínculo empregatício nem integração à organização administrativa (dada a contingência e efemeridade da investidura na função) e, na maioria das vezes, gratuitamente. Embora não sejam servidores públicos "momentaneamente exercem uma função pública e, enquanto a desempenham, sujeitam-se à hierarquia e disciplina do órgão a que estão servindo, podendo perceber um pro labore e contar o período de trabalho como de serviço público"[9].

Agentes políticos em visão mais ampla são os que reúnem as seguintes características: (a) exercício remunerado de cargos superiores na estrutura estatal constitucional; (b) inexistência de subordinação

---

7. Neste setor se incluem além dos titulares de cargo público de provimento efetivo e dos ocupantes de cargos de provimento em comissão os detentores de função pública estável, fruto da estabilidade anômala ou excepcional disciplinada no art. 19 do Ato das Disposições Transitórias da Constituição de 1988 e que preservou o vínculo de função (em sentido estrito) àqueles não admitidos por concurso público no tempo e na extensão indicados nessa norma.
8. ROCHA, Cármen Lúcia Antunes. *Princípios constitucionais dos servidores públicos*, São Paulo: Saraiva, 1999, pp.61-88; MEIRELLES, Hely Lopes. *Direito Administrativo Brasileiro*, 28. ed. São Paulo: Malheiros, 2003, pp. 73-80.
9. STJ, REsp 656.740-GO, 1ª Turma, Rel. Min. Luiz Fux, 03-05-2007, v.u., DJ 31-05-2007, p. 328.

hierárquica; (c) sujeição a regime jurídico especial constitucional (investidura, atribuições, prerrogativas, restrições, responsabilidades); (d) atuação com ampla liberdade funcional no desempenho de funções estatais típicas e subordinadas (diretamente) à Constituição. Eles são investidos por eleição, designação, nomeação, em cargos de provimento eletivo, efetivo, vitalício ou comissionado, englobando os Chefes do Poder Executivo e seus auxiliares diretos (Ministros, Secretários), os membros do Poder Legislativo, os magistrados, os membros do Ministério Público, da Defensoria Pública e do Tribunal de Contas, e os representantes diplomáticos, por exercerem funções governamentais. Ou seja, a noção de agente político no direito brasileiro positivo demanda conjuntamente (a) a natureza política da função permanente e essencial como expressão de parcelas da soberania estatal, (b) a independência funcional, (c) a peculiaridade de regime jurídico (notadamente a especialidade do plexo de predicamentos e restrições, e da responsabilidade) e (d) sua sede jurídico-formal (a Constituição). Há no quadro dos agentes políticos os profissionais (vitalícios e efetivos) e os não profissionais (eletivos ou comissionados): estes desempenham, em mandato, comissão ou investidura a termo, funções governamentais em nível decisório; aqueles exercem relação profissional em funções técnico-científicas de matriz constitucional, como titulares de cargos públicos de provimento vitalício – todos presididos por um regime jurídico legal peculiar. Seus regimes jurídicos são específicos; em essência, são unilaterais e legais (ou constitucionais), mas, plantam uma série de derrogações ao regime jurídico legal (estatutário) geral (comum) dos servidores públicos – instituídas em virtude das características próprias dessas funções.

Os servidores públicos podem ter concepção ampla ou restrita. O gênero servidor público (em sentido amplo) designa o sujeito ligado por uma relação empregatícia profissional, de vínculo legal, contratual ou especial, a uma pessoa jurídica (de direito público ou privado) da Administração Pública direta ou indireta para o exercício de uma função pública *lato sensu* (cargo, função ou emprego público), definitiva ou temporariamente, mediante remuneração e subordinação hierárquica. Emergem como suas espécies: (a) os servidores públicos *stricto sensu* (investidos em cargos públicos); (b) os empregados públicos (ocupantes de empregos públicos); (c) os servidores temporários (exercentes de funções públicas). Os primeiros, investidos em cargos públicos e sujeitos ao regime jurídico legal (estatutário comum); os segundos, ocupam empregos públicos, submissos ao regime jurídico contratual (celetista); e os terceiros, exercem função pública transitória e excepcional, sob o domínio de um regime jurídico administrativo-especial. O que denota os servidores públicos, salvo os exclusivamente comissionados (cuja investidura é política), é a sua ligação ao Estado por uma relação de emprego de cunho profissional. Como sintetiza José dos Santos Carvalho Filho, "fazem do serviço público uma profissão, como regra de caráter definitivo, e se distinguem dos demais agentes públicos pelo fato de estarem ligados ao Estado por uma efetiva relação de trabalho"[10]. Por isso, segundo seu escólio, são características dessa categoria de agentes públicos: (a) profissionalidade (exercício de efetiva profissão no desempenho da função pública); (b) definitividade (permanência no desempenho da função); (c) a relação jurídica de trabalho (relação bilateral de emprego em sentido amplo)[11]. A esses predicados, se adiciona: (a) submissão a um determinado regime jurídico (para disciplina dessa relação); (b) remuneração (contraprestação pecuniária dos serviços); (c) subordinação hierárquica; (d) investidura em função pública *lato sensu*[12].

Função pública em sentido amplo é a posição ou posto na organização administrativa, compreendendo as espécies do cargo, da função (em sentido estrito) e do emprego, instituídas por diversas determinantes variáveis (regime, natureza etc.). Função é a atividade devida a um fim[13], constituindo a função pública o exercício de uma

---

10. CARVALHO FILHO, José dos Santos. *Manual de Direito Administrativo*, 9. ed. Rio de Janeiro: Lumen Juris, 2002, pp. 468, 470.
11. CARVALHO FILHO, José dos Santos. *Manual de Direito Administrativo*, 9. ed. Rio de Janeiro: Lumen Juris, 2002, pp. 470-471.
12. Ruy Cirne Lima resumia os quatros característicos da função pública profissional (inerente à categoria dos funcionários públicos): a) natureza técnica ou prática do serviço prestado; b) retribuição, de cunho profissional; c) vinculação jurídica à União, aos Estados, ao Distrito Federal ou aos Municípios; d) caráter permanente dessa vinculação, segundo uma disciplina legal específica (LIMA, Ruy Cirne. *Princípios de Direito Administrativo*, 5. ed. São Paulo: Revista dos Tribunais, 1982, p. 162). Pontes de Miranda também visualizava no funcionário público o "exercício da função a título de profissão" (MIRANDA, F.C. Pontes de. *Comentários à Constituição de 1946*, 3. ed. Rio de Janeiro: Borsoi, 1960, tomo VI, p. 271).
13. Ou como explica José Cretella Júnior, função "é toda atividade exercida por um órgão para realização de um determinado fim" (*Curso de Direito Administrativo*, 17. ed. Rio de Janeiro: Forense, 2000, p. 410, n. 261).

atividade em uma posição por um agente em órgão ou entidade da Administração Pública direta ou indireta, e em nome desta, para a realização de fins de sua competência – o interesse público. Por isso, quando se alude no conceito à função pública, ínsito está que ela tem por fim a prestação de uma atividade estatal, definida segundo regras de atribuição entre agentes de escalões diversos com maior ou menor gama de poderes, para satisfação do interesse público indicado em lei, bem como que o agente público produz ou manifesta concretamente a vontade (normativa) do órgão ou da entidade ao qual se encontra vinculado, porque por esta razão lhe foi outorgada competência. A função pública em sentido estrito é composta (a) da função temporária (contratação por prazo determinado para atendimento de necessidade temporária de excepcional interesse público), (b) da função estabilizada (servidores públicos admitidos sem concurso público até o quinquênio anterior à promulgação da Constituição com exercício continuado), e (c) da função de confiança (atribuição de assessoramento, chefia e direção, exclusiva de servidores de provimento efetivo) – e que não se confunde com função gratificada que é uma gratificação de função (adição de tarefas profissionais extraordinárias).

12. AGENTES PÚBLICOS NA LEI N. 8.429. A raiz da responsabilidade dos agentes públicos é o princípio republicano, do qual descende o de moralidade. A responsabilidade no exercício do poder é elementar à república e à democracia, tendo em vista que o "regime republicano é regime de responsabilidade"[14] e a "irresponsabilidade é característica de regime despótico"[15]. Com o conceito do art. 2º, a lei atinge todo aquele que se vincula à Administração Pública, com ou sem remuneração, definitiva ou transitoriamente, abrangendo servidores públicos, empregados públicos, contratados temporários, militares, agentes políticos, administrativos, honoríficos, delegados e credenciados, quer sejam pessoas físicas, quer jurídicas, ou seja, todo aquele que exerce função pública (mandato, cargo, emprego ou função pública), independentemente do modo de investidura (nomeação, designação,

---

14. ATALIBA, Geraldo. *República e Constituição*. 2. ed. São Paulo: Malheiros Editores, 1998, p. 65.
15. TEIXEIRA, J. H. Meirelles. *Curso de direito constitucional*. Rio de Janeiro: Forense Universitária, 1991, p. 466.

eleição, contratação, credenciamento, delegação de serviço público, convocação, requisição, parcerias e contrato de gestão).

A própria lei dilata sua órbita, pois de maneira exemplificativa emprega a expressão "ou qualquer outra forma de investidura ou vínculo" (art. 2º), dando concepção bem ampla à expressão "função pública" como qualquer forma de vinculação, funcional ou contratual, remunerada ou não, definitiva ou transitória, do agente (pessoa física ou jurídica) com a Administração Pública direta e indireta. A amplitude do conceito de agente público é decorrência da compreensão do princípio da moralidade administrativa, e ele se espraia para entidades descentralizadas, instituídas pelo Estado, prestadoras de serviço público ou exploradoras de atividade econômica que "também estão sob as ordenanças do 'princípio da moralidade', escudo protetor dos interesses coletivos contra a lesividade"[16].

A medida da extensão do conceito de agente público é fornecida não só pelo art. 2º, senão por outros preceitos como o § 5º do art. 1º, cuja interpretação imbricada permite concluir a responsabilidade por improbidade de agentes dos Poderes Executivo, Legislativo e Judiciário, bem como da Administração direta e indireta, no âmbito da União, dos Estados, dos Municípios e do Distrito Federal, observando-se quanto às empresas estatais o § 7º de referido art. 1º que apenas limita o ressarcimento de prejuízos à repercussão do ilícito sobre a contribuição dos cofres públicos.

A incidência da lei não se esgota no servidor público; abrange também o particular em colaboração com a Administração Pública (registradores, notários, jurados, mesários, concessionários de serviço público etc.); enfim, alcança o gênero maior e mais abrangente, que é o de agente público, incluindo o agente político. Observa Antônio José de Mattos Neto que "qualquer pessoa física ou entidade privada que utilize, arrecade, guarde, gerencie ou administre dinheiro, bens ou valores públicos ou pelos quais a União responda, ou que, em nome desta, assuma obrigações pecuniárias, igualmente estão alcançados pelo

16. STJ, 1ª T., REsp 255.861-SP, Rel. Min. Milton Luiz Pereira, 26-6-2001, v.u., DJU, 22 out. 2001.

império da Lei de Improbidade"[17]. Na mesma tônica, a Lei n. 9.637/98 dispõe que os dirigentes de organização social que desenvolve serviços ou atividades públicas por contrato de gestão podem ser inseridos na órbita da Lei n. 8.429/92, tanto pela necessidade de comunicação de qualquer ocorrência ou irregularidade na prestação de contas quanto por enriquecimento ilícito ou dano ao patrimônio público (arts. 9º e 10), demonstrando, portanto, que o dever de probidade se estende também àqueles que executam os fins da Administração Pública ou gerenciam bens ou recursos públicos. Nesse ponto, a Lei n. 8.429 estende sua aplicação aos atos de improbidade praticados contra o patrimônio de entidade privada que receba subvenção, benefício ou incentivo, fiscal ou creditício, de entes públicos ou governamentais (art. 1º, § 6º), explicitando sua sujeição, no que se refere a recursos de origem pública, ao particular, pessoa física ou jurídica, que celebra com a administração pública convênio, contrato de repasse, contrato de gestão, termo de parceria, termo de cooperação ou ajuste administrativo equivalente.

13. AGENTES POLÍTICOS. A Lei n. 14.230 sepultou divergência sobre a incidência da Lei n. 8.429 aos agentes políticos, explicitando-os no *caput* do art. 2º. Esse é um indiscutível aspecto positivo da alteração legislativa. Atos de improbidade praticados por agentes políticos são altamente censuráveis, mormente porque seus autores se situam no topo da estrutura estatal, e prerrogativas qualificadas como independência funcional e imunidade não podem alforriá-los. Seu regime jurídico especial, diferenciado do comum, não significa irresponsabilidade, senão uma carga maior de instâncias de responsabilização. A lei visa ao resgate da moralidade no exercício de toda e qualquer função pública, de qualquer poder exercido, não fazendo nenhuma restrição em sua aplicabilidade, sem prejuízo das sanções administrativas ou políticas específicas. Em nenhum momento a Constituição reservou à instância do julgamento político, administrativo, ou disciplinar, o caráter de jurisdição exclusiva dos agentes políticos, na medida em que respondiam e respondem pelo fato também civil e criminalmente.

17. MATTOS NETO, Antônio José de. Responsabilidade civil por improbidade administrativa. RT, v. 752, jun. 1998, p. 34.

A multiplicidade de instâncias de responsabilidades pela distinção de bem jurídico tutelado e as diferentes sanções estabelecidas são fatores que arrimam esse entendimento. O princípio republicano não comporta a abertura de nichos de imunidade do poder, razão pela qual a Lei n. 8.429/92 aplica-se a qualquer ato de improbidade administrativa de qualquer dos Poderes, abrangendo, pois, a improbidade em atos dos Poderes Executivo, Legislativo e Judiciário, sejam eles administrativos, legislativos ou jurisdicionais[18]. No conceito de improbidade administrativa está inserido qualquer desvio ético de conduta do agente público, qualquer que seja a função exercida, afrontoso à moralidade no desempenho de função pública em qualquer dos Poderes da República e que envolva enriquecimento ilícito, prejuízo ao erário e atentado aos princípios da administração pública. Se o ordenamento jurídico nacional pretendesse reservar a punição da improbidade dos agentes políticos à esfera de algum regime jurídico exclusivo, instituiria a cláusula de exceção expressamente e não conferiria a possibilidade de sua censura em diferentes instâncias, animadas por matizes e naturezas jurídicas distintas, como feito nos arts. 14, § 9º, 15, V, 37, § 4º, e 85 da Constituição Federal, sem qualquer exceção – que, aliás, pecaria por falta de razoabilidade na adoção da discriminação em face do pilar da responsabilidade ampla que predica o regime republicano-constitucional na melhor tradição do direito brasileiro. Ademais, a responsabilidade político-administrativa tem natureza política, enquanto a da Lei n. 8.429/92 é jurídica. Por ser política aquela instância, o fato ali pode ser punido ou não por um juízo de conveniência política ao passo que "a aplicação das penalidades previstas na Lei n. 8.429/92 não incumbe à Administração, eis que privativa do Poder Judiciário", como decidido pelo Supremo Tribunal Federal[19].

E nem se alegue que sanções como perda da função pública ou suspensão temporária de direitos políticos sejam derrogatórias

18. Nesse mesmo sentido dispunha o art. 1º, § 1º, da Lei Federal n. 3.502/58, conduzindo José Celso de Mello Filho a observar que "o conceito de função pública é amplo, abrangendo, também, os próprios membros dos três Poderes do Estado" (*Constituição Federal anotada*, São Paulo: Saraiva, 1986, p. 445).

19. STF, MS 24.699-DF, 1ª Turma, Rel. Min. Eros Grau, 30-11-2004, DJ, 1º jul. 2005.

do regime ordinário de responsabilidade, porque elas, por exemplo, são também alcançáveis no juízo penal e, como as da Lei n. 8.429, demandam o trânsito em julgado da condenação. No caso do *impeachment*, é diáfana a ressalva do parágrafo único do art. 52 da Carta Magna, fulminando vigorosamente qualquer tentativa de instituição de privatividade da instância político-administrativa (crime de responsabilidade) para o sancionamento dos agentes políticos, pois, as sanções ali previstas são aplicadas privativamente para os fins da instância político-administrativa "sem prejuízo das demais sanções judiciais cabíveis", indicando que essa instância só pode impor tais sanções e não outras e que nas instâncias judiciais (civis ou penais) outras sanções podem ser aplicadas – conduzindo ou não ao mesmo resultado. Esse entendimento foi assentado em repercussão geral, sumulando que "o processo e julgamento de prefeito municipal por crime de responsabilidade (Decreto-lei 201/67) não impede sua responsabilização por atos de improbidade administrativa previstos na Lei 8.429/1992, em virtude da autonomia das instâncias" (Tema 576).

Parágrafo único. No que se refere a recursos de origem pública, sujeita-se às sanções previstas nesta Lei o particular, pessoa física ou jurídica, que celebra com a administração pública convênio, contrato de repasse, contrato de gestão, termo de parceria, termo de cooperação ou ajuste administrativo equivalente. (Incluído pela Lei nº 14.230, de 2021)

14. RESPONSABILIDADE DECORRENTE DE PARCERIAS *LATO SENSU*. As sanções também se aplicam à pessoa física ou jurídica que celebra com a Administração Pública convênio, contrato de repasse, contrato de gestão, termo de parceria, termo de cooperação ou ajuste administrativo equivalente no que se refere aos recursos de origem pública, conforme o art. 2º, parágrafo único, da Lei n. 8.429, que tem estreita ligação com o §§ 6º e 7º de seu art. 1º. Trata-se de improbidade em detrimento dos recursos públicos recebidos por entidades privadas parceiras. Sua ocorrência é cingida aos atos que gravem esses recursos.

Art. 3º As disposições desta Lei são aplicáveis, no que couber, àquele que, mesmo não sendo agente público, induza ou concorra dolosamente para a prática do ato de improbidade. (Redação dada pela Lei nº 14.230, de 2021)

15. RESPONSABILIDADE DE TERCEIROS. A responsabilidade por improbidade delineada na Lei n. 8.429 e suas respectivas sanções atingem particulares para além de agentes públicos, desde que induzam ou concorram dolosamente à prática do ato de improbidade.

O inevitável cotejo entre a redação originária da Lei n. 8.429 e a da Lei n. 14.230 demonstra a exclusão dos beneficiários do ato de improbidade e a explicitação da necessidade do dolo na conduta do coautor ou partícipe. Todavia, isso não significa que aquele que granjeou benefício indevido do ato de improbidade esteja isento de responsabilização com lastro na Lei n. 8.429 – inclusive se for pessoa jurídica de direito privado, como timbram os §§ 1º e 2º de seu art. 3º. A exigibilidade do dolo é absoluta e elementarmente adequada, dado que a responsabilidade por improbidade é subjetiva.

A responsabilidade de terceiros se liga à concepção republicana. Na origem, o ato de improbidade tem suas raízes no patrimonialismo que deturpa o poder como fonte de favorecimento (pessoal ou alheio), estabelecendo uma verdadeira cultura da improbidade: o exercício da função pública é aparelhado para criação ou distribuição de renda, favores e mercês. Cuida-se de um mecanismo de atuação paralela à estrutura estatal formal que é derruída pelo concílio engendrado entre agentes dos setores público e privados para abusar do poder, locupletar-se ilicitamente e tungar o erário, impulsionada pela difusão generalizada da má-fé bilateral nas relações públicas.

O particular, o sujeito estranho ao quadro de pessoal das entidades estatais, também está sujeito ao dever subjetivo público de probidade em suas relações com o poder público, pois o princípio de moralidade se aplica ao Estado e ao indivíduo. O princípio da boa-fé nas relações entre Administração e administrados é de incidência bilateral, como apregoa a Lei do Processo Administrativo Federal (Lei n. 9.784/99): se é exigido aos agentes públicos e à Administração Pública atuação segundo padrões éticos de probidade, decoro e boa-fé (art. 2º, IV), a Lei Geral do Processo Administrativo Federal enuncia, em fórmula ampla, que é dever do administrado perante a Administração Pública proceder com lealdade e boa-fé (art. 4º, II), o que neutraliza qualquer intenção de contenção do dever de boa-fé ao domínio do comportamento da Administração Pública e seus agentes, como se possível afirmar que em relações bilaterais uma parte estaria dele exonerada. Embora a boa-fé seja presumível como máxima da experiência ordinária e princípio geral, e constitua conceito normativo indeterminado, ela não admite nem comporta meio-termo: ou há boa-fé ou há má-fé, de maneira que aquele é movido pela denominada "Lei de Gerson" ("o importante é levar vantagem em tudo") boa-fé não tem. Essa conclusão é compatível com a compreensão dolo por omissão (negativo) no Direito Civil, havido como a reticência maliciosa (silêncio) na violação do dever de agir[20] (art. 147, Código Civil), e censurável para a proteção da boa-fé[21], princípio consagrado no Código Civil como parâmetro de interpretação dos negócios jurídicos (art. 113, § 1º, III), que qualifica como ato ilícito o exercício de direito excessivo aos limites da boa-fé (art. 187), e adota como deveres contratuais a probidade e a boa-fé (art. 422).

Por isso, o beneficiário não está excluído. Ele é considerado como coautor ou partícipe, pois, com sua ação ou omissão voluntária, consciente e deliberada, atuou para o resultado de violação da norma jurídica.

§ 1º Os sócios, os cotistas, os diretores e os colaboradores de pessoa jurídica de direito privado não respondem pelo ato de improbidade que venha a ser imputado à pessoa jurídica, salvo se, comprovadamente, houver participação e benefícios diretos, caso em que responderão nos limites da sua participação. (Incluído pela Lei nº 14.230, de 2021)

§ 2º As sanções desta Lei não se aplicarão à pessoa jurídica, caso o ato de improbidade administrativa seja também sancionado como ato lesivo à administração pública de que

---

20. RODRIGUES, Silvio. *Direito civil: parte geral*, 17. ed., São Paulo: Saraiva, 1987, vol. I, 207, n. 93.
21, CHAVES DE FARIA, Cristiano; ROSENVALD, Nelson. *Curso de direito civil: parte geral e LINDB*, 18. ed., Salvador: Juspodivm, 2020, p. 729.

trata a Lei nº 12.846, de 1º de agosto de 2013. (Incluído pela Lei nº 14.230, de 2021)

16. RESPONSABILIDADE DAS PESSOAS JURÍDICAS DE DIREITO PRIVADO, SEUS DIRIGENTES E EMPREGADOS. As sanções da Lei n. 8.429 alcançam agentes públicos e particulares, estes desde que induzam ou concorram dolosamente à prática do ato de improbidade, nos termos dos arts. 2º e 3º da Lei n. 8.429/92, podendo, no caso de pessoas jurídicas de direito privado, alcançar seus sócios, cotistas, diretores e colaboradores se, comprovadamente, houver participação e benefícios diretos (art. 3º, § 1º). Neste caso, a responsabilidade de dirigentes ou empregados fica subordinada a essa condição, dado que naturalmente *societas distat singulis*.

Às pessoas jurídicas serão aplicáveis as sanções legais que não sejam privativas de agentes públicos e que não sejam peculiares a pessoas naturais, como pagamento de multa civil e proibição temporária de contratação com o poder público ou de recebimento de benefícios ou incentivos fiscais ou creditícios, sem prejuízo do ressarcimento do dano e da perda de bens ou valores, desde que presente o elemento anímico da conduta.

17. EXCLUSÃO DA CONCORRÊNCIA COM A LEI N. 12.846/13. A responsabilidade das pessoas jurídicas é excluída na Lei da Improbidade Administrativa se o ato for também sancionado como ato lesivo à Administração Pública de acordo com a Lei n. 12.846/13 (art. 3º, § 2º, Lei n. 8.429/92). A questão exige reflexão. Não há exclusividade da Lei Anticorrupção Empresarial para punição de pessoa jurídica sob o falso pressuposto de inaplicabilidade da Lei da Improbidade Administrativa às pessoas jurídicas. Desde seu nascedouro a Lei n. 8.429/92 se aplica a pessoas jurídicas de direito privado como beneficiária ou partícipe, em conjunto ou não com sócios, administradores e empregados, sujeitando-se à imposição, para além do ressarcimento do dano ao erário, das sanções de perda de bens, multa civil e proibição de contratação com o Poder Público ou de recebimento de benefícios ou incentivos fiscais ou creditícios[22].

A Lei n. 12.846/13 se aplica exclusivamente a pessoas jurídicas pela prática de atos lesivos à Administração Pública por particulares (art. 5º), sujeitas a sanções administrativas e judiciais baseada em responsabilidade objetiva (arts. 2º, 6º e 19), ao passo que a Lei n. 8.429/92 incide em relação a agentes públicos e beneficiários ou partícipes pessoas físicas ou jurídicas (arts. 2º e 3º), sujeitando-as a sanções judiciais, fundada em responsabilidade subjetiva por atos de improbidade administrativa (arts. 9º a 12) baseados em ação ou omissão de agentes públicos em proveito próprio ou de terceiros, inclusive pessoas jurídicas de direito privado. Enquanto a Lei n. 8.429/92 pune ações ou omissões praticadas por agentes públicos em consórcio ou não com particulares, a Lei n. 12.846/13 somente objetiva a punição de ilícitos praticados por particulares contra a Administração Pública. A responsabilidade civil de pessoa jurídica de direito privado fundada na Lei n. 12.846 não pressupõe ação ou omissão de agente público, pois, se configura pela prática de comportamento ilícito de particulares sem a participação danosa de agentes públicos em detrimento do poder público. O Superior Tribunal de Justiça decidiu que "a conduta dos agentes públicos, que constitui o foco da LIA, pauta-se especificamente pelos seus deveres funcionais e independe da responsabilização da empresa que se beneficiou com a improbidade" e que "convém registrar que a recíproca não é verdadeira, tendo em vista que os particulares não podem ser responsabilizados com base na LIA sem que figure no polo passivo um agente público responsável pelo ato questionado, o que não impede, contudo, o eventual ajuizamento de Ação Civil Pública comum para obter o ressarcimento do Erário"[23].

Logo, se não há ação ou omissão ímproba imputável a agente público, mas, apenas, lesão ao patrimônio público ou aos princípios jurídico-administrativos, incide a Lei Anticorrupção Empresarial, ao

22. Nesse sentido, gizou a jurisprudência que "o sujeito particular submetido à lei que tutela a probidade administrativa, por sua vez, pode ser pessoa física ou jurídica. Com relação a esta última somente se afiguram incompatíveis as sanções de perda da função pública e suspensão dos direitos políticos" (STJ, REsp 1.038.762-RJ, 2ª Turma, Rel. Min. Herman Benjamin, 18-08-2009, v.u., DJe 31-08-2009).

23. STJ, REsp 896.044-PA, 2ª Turma, Rel. Min. Herman Benjamin, 16-09-2010, v.u., DJe 19-04-2011.

passo que havendo o comportamento ímprobo de agente público em concurso a pessoa jurídica de direito privado, aplica-se a Lei da Improbidade Administrativa. Assim registra Mateus Bertoncini que "os ilícitos da Lei 12.846 são cometidos isoladamente pela pessoa jurídica em face da administração pública, ao passo que os atos de improbidade administrativa são praticados pelo agente público contra a administração estatal, direta ou indireta, possuindo o terceiro, dentre os quais a pessoa jurídica, papel coadjuvante em relação à pessoa física do agente público, induzindo, concorrendo ou se beneficiando do ato de improbidade administrativa. Em outras palavras, não há ato de improbidade administrativa sem a figura do agente público, diversamente dos atos lesivos da Lei sob comento, praticados exclusivamente pela pessoa jurídica. A participação de pessoas físicas nesses casos, servidor ou não, importará noutras formas de responsabilização pessoal, na medida da sua culpabilidade, como se demonstrará adiante. Disso se pode concluir que os atos lesivos da Lei 12.846/2013 não possuem natureza de ato de improbidade administrativa"[24]. Antonio Araldo Ferraz Dal Pozzo *et alii* explicam que "como não estamos diante de uma lei que cuida de ato de improbidade administrativa, para cuja prática se exige um servidor público, mas diante de atos lesivos à Administração Pública, que são praticados por particulares, a lei cuida da matéria como sendo, praticamente, o reverso da medalha em relação à Lei de Improbidade Administrativa: enquanto nesta, para ser alcançado, o particular necessita que o agente público pratique um ato de improbidade para o qual, no entanto, ele induz ou concorre (art. 3º da Lei de Improbidade Administrativa), em caso de atos lesivos à Administração Pública deve haver unicamente o comportamento do particular. A atuação conjunta do servidor público sem dúvida desloca o fato para a Lei de Improbidade Administrativa"[25]. Daí porque o § 7º do art. 12 da Lei n. 8.429/92 acrescido pela Lei n. 14.230/21 parece não ter muito sentido. A arguta observação de Thiago Marrara é exatamente que o § 2º do art. 3º da Lei de Improbidade Administrativa,

---

24. SANTOS, José Anacleto Abduch; BERTONCINI, Mateus; COSTÓDIO FILHO, Ubirajara. *Comentários à Lei 12.846/2013: Lei anticorrupção*. 2. ed. São Paulo: Revista dos Tribunais, 2015, p. 155.

25. DAL POZZO, Antonio Araldo Ferraz; DAL POZZO, Augusto Neves; DAL POZZO, Beatriz Neves; FACCHINATTO, Renan Marcondes. *Lei Anticorrupção: apontamentos sobre a Lei nº 12.846/2013*. 2. ed. São Paulo: Contracorrente, 2015, pp. 52-53.

na redação da Lei n. 14.230, impediu a aplicação conjunta da Lei n. 8.429 com a Lei n. 12.846 contra as pessoas jurídicas[26]. Ou seja, a lei, nesse ponto, foi expletiva.

De qualquer maneira, o § 3º do art. 12 da Lei da Improbidade Administrativa traça uma diretriz que colima atender a função social da pessoa jurídica. Essa regra prescreve que na imposição das sanções merecem consideração os seus efeitos econômicos e sociais respectivos, para viabilizar a manutenção de suas atividades. A lei, entretanto, não elenca dentre as penalidades a dissolução da pessoa jurídica, como o fez, por exemplo, a Lei n. 12.846/13 (art. 19, III e § 1º), sendo a ela aplicáveis para além do ressarcimento do dano a perda de bens, o pagamento de multa civil, e a proibição de contratação com o poder público ou de recebimento de benefícios ou incentivos fiscais ou creditícios. Como se trata de condição personalíssima, ela não tem serventia para se estender a outrem (pessoas físicas ou jurídicas) para efeito das sanções que são solidárias nem mesmo para aquelas que não admitem redução (perda de bens, ressarcimento do dano), devendo ser utilizada como baliza exclusivamente para a proibição de contratação com o poder público ou de recebimento de benefícios ou incentivos fiscais ou creditícios. O que carece a lei, e a revisão promovida pela Lei n. 14.230/21 isso poderia ter feito, é a previsão de sanção própria para dirigente ou empregado de pessoa jurídica de direito privado, como o impedimento ao exercício de funções nela por conta da improbidade.

Por força da Lei n. 14.230/21 foi explicitada no art. 2º da Lei n. 8.429/92 a sua incidência aos agentes políticos, o que era induvidoso e se harmoniza com o entendimento do Supremo Tribunal Federal ao decidir que "as condutas descritas na lei de improbidade administrativa, quando imputadas a autoridades detentoras de prerrogativa de foro, não se convertem em crimes de responsabilidade"[27] e que o regime de responsabilidade política não exclui o da Lei n. 8.429/92[28].

26. MARRARA, Thiago. "Atos de improbidade: como a Lei nº 14.230/2021 modificou os tipos infrativos da LIA?", *in Revista Digital de Direito Administrativo, vol. 10*, n. 1, pp. 162-178, 2023.

27. RTJ 211/225.

28. STF, AgR-AC 3.585-RS, 2ª Turma, Rel. Min. Celso de Mello, 02-09-2014, v.u., DJe 28-10-2014.

[...]

Art. 7º Se houver indícios de ato de improbidade, a autoridade que conhecer dos fatos representará ao Ministério Público competente, para as providências necessárias. (Redação dada pela Lei nº 14.230, de 2021)

Parágrafo único. (Revogado). (Redação dada pela Lei nº 14.230, de 2021)

18. DEVER DE REPRESENTAÇÃO. A redação primitiva do art. 7º da Lei n. 8.429 tratava do dever de representação da autoridade administrativa ao *Parquet* quando o ato de improbidade causasse lesão ao patrimônio público ou ensejasse enriquecimento ilícito, para a indisponibilidade dos bens do indiciado, ali também regulada no parágrafo único.

A Lei n. 14.230/21 revogou o parágrafo único e modificou a redação do *caput*, limitando-o ao dever de representação ao Ministério Público. Assim sendo, existindo indícios de ato de improbidade, a autoridade que dele tiver conhecimento tem a obrigação de representação ao *Parquet* para que este tome as providências necessárias – investigação e ajuizamento da ação, se for o caso.

O dever é imposto a qualquer autoridade, mas, o Ministério Público não é obrigado a investigar ou ajuizar ação se não houver elementos suficientes, carecer de justa causa, ou outro motivo válido que o habilite a indeferir ou negar seguimento a representação ou promover o arquivamento do inquérito civil. O dever de representação não condiciona nem subordina a atuação do Ministério Público, pois, pode exercer sua competência *ex officio* independentemente de representação, desde que tenha elementos razoáveis para tanto, ou que atenda diretamente representação de qualquer do povo, nos termos do art. 22 da lei.

Ademais, essa obrigação de representação não elimina o cuidado de a autoridade promovê-la com respeito aos prazos de prescrição estatuídos na lei (art. 23). Ela não depende de prévia investigação administrativa, deduzida nos termos do art. 14 da Lei da Improbidade, bastando haver indícios, sem prejuízo de sua paralela tramitação para os fins da responsabilidade disciplinar, tanto que o art. 15 determina o seu conhecimento ao Ministério Público e ao Tribunal ou Conselho de Contas da existência de procedimento administrativo para apurar a prática de ato de improbidade.

Art. 8º O sucessor ou o herdeiro daquele que causar dano ao erário ou que se enriquecer ilicitamente estão sujeitos apenas à obrigação de repará-lo até o limite do valor da herança ou do patrimônio transferido. (Redação dada pela Lei nº 14.230, de 2021)

19. LIMITE DA RESPONSABILIDADE DE PESSOAS FÍSICAS SUCESSORAS. A redação primitiva do art. 8º da Lei n. 8.429/92 continha a regra da transmissibilidade das sanções ao enunciar que "o sucessor daquele que causar lesão ao patrimônio público ou se enriquecer ilicitamente está sujeito às cominações desta lei até o limite do valor da herança".

A nova redação atribuída pela Lei n. 14.230/21 deu sentido diferente, estabelecendo que "o sucessor ou o herdeiro daquele que causar dano ao erário ou que se enriquecer ilicitamente estão sujeitos apenas à obrigação de repará-lo até o limite do valor da herança ou do patrimônio transferido".

Mantida a transmissibilidade condicionada às forças da herança, é nítida a intenção de exclusão de qualquer penalidade, ressalvados o ressarcimento do dano ou a perda de bens e valores, consoante o entendimento restritivo que extirpava da transmissão as demais sanções de caráter punitivo à vista de seu caráter pessoal (e, por isso, intransmissíveis ao sucessor), argumento alicerçado pela interpretação sistemática do ordenamento jurídico, em especial o art. 5º, XLV, da Constituição Federal, e o art. 943 do Código Civil.

Art. 8º-A. A responsabilidade sucessória de que trata o art. 8º desta Lei aplica-se também na hipótese de alteração contratual, de transformação, de incorporação, de fusão ou de cisão societária. (Incluído pela Lei nº 14.230, de 2021)

Parágrafo único. Nas hipóteses de fusão e de incorporação, a responsabilidade da sucessora será restrita à obrigação de reparação integral do dano causado, até o limite do patrimônio transferido, não lhe sendo aplicáveis as demais sanções previstas nesta Lei decorrentes de atos e de fatos ocorridos antes da data da fusão ou da incorporação, exceto no caso de simulação ou de evidente intuito de fraude, devidamente comprovados. (Incluído pela Lei nº 14.230, de 2021)

20. LIMITE DA RESPONSABILIDADE DE PESSOAS JURÍDICAS SUCESSORAS. No caso de pessoas jurídicas, a regra do art. 8º da lei enfocada incide em face de alteração contratual, incorporação, fusão ou cisão societária (art. 8º-A), sendo que nas hipóteses de fusão e incorporação a responsabilidade da sucessora é limitada ao ressarcimento do dano até o limite do patrimônio transferido, não se aplicando as sanções legais por atos anteriores à transformação societária, salvo comprovados simulação ou evidente intuito de fraude (art. 8º-A, parágrafo único).

3

ESPÉCIES
(ARTS. 9º A 11)

CAPÍTULO II
Dos Atos de Improbidade Administrativa

Seção I
Dos Atos de Improbidade Administrativa que Importam Enriquecimento Ilícito

Art. 9º Constitui ato de improbidade administrativa importando em enriquecimento ilícito auferir, mediante a prática de ato doloso, qualquer tipo de vantagem patrimonial indevida em razão do exercício de cargo, de mandato, de função, de emprego ou de atividade nas entidades referidas no art. 1º desta Lei, e notadamente: (Redação dada pela Lei nº 14.230, de 2021)

I – receber, para si ou para outrem, dinheiro, bem móvel ou imóvel, ou qualquer outra vantagem econômica, direta ou indireta, a título de comissão, percentagem, gratificação ou presente de quem tenha interesse, direto ou indireto, que possa ser atingido ou amparado por ação ou omissão decorrente das atribuições do agente público;

II – perceber vantagem econômica, direta ou indireta, para facilitar a aquisição, permuta ou locação de bem móvel ou imóvel, ou a contratação de serviços pelas entidades referidas no art. 1° por preço superior ao valor de mercado;

III – perceber vantagem econômica, direta ou indireta, para facilitar a alienação, permuta ou locação de bem público ou o fornecimento de serviço por ente estatal por preço inferior ao valor de mercado;

IV – utilizar, em obra ou serviço particular, qualquer bem móvel, de propriedade ou à disposição de qualquer das entidades referidas no art. 1º desta Lei, bem como o trabalho de servidores, de empregados ou de terceiros contratados por essas entidades; (Redação dada pela Lei nº 14.230, de 2021)

V – receber vantagem econômica de qualquer natureza, direta ou indireta, para tolerar a exploração ou a prática de jogos de azar, de lenocínio, de narcotráfico, de contrabando, de usura ou de qualquer outra atividade ilícita, ou aceitar promessa de tal vantagem;

VI – receber vantagem econômica de qualquer natureza, direta ou indireta, para fazer declaração falsa sobre qualquer dado técnico que envolva obras públicas ou qualquer outro serviço ou sobre quantidade, peso, medida, qualidade ou característica de mercadorias ou bens fornecidos a qualquer das entidades referidas no art. 1º desta Lei; (Redação dada pela Lei nº 14.230, de 2021)

VII – adquirir, para si ou para outrem, no exercício de mandato, de cargo, de emprego ou de função pública, e em razão deles, bens de qualquer natureza, decorrentes dos atos descritos no *caput* deste artigo, cujo valor seja desproporcional à evolução do patrimônio ou à renda do agente público, assegurada a demonstração pelo agente da licitude da origem dessa evolução; (Redação dada pela Lei nº 14.230, de 2021)

VIII – aceitar emprego, comissão ou exercer atividade de consultoria ou assessoramento para pessoa física ou jurídica que tenha interesse suscetível de ser atingido ou amparado por ação ou omissão decorrente das atribuições do agente público, durante a atividade;

IX – perceber vantagem econômica para intermediar a liberação ou aplicação de verba pública de qualquer natureza;

X – receber vantagem econômica de qualquer natureza, direta ou indiretamente, para omitir ato de ofício, providência ou declaração a que esteja obrigado;

XI – incorporar, por qualquer forma, ao seu patrimônio bens, rendas, verbas ou valores integrantes do acervo patrimonial das entidades mencionadas no art. 1º desta lei;

XII - usar, em proveito próprio, bens, rendas, verbas ou valores integrantes do acervo patrimonial das entidades mencionadas no art. 1° desta lei.

21. ESPÉCIES DE IMPROBIDADE ADMINISTRATIVA. Diferentemente da legislação anterior, a Lei n. 8.429/92 parte do gênero improbidade administrativa para contemplar suas espécies. Nas Leis n. 3.164 e n. 3.502, a tutela da probidade se restringia à punição do enriquecimento ilícito no exercício de função pública por agente público.

A Constituição no § 4º do art. 37 se refere à improbidade como gênero, e o ordenamento jurídico já concebia outras espécies, como os atos lesivos ao patrimônio público na Lei da Ação Popular (Lei n. 4.717/65), que também censurava os atos nulos e dentre eles o desvio de finalidade (art. 2º, *e*). Por isso, a Lei da Improbidade Administrativa contemplou a improbidade como gênero e compreende três espécies: (a) enriquecimento ilícito no exercício de função (*lato sensu*) pública (art. 9º), (b) prejuízo ao erário (art. 10), e (c) atentado aos princípios da administração pública (art. 11), às quais correspondem as sanções delineadas nos incisos I, II e III de seu art. 12, respectivamente.

Ela as articulou mediante conceitos na cabeça de cada um desses preceitos acompanhados de relações nos respectivos incisos enumerando em figuras os atos mais frequentes e comuns. Na redação primitiva da Lei n. 8.429/92, esses róis eram todos exemplificativos, de maneira que se uma determinada hipótese não se amoldasse aos incisos, ainda assim poderia qualificar improbidade se houvesse sua submissão a cada uma dessas espécies conforme o seu conceito. As inovações promovidas pela Lei n. 14.230/21 mantiveram os róis exemplificativos nos arts. 9º e 10 e adotaram o rol taxativo para o art. 11. Isso constituiu sensível retrocesso e erro tático para tutela da probidade.

22. ELEMENTO SUBJETIVO: DOLO. Improbidade empenha em sua caracterização de elemento anímico da ação ou omissão de agente pública. É ato ilícito baseado em responsabilidade subjetiva, razão pela qual não há espaço para punição lastreada em responsabilidade objetiva. Em coerência com o § 2º do art. 1º da Lei n. 8.429/92 na redação da Lei n. 14.230/21, o dolo é essencial para configuração da improbidade administrativa, sendo suprimida a culpa que estava prevista no art. 10. A necessidade do dolo está expressamente mencionada nos conceitos de cada uma das três espécies de improbidade constantes das cabeças dos arts. 9º, 10 e 11.

A regra é o dolo genérico, consistente na vontade livre e consciente de alcançar o resultado ilícito tipificado, não bastando a voluntariedade do agente, e, como discorrido, o dolo específico corre por conta de expressas exceções em figuras das espécies de improbidade cuja descrição adicione para além do resultado um especial fim do agente, como as dos incisos VI e XII do art. 11. O dolo específico é aquele que exige comprovação da intenção especial do agente, o que não se confunde com o fim de obter proveito ou benefício indevido para si ou para outrem, previsto no art. 11, §§ 1º e 2º, da Lei n. 8.429/92 em sua novel redação. Ora, esse escopo é típico e elementar dos atos de improbidade administrativa desde sua primitiva redação, pois, o agente público abusa de sua função para, em qualquer espécie de ato ímprobo, amealhar proveito ou benefício indevido para si ou terceiro, inclusive no atentado aos princípios da administração pública. De fato, se o agente público prefere indevidamente alguém numa relação administrativa o faz em proveito dele. Quando muito o que esses novos preceitos promovem é a explicitação do dolo de beneficiamento, como observou Ronaldo Pinheiro de Queiroz[1], o que já havia na redação originária da Lei de Improbidade Administrativa.

Como aponta esse estudo, "dolo específico é a vontade de realizar a conduta descrita na lei acrescentada de uma finalidade diferenciada descrita no próprio tipo. Esse tipo de dolo está presente nos *tipos incongruentes*, que são aqueles que contêm uma finalidade especial dentro do tipo, para além da conduta em si", enquanto o dolo de beneficiamento "consiste em valer-se do cargo para obter proveito ou benefício para si (beneficiamento próprio) ou para outra pessoa ou entidade (beneficiamento alheio). O dolo de beneficiamento não é propriamente um dolo específico, pois está inserido genericamente em quase todas as condutas de crimes e infrações patrimoniais e

1. QUEIROZ, Ronaldo Pinheiro de. Dolo de beneficiamento na improbidade administrativa. Disponível em: <https://www.jota.info/opiniao-e-analise/artigos/dolo-debeneficiamento-na--improbidade-administrativa-23052022> Acesso em 18-07-2022.

também nas situações de abuso de função, cujas violações ocorrem para trazer algum benefício. Frise-se que o proveito ou benefício deve ser indevido, mas não precisa ser necessariamente financeiro. É dizer, o beneficiamento está compreendido basicamente nas condutas das pessoas que se enriquecem; enriquecem outras pessoas ou tiram algum proveito indevido da sua função pública". Obter vantagem patrimonial indevida, granjear benefício a outrem em detrimento do patrimônio público, agir deslealmente, parcialmente, divulgar *inside information*, se abster da prática de ato de ofício, admitir parentes, atuar para a busca de fim diverso do previsto em lei, são condutas em que há o nítido propósito de beneficiar o agente ou terceiro, de maneira que essa conformação do dolo já se continha na Lei n. 8.429/92 desde seu nascedouro, concebida como dolo genérico e não como dolo específico, tal e qual ocorre com crimes tradicionais como estelionato, peculato, furto etc. Também José Roberto Pimenta Oliveira e Dinorá Adelaide Musetti Grotti discorrem que a obtenção de proveito ou benefício indevido para o agente público ou terceiro não introjeta dolo específico porque "não cria nenhuma elementar do tipo" no art. 9º porque as condutas nele descritas "revelam esse fato necessário", na maioria das hipóteses do art. 10 "encontra-se terceiro cuja esfera jurídica é beneficiada pela ilegalidade"[2].

Como já observado, dolo, no Direito Penal, resulta da consciência e da vontade na realização da conduta típica constante da lei penal, comportando o dolo genérico (quando o tipo previsto na norma penal exige apenas a realização do fato descrito) ou específico (quando ele inclui determinada finalidade como elemento do crime). O tipo contém elementos objetivos-descritivos, normativos (juízos de valor) e subjetivos (especiais finalidades de ação, tendências ou intenções)[3]. Isso dá origem à concepção dos tipos objetivo (descrição do ato) e subjetivo (descrição de sua característica subjetiva) e da relação de

2. OLIVEIRA, José Roberto Pimenta; e GROTTI, Dinorá Adelaide Musetti. Panorama do sistema de responsabilização pela prática de atos de improbidade administrativa na Lei de Improbidade Administrativa reformada, *in Lei de Improbidade Administrativa Reformada*, São Paulo: Revista dos Tribunais, 2022, p. 66, coordenação DAL POZZO, Augusto Neves; e OLIVEIRA, José Roberto Pimenta.
3. BITENCOURT, Cezar Roberto. *Tratado de direito penal volume 1*, 26. ed., São Paulo: Saraiva, 2020.

conformidade (ou simetria) ou não do tipo objetivo ao subjetivo surgem os tipos congruentes ou incongruentes[4] (ou tipos com congruência simétrica ou assimétrica)[5]. No Direito Administrativo, as sanções administrativas são orientadas igualmente pelo princípio de legalidade como no Direito Penal; "porém com importantes distinções em relação à legalidade penal", sendo os tipos "em regra, mais elásticos que os tipos penais" em razão das próprias características dessa disciplina jurídica, compostos por conceitos indeterminados ou cláusulas gerais[6]. A tipicidade na Lei n. 8.429/92 não se distancia do tratamento que o Direito Administrativo dá às infrações administrativas.

A Lei n. 8.429, na redação dada pela Lei n. 14.230, limita a improbidade ao dolo, aproximando-se de seu conceito no Direito Penal (art. 1º, § 2º), contudo, as alterações nas espécies de atos de improbidade não descaracterizaram a legalidade com determinada dose ou fórmula de elasticidade, flexibilidade ou plasticidade, como ocorre no Direito Administrativo, pois continua empregando juízos ou conceitos abertos de experiência ou de valor, elementos normativos, e, ainda, em determinados preceitos, tonificando elementos subjetivos.

A remissão do § 1º do art. 11 da Lei n. 8.429 à Convenção das Nações Unidas contra a Corrupção, circunscrevendo a improbidade administrativa da espécie de atentado aos princípios da administração pública à obtenção de proveito ou benefício indevido em proveito próprio ou alheio, foi estendida no § 2º às demais espécies de atos de improbidade. Se o § 1º do art. 11 liga-se ao art. 19 da convenção que trata do abuso de funções[7], observa Rita Tourinho[8] que "o §

---

4. JESUS, Damásio E. de. *Imputação objetiva*, São Paulo: Saraiva, 2000, p. 18.
5. ZAFFARONI, Eugenio Raúl, e PIERANGELI, José Henrique. *Manual de direito penal brasileiro: parte geral*, 2. ed., São Paulo: Revista dos Tribunais, 1999, pp. 479-480, n. 249.
6. OSÓRIO, Fábio Medina. *Direito administrativo sancionador*, São Paulo: Revista dos Tribunais, 2000, pp. 204-205.
7. Art. 19. Abuso de funções: Cada Estado Parte considerará a possibilidade de adotar as medidas legislativas e de outras índoles que sejam necessárias para qualificar como delito, quando cometido intencionalmente, o abuso de funções ou do cargo, ou seja, a realização ou omissão de um ato, em violação à lei, por parte de um funcionário público no exercício de suas funções, com o fim de obter um benefício indevido para si mesmo ou para outra pessoa ou entidade.
8. TOURINHO, Rita. "O elemento subjetivo do tipo na nova Lei de Improbidade Administrativa: avanço ou retrocesso?", *in Revista do Ministério Público do Estado do Rio de Janeiro nº 84*, abr./jun. 2022, pp. 147-169.

2º do art. 11 da Lei nº 8.429/1992, ao estender a exigência do § 1º para as hipóteses dos arts. 9º e 10, viola os termos dos arts. 20 e 17 do Decreto nº 5.687/2006, que correspondem à improbidade por enriquecimento ilícito e prejuízo ao erário, respectivamente, uma vez que não exigem o dolo específico, bastando para sua configuração o dolo direto"[9].

Além disso, os núcleos típicos dos conceitos e das figuras dos arts. 9º e 10 dispensam o dolo específico porque esse excedente é elementar ao auferimento de vantagem patrimonial indevida ou à geração de perda patrimonial, desvio, apropriação etc. Com efeito, auferir é obter algo em proveito próprio ou de terceiro; ensejar perda patrimonial significa enriquecer outrem em detrimento do erário. E no tocante às figuras do art. 11 cujo tipo respectivo não descreva o dolo específico, este não há de se exigir por se acoimar a remissão normativa o abuso, violador da proporcionalidade: se a caracterização dessa espécie de improbidade prescinde de locupletamento ilícito ou dano ao erário, qual a razão de requisição de proveito ou benefício próprio ou alheio na violação do dever de sigilo, na negativa de publicidade aos atos oficiais, no descumprimento de normas para celebração e fiscalização de parcerias (art. 11, III, IV, VII e VIII)? A remissão, portanto, é um *nonsense*, sendo especificamente incompatível com esses bens jurídicos tutelados e a própria descrição normativa.

À ausência do elemento anímico da ação ou da omissão, o ato pode ser ilegal, lesivo, imoral, mas, não caracterizar improbidade. Isto é, pode ser objeto de nulidade, mas não de censura por improbidade para aplicação das sanções típicas da Lei n. 8.429/92.

A estabilidade do ato ou a responsabilidade do agente público e de terceiros podem ser até ser questionadas judicial ou extrajudicialmente,

9. A convenção estabelece no art. 17 com relação à malversação ou peculato, apropriação indébita ou outras formas de desvio de bens por um funcionário público qualificar como delito, quando cometido intencionalmente, a malversação ou o peculato, a apropriação indébita ou outras formas de desvio de bens, fundos ou títulos públicos ou privados ou qualquer outra coisa de valor que se tenham confiado ao funcionário em virtude de seu cargo, e no art. 20 referentemente ao enriquecimento ilícito qualificar como delito, quando cometido intencionalmente, o enriquecimento ilícito, ou seja, o incremento significativo do patrimônio de um funcionário público relativos aos seus ingressos legítimos que não podem ser razoavelmente justificados por ele.

inclusive à luz do princípio da moralidade administrativa, porém, elas não renderão ensejo à imposição das sanções da Lei n. 8.429/92, muito embora tenham potencialidade para gerar a declaração de nulidade ou anulação do ato ou o ressarcimento de danos, ou sanções típicas de outras esferas de responsabilidade (administrativa, penal etc.).

23. ENRIQUECIMENTO ILÍCITO NO EXERCÍCIO DE FUNÇÃO PÚBLICA. A primeira das espécies de improbidade é o enriquecimento ilícito de agente público no exercício de função (*lato sensu*) pública. A Lei n. 8.429/92 no art. 9º vale-se de conceito amplo seguindo de relação exemplificativa. Ela se caracteriza pelo auferimento de qualquer tipo de vantagem patrimonial indevida, por ato doloso, em razão do exercício de cargo, mandato, função, emprego ou atividade nas entidades e órgãos públicos.

Consiste no acréscimo de vantagem que tenha expressão econômica, positiva ou negativa, obtido de maneira direta ou indireta em seu proveito pessoal ou alheio, ao acervo patrimonial do agente público, abrangendo pedido, exigência, ameaça, ordem, e que é indevida porque contrária ao ordenamento jurídico e, sobretudo, ao princípio de moralidade, bastando que o agente público a receba. Cuida-se do mais grave ato de improbidade porque o agente público usa de sua função para se enriquecer, sendo irrelevante se ele a obteve para a prática de ato legal ou ilegal.

O enriquecimento ilícito tratado no art. 9º da Lei da Improbidade Administrativa compreende, como revelado nas figuras descritas em seus correlatos incisos, (a) o auferimento de qualquer tipo de vantagem patrimonial indevida em razão do exercício de função pública, (b) a obtenção de vantagem patrimonial indevida em razão do exercício de função pública por ação ou omissão legal ou ilegal, (c) a percepção de vantagem patrimonial indevida pela potencialidade de satisfação de interesse decorrente de ação ou omissão legal ou ilegal, (d) o aproveitamento (apropriação, desvio, uso) de bens públicos, disponibilizados ao poder público, ou sob sua guarda ou tutela, (e) a aquisição de bens ou valores desproporcionais ou incompatíveis à evolução do patrimônio ou da renda em razão do exercício da função pública.

Assim como improbidade não é sinônimo de corrupção, enriquecimento ilícito também não o é. Improbidade não se reduz a corrupção malgrado sua difundida assimilação: tecnicamente, corrupção é crime (art. 317, Código Penal) e sua descrição normativa assimila-se a uma das figuras da espécie de enriquecimento ilícito do gênero atos de improbidade administrativa (art. 9º, I e X, Lei n. 8.429/92). Em sentido amplo e genérico, corrupção configura *"una mezcla de deslealtad con apropiación de aquello que se administra para el resto"*, segundo observa Alfonso Sabán Godoy[10]. Manoel Gonçalves Ferreira Filho a define como a "conduta de autoridade que exerce o Poder de modo indevido, em benefício de interesse privado, em troca de uma retribuição de ordem material"[11]. Para José Alfredo de Oliveira Baracho, "a corrupção gera a alteração ou desnaturação da função pública", constituindo "uma conduta que desvia de suas obrigações normais uma função pública, por motivos privados, pecuniários ou de *status*, violando regras contra o exercício de influências corretas, com motivações privadas, secundárias, partidárias ou destituídas de seriedade"[12]. Guardadas as devidas proporções, esses conceitos servem para definição inicial de improbidade na espécie enriquecimento ilícito.

Esse fenômeno humano não se verifica somente no plano da ilegalidade, pois também a legalidade é campo fecundo para a corrupção. A permanente fixação de relações jurídicas com terceiros proporciona o desvio de interesses, especialmente quando é rotineiro a Administração Pública não cumprir suas obrigações no tempo e modo devidos. Por isso, Alfonso Sabán Godoy qualifica a pretensão do particular no cumprimento do prazo devido das obrigações pela Administração Pública como um poder de grandes proporções em mãos dos agentes públicos competentes e para os administrados (notadamente, os credores em razão de um contrato administrativo), *"el alicate mayor que aquellos tienen para corromper"*, formando assim o que denomina *"mercado del favor legal"*[13].

10. SABÁN GODOY, Alfonso. *El marco jurídico de la corrupción*, Madrid: Civitas, 1991, pp. 16 e 96.
11. FERREIRA FILHO, Manoel Gonçalves. *Constituição e governabilidade*, São Paulo: Saraiva, 1995, p. 109.
12. BARACHO, José Alfredo de Oliveira. O enriquecimento injusto como princípio geral do direito administrativo. RT, v. 755, set. 1998, p. 37.
13. SABÁN GODOY, Alfonso. *El marco jurídico de la corrupción*, Madrid: Civitas, 1991, p. 25.

Seus pressupostos são a atribuição patrimonial inválida, a ausência de causa jurídica válida, o enriquecimento de uma parte (agente público), o empobrecimento de outra e o nexo de causalidade entre o enriquecimento e o empobrecimento. A censura legal é endereçada àquele que se aproveita de uma função pública para angariar vantagem a que não faz jus, por qualquer artifício que venha a empregar (abuso de confiança, excesso de poder, exploração de prestígio, tráfico de influência etc.). A vantagem patrimonial indevida, para a caracterização do enriquecimento ilícito, pode ser obtida pelo agente público (direta) ou terceiro (indireta) que atua como interposta pessoa ("testa-de-ferro", "laranja", parentes, mandatários, empregados etc.), bem como pode atender proveitos pessoais, partidários, políticos, religiosos, filosóficos etc. do agente ou de terceiros.

Salvo nas hipóteses determinadas em lei, a configuração do enriquecimento ilícito não depende de dano ao erário, pois se verga à moralidade administrativa em si mesma considerada, mas, em qualquer hipótese, e ainda que por interposta pessoa, o agente público é o sujeito ativo da ação ou omissão.

Para os fins do *caput* do art. 9º da Lei n. 8.429/92, o enriquecimento ilícito se caracteriza pelo auferimento, mediante ação ou omissão dolosas, de qualquer tipo de vantagem patrimonial indevida em razão do exercício de função pública. Destarte, a conduta que nesse conceito se amolda, configura essa espécie de improbidade, a partir da conjunção desses elementos: (a) aquisição de qualquer tipo de vantagem patrimonial que tenha expressão econômica direta ou indireta, mediata ou imediata, em razão do exercício da função pública; (b) prática de ação ou omissão, legal ou ilegal, dolosa, por agente público; (c) liame qualificado entre a ação ou omissão de agente público e o auferimento da vantagem. O conceito do *caput* do art. 9º é aberto e o rol que se segue é taxativo. O dolo é o genérico, salvo as exceções legais. O propósito de proveito próprio ou alheio consta das figuras típicas dos incisos I, VII e XII do art. 9º desde sua redação originária da Lei n. 8.429, a indicar o dolo específico pela inserção de elementos subjetivos de especial escopo de agir nesses casos, diferentemente do *caput* e dos demais incisos que tratam do enriquecimento ilícito no exercício de função pública mediante dolo genérico, com descrições verbais adicionadas de elementos normativos do tipo.

24. OBTENÇÃO DE VANTAGEM PATRIMONIAL INDEVIDA EM RAZÃO DO EXERCÍCIO DA FUNÇÃO PÚBLICA POR AÇÃO OU OMISSÃO LEGAL OU ILEGAL. Além do *caput* do art. 9º, seus incisos V, IX e X tipificam enriquecimento ilícito de agente público no exercício de função (*lato sensu*) pública pela obtenção de vantagem patrimonial indevida em razão do exercício da função pública, por ação ou omissão legal ou ilegal. A análise da estrutura dessas figuras típicas revela o ganho de propina como contraprestação por obrigações permissivas, positivas ou negativas.

O art. 9º, V, reprime o recebimento de vantagem econômica de qualquer natureza (positiva ou negativa), direta ou indireta, para tolerância da exploração dos jogos de azar e do lenocínio, do narcotráfico, do contrabando, da usura e de quaisquer outras atividades ilícitas. É um rol exemplificativo, pois, ainda que uma certa atividade não esteja catalogada basta que seja ilícita, contrária ao ordenamento jurídico. Há um círculo vicioso entre a omissão de agente público e seu abastecimento por propinas. É destas que se alimentam os corruptos, adquirindo as vantagens oriundas do mercado negro. Também caracteriza esse ato de improbidade administrativa a mera aceitação de vantagem econômica para permissão das atividades ilícitas acima descritas.

O art. 9º, IX, reprime a percepção de vantagem patrimonial como contrapartida na conduta de intermediação na liberação ou aplicação de verba pública de qualquer natureza (créditos, subsídios, subvenções, auxílios, parcela da arrecadação tributária etc.), atividade muito constante e devidamente organizada que se plantou nos meandros burocráticos a partir do enorme fosso que distancia a previsão da execução orçamentária. As verbas públicas são liberadas ou aplicadas em decorrência dos procedimentos próprios, não se tolerando que o agente público perceba vantagem econômica a pretexto de intermediá-las conforme o destino e o procedimento que a lei fixou. É indiferente que se exonerem algumas formalidades legais ou regulamentares ou que seja agilizado o expediente. Também é irrelevante que o beneficiário (da liberação da verba) tenha experimentado alguma vantagem com a intermediação recompensada. A lei quer desestimular a atividade mediadora na liberação ou aplicação de verbas públicas, nítido exemplo de exploração de prestígio, consoante observa Wolgran Junqueira

Ferreira[14]. No entanto, é mister que a intermediação seja remunerada, e essa remuneração, que é o proveito indevido obtido pelo agente, admite caracterização por qualquer forma, desde que tenha uma expressão econômica. Não são raros os casos em que o intermediador recebe do destinatário da liberação ou aplicação de verba pública percentual extraído da própria verba pública.

O art. 9º, X, caracteriza o enriquecimento ilícito na percepção de vantagem econômica pelo agente público para omissão da prática de ato de ofício, providência ou declaração a que esteja obrigado. A vantagem econômica pode ser de qualquer natureza, ou seja, positiva ou negativa, e recebida direta ou indiretamente pelo agente público, para dele conseguir uma abstenção, uma omissão, dentro de suas atribuições. A referência a ato de ofício é ampla, e já abarcaria as duas outras (providência ou declaração a que esteja obrigado o agente). Trata-se da prevaricação (em sentido lato) remunerada. Entretanto, não é o recebimento de qualquer vantagem econômica que caracteriza esse tipo de enriquecimento ilícito. Como dito anteriormente, ela deve buscar a abstenção, motivo pelo qual o recebimento de vantagem econômica para a prática de ato insere-se no art. 9º, *caput*. No caso do art. 9º, X, a omissão que pretende o beneficiário deve ser relacionada com atos da atribuição do agente público, ou seja, a omissão de ato, providência ou declaração inserida dentre suas atribuições estabelecidas em lei ou regulamento. Fora desse âmbito, o agente público responde pelo enriquecimento ilícito segundo o art. 9º, *caput*, salvo se coautor.

25. PERCEPÇÃO DE VANTAGEM ECONÔMICA DE QUEM TENHA POTENCIAL INTERESSE A SER SATISFEITO POR AÇÃO OU OMISSÃO DE AGENTE PÚBLICO. O art. 9º, I, pune o ato de recebimento de vantagem econômica indevida pelo agente público ou para terceiro ou ainda por terceiro e para o agente público, a título de comissão, percentagem, gratificação ou presente (ou seja, a que título for, desde que indevido), de doador cujo interesse tenha a mera potencialidade de ser satisfeito por ato comissivo ou omissivo, inserido dentre as atribuições do agente público, dispostas em lei, regulamento ou ato

14. FERREIRA, Wolgran Junqueira. *Enriquecimento ilícito dos servidores no exercício da função*, Bauru: Edipro, 1994, p. 111.

equivalente. A nova redação dada pela Lei n. 14.230/21 inclui o dolo específico, consistente no assenhoramento, com a expressão "para si ou para outrem", o que se apresenta correto na medida em que já existiam outras figuras que tipificam o enriquecimento ilícito pelo mero uso (art. 9º, XII).

A Lei n. 3.502/58 (art. 2º, *c*) já censurava essa conduta, e é sempre oportuno frisar a desnecessidade da ocorrência de ação ou omissão do agente público, porque basta que o interesse tenha a mera potencialidade de satisfazê-lo. Esse interesse não precisa ser concreto ou real, contentando-se a lei com um interesse presente, passado ou futuro, mediato ou imediato, concreto ou potencial, direto ou indireto e que pode traduzir-se até numa simples expectativa de direito e não propriamente em um interesse juridicamente tutelável.

Tratando-se, ainda, de interesse potencialmente amparado, a circunstância de ter observado o agente público o princípio da legalidade administrativa ou os demais subsequentes não exonera a ilicitude do recebimento da vantagem. Prescindível a exigência da vantagem econômica pelo agente, bastando o simples recebimento, seja o interesse legítimo ou não, tenha sido satisfeito ou ainda não.

A lei não quer que o agente público, agindo legal ou ilegalmente, receba, incorpore, adquira bem ou valor que moralmente está impedido de amealhar, porque deve apenas exercer o seu cargo e abster-se de, a pretexto dele, receber vantagem indevida. Se o ato já amparou o interesse, o exaurimento insere a conduta no art. 9º, *caput*, uma vez que o inciso I trata da potencialidade de influência, enquanto o inciso X, do recebimento de vantagem econômica para a omissão da prática de ato de ofício.

Para os fins do art. 9º, I, da Lei n. 8.429/92, basta a mera potencialidade de amparo ou satisfação do interesse do doador da vantagem econômica indevida por seu beneficiário em razão das atribuições e competências de seu cargo, função ou emprego público. A legislação não exige, nessa hipótese legal, que o beneficiário pratique ato legal ou ilegal em favor do doador da vantagem ou que este cause dano ao erário (como exigia nos casos do art. 2º, *d* e *e*, da Lei n. 3.502/58), intuito nitidamente revelado pelas expressões legais "tenha interesse, direto ou indireto, que possa ser atingido ou amparado por ação ou omissão" do beneficiário.

A prova desse liame faz-se pela acurada análise das atribuições do agente público, sem, no entanto, infirmar a plausibilidade de ele obter a vantagem indevida com excesso de poder, por exploração de prestígio, advocacia administrativa ou abuso de confiança em detrimento do agente público competente ou, ainda, desprezar a possibilidade de ele ser partícipe do ato de improbidade administrativa, quando a ação ou omissão não se inclui nas suas atribuições, mas na de outro agente público sobre o qual possa exercer influência, remunerada ou não, por relação hierárquica, familiar, social, religiosa etc.

A vantagem econômica pode ser direta ou indireta (isto é, para o agente público ou terceiros), sob a forma de prestação positiva ou negativa, por qualquer meio de amealhar riqueza. O seu título é injusto, ilícito e imoral e não se esgota na relação legal (comissão, percentagem, gratificação ou presente), pois abrange qualquer forma, modo ou origem que está contaminada pela percepção de vantagem indevida oriunda do potencial amparo de interesse por ação ou omissão decorrente das atribuições legais ou regulamentares do agente público.

O art. 9º, VIII, expressa regra proibitiva com função preventiva, valorizando cânones como exclusividade, isenção, neutralidade etc. pela vedação ao agente público da aceitação de emprego ou comissão ou o exercício de atividades de consultoria ou assessoramento para pessoa física ou jurídica cujos interesses tenham a potencialidade de amparo por ação ou omissão decorrente das suas atribuições.

Trata-se de evidente conflito de interesses. Imoral o agente público gerir o interesse público e, concomitantemente, zelar por interesses privados de pessoa física ou jurídica que desenvolva relações jurídicas com o Poder Público, sejam ou não divergentes os interesses entre um e outro, porque, em essência, o objeto protegido passa pela noção da isonomia que o agente público deve dispensar aos particulares e quer evitar que, em razão da função pública exercida, receba a vantagem indevida (vinculação profissional com o particular) e que, em última análise, essa tergiversação possa constituir expediente hábil para a satisfação de interesses privados. O dispositivo legal recebe grande influência da imparcialidade, instrumentalizada por incompatibilidades e impedimentos, como ocorre nesse caso em que se pune a violação desses instrumentos.

No entanto, é dispensável que o agente público tenha satisfeito efetivamente o interesse privado, bastando que, em razão de sua competência, o interesse particular tenha a potencialidade de ser amparado por ação ou omissão. Daí que a pesquisa das atribuições do agente público é essencial para estabelecer a probabilidade da ocorrência do comportamento comissivo ou omissivo, sendo inafastável esse nexo.

Satisfaz a lei a simples aceitação de emprego ou comissão[15], residindo aí a vantagem econômica indevida, presumindo o nexo de prejuízo à Administração Pública e o consequente enriquecimento ilícito pelo recebimento da vantagem[16]. No que tange à segunda conduta, o enriquecimento ilícito exige o efetivo exercício de atividades de consultoria ou assessoramento (ou outras assemelhadas que traduzam a mesma natureza) para a pessoa física ou jurídica. O interesse privado, como dito, não necessita ser efetivamente amparado ou atingido. Se foi efetivamente amparado, é mero exaurimento da conduta, possibilitando ressarcimento do dano se houve prejuízo ao erário. Basta o prognóstico de que das atribuições do agente público ele tenha a potencialidade de amparo ou alcance, a partir de ação ou omissão.

Mister observar que para configurar a improbidade administrativa de que trata o inciso VIII do art. 9º é necessário que a vinculação do agente público com o particular se estabeleça durante ou após a atividade. Há, em verdade, uma íntima conexão desse inciso VIII do art. 9º da Lei n. 8.429/92 com a Lei de Conflito de Interesses (Lei n. 12.813/13), como verte de seu art. 5º. Essa legislação especial ainda tratou das situações de conflito de interesses após o exercício da função, tendo afinidade com o art. 9º, VIII, da Lei da Improbidade Administrativa, as disposições das alíneas *a*, *b* e *c* de seu art. 6º. Aliás, as violações dos arts. 5º e 6º da Lei n. 12.813/13 caracterizam improbidade administrativa (exógena) da espécie do art. 11 da Lei n.

15. FERREIRA, Wolgran Junqueira. *Enriquecimento ilícito dos servidores no exercício da função*, Bauru: Edipro, 1994, p. 110.

16. FREITAS, Juarez. Do princípio da probidade administração e sua máxima efetivação, *RDA, v. 204*, abr./jun. 1996, p. 74.

8.429/92, salvo se não configurada qualquer das condutas descritas nos seus arts. 9º e 10, como emana do art. 12 daquela.

26. AUFERIMENTO DE VANTAGEM ECONÔMICA INDEVIDA ALIADA À CAUSAÇÃO DE PREJUÍZO AO ERÁRIO. Os incisos II, III, e VI do art. 9º consubstanciam enriquecimento ilícito de agente público no exercício de cargo, função, mandato, emprego ou atividade nas entidades públicas porque implicam a obtenção de vantagem econômica indevida com dano ao erário. O agente público aufere a propina, o percentil, o presente etc. porque sua ação ou omissão gerou prejuízo ao erário. Se não houve dano ao patrimônio público, ela pode configurar outra figura de enriquecimento ilícito, em especial a do *caput* do art. 9º; se não houve enriquecimento ilícito, o prejuízo ao erário poderá configurar diversa espécie de improbidade (como a do art. 10 da Lei n. 8.429/92).

Expediente que facilita a incidência nociva do sobrepreço ou superfaturamento[17] em prejuízo da Administração Pública é o recebimento de propina para a aquisição, permuta ou locação de imóvel ou móvel ou para a contratação de serviços, de que cuida o art. 9º, II. Quase sempre prejuízo ao erário e enriquecimento ilícito caminham juntos num círculo vicioso, constituindo o superfaturamento o artifício eficiente para proporcionar a obtenção de vantagem indevida, direta ou indiretamente, pelo agente público. A vantagem econômica pode ser percebida direta ou indiretamente, positiva ou negativamente. O superfaturamento constitui lesão ao erário (art. 4º, V, *b*, da Lei n.

17. A Lei n. 13.303, de 30 de junho de 2016, que disciplina as empresas estatais traça distinção entre sobrepreço e superfaturamento nos incisos I e II do § 1º de seu art. 31. O sobrepreço ocorre quando os preços orçados para a licitação ou os preços contratados são expressivamente superiores aos preços referenciais de mercado (podendo referir-se ao valor unitário de um item, se a licitação ou a contratação for por preços unitários de serviço, ou ao valor global do objeto, se a licitação ou a contratação for por preço global ou por empreitada), e o superfaturamento acontece quando houver dano patrimonial, por exemplo, pela medição de quantidades superiores às efetivamente executadas ou fornecidas, pela deficiência na execução de obras e serviços de engenharia que resulte em diminuição da qualidade, da vida útil ou da segurança, por alterações no orçamento de obras e de serviços de engenharia que causem o desequilíbrio econômico-financeiro do contrato em favor do contratado, por outras alterações de cláusulas financeiras que gerem recebimentos contratuais antecipados, distorção do cronograma físico-financeiro, prorrogação injustificada do prazo contratual com custos adicionais para a empresa pública ou a sociedade de economia mista ou reajuste irregular de preços.

4.717/65) e, por isso, é ato de improbidade administrativa catalogado no art. 10, V, da Lei n. 8.429/92. Precedidos ou não de licitação, os contratos entabulados pela Administração Pública visam sempre a obter as melhores vantagens para o poder público, devendo o preço refletir a prática corrente no mercado, não sendo lícito ao agente público receber vantagem econômica para causar-lhe prejuízo. Se não há superfaturamento e, mesmo assim, houve o recebimento da propina, a conduta do agente público insere-se no art. 9º, *caput*.

Da mesma forma, censura-se o recebimento de vantagem econômica, direta ou indireta, positiva ou negativa, na facilitação para a transmissão dominial (alienação e permuta ou outra forma admitida em lei) e a locação de bens pelas entidades públicas ou fornecimento de serviços por elas prestados, por preços subfaturados ou subdimensionados (art. 9º, III). A simples infringência dos requisitos legais para a realização desses atos pode caracterizar outra espécie de improbidade administrativa, porém, para o enriquecimento ilícito, mister é o recebimento da vantagem econômica indevida. Considerado ato lesivo pela Lei da Ação Popular (art. 4º, V, *c*, Lei n. 4.717/65), é catalogado como ato de improbidade administrativa (art. 10, IV, Lei n. 8.429/92). O agente público deve servir à Administração Pública e não se servir dela, obtendo ou fornecendo vantagens a partir da utilização de bens e serviços públicos, dispondo da coisa pública como se fosse bem do seu acervo particular. O Estado organiza e presta serviços, adquire e utiliza bens, visando ao interesse da coletividade e não à satisfação dos interesses do agente público. Não obstante, o fato mais prosaico é justamente a negação dessa parêmia, pois os agentes públicos têm o péssimo costume de utilizar-se da máquina oficial para os mais diversos escopos distanciados da finalidade estabelecida.

Pelo art. 9º, VI, pune-se o recebimento de vantagem econômica, direta ou indireta, pelo agente público, porque ele praticou falsidade em declaração que lhe competia sobre qualquer dado técnico que envolva obras públicas ou qualquer outro serviço ou sobre quantidade, peso, medida, qualidade ou característica de mercadorias ou bens fornecidos a qualquer das entidades da Administração Pública. Com essa conduta o agente público duplamente ofende a Administração Pública: recebe a propina e causa lesão ao erário (o falso tem o propósito de favorecer o particular em detrimento do patrimônio público), ficando sujeito ao ressarcimento do dano também, pois as entidades protegidas pagam quantia maior do que aquela efetivamente devida ao particular, remunerando obras, serviços ou fornecimento de bens que não correspondem à realidade. A execução dos contratos administrativos tem liturgia estabelecida em lei específica, despontando a importância dos atos de fiscalização e recebimento, pois são preparatórios para a consequente liberação da despesa e aptos para outros corolários como rescisão contratual, responsabilidade civil e administrativa etc. A nova redação dada pela Lei n. 14.230/21 é mais ampla e adequada do que a anterior que se referia apenas à medição ou avaliação.

27. APROVEITAMENTO DE BENS PÚBLICOS, DISPONIBILIZADOS AO PODER PÚBLICO, OU SOB SUA GUARDA OU TUTELA. Nos incisos IV, XI e XII do art. 9º da Lei n. 8.429/92 se cuida do aproveitamento, definitivo ou transitório, mediante apropriação, desvio e uso de bens públicos, disponibilizados ao poder público, ou sob sua guarda ou tutela. São figuras conexas ao peculato (art. 312, Código Penal; art. 1º, I a III, Decreto-lei n. 201/67).

Noção basilar da ética pública é que o agente público está a serviço do interesse público, e não o contrário; por isso, não se tolera a utilização dos bens públicos para finalidades alheias ao serviço. Jesus Gonzalez Perez assinala que, com referência ao uso dos bens públicos, não pode o agente público utilizá-los para fins próprios, embora se considere natural o uso do telefone da repartição pública para ligações pessoais, dos meios de transportes públicos para viagens particulares etc.[18] A propósito dessa prática mui comum, Marcello Caetano lembra que o dever de probidade inclui "o de não utilizar viaturas oficiais para fins estranhos ao serviço, quando para tal não tenha direito, consumindo carburantes e lubrificantes"[19].

O art. 9º, IV, considera enriquecimento ilícito a utilização, em obra ou serviço particulares, de bens públicos móveis, ainda que não integrados ao patrimônio público (de propriedade das entidades públicas ou à sua disposição), mas a serviço dele (locação, arrendamento,

---

18. GONZALEZ PEREZ, Jesus. *La ética en la Administración Pública*, Madrid: Civitas, 1996, p. 59.
19. CAETANO, Marcello. *Manual de direito administrativo*, Coimbra: Almedina, tomo 2, p. 749, n. 288.

concessão de serviço público etc.) ou do trabalho de agentes públicos ou de empregados ou terceiros contratados, em proveito do próprio agente público. Nesses casos, concorrerá com o enriquecimento ilícito o prejuízo ao erário, possibilitando, além da perda do proveito ilícito (o resultado do uso dos bens ou serviços na obra ou serviço privado), o ressarcimento do dano (a perda patrimonial decorrente desse uso). A figura do art. 9º, IV, é afim da constante do mesmo art. 9º, XII, mas a diferença entre ambas reside no objeto da conduta, pois na primeira trata-se do indevido uso particular de bens e servidores públicos ali especificados em obra ou serviço particulares, enquanto a segunda retrata o indevido uso particular de bens, rendas, verbas ou valores públicos, sem a vinculação a essa finalidade objetiva específica e determinada.

O agente público deve exercer seu cargo para cumprimento da lei. Administrar é executar a lei de ofício, não permitindo, nem tolerando que o ilícito, mormente o penal, se institucionalize alforriado da repressão prevista em lei. A crise institucional sempre tem começo no descrédito das instituições oficiais, que, por obra de seus agentes, toleram a prática do ilícito. Essa crise é a matriz da sensação de impunidade e a gênese da cultura da improbidade, porque a comunidade tem ciência da existência das leis, mas sabe que os agentes públicos tolhem a sua eficácia.

O art. 9º, XI, censura o ato de apropriação de bens, rendas, verbas ou valores públicos pelo agente. Essa apropriação ou assenhoramento revela-se pela conduta daquele que, tendo os deveres de guarda, manutenção e administração do acervo público (quando muito, mera detenção), transfere a posse ou o domínio de bens, rendas, verbas ou valores públicos, convolando-a em domínio próprio e incorporando-a ao seu patrimônio. Tal ato de incorporação realiza-se por qualquer forma, seja direta ou indireta. Existem várias fórmulas e meios para o alcance desse objetivo, como alude Marcelo Figueiredo, com o emprego de terceiros ("testas-de-ferro", parentes etc.)[20]. A casuística revela a multiplicidade de formas utilizadas para a apropriação, total ou parcial, dos elementos integrantes do patrimônio público ou colocados à sua

20. FIGUEREDO, Marcelo. *Probidade administrativa*, São Paulo: Malheiros, 1999, p. 47.

disposição através de vários expedientes, como os vícios da vontade e os defeitos do ato jurídico. A incorporação de bens, verbas, rendas ou valores públicos ao patrimônio do agente público deve ter causa ilícita ou imoral, revelando que a apropriação é indevida, que o agente usou das prerrogativas de sua função contrariamente à lei, implícita ou explicitamente, para se assenhorar daquilo que não poderia pertencer-lhe. O art. 9º, XI, encontra figuras afins nos seus incisos IV e XII. Todavia, naquele o objeto material é a apropriação, enquanto nestes é o uso de bens públicos.

Enquanto o art. 9º, IV, reprime a utilização em obra ou serviço particular do agente público de bens móveis de propriedade ou à disposição das entidades protegidas ou do trabalho de servidores públicos, empregados ou contratados dessas entidades, o art. 9º, XII, caracteriza o enriquecimento ilícito pelo uso, em proveito do agente público, de bens, rendas, verbas ou valores do acervo patrimonial das mesmas entidades. Assim, o inciso IV configura-se quando a utilização visa a obras ou serviços particulares do agente público, ao passo que o inciso XII tem como alvo o uso de bens, rendas, verbas ou valores em proveito do próprio agente público, com um âmbito maior e diferenciado, sem os limites daquele inciso. Porém, o uso dos bens públicos somente caracteriza o enriquecimento ilícito quando contrário à lei ou à regulamentação e, na falta destas, à moralidade administrativa, motivo pelo qual o uso lícito escapa do âmbito de incidência da norma. O enriquecimento indevido já está presumido pela própria norma, pois é hipótese típica de prestação negativa em razão de o agente público poupar o que normalmente gastaria se utilizasse bens, rendas, verbas ou valores de seu acervo patrimonial. A norma atinge não somente bens, mas também o uso de rendas, verbas ou valores que possam ser empregados pelo agente público para a obtenção de alguma outra vantagem ilícita, como os dividendos de aplicação financeira. Diferentemente do art. 9º, XI, que trata da incorporação ao patrimônio do agente público de bens, rendas, verbas ou valores públicos, o inciso XII do mesmo artigo cuida do uso desses objetos sem a intenção de apropriação.

28. EVOLUÇÃO PATRIMONIAL DESPROPORCIONAL. Concebendo a Lei n. 8.429/92 espécies de atos de improbidade administrativa nos arts. 9º, 10 e 11, sua redação primitiva estabelecia como enriquecimento ilícito no exercício de função pública *lato sensu* a figura constante do inciso VII do art. 9º, consistente na aquisição, para o agente público ou outrem, no exercício de mandato, cargo, emprego ou função pública, de bens de qualquer natureza cujo valor seja desproporcional à evolução do patrimônio ou à renda do agente público.

Destarte, se o agente público amealhasse ativos financeiros ou patrimoniais incompatíveis por desproporcionalidade à evolução de seu patrimônio ou sua renda, no exercício da função pública, e desde que esse incremento não tivesse causa lícita, incidia em improbidade pelo enriquecimento ilícito. Como já discorrido outrora, "o art. 9º, VII, da lei censura o comportamento daquele que amealha bens incompatíveis com a evolução de seu patrimônio ou renda, considerando a ilicitude do enriquecimento porque, tendo o agente público como fonte exclusiva de rendimentos os vencimentos de seu cargo, tudo aquilo que não vem dessa origem (ou de alguma outra origem lícita, como herança), é fruto de vantagem econômica indevida. A evolução desproporcional do patrimônio é caso residual de enriquecimento ilícito, pois, se não há prova de que a vantagem econômica percebida é relacionada ou conexa à prática de ato ou à abstenção da execução de ato de ofício, afastando a incidência de outra modalidade de enriquecimento ilícito, mesmo assim se afigura inidôneo o enriquecimento do agente público, porque adquiriu bens ou valores desproporcionais e incompatíveis com a evolução de seu patrimônio ou renda. Sua razão repousa na ideia de uma presunção da ilegitimidade do enriquecimento, pois não deriva de justa causa, aproximando do ilícito o enriquecimento sem causa"[21].

A normativa presume a inidoneidade do agente público que adquire bens ou valores incompatíveis com a normalidade do seu padrão de vencimentos, bastando provar que exercia função pública e que os bens e valores (mobiliários ou imobiliários) adquiridos são incompatíveis ou desproporcionais à evolução de seu patrimônio ou renda. A lei também censura os sinais exteriores de riqueza[22] e a obtenção de bens

21. MARTINS JÚNIOR, Wallace Paiva. *Probidade administrativa*, 4. ed., São Paulo: Saraiva, 2009, p. 237-238.

22. Para Wolgran Junqueira Ferreira a lei abrange "também os sinais exteriores da riqueza, como viagens ao exterior com a família, o fato de se hospedar com freqüência em hotéis caros, casa de veraneio, automóveis importados, mostram claramente que a renda do agente público

ou valores para outrem e pune igualmente artifícios empregados para dissimular o enriquecimento ilícito, de modo que atinge a aquisição direta ou indireta (simulação, triangularização, utilização de esquema de lavagem de dinheiro, de testas de ferro, membros da família etc.).

A inidoneidade financeira gera a ilicitude do enriquecimento. Quem não tinha disponibilidade econômica para ter um patrimônio desproporcional e incompatível com a evolução da renda ou patrimônio não tem justificativa hígida para sua aquisição, advindo esses recursos de origem ilícita. A exigência da apresentação de bens e sua atualização anual (art. 13 da Lei n. 8.429/92 e Lei n. 8.730/93) proporciona o exercício de um controle permanente e automático do enriquecimento de agentes públicos, competindo à Administração Pública e ao Tribunal de Contas verificar a ilicitude do enriquecimento a partir das informações prestadas pelo agente público, de modo que, se cumprida a legislação, os resultados serão profícuos no campo da legitimidade do seu enriquecimento. A previsão legal não é novidade no direito brasileiro, levando em conta o Decreto-lei n. 359/68 (arts. 6º a 8º) e o Decreto-lei n. 3.240/41 (art. 7º).

É uma das formas mais engenhosas e eficientes de enriquecimento ilícito, cuja prova é tormentosa, e que contornava os requisitos caracterizadores da legislação precedente. Essa modalidade foi contemplada desde o processo legislativo da Lei n. 8.429/92. Não obstante a eliminação da regra explícita da inversão do ônus da prova, o texto aprovado não aboliu esse instrumento, porque para o autor da ação, repita-se, basta a prova de que o agente público exercia alguma função pública e adquiriu bens ou valores incompatíveis e desproporcionais à evolução de seu patrimônio ou renda, evidência que é feita a partir das informações constantes das declarações de bens prestados por ele próprio, de informações patrimoniais ou rendimentos em seu nome existentes em instituições bancárias, serviços notariais e de registros públicos, repartições públicas etc., de modo que sempre caberá a ele provar a origem lícita dos recursos empregados na aquisição, como determina a Lei n. 8.730/93 (arts. 2º, §§ 5º e 7º, e 4º, § 2º). É nessa

não daria para suportar tais despesas" (*Enriquecimento ilícito dos servidores no exercício da função*, Bauru: Edipro, 1994, p. 110).

exata medida que se dá a inversão do ônus da prova, atuando a norma como presunção *juris tantum* (relativa).

Nesse sentido, é interessante trazer ao debate a contribuição pretoriana destacando que "no tocante ao ônus da prova da licitude do incremento patrimonial, demonstrada pelo Ministério Público riqueza incompatível com a renda do servidor, a incumbência de provar a fonte legítima do aumento do patrimônio é do acusado, e não da Administração; o art. 9º, VII, da Lei n. 8.429/1992 considera improbidade administrativa a conduta genericamente dolosa do agente público de aumentar o patrimônio pessoal sem justificativa legal para tanto, independentemente de que esse aumento seja fruto de desvio funcional ou de qualquer outro tipo de atividade"[23], porque "em matéria de enriquecimento ilícito, cabe à Administração comprovar o incremento patrimonial significativo e incompatível com as fontes de renda do servidor, ficando a cargo deste o ônus de demonstrar a licitude da evolução patrimonial apontada pela Administração"[24].

E "segundo a improbidade prevista no art. 9º, VII, da LIA não se exige que o acréscimo patrimonial injustificado tenha como causa desvio funcional do agente público", pois, "o mencionado dispositivo considera improbidade administrativa a conduta genericamente dolosa do agente público de aumentar o patrimônio pessoal sem justificativa legal para tanto, independentemente de sua origem ser por desvio funcional ou qualquer outro tipo de atividade"[25].

Esses entendimentos do Superior Tribunal de Justiça são partilhados pelo Supremo Tribunal Federal ao decidir que "não há, portanto, no mencionado dispositivo, qualquer exigência de que a origem do incremento patrimonial esteja relacionada com o cargo, podendo esse derivar de desvio funcional ou outra atividade ilícita desconexa. Quanto ao ônus de prova, há entendimento pacífico no sentido de que cabe à Administração provar que houve incremento patrimonial significativo e incompatível com as fontes de renda do servidor,

23. STJ, AgInt nos EAREsp 1467927 / MT, 1ª Seção, Rel. Min. Gurgel de Faria, 30/11/2021, DJe 17/12/2021.
24. STJ, AgInt no AREsp 1391197/RJ, 1ª Turma, Rel. Min. Gurgel de Faria, 08/09/2021, DJe 14/09/2021.
25. STJ, MS 21708/DF, 1ª Seção, Rel. Min. Herman Benjamin, 08/05/2019, DJe 11/09/2019.

enquanto que, ao acusado, caberia demonstrar a licitude da evolução patrimonial, sob pena de configuração de improbidade administrativa por enriquecimento ilícito. Tal construção doutrinária e jurisprudencial deriva do dever do agente público de informar a declaração de bens e valores que compõem o seu patrimônio, conforme exigência do art. 13 da Lei nº 8.249/92"[26]. Outra decisão gizou que "nos termos do Decreto 5.483, de 30 de junho de 2005, a evolução patrimonial que caracteriza a improbidade administrativa é apurada por meio da competente sindicância patrimonial, que tem por objetivo a prova da desproporcionalidade da evolução patrimonial, conforme previsão constante do art. 9º, VII, da Lei 8.429. A desproporcionalidade implica, como presunção relativa, ato de enriquecimento ilícito. Noutras palavras, há, aqui, uma inversão do ônus da prova: é o agente público que deve demonstrar a origem lícita desses recursos"[27].

Nota-se aqui preocupação legítima do legislador com o princípio da moralidade administrativa, o qual seria gravemente afetado por interpretação diversa que permitisse a manutenção de patrimônio incompatível com a renda auferida por servidor público.

O dolo é essencial, de maneira que "nos casos de variação patrimonial a descoberto, resta caracterizado o dolo genérico na conduta do servidor que não demonstre a licitude da evolução patrimonial constatada pela Administração, caracterizado pela falta de transparência do servidor"[28].

Com efeito, a vantagem do art. 9º, VII, é que ele é norma residual para a punição do enriquecimento ilícito no exercício de função pública. De fato, se não se prova a prática ou a abstenção de qualquer ato de ofício do agente público que enriqueceu ilicitamente porque se trataria de outra figura de enriquecimento ilícito prevista nos demais incisos ou no *caput* do art. 9º, satisfaz o ideário de repressão à imoralidade administrativa provar que seu patrimônio tem origem inidônea, incompatível, desproporcional, sendo manifestamente insólito à

---

26. STF, RMS 37.259/DF, Rel. Min. Dias Toffoli, 20/10/2020, DJe 22/10/2020.
27. STF, RMS 33.666/DF, 1ª Turma, Rel. Min. Edson Fachin, 31/05/2016, DJe 21/09/2016.
28. STJ, AgInt no MS 19.524/DF, 1ª Seção, Rel. Min. Regina Helena Costa, 19/10/2021, DJe 26/10/2021.

normalidade da evolução de sua riqueza e absolutamente incongruente com a sua disponibilidade financeira, porque foi construído a partir das vantagens proporcionadas pelo exercício da função pública, ou seja, da condição de agente público.

A alteração promovida pela Lei n. 14.230/21 não desconfigurou essa interpretação. Essa figura típica de enriquecimento ilícito de agente público é conceituada pela seguinte fórmula normativa: "adquirir, para si ou para outrem, no exercício de mandato, de cargo, de emprego ou de função pública, e em razão deles, bens de qualquer natureza, decorrentes dos atos descritos no *caput* deste artigo, cujo valor seja desproporcional à evolução do patrimônio ou à renda do agente público, assegurada a demonstração pelo agente da licitude da origem dessa evolução".

A lei pune com as sanções do inciso I de seu art. 12 a aquisição, por agente público e no exercício e em razão de função pública *lato sensu* (mandato, cargo, função ou emprego públicos), de ativos patrimoniais ou financeiros (bens de qualquer natureza) decorrentes da obtenção de vantagem patrimonial indevida, cujos valores sejam desproporcionais à evolução de seu patrimônio ou de sua renda, assegurando-lhe a demonstração de sua causa lícita. Não exige a lei que o agente pratique quaisquer ações ou omissões com percepção de vantagem patrimonial indevida descritos nas demais figuras do art. 9º. Ou seja, não demanda a lei a vinculação a ato de ofício ou sua abstenção. Além de explicitação da inversão do ônus da prova (agora textualmente imposta ao agente público, sem abolir do órgão de controle a demonstração da desproporcionalidade), a normativa enfocada quando menciona "bens de qualquer natureza, decorrentes dos atos descritos no *caput* deste artigo", não obriga à demonstração de prática ou abstenção de ato de ofício. A locução em cena evidencia, com sua remissão ao *caput* do art. 9º, a necessidade de auferimento doloso de qualquer tipo de vantagem patrimonial indevida no exercício de função pública *lato sensu*. Além disso, basta que o agente público esteja exercendo mandato, cargo, função ou emprego públicos, sendo esse o sentido da expressão "e em razão deles".

Interpretação diversa não se compatibilizaria com os compromissos internacionais assumidos pelo Brasil: chama-se a atenção ao art. 20

da Convenção das Nações Unidas contra a Corrupção, aprovada pelo Congresso Nacional por meio do Decreto Legislativo n. 348, de 18 de maio de 2005, e ratificada em 15 de junho de 2005, objeto do Decreto n. 5.687, de 31 de janeiro de 2006[29], e ao art. 9º da Convenção Interamericana contra a Corrupção, que o Congresso Nacional aprovou por meio do Decreto Legislativo n. 152, de 25 de junho de 2002, objeto do Decreto n. 4.410, de 07 de outubro de 2002[30], preceitos que apregoam a tipificação dessa figura de enriquecimento ilícito.

Seção II
Dos Atos de Improbidade Administrativa que Causam Prejuízo ao Erário

Art. 10. Constitui ato de improbidade administrativa que causa lesão ao erário qualquer ação ou omissão dolosa, que enseje, efetiva e comprovadamente, perda patrimonial, desvio, apropriação, malbaratamento ou dilapidação dos bens ou haveres das entidades referidas no art. 1º desta Lei, e notadamente: (Redação dada pela Lei nº 14.230, de 2021)

I – facilitar ou concorrer, por qualquer forma, para a indevida incorporação ao patrimônio particular, de pessoa física ou jurídica, de bens, de rendas, de verbas ou de valores

29. Com sujeição a sua constituição e aos princípios fundamentais de seu ordenamento jurídico, cada Estado Parte considerará a possibilidade de adotar as medidas legislativas e de outras índoles que sejam necessárias para qualificar como delito, quando cometido intencionalmente, o enriquecimento ilícito, ou seja, o incremento significativo do patrimônio de um funcionário público relativos aos seus ingressos legítimos que não podem ser razoavelmente justificados por ele.

30. Sem prejuízo de sua Constituição e dos princípios fundamentais de seu ordenamento jurídico, os Estados Partes que ainda não o tenham feito adotarão as medidas necessárias para tipificar como delito em sua legislação o aumento do patrimônio de um funcionário público que exceda de modo significativo sua renda legítima durante o exercício de suas funções e que não possa justificar razoavelmente.

Entre os Estados Partes que tenham tipificado o delito de enriquecimento ilícito, este será considerado um ato de corrupção para os propósitos desta Convenção.

O Estado Parte que não tenha tipificado o enriquecimento ilícito prestará a assistência e cooperação previstas nesta Convenção relativamente a este delito, na medida em que o permitirem as suas leis.

integrantes do acervo patrimonial das entidades referidas no art. 1º desta Lei; (Redação dada pela Lei nº 14.230, de 2021)

II – permitir ou concorrer para que pessoa física ou jurídica privada utilize bens, rendas, verbas ou valores integrantes do acervo patrimonial das entidades mencionadas no art. 1º desta lei, sem a observância das formalidades legais ou regulamentares aplicáveis à espécie;

III – doar à pessoa física ou jurídica bem como ao ente despersonalizado, ainda que de fins educativos ou assistências, bens, rendas, verbas ou valores do patrimônio de qualquer das entidades mencionadas no art. 1º desta lei, sem observância das formalidades legais e regulamentares aplicáveis à espécie;

IV – permitir ou facilitar a alienação, permuta ou locação de bem integrante do patrimônio de qualquer das entidades referidas no art. 1º desta lei, ou ainda a prestação de serviço por parte delas, por preço inferior ao de mercado;

V – permitir ou facilitar a aquisição, permuta ou locação de bem ou serviço por preço superior ao de mercado;

VI – realizar operação financeira sem observância das normas legais e regulamentares ou aceitar garantia insuficiente ou inidônea;

VII – conceder benefício administrativo ou fiscal sem a observância das formalidades legais ou regulamentares aplicáveis à espécie;

VIII – frustrar a licitude de processo licitatório ou de processo seletivo para celebração de parcerias com entidades sem fins lucrativos, ou dispensá-los indevidamente, acarretando perda patrimonial efetiva; (Redação dada pela Lei nº 14.230, de 2021)

IX – ordenar ou permitir a realização de despesas não autorizadas em lei ou regulamento;

X – agir ilicitamente na arrecadação de tributo ou de renda, bem como no que diz respeito à conservação do patrimônio público; (Redação dada pela Lei nº 14.230, de 2021)

XI – liberar verba pública sem a estrita observância das normas pertinentes ou influir de qualquer forma para a sua aplicação irregular;

XII – permitir, facilitar ou concorrer para que terceiro se enriqueça ilicitamente;

XIII – permitir que se utilize, em obra ou serviço particular, veículos, máquinas, equipamentos ou material de qualquer natureza, de propriedade ou à disposição de qualquer das entidades mencionadas no art. 1° desta lei, bem como o trabalho de servidor público, empregados ou terceiros contratados por essas entidades.

XIV – celebrar contrato ou outro instrumento que tenha por objeto a prestação de serviços públicos por meio da gestão associada sem observar as formalidades previstas na lei; (Incluído pela Lei nº 11.107, de 2005)

XV – celebrar contrato de rateio de consórcio público sem suficiente e prévia dotação orçamentária, ou sem observar as formalidades previstas na lei. (Incluído pela Lei nº 11.107, de 2005)

XVI – facilitar ou concorrer, por qualquer forma, para a incorporação, ao patrimônio particular de pessoa física ou jurídica, de bens, rendas, verbas ou valores públicos transferidos pela administração pública a entidades privadas mediante celebração de parcerias, sem a observância das formalidades legais ou regulamentares aplicáveis à espécie; (Incluído pela Lei nº 13.019, de 2014)

XVII – permitir ou concorrer para que pessoa física ou jurídica privada utilize bens, rendas, verbas ou valores públicos transferidos pela administração pública a entidade privada mediante celebração de parcerias, sem a observância das formalidades legais ou regulamentares aplicáveis à espécie; (Incluído pela Lei nº 13.019, de 2014)

XVIII – celebrar parcerias da administração pública com entidades privadas sem a observância das formalidades legais ou regulamentares aplicáveis à espécie; (Incluído pela Lei nº 13.019, de 2014)

XIX – agir para a configuração de ilícito na celebração, na fiscalização e na análise das prestações de contas de parcerias firmadas pela administração pública com entidades privadas; (Redação dada pela Lei nº 14.230, de 2021)

XX – liberar recursos de parcerias firmadas pela administração pública com entidades privadas sem a estrita observância das normas pertinentes ou influir de qualquer forma para a sua aplicação irregular. (Incluído pela Lei nº 13.019, de 2014, com a redação dada pela Lei nº 13.204, de 2015)

XXI – (revogado); (Redação dada pela Lei nº 14.230, de 2021)

XXII – conceder, aplicar ou manter benefício financeiro ou tributário contrário ao que dispõem o *caput* e o § 1º do art. 8º-A da Lei Complementar nº 116, de 31 de julho de 2003. (Incluído pela Lei nº 14.230, de 2021)

§ 1º Nos casos em que a inobservância de formalidades legais ou regulamentares não implicar perda patrimonial efetiva, não ocorrerá imposição de ressarcimento, vedado o enriquecimento sem causa das entidades referidas no art. 1º desta Lei. (Incluído pela Lei nº 14.230, de 2021)

§ 2º A mera perda patrimonial decorrente da atividade econômica não acarretará improbidade administrativa, salvo se comprovado ato doloso praticado com essa finalidade. (Incluído pela Lei nº 14.230, de 2021)

29. PREJUÍZO AO ERÁRIO. O art. 10 da Lei n. 8.429/92 experimentou radical e sensível reformulação com a Lei n. 14.230/21. A modalidade culposa foi abolida e se exige efetivo e comprovado resultado negativo ao patrimônio público. Desta maneira, o ato de improbidade que causa prejuízo ao erário depende de ação ou omissão dolosa cujo efeito implique efetiva e comprovada malversação de recursos financeiros públicos mediante perda patrimonial, desvio, apropriação, malbaratamento ou dilapidação dos bens ou haveres das entidades públicas.

O prejuízo ao erário, para os fins da Lei da Improbidade Administrativa, compreende a conjunção dos seguintes requisitos: (a) ação ou omissão ilegal e dolosa de agente público; (b) enriquecimento de particular (pessoa física ou jurídica); (c) resultado patrimonial ou financeiro negativo experimentado pelo poder público; (d) nexo de causalidade.

A tônica central do art. 10 é fornecida pela compreensão da noção de perda patrimonial, que é o efeito do ato comissivo ou omissivo do agente, e se expressa na redução ilícita de valores patrimoniais. A ilegalidade consiste tanto na produção de resultado lesivo (perda, desvio, apropriação, malbaratamento, dilapidação) porque ele é contrário ao ordenamento jurídico, como consta do *caput* do art. 10, quanto na presença dos elementos especiais indicados em seus incisos ("indevida incorporação", "sem a observância das formalidades legais ou regulamentares", "preço inferior ao de mercado" etc.) e que refletem normas administrativas que balizam a prática de atos, contratos ou outros negócios administrativos. O traço essencial do preceito legal em foco é a lesividade, que, após a Lei n. 14.230/21, deve ser efetiva e comprovada, especialmente à luz da técnica e da ciência e de vetores como proporcionalidade, economicidade, eficiência. A perda patrimonial para caracterizar a improbidade administrativa há de ser medida pela existência de um prejuízo patrimonial efetivo, derivada de uma conduta ilícita ou imoral do agente. Lesão sem repercussão patrimonial desfavorável ao poder público não configura esta espécie de improbidade administrativa, podendo consistir, conforme o caso, atentado aos princípios da Administração Pública.

Trata-se da responsabilização por atos lesivos ao patrimônio público que, por obra do comportamento doloso do agente público, causaram bônus indevido ao particular e impuseram ônus injusto ao erário, independentemente de o agente público obter vantagem indevida. Esta, no art. 10, é angariada pelo particular, muito embora possam concorrer, não necessariamente, o enriquecimento ilícito do agente (art. 9º) e do particular (art. 10). Combate-se, pois, o enriquecimento ilícito do particular em regra. Por isso, é fundamental que haja ação ou omissão dolosa de agente público em proveito de terceiro. Se não houver conduta lesiva de agente público, não se cuida de improbidade, embora possa configurar ilícito sujeito a outra espécie de responsabilidade.

É certo que o preceito conceitual do *caput* continua aberto e genérico e o rol de seus incisos exemplificativo. Aliás, o próprio *caput* abrange outras situações em que, de qualquer maneira, ocorre prejuízo ao erário. Destarte, se o ato não se amolda às figuras catalogadas nos incisos do art. 10, se houver a reunião de ação ou omissão ilegal e dolosa de agente público, enriquecimento de particular, resultado patrimonial ou financeiro negativo experimentado pelo poder público e nexo de causalidade, a conduta se subsumirá ao *caput* do art. 10 para efeito de responsabilidade por improbidade.

A nova redação dada pela Lei n. 14.230/21 pretendeu se afastar da simetria com o art. 4º da Lei n. 4.717/65, que contém rol de situações de atos presumidamente lesivos ao erário, ao exigir o efetivo prejuízo patrimonial e além sua comprovação, o que não atende ao princípio da proporcionalidade na perspectiva da proteção suficiente do bem jurídico e é um grave e inexorável retrocesso, vulnerando a moralidade administrativa.

A improbidade só ocorrerá nesta espécie de improbidade a título de dolo. Em regra, é o genérico, havendo como nas demais espécies de atos de improbidade constantes dos arts. 9º e 11 (e isto já constava, em geral, desde a primitiva redação da Lei n. 8.429) a indicação de elementos normativos consistentes em juízos de valor para caracterização da conduta ímproba e censurável (como se percebe dos incisos I, VIII, X e XIX do art. 10, por exemplo), sendo absolutamente ilegítima a cláusula extensiva de dolo específico constante do § 2º do art. 11 da Lei n. 8.429, como exposto, seja porque discrepa da convenção internacional a qual se reporta[31], seja porque a lesão ao erário pela provocação de perda patrimonial significa o enriquecimento, benefício e proveito de terceiro.

Oportuno destacar que a exigência de comprovação do efetivo prejuízo patrimonial, trazido pela Lei n. 14.230/21, tem ensejado, em determinados casos que envolviam dano *in re ipsa*, ainda em andamento por ocasião da promulgação da nova lei, a aplicação do

31. TOURINHO, Rita. "O elemento subjetivo do tipo na nova Lei de Improbidade Administrativa: avanço ou retrocesso?", *in Revista do Ministério Público do Estado do Rio de Janeiro nº 84*, abr./jun. 2022, pp. 147-169.

princípio da continuidade típico-normativa para enquadramento da conduta no art. 11, inciso V da Lei n. 8.429/92[32].

30. A EXCLUSÃO DA CULPA. Embora na redação primitiva da Lei n. 8.429/92 houvesse espaço para debater a idoneidade ou não da culpa leve ou grave para caracterização de improbidade, em virtude da ausência de distinção de grau da culpa, a sua exclusão pela Lei n. 14.230/21 suscita controvérsia. Se é certo que inabilidade ou ineficiência não é improbidade, assumem relevância nesse contexto a culpa grave, a culpa consciente ou o erro grosseiro[33] como elementares à caracterização de improbidade, o que, de certo modo, foi reforçado pelo art. 28 da Lei de Introdução às Normas do Direito Brasileiro. Nesse ponto se instala conflito de normas no tempo em que a especialidade pode resolver.

Não obstante, é relevante destacar que imperícia e negligência, modalidades de culpa, não são incompossíveis com a noção de improbidade, notadamente se as soluções adotadas por agentes públicos destoam do ordenamento jurídico, da competência vinculada, da razão, da técnica e da ciência ou se a omissão lesiva demonstra inequívoca opção pela inobservância do dever objetivo de cuidado.

O Supremo Tribunal Federal em repercussão geral firmou a tese da responsabilidade subjetiva para tipificação dos atos de improbidade administrativa, em qualquer de suas espécies, pela presença do dolo

32. STJ, AgInt no AResp 1.611.566/SC, 1ª Turma, Rel. Min. Benedito Gonçalves, 20/05/2024, Dje 29/05/2024.

33. Neste sentido, o Supremo Tribunal Federal analisando a Medida Provisória n. 966, de 2020, decidiu que "1. Configura erro grosseiro o ato administrativo que ensejar violação ao direito à vida, à saúde, ao meio ambiente equilibrado ou impactos adversos à economia, por inobservância: (i) de normas e critérios científicos e técnicos; ou (ii) dos princípios constitucionais da precaução e da prevenção. 2. A autoridade a quem compete decidir deve exigir que as opiniões técnicas em que baseará sua decisão tratem expressamente: (i) das normas e critérios científicos e técnicos aplicáveis à matéria, tal como estabelecidos por organizações e entidades internacional e nacionalmente reconhecidas; e (ii) da observância dos princípios constitucionais da precaução e da prevenção, sob pena de se tornarem corresponsáveis por eventuais violações a direitos" (STF, ADI 6.421 MC/DF, Tribunal Pleno, Rel. Min. Roberto Barroso, 21/05/2020, DJe 12/11/2020).

como elemento subjetivo (Tema 1199), chancelando a exclusão da culpa *stricto sensu* promovida pela Lei n. 14.230/21[34].

31. APROVEITAMENTO DE BENS PÚBLICOS POR PARTICULARES. A incorporação e o uso de bens, rendas, verbas ou valores das entidades da Administração Pública por particulares não é livre. Eles são integrantes do patrimônio público e têm regime jurídico público, com bases e articulações derrogatórias do direito comum. Enquanto o inciso I do art. 10 cuida da indevida apropriação particular desses ativos, os incisos II e III tratam específica e respectivamente do uso e da transmissão aos particulares, pessoas físicas ou jurídicas, em atos que não primem pela observância das formalidades legais e regulamentares aplicáveis à espécie. Essas situações evidenciam a ilegalidade *lato sensu* desses atos.

Os incisos XVI e XVII do art. 10 foram introduzidos pela Lei n. 13.019/14, que trata do regime jurídico das parcerias entre a administração pública e as organizações da sociedade civil, em regime de mútua cooperação, para a consecução de finalidades de interesse público e recíproco, e são particularizações para esses tipos de ajustes das figuras encontradas nos incisos I e II do art. 10 em foco, destacando a necessidade da inobservância das formalidades legais ou regulamentares aplicáveis.

A lei descreve os requisitos para a transferência da titularidade de domínio de bens, rendas, verbas ou valores integrantes do acervo patrimonial das entidades da Administração Pública. A sua inobservância é ato contrário ao Direito, é indevida e implica nulidade do ato. Desse modo, o agente público que facilita ou concorre, de qualquer

34. "1) É necessária a comprovação de responsabilidade subjetiva para a tipificação dos atos de improbidade administrativa, exigindo-se – nos artigos 9º, 10 e 11 da LIA – a presença do elemento subjetivo – DOLO; 2) A norma benéfica da Lei 14.230/2021 – revogação da modalidade culposa do ato de improbidade administrativa –, é IRRETROATIVA, em virtude do artigo 5º, inciso XXXVI, da Constituição Federal, não tendo incidência em relação à eficácia da coisa julgada; nem tampouco durante o processo de execução das penas e seus incidentes; 3) A nova Lei 14.230/2021 aplica-se aos atos de improbidade administrativa culposos praticados na vigência do texto anterior da lei, porém sem condenação transitada em julgado, em virtude da revogação expressa do texto anterior; devendo o juízo competente analisar eventual dolo por parte do agente; 4) O novo regime prescricional previsto na Lei 14.230/2021 é IRRETROATIVO, aplicando-se os novos marcos temporais a partir da publicação da lei" (Tema 1199).

forma, ostensiva ou dissimuladamente, à incorporação de tais bens ao patrimônio privado ou para isso concorre comete ato lesivo ao patrimônio público, pois a redução patrimonial é inadmissível a partir de ato ilícito. O art. 10, I, reprime a conduta daquele que beneficia o particular (pessoa física ou jurídica) que indevidamente incorpora ao seu patrimônio, por obra de ação ou omissão de agente público, bens, rendas, verbas ou valores integrantes do acervo patrimonial da Administração Pública, seja pela preterição das formalidades legais exigíveis (autorização legislativa, avaliação, licitação), seja pelo desvio em proveito do beneficiário, que se apodera de ativos patrimoniais públicos. A alteração da Lei n. 14.230/21 nesse inciso I adicionou elemento normativo do tipo ("indevida"), punindo a incorporação com causa ilícita ou sem justa causa, excluindo de seu raio de ação a incorporação lícita.

O art. 10, II, é similar, mas seu o objeto jurídico específico é o uso. A utilização (normal ou anormal) de bens, rendas, verbas ou valores integrantes do acervo patrimonial das entidades da Administração Pública pelo particular, por vários expedientes (cessão, concessão, autorização, empréstimos, repasses financeiros etc.), é permitida, desde que satisfeitos os requisitos legais. A sua inobservância implica nulidade do ato. É ato lesivo ao patrimônio público. Aquele que permite ou concorre para a utilização de tais bens pelo particular, preterindo as formalidades legais ou regulamentares, provoca dano patrimonial. A observância dos requisitos legais ou regulamentares é a medida que expressa a excepcionalidade do uso de tais bens pelo particular.

É inadmissível que a partir de ato ilícito, ofensivo aos princípios da Administração Pública, o particular venha a enriquecer utilizando-se dos componentes do acervo patrimonial público em benefício próprio. A lesão patrimonial reside justamente no desprezo às formalidades legais ou regulamentares, porque o uso do acervo patrimonial público pelo particular está sujeito a requisitos (autorização legislativa, licitação, remuneração, *v.g.*) e finalidades, e qualquer infringência implica a assunção de ônus indevido pelo Poder Público, que financia atividades particulares à margem da lei. A regra é que este utilize tais bens em benefício da sociedade, desenvolvendo as atividades que lhe são conferidas, admitindo-se excepcionalmente o uso pelo particular, mediante a observância dos requisitos legais ou regulamentares, motivado pelo alcance do interesse público.

No desenvolvimento das atividades que lhe são afetas, o Poder Público conta com o auxílio de pessoas físicas ou jurídicas que por ato administrativo prestam serviços públicos ou desenvolvem atividades privadas de interesse público fomentadas pelo poder público. É de interesse do Estado que tais atividades sejam incentivadas, pois consulta ao interesse público. No caso do art. 10, III, a transmissão de bens ou recursos públicos a tais entes deve sempre observar as formalidades legais ou regulamentares exigíveis, e que são os requisitos específicos (autorização legislativa, ausência de impedimentos, como a falta de prestação de contas, adequação da finalidade estatutária e da composição do ente ao interesse público e suas normas) e genéricos (licitude, competência, forma, motivo, finalidade) do ato. A lesão patrimonial reside exatamente em sua preterição.

A norma indica como ato de transmissão a doação, não distinguindo a simples da onerosa, e se refere ao donatário pessoa física ou jurídica em relação que é exemplificativa porque expressamente engloba entes despersonalizados, tenham ou não fins educativos ou assistenciais.

O inciso XIII do art. 10 tem por objeto a permissão dada pelo agente público para utilização, em obra ou serviço privados, de bens de qualquer natureza, de propriedade ou à disposição de qualquer das entidades da Administração Pública, e ainda o trabalho de servidor público, empregados ou terceiros contratados por essas entidades, o que é diferente do inciso IV do art. 9º que cuida de uso em proveito do próprio agente público. O dispositivo está estadeado na imoralidade desse uso à custa do interesse público e do erário, centralizado no uso de bens ou serviços públicos em proveito alheio, consentido ou permitido pelo agente público que afronta a finalidade pública que deve presidir o exercício de sua competência específica quando permite que bens e serviços públicos sejam empregados em benefício de particular. Em geral, os motivos são evidentemente mais imorais que a própria conduta. Há dano patrimonial efetivo porque os bens e serviços públicos têm o seu uso lícito desviado para benefício de terceiro. Esse uso ilícito, desvirtuado da finalidade dada ao bem ou serviço, todavia, é remunerado pela Administração Pública. O terceiro beneficiar-se-á na medida em que poupará aquilo que deveria gastar com o material e a mão de obra em sua obra ou serviço particular, enriquecendo ilicitamente por prestação negativa.

32. NEGÓCIOS COM VALORES SUPERFATURADOS OU SUBFATURADOS. A preocupação com o preço justo (proposta mais vantajosa) nas contratações da Administração Pública é orientada pela moralidade e pela eficiência, com vários expedientes na legislação, para atender ao princípio da economicidade, que, como expõe Juarez Freitas[35], prega adequação e sensatez econômicas na gestão da coisa pública, de modo a evitar desperdícios.

O inciso IV do art. 10 trata do subfaturamento. Tem alta lesividade, prejudicial ao patrimônio público, a alienação, permuta, locação ou prestação de serviços por preço inferior ao de mercado. A lesão patrimonial ocorre justamente porque o preço do ajuste não representa a realidade do valor do bem, expressando-se exatamente na diferença entre o preço ajustado e o valor real devido. A lei abrange qualquer ato de disposição patrimonial do Poder Público (não se restringindo à permuta ou à alienação), a locação de seus bens ou ainda a prestação de serviços públicos (fixação de tarifa ou taxa, conforme a hipótese) por parte dele, cujo preço seja inferior ao valor de mercado, que deve sempre nortear a avaliação.

A hipótese do art. 10, IV, ocorre quando o agente, de qualquer forma, permite ou facilita o mau negócio para o poder público, admitindo o preço subfaturado. Isso, não raro, acontece no próprio instrumento da avaliação, cuja serventia é o encontro do preço justo que retrate a realidade do mercado. Se o agente recebe vantagem indevida, incide na conduta do art. 9º, III. Da hipótese já cuidava o art. 4º, V, *c*, da Lei n. 4.717/65.

Por sua vez, o superfaturamento é uma das maiores chagas que são inoculadas na Administração Pública. Consoante exprime Manoel de Oliveira Franco Sobrinho, "o pagar a mais, fora de critérios

35. FREITAS, Juarez. *O controle dos atos administrativos e os princípios fundamentais*, São Paulo: Malheiros, 1997, pp. 85-87.

técnicos, atinge a moralidade administrativa"[36]. O art. 9º, II, censura o recebimento de vantagem econômica para facilitar a admissão do superfaturamento nos negócios realizados pela Administração Pública. Independentemente, o art. 10, V, estabelece a lesividade da aquisição, permuta ou locação de bem pelo Poder Público e a prestação de serviço a este contaminado pelo vírus do superfaturamento, não obstante sempre se exijam a licitação e a avaliação. É artifício altamente nocivo ao acervo patrimonial público a contratação com preço superior ao de mercado, isto é, divorciado da realidade do mercado, cujos valores são inferiores. É preciso dispensar redobrada atenção ao superfaturamento, porque ele e a sonegação fiscal são os estimulantes da percepção de vantagens econômicas indevidas por agentes públicos, tendo utilidade inestimável para expedientes como a lavagem de dinheiro e o "caixa dois", financiando o enriquecimento ilícito de agentes públicos. O poder público, ao contratar não pode ficar à mercê do sobrepreço exigido pelo particular sob qualquer pretexto, porque afronta o princípio da economicidade na medida em que se coarcta a possibilidade da obtenção de bens e serviços disponíveis por preço que traduzam a realidade do mercado. O prejuízo experimentado pelo poder público reside justamente na diferença entre o preço ajustado e o valor real devido. Da hipótese já cuidava o art. 4º, V, *b*, da Lei n. 4.717/65.

33. ATOS GERADORES DE ÔNUS ILEGÍTIMOS. As condutas descritas nos incisos VI, VII, IX, XI, XX e XXII do art. 10 têm como objeto atos da Administração que geram ônus ilegítimos ao erário, e que, em linhas gerais, são produzidos contrariando as normas pertinentes aplicáveis no dispêndio de recursos públicos, decorrente de fomento público ou operação financeira.

Elas se consubstanciam nas seguintes situações descritas na redação originária da Lei da Improbidade Administrativa: (a) realização de operações financeiras sem observância de normas legais ou regulamentares ou aceite de garantia insuficiente ou inidônea; (b) concessão de benefício administrativo ou fiscal sem observância das formalidades

36. FRANCO SOBRINHO, Manoel de Oliveira. *O princípio constitucional da moralidade administrativa*, 2. ed., Curitiba: Genesis, 1993, p. 16.

legais ou regulamentares incidentes; (c) ordenação ou permissão de realização de despesas não autorizadas em lei ou regulamento; (d) liberação de verba pública sem observância das normas pertinentes ou influência para sua aplicação irregular.

A elas se agregaram (a) a liberação de recursos de parcerias firmadas pela Administração Pública com entidades privadas sem a estrita observância das normas pertinentes ou influência para a sua aplicação irregular, incluída pela Lei n. 13.019/14, regra especial para as parcerias de que versa essa lei, e (b) a concessão, aplicação ou manutenção de benefício financeiro ou tributário contrário ao que dispõem o *caput* e o § 1º do art. 8º-A da Lei Complementar n. 116/03, adicionado pela Lei n. 14.230/21 em razão da revogação do art. 10-A da Lei n. 8.429/92.

34. FRUSTRAÇÃO DA LICITUDE DE LICITAÇÃO OU PRETERIÇÃO INDEVIDA. Os incisos VIII, XIV, XV, XVIII, XIX do art. 10 da Lei n. 8.429/92 tratam de improbidade administrativa da espécie dos atos que causam prejuízo ao erário, consistentes na celebração de contratos, ajustes, convenções etc. celebrados pela Administração Pública e seus respectivos processos administrativos precedentes.

A primitiva redação do inciso VIII do art. 10 tipificava a conduta de frustrar a licitude de processo licitatório ou dispensá-lo indevidamente. Em 2014, com o advento da Lei n. 13.019, esse preceito foi estendido com a inclusão de fórmula normativa referente ao processo seletivo para celebração de parcerias com entidades sem fins lucrativos. A Lei n. 14.230/21 manteve essa alteração e agregou em sua parte final a locução "acarretando perda patrimonial efetiva". Destarte, atualmente, o inciso VIII do art. 10 da Lei n. 8.429/92 pune a frustração da licitude de processo licitatório ou de processo seletivo para celebração de parcerias com entidades sem fins lucrativos, ou a sua dispensa indevida, acarretando perda patrimonial efetiva. Essa exigência de efetivo prejuízo patrimonial é uma tentativa de superação da jurisprudência que considerava a presunção relativa de lesividade (dano *in re ipsa*).

A licitação é meio de garantia da oportunidade de igualdade a todos os interessados em contratar com o poder público, tendo serventia como fator de moralidade, economicidade e eficiência nas contratações procedidas entre a Administração Pública e o particular, para obter a melhor e mais vantajosa proposta compatibilizada com o interesse público. Carlos Ari Sundfeld, comentando a Lei n. 8.666/93 (revogada), destaca que "é facilmente perceptível a introdução, no próprio procedimento da licitação, de mecanismos destinados a corrigir os efeitos tanto da concorrência imperfeita, que leva à alta artificial de preços, aumentando os gastos da Administração, quando do excesso de concorrência, que provoca a baixa excessiva – por isso, também artificial – colocando em risco a execução dos contratos ou estimulando a corrupção"[37]. A regra é a licitação, e a sua preterição (proibição, dispensa, dispensabilidade, inexigibilidade) é exceção, exsurgindo aquela como um dever do agente público e da Administração Pública.

A frustração da licitude de licitação ou de processo seletivo destinado a parceria com entidade sem fins lucrativos – primeira parte do art. 10, VIII – é preceito bem amplo e tanto pode ocorrer pela violação aos princípios específicos quanto pela inserção de atos ou cláusulas incompatíveis com a normatização de regência (vício procedimental insanável; admissão, inclusão, inserção ou tolerância de cláusulas, condições e requisitos restritivos ou frustradores do seu caráter competitivo, de habilitação ou classificação desarrazoadas, desproporcionais, ilícitos ou subjetivos; adoção de modalidade inadequada[38]; estipulação de outros critérios de julgamento ou de critérios subjetivos; desvinculação ao edital; supressão da publicidade; participação de pessoas impedidas[39] etc.), enfim, por expedientes dissociados do art. 37, XXI, da Constituição Federal. Em suma, a frustração da licitude de processo licitatório significa a corrupção dos princípios, regras e fins do instituto da licitação, em prejuízo real da isonomia entre os aspirantes e da seleção da obtenção da proposta mais vantajosa para o poder público.

Também é censurada a preterição indevida de licitação, fórmula abrangente de dispensa, dispensabilidade, inexigibilidade e outros

37. SUNDFELD, Carlos Ari. *Licitação e contrato administrativo*, 4. ed., São Paulo: Malheiros, 1994, p. 151.

38. STJ, REsp 287.728/SP, 2ª Turma, Rel. Min. Eliana Calmon, 02-09-2004, v.u., DJ 29-11-2004; STJ, REsp 579.541/SP, 1ª Turma, Rel. Min. José Delgado, 17-02-2004, v.u., DJ 19-04-2004.

39. STJ, REsp 439.280/RS, 1ª Turma, Rel. Min. Luiz Fux, 01-04-2003, m.v., DJ 16-06-2003, p. 265.

expedientes que resultem em idêntica consequência prática, na segunda parte do art. 10, VIII, da Lei n. 8.429/92. O termo "dispensa" foi empregado como gênero ou sinônimo de exceção à regra da licitação. Constituindo exceções, elas são admitidas restritivamente. Muito corriqueira a tendência dos agentes públicos em transformar a dispensa em regra, e a licitação em exceção, fabricando e perpetuando situações de urgência, preferindo marcas, aditando contratos já expirados etc. de tal sorte que é de bom intento sancionar esse abuso.

A Lei n. 4.717/65 também reputa nula e presume a lesividade da contratação celebrada sem prévia licitação, contrariando a legislação, em cujo edital forem inseridas cláusulas comprometedoras do caráter competitivo ou processada em condições que impliquem a limitação das possibilidades normais de competição (art. 4º, III).

O inciso XIV do art. 10 tem ligação com a Lei dos Consórcios Públicos (Lei n. 11.107/05), e por ela foi adicionado, elencando como improbidade prejudicial ao erário a celebração de contrato ou outro instrumento que tenha por objeto a prestação de serviços públicos por meio da gestão associada com inobservância das formalidades legais, conectando-se ao inciso XV – igualmente acrescentado pela Lei n. 11.107/05 – que classifica como improbidade a celebração de contrato de rateio de consórcio público sem suficiente e prévia dotação orçamentária ou sem observar as formalidades previstas na lei.

Por sua vez, o inciso XVIII do art. 10, incluído pela Lei n. 13.019/14, trata da celebração de parcerias da administração pública com entidades privadas sem a observância das formalidades legais ou regulamentares aplicáveis, enquanto o inciso XIX previa, na redação dada à Lei n. 13.019/14 pela Lei n. 13.204/15, como improbidade desta espécie "agir negligentemente na celebração, fiscalização e análise das prestações de contas de parcerias firmadas pela administração pública com entidades privadas", descrição modificada pela Lei n. 14.230/21 para censura da atuação para a configuração de ilícito na celebração, na fiscalização e na análise das prestações de contas de parcerias firmadas pela administração pública com entidades privadas. Ambas as regras têm importância fundamental porque são vultuosas as transferências de recursos públicos para organizações da sociedade civil. Se o primeiro deles impugna a celebração da parceria sem observância de formalidades legais substanciais, o segundo trata, de maneira mais abrangente, da celebração com atuação ilícita do agente público assim como o desenvolvimento ilícito deste na fiscalização e na análise da prestação de contas, vergastando a malversação de dinheiro público.

35. ILICITUDE NA CONSERVAÇÃO DO PATRIMÔNIO PÚBLICO E NA ARRECADAÇÃO. O art. 10, X, censura duas hipóteses distintas. A regra foi modificada pela Lei n. 14.230/21, substituindo o vocábulo "negligentemente" por "ilicitamente", operação coerente com o espírito da reforma que aboliu a culpa como elemento subjetivo da improbidade.

A primeira parte do inciso X do art. 10 censura a ilicitude na arrecadação de receita tributária e extratributária, que permite a ocorrência de perda patrimonial. Constituindo os tributos, os preços públicos, as rendas e os demais ingressos fonte de financiamento das atividades desenvolvidas pelas entidades estatais, não tolera a lei a atuação comissiva por omissão (não agir é também agir contrariamente à lei), lesiva, dolosa e ilícita, de forma a permitir a evasão de receita pública por qualquer expediente que seja útil, como a exoneração do pagamento de multas moratórias e outros acessórios, a ausência ou a morosidade na constituição ou cobrança de tributos ou na inscrição na dívida ativa etc.

A segunda parte, com os mesmos requisitos e contornos, refere-se à conservação do patrimônio público, expandindo o raio de ação da lei na medida em que ultrapassa o aspecto das receitas públicas, incluindo bens, valores, interesses e direitos pertencentes às entidades estatais e à sociedade – o que abrange o patrimônio ambiental, cultural, histórico, arquitetônico, paisagístico – que devem ser conservados, preservados, tutelados, para evitar perecimento, perda, dilapidação ou dissipação.

36. NORMA RESIDUAL. O inciso XII do art. 10 é preceito amplo conceituando como ato lesivo ao erário qualquer conduta (permissão, facilitação ou concurso) que tenha como meta, aparente ou dissimulada, o enriquecimento ilícito de terceiro à custa do erário. Ato punível é o enriquecimento ilícito de terceiro que cause dano patrimonial à Administração Pública, tal como a facilitação não remunerada de expediente tendente à evasão fiscal ilícita ou ao recebimento do preço pela execução de contrato administrativo com medição ou avaliação inexatas ou falsas.

Na mesma medida que os incisos I, II, IV, V e XIII do art. 10 censuram a lesão ao erário com a qual o particular lucrou, com ou sem remuneração ilícita do agente público, mas que facilitou ou permitiu esse benefício, o inciso XII tem igual desiderato.

Se houve enriquecimento ilícito do agente público, a hipótese é do art. 9º e seus incisos II, III, IV, XI e XII, ao passo que, se somente o particular experimentou as benesses do enriquecimento ilícito, sua conduta é inserida no inciso XII do art. 10, o que procura, inteligentemente, integrar o sistema, constituindo verdadeira norma residual ou de extensão a ligar sempre o enriquecimento ilícito do particular e o prejuízo ao patrimônio público facilitado, permitido ou concorrido por agente público, tendo em vista que as hipóteses descritas nos arts. 9º e 10 são meramente exemplificativas. Desta maneira, se houve enriquecimento ilícito do particular causando dano ao patrimônio público e não estando previsto em alguma das outras situações ventiladas nos incisos do art. 10, será o ato – com a presença desses requisitos – considerado ímprobo.

37. EXCEÇÃO À PERDA PATRIMONIAL EFETIVA. Embora o *caput* do art. 10 da lei exija para caracterização de improbidade administrativa por prejuízo ao erário a ocorrência de perda patrimonial efetiva e comprovada, o § 1º desse mesmo art. 10 a dispensa ao enunciar que nos casos em que a inobservância de formalidades legais ou regulamentares não implicar perda patrimonial efetiva, não ocorrerá imposição de ressarcimento, vedado o enriquecimento sem causa das entidades da Administração Pública. Trata-se de uma exceção à regra.

Somente nesses casos – contidos nas figuras dos incisos II, III, VII, XI (primeira parte), XV, XVI, XVII, XVIII e XX e nos que também se articule inobservância de formalidades legais ou regulamentares não arrolados, posto que o art. 10 da Lei n. 8.429/92 tem redação exemplificativa – se exonera o ressarcimento do dano, o que não significa descaracterização de improbidade administrativa dessa espécie. O escopo é evitar o locupletamento sem causa da Administração Pública porque havendo apenas vício formal não seria justo o particular pagar indenização para ressarcimento integral do dano.

38. INAPLICABILIDADE DA ISENÇÃO DE RESSARCIMENTO. O dispositivo é, no mínimo, controverso porque poderá haver real, concreto e efetivo prejuízo patrimonial, devidamente demonstrado e, para além, atos da Administração como transmissão, doação e outorga de uso de bens, dinheiros e recursos públicos a particular que não observam requisitos formais substanciais (que geram sua nulidade insanável e não constituem mera irregularidade) implicam enriquecimento deste e perda do poder público, o que impõe para restauração do direito lesado o ressarcimento do dano. Além disso, a presença da boa-fé é insuperável, pois, aquele que obrou com má-fé não pode vindicar em seu benefício esse preceito.

Portanto, sob este ângulo, o preceito cria incômoda impunidade, e contraria o princípio da moralidade administrativa e a regra punitiva da improbidade que inclui o ressarcimento do dano como uma de suas reações com o predicado de mandamento (art. 37, *caput*, e § 4º, da Constituição Federal).

39. PERDA PATRIMONIAL E ATIVIDADE ECONÔMICA. O § 2º do art. 10 da Lei n. 8.429/92 é adequada novidade introduzida pela Lei n. 14.230/21. A regra em foco declara que perdas patrimoniais decorrentes de atividade econômica não caracterizam improbidade administrativa, à exceção de comprovado ato doloso com o escopo de causar o resultado negativo.

O Estado, como se sabe, desenvolve subsidiariamente a exploração direta de atividade econômica por meio de empresas estatais. Elas são entes econômicos que atuam no mercado em regime de monopólio ou competição. Embora sejam pessoas jurídicas de direito privado e se submetam ao regime jurídico privado, elas experimentam parciais derrogações do direito público em razão de serem instrumentos de ação estatal, como a subordinação aos princípios jurídico-administrativos, à licitação, ao concurso público, ao controle etc.

Não obstante, por atuarem como agentes nos processos de produção e circulação de bens, suas atividades estão sujeitas às contingências e estruturas do mercado e, por isso, podem sofrer ganhos ou perdas, considerando que o risco é elementar ao setor empresarial. O eventual prejuízo em suas operações não caracteriza, por si próprio, improbidade administrativa, devendo haver ação ou omissão dolosa orientada para esse corolário como manifesto expediente de má gestão ou de gestão temerária, sopesando ainda que como instrumentos de ação estatal a função social das empresas estatais está orientada pelos compromissos com o desenvolvimento social e econômico, a justiça na distribuição de renda, e o bem comum.

Seção III
Dos Atos de Improbidade Administrativa que Atentam Contra os Princípios da Administração Pública

Art. 11. Constitui ato de improbidade administrativa que atenta contra os princípios da administração pública a ação ou omissão dolosa que viole os deveres de honestidade, de imparcialidade e de legalidade, caracterizada por uma das seguintes condutas: (Redação dada pela Lei nº 14.230, de 2021)

I – (revogado); (Redação dada pela Lei nº 14.230, de 2021)

II – (revogado); (Redação dada pela Lei nº 14.230, de 2021)

III – revelar fato ou circunstância de que tem ciência em razão das atribuições e que deva permanecer em segredo, propiciando beneficiamento por informação privilegiada ou colocando em risco a segurança da sociedade e do Estado; (Redação dada pela Lei nº 14.230, de 2021)

IV – negar publicidade aos atos oficiais, exceto em razão de sua imprescindibilidade para a segurança da sociedade e do Estado ou de outras hipóteses instituídas em lei; (Redação dada pela Lei nº 14.230, de 2021)

V – frustrar, em ofensa à imparcialidade, o caráter concorrencial de concurso público, de chamamento ou de procedimento licitatório, com vistas à obtenção de benefício próprio, direto ou indireto, ou de terceiros; (Redação dada pela Lei nº 14.230, de 2021)

VI – deixar de prestar contas quando esteja obrigado a fazê-lo, desde que disponha das condições para isso, com vistas a ocultar irregularidades; (Redação dada pela Lei nº 14.230, de 2021)

VII – revelar ou permitir que chegue ao conhecimento de terceiro, antes da respectiva divulgação oficial, teor de medida política ou econômica capaz de afetar o preço de mercadoria, bem ou serviço.

VIII – descumprir as normas relativas à celebração, fiscalização e aprovação de contas de parcerias firmadas pela administração pública com entidades privadas. ~~(Vide Medida Provisória nº 2.088-35, de 2000)~~ (Redação dada pela Lei nº 13.019, de 2014) (Vigência)

IX – (revogado); (Redação dada pela Lei nº 14.230, de 2021)

X – (revogado); (Redação dada pela Lei nº 14.230, de 2021)

XI – nomear cônjuge, companheiro ou parente em linha reta, colateral ou por afinidade, até o terceiro grau, inclusive, da autoridade nomeante ou de servidor da mesma pessoa jurídica investido em cargo de direção, chefia ou assessoramento, para o exercício de cargo em comissão ou de confiança ou, ainda, de função gratificada na administração pública direta e indireta em qualquer dos Poderes da União, dos Estados, do Distrito Federal e dos Municípios, compreendido o ajuste mediante designações recíprocas; (Incluído pela Lei nº 14.230, de 2021)

XII – praticar, no âmbito da administração pública e com recursos do erário, ato de publicidade que contrarie o disposto no § 1º do art. 37 da Constituição Federal, de forma a promover inequívoco enaltecimento do agente público e personalização de atos, de programas, de obras, de serviços ou de campanhas dos órgãos públicos. (Incluído pela Lei nº 14.230, de 2021)

§ 1º Nos termos da Convenção das Nações Unidas contra a Corrupção, promulgada pelo Decreto nº 5.687, de 31 de janeiro de 2006, somente haverá improbidade administrativa, na aplicação deste artigo, quando for comprovado na conduta funcional do agente público o fim de obter proveito ou benefício indevido para si ou para outra pessoa ou entidade. (Incluído pela Lei nº 14.230, de 2021)

§ 2º Aplica-se o disposto no § 1º deste artigo a quaisquer atos de improbidade administrativa tipificados nesta Lei e em leis especiais e a quaisquer outros tipos especiais de improbidade administrativa instituídos por lei. (Incluído pela Lei nº 14.230, de 2021)

§ 3º O enquadramento de conduta funcional na categoria de que trata este artigo pressupõe a demonstração objetiva da prática de ilegalidade no exercício da função pública, com a indicação das normas constitucionais, legais ou infralegais violadas. (Incluído pela Lei nº 14.230, de 2021)

§ 4º Os atos de improbidade de que trata este artigo exigem lesividade relevante ao bem jurídico tutelado para serem passíveis de sancionamento e independem do reconhecimento da produção de danos ao erário e de enriquecimento ilícito dos agentes públicos. (Incluído pela Lei nº 14.230, de 2021)

§ 5º Não se configurará improbidade a mera nomeação ou indicação política por parte dos detentores de mandatos eletivos, sendo necessária a aferição de dolo com finalidade ilícita por parte do agente. (Incluído pela Lei nº 14.230, de 2021)

40. ATENTADO AOS PRINCÍPIOS DA ADMINISTRAÇÃO PÚBLICA. Também o art. 11 da Lei n. 8.429/92 experimentou profunda modificação com a Lei n. 14.230/21. A exigência do dolo é coerente com a jurisprudência, notadamente com a orientação do Superior Tribunal de Justiça, mas, as mudanças foram além. Com efeito, a espécie de improbidade administrativa consistente no atentado contra os princípios da administração pública adota rol taxativo nos incisos do art. 11 em razão de seu conceito cerrado no *caput*.

Disso resultou a insubsistência da funcionalidade do art. 11 da Lei n. 8.429/92 como norma residual, tendo em vista o caráter exaustivo do rol constante de seus incisos, o que constitui sensível e impróprio retrocesso e insuficiente proteção da probidade.

Observa a doutrina as incongruências nessa operação legislativa destacando, entre outras, que "(i) a lei exige lesividade relevante do bem jurídico, mas negaria sua capacidade normativa de subsunção quando houvesse ilícitos que os menosprezem; (ii) o legislador não pode eliminar a indeterminação constitucional do bem jurídico tutelado, pois ela advém incontrolavelmente da Constituição; (iii) o legislador não tem capacidade de previsibilidade das múltiplas e heterogêneas formas de ofensa à honestidade, legalidade e imparcialidade que podem ocorrer em detrimento das entidades tuteladas"[40]. Com efeito, nas modernas técnicas jurídico-normativas próprias das sociedades de massas conduzem a adoção de regras mais abertas de comportamento em razão da função que assume o princípio de prevenção, sem que isso possa convencionar abalo à segurança jurídica, considerando que a norma deve ter o suficiente para indicação de seu alcance e sentido e se liga contextual e sistemicamente ao ordenamento jurídico inteiro.

A fonte de controvérsias na aplicação do art. 11 na primitiva redação não transitava pela adoção de *numerus clausus*, senão pela eliminação, no *caput*, de fórmulas normativas que tinham potencialidade de estabelecer linha muito tênue entre imoralidade e ilegalidade. Daí porque seria melhor a supressão da expressão "legalidade" nele constante ou, no mínimo, a sua qualificação como "grave ilegalidade". Frisando sempre que nem toda ilegalidade caracteriza imoralidade, dada a autonomia conceitual do princípio de moralidade, a improbidade administrativa demandava para sua caracterização no ato ilegal a nota especial do desvio ético da conduta. Meras ilegalidades ou simples irregularidades não são hábeis para configurá-la ao largo de manifestação inequívoca de desonestidade, grave ilegalidade ou falta de habilitação ética para o exercício de função pública.

Pela redação introduzida pela Lei n. 14.230/21, essa espécie de ato de improbidade administrativa é a ação ou omissão dolosa que atenta contra os princípios da administração pública, violando os deveres de honestidade, imparcialidade e legalidade, mas, desde que se subsuma a alguma das hipóteses descritas nos incisos do mencionado art. 11 da Lei n. 8.429/92. Se a menção aos princípios é exemplificativa, o rol taxativo é grave erro tático que é agudizado com a incongruente a supressão dos incisos I e II desse elenco do art. 11 da redação original da Lei da Improbidade Administrativa, notadamente se levado em conta que, no caso do inciso I, o desvio de finalidade ali descrito,

40. OLIVEIRA, José Roberto Pimenta; e GROTTI, Dinorá Adelaide Musetti. Panorama do sistema de responsabilização pela prática de atos de improbidade administrativa na Lei de Improbidade Administrativa reformada, *in Lei de Improbidade Administrativa Reformada*, São Paulo: Revista dos Tribunais, 2022, p. 60, coordenação DAL POZZO, Augusto Neves; e OLIVEIRA, José Roberto Pimenta.

em sintonia com a Lei n. 4.717/65 (art. 2º, *e*), era típico e clássico ato de improbidade administrativa, tanto que historicamente para seu combate foi concebido o princípio da moralidade administrativa[41]. Ou seja, a prática de ato visando fim proibido em lei ou regulamento ou diverso daquele previsto, na regra de competência e que não constituía ilegalidade em sentido estrito, senão uma imoralidade qualificada, diferenciação iluminada pela elaboração do conceito de moralidade administrativa e sua correlata autonomia, foi excluída da responsabilidade por improbidade na Lei n. 8.429/92. Não bastasse, é incompossível com uma legislação punitiva da improbidade eliminar a prevaricação de seu raio de ação, pois, rompe com a ética pública o retardamento ou abstenção indevidos da prática de ato de ofício, bem como abscindir de sua incidência, pela excisão do rol exemplificativo, graves ilícitos em desfavor da ética pública como tortura, assédio moral ou sexual, racismo, as tentativas de enriquecimento ilícito ou de lesão ao erário etc. Em síntese, e como observa Thiago Marrara, as alterações da Lei n. 14.230/21 no art. 11 "se destinam claramente a limitar as acusações e condenações por violações a princípios, uma vez que criam requisitos e limitações adicionais para a responsabilização, a saber: o dolo na obtenção de benefício ou proveito; a ilegalidade frente à norma escrita e a lesividade relevante"[42].

Observe-se, no entanto, que aos casos que estavam em andamento por ocasião da promulgação da Lei n. 14.230/21, aplica-se o princípio da continuidade típico-normativa, de modo que não haverá que se falar em abolição da tipicidade das condutas enquadradas no *caput* ou nos incisos I e II do art. 11, na redação primitiva, quando os fatos considerados na sentença ou acórdão como violadores dos princípios administrativos remanescerem típicos em algum dos incisos do citado dispositivo legal. Vale dizer, é possível impor a condenação pelo artigo 11 nos casos em que a conduta praticada no caso concreto, apesar de tipificada no *caput* ou nos incisos I e II revogados, esteja expressamente

41. MARTINS JÚNIOR, Wallace Paiva. *Probidade administrativa*, 4. ed., São Paulo: Saraiva, pp. 24-49, ns. 07-08.
42. MARRARA, Thiago. "Atos de improbidade: como a Lei nº 14.230/2021 modificou os tipos infrativos da LIA?", *in Revista Digital de Direito Administrativo vol. 10*, n. 1, pp. 162-178, 2023.

prevista nos incisos do artigo[43]. Adota-se a aplicação do princípio da continuidade típico-normativa, de modo a afastar a abolição da tipicidade da conduta do réu, quando for possível o enquadramento típico nos incisos da nova redação trazida pela Lei nº 14.230/2021, preservando a reprovação da conduta da parte.

De qualquer maneira, o sentido funcional dessa espécie de improbidade administrativa foi preservado na parte *in fine* do § 4º do art. 11, acrescentado pela Lei n. 14.230/21, ao gizar, no particular, que sua caracterização dispensa dano ao erário e enriquecimento ilícito de agentes públicos.

Trata-se de espécie de ato de improbidade que censura o agravo à moralidade em si mesma considerada, revelando a inabilitação ética do sujeito para o exercício de função pública e que se caracterizará pela ação ou omissão dolosa, de agente público, violadora dos deveres de honestidade, de imparcialidade e de legalidade, desde que se manifeste pelas seguintes condutas: (a) revelação qualificada de segredo funcional; (b) negativa de publicidade aos atos oficiais; (c) frustração do caráter concorrencial de processos seletivos; (d) violação do dever de prestação de contas; (e) divulgação de informação privilegiada; (f) descumprimento das normas relativas à celebração, fiscalização e aprovação de contas de parcerias firmadas pela administração pública com entidades privadas; (g) nepotismo; (h) publicidade institucional com promoção pessoal. É um elenco bastante reduzido para efetivo combate à improbidade administrativa que, entretanto, não elimina outros inseridos em leis especiais.

41. REVELAÇÃO QUALIFICADA DE SEGREDO FUNCIONAL E DE INFORMAÇÃO PRIVILEGIADA. O inciso III do art. 11 visa à preservação do sigilo funcional e tem a ver com a violação do dever de discrição, punindo o agente público que revela fato ou circunstância de que tem ciência em razão das atribuições e que deva permanecer em segredo, propiciando beneficiamento por informação privilegiada ou colocando

43. STF, ARE 1.346.594 AgR Segundo/SP, 2ª Turma, Rel. Min. Gilmar Mendes, 24/10/2023, DJE 31/10/2023; RE 1.452.533 AgR, 1ª Turma, Rel. Min. Cristiano Zanin, 08/11/2023, DJE 21/11/2023; STJ, AgInt no AResp 1.206.630/SP, 1ª Turma, Rel. Min. Paulo Sérgio Domingues, 27/02/2024, DJE 01/03/2024.

em risco a segurança da sociedade e do Estado. A Lei n. 14.230/21 adicionou a essa *fattispecie* o resultado, exigindo a produção material do benefício da inconfidência em prol do agente público ou terceiro, consistente tanto na divulgação de qualquer informação privilegiada quanto na potencialidade de perigo à segurança da sociedade e do Estado. Para tanto, é absolutamente necessário que haja a imposição legal da sigilosidade e da reserva, descumprida pelo agente visando ao benefício referido na norma.

É intensa a preocupação com o acesso a informações privilegiadas, tanto que o art. 37, § 7º, da Constituição Federal remete à legislação infraconstitucional a tarefa de dispor sobre requisitos e restrições ao ocupante de cargo ou emprego da Administração Pública direta ou indireta, e tais instrumentos deverão inscrever com maior profundidade regime de incompatibilidades, visando à garantia da probidade. O agente público rompe com os deveres inerentes a seu cargo quando difunde ou transmite a terceiro fato coberto pelo sigilo legal ou institucional, conhecido em razão da sua qualidade funcional ou das oportunidades que esta proporciona.

Com esse expediente, pode até angariar vantagem ilícita (o que caracterizará enriquecimento ilícito, segundo o art. 9º) ou proporcionar benesses econômicas a terceiro, que, de posse da informação sigilosa, ficará em posição mais vantajosa em detrimento da supressão dessa oportunidade a outrem, como ocorre, por exemplo, na hipótese de revelação da intenção de licitar a compra de bens ou desapropriar imóveis privados ou mesmo de alforriar o particular de alguma sanção criminal, tributária ou administrativa, comprometendo o sigilo que deve resguardar os atos de investigação. Busca-se a conservação da boa-fé, da lealdade e da igualdade em relação aos administrados e à própria Administração Pública.

A Lei de Acesso à Informação Pública (Lei n. 12.527/11) descreve como ilícitos administrativos o uso indevido, total ou parcialmente, de informação sob a guarda de agente público ou a que tenha acesso ou conhecimento em razão do exercício das atribuições de cargo, emprego ou função pública, e a divulgação e o acesso, ou a permissão de divulgação ou acesso indevido à informação sigilosa ou informação pessoal (art. 32, II e IV), sem prejuízo da caracterização de improbidade (art.

32, § 2º). Esses preceitos são especiais e diferenciados, relacionados à *disclosure* em que se prescinde do resultado referido no inciso III do art. 11 da Lei n. 8.429.

Por sua vez, o inciso VII do art. 11 tipifica a conduta de agente público consistente na revelação ou permissão que chegue ao conhecimento de terceiro, antes da respectiva divulgação oficial, teor de medida política ou econômica capaz de afetar o preço de mercadoria, bem ou serviço. Trata-se de violação qualificada e especial do dever de discrição, relacionada à preservação da eficácia de medida política ou econômica. Reprime-se a divulgação inoficiosa, escamoteada e privilegiada de teor de medida política ou econômica, desde que a revelação seja anterior à divulgação oficial e tenha a capacidade de afetar preço de mercadorias, bens ou serviços, pois ela tem a potencialidade de causar impacto no mercado.

O agente público tem o dever de sigilo sobre os assuntos que o exijam a bem do interesse público, não podendo aproveitar de seu cargo para produzir vantagens para si ou para terceiros, que, cientes antecipadamente da providência estatal, lucrariam com a baixa ou a alta de preços de suas mercadorias, bens e serviços, violando o princípio da igualdade e faltando com lealdade à Administração Pública nas relações do Estado de intervenção no domínio econômico.

Embora a lei refira a medida política ou econômica, esta expressão é bem ampla, abrangendo providências estatais de qualquer natureza que possam refletir direta ou indiretamente no mercado, como as tributárias, financeiras, aduaneiras etc. Não é preciso que efetivamente sejam afetados os preços das mercadorias, bens ou serviços, bastando que a divulgação privilegiada tenha a potencialidade de provocar essa alteração. A conduta efetua-se através da revelação ou da permissão do conhecimento por terceiro de teor da medida política ou econômica em momento anterior à divulgação oficial. É preciso, todavia, que o agente público que realize qualquer das duas condutas previstas tenha ciência da informação em razão das suas atribuições legais ou regulamentares.

42. NEGATIVA DE PUBLICIDADE AOS ATOS OFICIAIS. O inciso IV do art. 11 cuida da negativa de publicidade aos atos oficiais, exceto os cuja reserva exista em razão de sua imprescindibilidade para a segurança da sociedade e do Estado ou em outras hipóteses instituídas em lei. A inovação constante da exceção inserida não altera significativamente o preceito e constitui aperfeiçoamento adequado, conveniente e oportuno, ajustando-se à Constituição (arts. 5º, XXXIII e LX, e 37, *caput*), à Lei Geral do Processo Administrativo Federal (art. 2º, parágrafo único, V, Lei n. 9.784/99), e à Lei de Acesso à Informação Pública (art. 3º, Lei n. 12.527/11). Só é possível a caracterização da improbidade se a falta de publicidade de atos oficiais atinge os assuntos que são públicos e que não mereceram classificação nas hipóteses de restrição à publicidade (isto é, sigilo), nos termos da Lei de Acesso à Informação Pública ou em demais diplomas legais que tenham preceitos de igual natureza, como a Lei Geral de Proteção de Dados Pessoais (Lei n. 13.709/18).

O preceito veicula a proteção de um dos pilares essenciais do regime republicano e democrático: a transparência estatal. Numa democracia, a publicidade é a regra e o sigilo a exceção. A caracterização de improbidade administrativa desta figura reforça a ideia de diafanidade do poder. Ela se configura tanto pela negação ilícita de acesso à informação mediante pedido quanto pela omissão na divulgação *ex officio* de atos que, para sua validade ou eficácia, dependam de publicação ou qualquer outra forma de publicidade, ressalvados os casos em que haja restrição à publicidade, decretada nos termos da legislação específica. Ainda que o ato cuja publicidade foi negada possa até ser convalidado, não se exculpará o agente público das sanções da improbidade, o que é muito adequado porque a falta de publicidade inibe o exercício do controle democrático da Administração Pública. A repressão da improbidade administrativa à negativa de publicidade de ato oficial é instrumento constitucional de garantia do controle e fiscalização das atividades da Administração Pública. E tanto infringe o princípio quem nega publicidade aos atos oficiais quanto aquele que, sem justa causa e contrariamente à legislação, o realiza a destempo, porque, mesmo se válido o ato subjacente, inegável que com a omissão ou o retardo violaram-se o princípio e sua teleologia.

A Lei n. 12.527/11 arrola como ilícitos administrativos a recusa do fornecimento de informação requerida, o retardo deliberado ao seu fornecimento ou o fornecimento intencional de forma incorreta, incompleta ou precisa, a imposição de sigilo à informação para obtenção de proveito pessoal ou de *tertius* ou para fins de ocultação de ato ilegal cometido pelo agente público ou por outrem, a ocultação da revisão, por autoridade superior, de informação sigilosa para benefício próprio ou alheio ou em prejuízo de terceiros nos incisos I, V e VI do art. 32 cujo § 2º autoriza a responsabilização por improbidade administrativa nesses casos.

Por outro lado, o Supremo Tribunal Federal decidiu que "a transgressão dolosa ao dever de publicidade estabelecido no art. 23, inciso I, da LGPD, fora das hipóteses constitucionais de sigilo, importará a responsabilização do agente estatal por ato de improbidade administrativa, nos termos do art. 11, inciso IV, da Lei 8.429/1992, sem prejuízo da aplicação das sanções disciplinares previstas nos estatutos dos servidores públicos federais, municipais e estaduais"[44].

43. FRUSTRAÇÃO DO CARÁTER CONCORRENCIAL DE PROCESSO SELETIVO. O inciso V do art. 11 foi completamente reformulado pela Lei n. 14.230/21. Antes, a fórmula legal censurava a frustração da licitude de concurso público. Agora, ela dilatou seu âmbito, abrangendo processos administrativos ampliativos de direitos na modalidade concorrencial, incluindo além do concurso público chamamento ou processo licitatório, funcionando, nesse particular, como figura residual ao inciso VIII do art. 10 da Lei n. 8.429. A referência nela existente a procedimento licitatório alcança todas as modalidades de licitação, assim como ao concurso público se esparge a todas as formas de processo seletivo de recrutamento de pessoal para cargos, funções e empregos na Administração Pública, inclusive contratações temporárias.

Sua caracterização depende da ação ou omissão que malogre, arruíne ou comprometa o caráter concorrencial desses procedimentos, ofendendo a imparcialidade que impõe à Administração Pública e seus agentes atuação objetiva, impessoal, e isonômica, o que pode acontecer, por exemplo, com a inclusão de cláusulas em seus atos gerais que regulam o processo seletivo contendo ilícitos favorecimentos ou preterições ou o seu processamento prejudicial à salutar competição com critérios subjetivos ou sigilosos, fixação de prazos exíguos, subtração de publicidade etc. Sua essência é exatamente o prejuízo à concorrência

44. STF, ADI 6.649/DF, Tribunal Pleno, Rel. Min. Gilmar Mendes, 15/09/2022.

e à lisura que deve prevalecer nesses procedimentos seletivos. Além disso, demanda a obtenção de benefício próprio, direto ou indireto, ou de terceiros, de maneira que a conduta deve ser destinada a gerar dividendos indevidos ao agente ou a *tertius*.

A dispensa indevida de licitação, com o favorecimento de particular ou terceiros, guarda correspondência com a hipótese prevista no inciso V do art. 11 e, em determinados casos, enseja a aplicação do princípio da continuidade típico-normativa aos casos que estavam em andamento por ocasião da promulgação da Lei n. 14.230/21[45].

44. VIOLAÇÃO DO DEVER DE PRESTAÇÃO DE CONTAS. A redação primitiva do inciso VI do art. 11 da Lei da Improbidade Administrativa, que punia o agente público que deixava de prestar contas quando obrigado a fazê-lo, tinha estreita ligação com o dever de prestação de contas, que possui *status* constitucional (art. 70, Constituição) e emana diretamente do princípio republicano. A nova redação dada pela Lei n. 14.230/21 o enfraqueceu sobremaneira ao inserir condicionamento e finalidade específica (dolo específico), denotando insuficiente e desproporcional proteção ao bem jurídico em cena.

Com efeito, a improbidade somente se caracterizará, neste caso, pelo inadimplemento, abstenção, omissão ou descumprimento do agente de prestar contas quando esteja obrigado a fazê-lo, desde que disponha das condições para isso, com vistas a ocultar irregularidades. Ora, prestar contas de dinheiros, bens, direitos e interesses públicos é dever jurídico; somente a legislação pode exonerar o agente público do cumprimento do dever de prestação de contas, não sendo lícito subordiná-lo à existência de condições fáticas que o viabilizem. Sendo da essência do regime republicano esse dever, soa irrelevante um fim especial do agente porque ao deixar de prestar contas rompe com fundamental preceito ético-jurídico elementar ao exercício do poder em nome alheio. A prestação de contas, como é elementar, tem por finalidade a vigilância permanente da probidade na gestão da coisa pública, sobretudo verbas públicas.

45. STJ, AgInt no Aresp 1.611.566/SC, 1ª Turma, Rel. Min. Benedito Gonçalves, 20/05/2024, Dje 29/05/2024.B

A doutrina, no entanto, pondera que "meros atrasos na entrega de prestação de contas, embora possam ensejar responsabilidade, não devem configurar improbidade administrativa"[46].

45. DESCUMPRIMENTO DAS NORMAS RELATIVAS À CELEBRAÇÃO, FISCALIZAÇÃO E APROVAÇÃO DE CONTAS DE PARCERIAS. O inciso VIII do art. 11 se relaciona às parcerias firmadas pela Administração Pública com entidades privadas, sendo introduzido pela Lei n. 13.019/14, e constitui norma residual em face do art. 10, VIII, XVIII, e XIX, da Lei n. 8.429/92, pois, independe de prejuízo ao erário. Ele se configura pelo descumprimento doloso das normas que disciplinam a celebração, a fiscalização e a aprovação de contas de parceiras, e que estão disciplinadas na Lei n. 13.019/14 ou em outros diplomas legais específicos.

46. NEPOTISMO. O inciso XI do art. 11 foi introduzido pela Lei n. 14.230/21 e tem como objeto o nepotismo. A fórmula normativa adotada reproduz o enunciado constante da Súmula Vinculante 13 do Supremo Tribunal Federal. Caracterizará improbidade a nomeação de cônjuge, companheiro ou parente em linha reta, colateral ou por afinidade, até o terceiro grau, inclusive, da autoridade nomeante ou de servidor da mesma pessoa jurídica investido em cargo de direção, chefia ou assessoramento, para o exercício de cargo em comissão ou de confiança ou, ainda, de função gratificada na Administração Pública direta e indireta em qualquer dos Poderes da União, dos Estados, do Distrito Federal e dos Municípios, compreendido o ajuste mediante designações recíprocas.

A prática do nepotismo ocorre tanto pelo vínculo parental ou familiar da autoridade nomeante com a pessoa nomeada para cargo de provimento em comissão ou função de confiança quanto pela existência dessa relação entre servidor público neles investido e a pessoa nomeada, inclusive na figura cruzada. Não o configura, todavia, o nepotismo superveniente, quando o vínculo se estabeleça *a posteriori*, embora possa haver proibição de direta subordinação hierárquica.

---

46. MARRARA, Thiago. "Atos de improbidade: como a Lei nº 14.230/2021 modificou os tipos infrativos da LIA?", *in Revista Digital de Direito Administrativo vol. 10*, n. 1, pp. 162-178, 2023.

O § 5º do art. 11, entretanto, exclui a ocorrência de improbidade na mera nomeação ou indicação política por parte dos detentores de mandatos eletivos, exigindo a aferição de dolo com finalidade ilícita por parte do agente. Essa exceção inviabiliza a aplicação do inciso XI e é inconsistente porque o dolo é inerente à conduta daquele que viola o princípio da moralidade administrativa ao praticar o nepotismo, ato ilícito por natureza, notadamente após a solidificação de jurisprudência vinculante consubstanciada na súmula acima indicada.

Há entendimento sublinhando que esse preceito "não se destina aos casos de nepotismo, mas a situações em que pessoas de confiança do agente político são escolhidas para certos cargos sem, muitas vezes, ostentar as habilidades necessárias para o bom desempenho da função", de maneira que a regra em foco seria útil para "impedir o uso do princípio da moralidade administrativa para combater nomeações inadequadas", o que inviabiliza sua caracterização como improbidade para responsabilização do agente sem prejuízo da anulação do ato por violação do ordenamento jurídico-administrativo[47]. Porém, não há no rol taxativo do art. 11 tipo próprio para nomeações em posições de provimento em comissão irregulares, lembrando-se que o inciso V é direcionado a seleções como concurso e licitação, o que não ocorre no provimento comissionado.

47. PUBLICIDADE INSTITUCIONAL COM PROMOÇÃO PESSOAL. O inciso XII do art. 11 define como improbidade a prática, no âmbito da Administração Pública e com recursos do erário, de ato de publicidade que contrarie o disposto no § 1º do art. 37 da Constituição Federal, de forma a promover inequívoco enaltecimento do agente público e personalização de atos, de programas, de obras, de serviços ou de campanhas dos órgãos públicos. Há nessa fórmula normativa o dolo específico.

É adequada aos princípios de moralidade, impessoalidade e interesse público a repressão de publicidade oficial com fim de promoção pessoal de agentes públicos. A personalização dos meios de publicidade oficial e institucional e de propaganda governamental é ato frequente

47. MARRARA, Thiago. "Atos de improbidade: como a Lei nº 14.230/2021 modificou os tipos infrativos da LIA?", *in Revista Digital de Direito Administrativo vol. 10*, n. 1, pp. 162-178, 2023.

de aproveitamento de máquina pública a serviço de interesses pessoais, políticos, partidários etc. e que se desvirtua das finalidades de informação, educação e orientação social que eles devem unicamente ter, como determina o § 1º do art. 37 da Constituição.

Para subsunção a essa figura da espécie atentado contra os princípios da Administração Pública é necessário que a publicidade seja custeada com recursos públicos. Mesmo que tenha como meta informação, educação e orientação social, a promoção pessoal nela veiculada não afasta sua caracterização e isso pode se dar com imagens, frases, palavras, símbolos ou outros artifícios que estabeleçam a ligação direta ou indireta à pessoa do agente público que dela se beneficie, personalizando-a na divulgação de atos, obras, programas, serviços e campanhas dos órgãos e entidades da Administração Pública.

48. DOLO E LESIVIDADE RELEVANTE. Os §§ 1º a 4º do art. 11 da Lei n. 8.429/92 adicionados pela Lei n. 14.230/21 traçam regras expressando a necessidade do dolo e da lesividade relevante. Ao que parece, essas regras estão localizadas sem muito apuro de técnica normativa no art. 11 porque o § 2º estende a vinculação da tutela punitiva da probidade à Convenção das Nações Unidas contra a Corrupção (prevista no § 1º) a todas as espécies de atos de improbidade, enquanto os §§ 3º e 4º foram dedicados exclusivamente ao art. 11 citado.

O § 1º do art. 11 não clama o dolo específico, pois, a subordinação do ato, para caracterização de improbidade, à obtenção de proveito ou benefício indevido para o agente público ou outra pessoa ou entidade, não configura elemento subjetivo especial a revelar a finalidade última ou o momento especial de ânimo do agente, ou, ainda, a tendência especial da ação, senão fórmula inerente ao próprio conceito de desonestidade, pois a ação ou omissão desonesta é aquela que, prejudicando outrem, fornece proveito ou benefício próprio ou alheio, já que se trata de um desvio comportamental.

Com efeito, o § 1º do art. 11 se reporta ao que está delineado na tipificação do abuso de funções constante do art. 19 da Convenção das Nações Unidas contra a Corrupção, promulgada pelo Decreto nº 5.687, de 31 de janeiro de 2006, ao estabelecer que "cada Estado Parte considerará a possibilidade de adotar as medidas legislativas e de outras índoles que sejam necessárias para qualificar como delito, quando cometido intencionalmente, o abuso de funções ou do cargo, ou seja, a realização ou omissão de um ato, em violação à lei, por parte de um funcionário público no exercício de suas funções, com o fim de obter um benefício indevido para si mesmo ou para outra pessoa ou entidade".

Não é ocioso lembrar que a Lei n. 3.164, de 01 de junho de 1957, sujeitava ao sequestro e perda de bens adquiridos por servidor público por influência ou abuso de cargo ou função públicos, atendendo à parte final do § 31 do art. 141 da Constituição de 1946 que determinava à lei dispor sobre o sequestro e o perdimento de bens, no caso de enriquecimento ilícito, por influência ou com abuso de cargo ou função pública, ou de emprego em entidade autárquica. A expressão "influência ou abuso de cargo ou função", que também constava do art. 1º da Lei n. 3.502, de 21 de dezembro de 1958, é usual e tem o sentido de improbidade no exercício de função pública. É a ela que a convenção internacional se refere, e ela se materializa pela prática de ilegalidade *grosso modo* para obtenção de benefício indevido para o agente ou outrem, o que é elementar, pois, como acentuado, é fórmula inerente ao próprio conceito de desonestidade, pois a ação ou omissão desonesta é aquela que, prejudicando outrem, fornece proveito ou benefício próprio ou alheio, já que se trata de um desvio comportamental.

Portanto, o § 1º do art. 11 verbaliza que somente haverá improbidade administrativa da espécie de atentado aos princípios da Administração Pública quando a conduta funcional do agente público tiver comprovadamente o fim de obter proveito ou benefício indevido para si ou para outra pessoa ou entidade, sendo que esse resultado não precisa ser economicamente quantificável. O § 2º do art. 11 estende essa regra a quaisquer atos de improbidade administrativa tipificados na Lei n. 8.429/92 e em leis especiais.

A fórmula normativa do § 1º do art. 11 não expressa o dolo específico, senão o dolo genérico que é a regra na Lei n. 8.429/92 na redação dada pela Lei n. 14.230/21, pois, como discorrido, ele consiste na vontade livre e consciente de alcance do resultado ilícito tipificado, não bastando a voluntariedade do agente. O dolo específico é excepcional e está presente em figuras das espécies de improbidade cuja descrição agrega para além do resultado um especial fim do agente, como as dos incisos VI e XII do art. 11. Típico e elementar a qualquer ato de improbidade é o abuso da função pelo agente público em proveito ou benefício indevido para si ou terceiro, não se revelando aí especial finalidade, senão aquilo que Ronaldo Pinheiro de Queiroz denominou dolo de beneficiamento[48], o que já havia desde a primitiva redação da Lei n. 8.429/92, até porque é um *nonsense* supor improbidade em ato que não seja orientado para benefício pessoal ou alheio, inclusive nos que prejudicam terceiros. Deste modo, subsiste o entendimento pretoriano timbrando que "o elemento subjetivo, necessário à configuração de improbidade administrativa censurada nos termos do art. 11 da Lei 8.429/1992, é o dolo genérico de realizar conduta que atente contra os princípios da Administração Pública, não se exigindo a presença de dolo específico"[49].

Em sede doutrinária, esse dispositivo mereceu adequada crítica "na medida em que confunde a finalidade do art. 11 com a dos arts. 9º a 10" ao exigir a finalidade de obtenção de proveito ou benefício indevido próprio ou alheio[50]. No Direito Penal, o dolo resulta da consciência e da vontade na realização da conduta típica constante da lei penal, podendo ser genérico ou específico: aquele se verifica quando o tipo previsto na norma penal exige apenas a realização do fato descrito; este quando ele inclui determinada finalidade como elemento do crime. Essas espécies se apresentam no domínio da tipicidade: o tipo se expressa por elementos objetivos-descritivos, normativos (juízos de valor) e subjetivos (especiais finalidades de ação, tendências ou intenções) – estes também denominados elementos subjetivos especiais do tipo ou elementos subjetivos do injusto, que condicionam ou fundamentam a ilicitude[51] - o que proporciona a concepção dos tipos objetivo (descrição do ato) e subjetivo (descrição de sua característica subjetiva) e da relação de conformidade (ou simetria) ou não do tipo

48. QUEIROZ, Ronaldo Pinheiro de. Dolo de beneficiamento na improbidade administrativa. Disponível em: <https://www.jota.info/opiniao-e-analise/artigos/dolo-debeneficiamento-na--improbidade-administrativa-23052022> Acesso em 18-07-2022.
49. STJ, REsp 951.389/SC, 1ª Seção, Rel. Min. Herman Benjamin, 09/06/2020, DJe 04/05/2021.
50. MARRARA, Thiago. "Atos de improbidade: como a Lei nº 14.230/2021 modificou os tipos infrativos da LIA?", *in Revista Digital de Direito Administrativo vol. 10*, n. 1, pp. 162-178, 2023.
51. BITENCOURT, Cezar Roberto. *Tratado de direito penal volume 1*, 26. ed., São Paulo: Saraiva, 2020.

objetivo ao subjetivo surgem os tipos congruentes ou incongruentes[52] (ou tipos com congruência simétrica ou assimétrica)[53]. No Direito Administrativo, as sanções administrativas são guiadas igualmente pela legalidade, "porém com importantes distinções em relação à legalidade penal", comportando certa flexibilidade, em que os tipos são "em regra, mais elásticos que os tipos penais" em razão das próprias características dessa disciplina jurídica, sendo eles compostos por conceitos indeterminados ou cláusulas gerais[54]. A tipicidade na Lei n. 8.429/92 não se aparta do tratamento que o Direito Administrativo dedica às infrações administrativas.

A Lei n. 8.429, na redação dada pela Lei n. 14.230, limita a improbidade ao dolo, adotando seu conceito no Direito Penal no § 2º do art. 1º. As modificações produzidas nas espécies de atos de improbidade não violam o princípio da legalidade, ainda que com determinada dose ou fórmula de elasticidade, flexibilidade ou plasticidade, como ocorre no Direito Administrativo, porque subsiste a técnica de uso de juízos ou conceitos abertos de experiência ou de valor, elementos normativos, e, em determinados preceitos, elementos subjetivos.

Há no § 1º do art. 11 da Lei n. 8.429 norma remissiva à Convenção das Nações Unidas contra a Corrupção, circunscrevendo a improbidade administrativa da espécie de atentado aos princípios da administração pública à obtenção de proveito ou benefício indevido em proveito ou benefício próprio ou alheio, e no § 2º norma extensiva dessa cláusula às demais espécies de atos de improbidade. Se o § 1º do art. 11 se reporta ao art. 19 da convenção internacional (que trata do abuso de funções[55]), admoesta

52. JESUS, Damásio E. de. *Imputação objetiva*, São Paulo: Saraiva, 2000, p. 18.

53. ZAFFARONI, Eugenio Raúl, e PIERANGELI, José Henrique. *Manual de direito penal brasileiro: parte geral*, 2. ed., São Paulo: Revista dos Tribunais, 1999, pp. 479-480, n. 249.

54. OSÓRIO, Fábio Medina. *Direito administrativo sancionador*, São Paulo: Revista dos Tribunais, 2000, pp. 204-205.

55. Art. 19. Abuso de funções: Cada Estado Parte considerará a possibilidade de adotar as medidas legislativas e de outras índoles que sejam necessárias para qualificar como delito, quando cometido intencionalmente, o abuso de funções ou do cargo, ou seja, a realização ou omissão de um ato, em violação à lei, por parte de um funcionário público no exercício de suas funções, com o fim de obter um benefício indevido para si mesmo ou para outra pessoa ou entidade.

Rita Tourinho[56] que "o § 2º do art. 11 da Lei nº 8.429/1992, ao estender a exigência do § 1º para as hipóteses dos arts. 9º e 10, viola os termos dos arts. 20 e 17 do Decreto nº 5.687/2006, que correspondem à improbidade por enriquecimento ilícito e prejuízo ao erário, respectivamente, uma vez que não exigem o dolo específico, bastando para sua configuração o dolo direto"[57]. A norma extensiva não resiste ao controle de convencionalidade.

E os núcleos típicos dos conceitos e das figuras dos arts. 9º e 10 dispensam o dolo específico, salvo as exceções legais, porque esse excedente é elementar ao auferimento de vantagem patrimonial indevida ou à geração de perda patrimonial, desvio, apropriação etc. Auferir é obter algo em proveito ou benefício próprio ou de terceiro; ensejar perda patrimonial significa enriquecer outrem em detrimento do erário. Com relação às figuras do art. 11, cujo tipo respectivo não exija o dolo específico, este não há de se exigir por se acoimar a remissão normativa o abuso, violador da proporcionalidade: se a caracterização dessa espécie de improbidade prescinde de locupletamento ilícito ou dano ao erário, qual a razão de requisição de proveito ou benefício próprio ou alheio na violação do dever de sigilo, na negativa de publicidade aos atos oficiais, no descumprimento de normas para celebração e fiscalização de parcerias (art. 11, III, IV, VII e VIII)? A remissão é um *nonsense*, sendo especificamente incompatível com esses bens jurídicos tutelados e a própria descrição normativa.

O § 3º tonifica que a subsunção à espécie de improbidade de atentado contra os princípios da Administração Pública tem como pressuposto a demonstração objetiva da prática de ilegalidade no

56. TOURINHO, Rita. "O elemento subjetivo do tipo na nova Lei de Improbidade Administrativa: avanço ou retrocesso?", *in Revista do Ministério Público do Estado do Rio de Janeiro nº 84*, abr./jun. 2022, pp. 147-169.

57. A convenção estabelece no art. 17 com relação à malversação ou peculato, apropriação indébita ou outras formas de desvio de bens por um funcionário público qualificar como delito, quando cometido intencionalmente, a malversação ou o peculato, a apropriação indébita ou outras formas de desvio de bens, fundos ou títulos públicos ou privados ou qualquer outra coisa de valor que se tenham confiado ao funcionário em virtude de seu cargo, e no art. 20 referentemente ao enriquecimento ilícito qualificar como delito, quando cometido intencionalmente, o enriquecimento ilícito, ou seja, o incremento significativo do patrimônio de um funcionário público relativos aos seus ingressos legítimos que não podem ser razoavelmente justificados por ele.

exercício da função pública, exigindo a indicação das normas jurídicas (princípios, regras e diretrizes), constitucionais, legais ou infralegais violadas. Eis aí outra norma defeituosamente produzida. Ilegalidade não é sinônimo de improbidade e o princípio da moralidade, do qual descende a responsabilização pela ruptura ao dever de probidade, tem autonomia em face do princípio da legalidade. O ato pode ser legal e não obstante imoral. Logo, é incoerente a exigência de demonstração objetiva da prática de ilegalidade. A concepção de ilegalidade, verbalizada no preceito em foco, não prima pela boa técnica. Em verdade, o dispositivo deve ser interpretado como expressivo da exigência de demonstração de ilicitude, ilegitimidade ou antijuridicidade, porque a violação à moralidade administrativa não corresponde nem se assimila à ofensa à legalidade *stricto sensu*. O que a regra pretende é a demonstração da norma jurídica (princípio, regra ou diretriz) violada. Trata-se de "visão equivocada que o direito é um conjunto de normas escritas e nada mais! Ao fazê-lo, subjuga a moralidade administrativa a uma visão estreita de legalidade que não se compatibiliza com a ideia contemporânea de juridicidade"[58].

De seu turno, emerge do § 4º que os atos de improbidade dessa espécie somente se configuram quando houver lesividade relevante ao bem jurídico tutelado para serem passíveis de sancionamento e independem do reconhecimento da produção de danos ao erário e de enriquecimento ilícito dos agentes públicos.

A lesividade relevante é parâmetro para alijar da contextura da improbidade meras irregularidades ou simples ilegalidades que não exibam a inabilitação ética para o exercício de função pública sem conotação de desonestidade. Todavia, foi julgado pelo Superior Tribunal de Justiça que "não se aplica o princípio da insignificância aos crimes contra a Administração Pública, uma vez que a norma visa resguardar não apenas a dimensão material, mas, principalmente, a moralidade administrativa, insuscetível de valoração econômica"[59]. Esse entendimento serve para a responsabilização pela Lei n. 8.429/92

58. MARRARA, Thiago. "Atos de improbidade: como a Lei nº 14.230/2021 modificou os tipos infrativos da LIA?", *in Revista Digital de Direito Administrativo vol. 10*, n. 1, pp. 162-178, 2023.
59. STJ, AgRg no AREsp 614.524/MG, 6ª Turma, Rel. Min. Sebastião Reis Júnior, 14/04/2015, DJe 23/04/2015.

porque não faria sentido que a própria legislação específica militasse em contrário à orientação pretoriana dada à lei penal.

A prescindibilidade de danos ao erário e de enriquecimento ilícito dos agentes públicos para caracterização dessa espécie de atos de improbidade contidos no art. 11 mantém sua funcionalidade exponencial no combate à imoralidade administrativa qualificada e tem absoluta coerência com o inciso I do art. 21 da Lei n. 8.429/92 desde sua redação originária, corroborada pelo Superior Tribunal de Justiça[60]. Não é ocioso gizar que o art. 11 pune a violação à moralidade administrativa em si mesma considerada como bem jurídico autônomo e independente de resultado lesivo no patrimônio público ou proveito no patrimônio do agente público, porque censura comportamentos ofensivos aos valores e cânones imateriais do Estado, constantes de sua pauta ética. Os resultados são danos imateriais à moralidade administrativa, à imagem e credibilidade da Administração.

60. STJ, AgInt no AREsp 1.312.027/SP, 2ª Turma, Rel. Min. Og Fernandes, 17/06/2021, DJe 02/08/2021.

4

SANÇÕES (ART. 12)

CAPÍTULO III
Das Penas

Art. 12. Independentemente do ressarcimento integral do dano patrimonial, se efetivo, e das sanções penais comuns e de responsabilidade, civis e administrativas previstas na legislação específica, está o responsável pelo ato de improbidade sujeito às seguintes cominações, que podem ser aplicadas isolada ou cumulativamente, de acordo com a gravidade do fato: (Redação dada pela Lei nº 14.230, de 2021)

I – na hipótese do art. 9º desta Lei, perda dos bens ou valores acrescidos ilicitamente ao patrimônio, perda da função pública, suspensão dos direitos políticos até 14 (catorze) anos, pagamento de multa civil equivalente ao valor do acréscimo patrimonial e proibição de contratar com o poder público ou de receber benefícios ou incentivos fiscais ou creditícios, direta ou indiretamente, ainda que por intermédio de pessoa jurídica da qual seja sócio majoritário, pelo prazo não superior a 14 (catorze) anos; (Redação dada pela Lei nº 14.230, de 2021)

II – na hipótese do art. 10 desta Lei, perda dos bens ou valores acrescidos ilicitamente ao patrimônio, se concorrer esta circunstância, perda da função pública, suspensão dos direitos políticos até 12 (doze) anos, pagamento de multa civil equivalente ao valor do dano e proibição de contratar com o poder público ou de receber benefícios ou incentivos fiscais ou creditícios, direta ou indiretamente, ainda que por intermédio de pessoa jurídica da qual seja sócio majoritário, pelo prazo não superior a 12 (doze) anos; (Redação dada pela Lei nº 14.230, de 2021)

III – na hipótese do art. 11 desta Lei, pagamento de multa civil de até 24 (vinte e quatro) vezes o valor da remuneração percebida pelo agente e proibição de contratar com o poder público ou de receber benefícios ou incentivos fiscais ou creditícios, direta ou indiretamente, ainda que por intermédio de pessoa jurídica da qual seja sócio majoritário, pelo prazo não superior a 4 (quatro) anos; (Redação dada pela Lei nº 14.230, de 2021)

IV – (revogado). (Redação dada pela Lei nº 14.230, de 2021)

Parágrafo único. (Revogado). (Redação dada pela Lei nº 14.230, de 2021)

§ 1º A sanção de perda da função pública, nas hipóteses dos incisos I e II do *caput* deste artigo, atinge apenas o vínculo de mesma qualidade e natureza que o agente público ou político detinha com o poder público na época do cometimento da infração, podendo o magistrado, na hipótese do inciso I do *caput* deste artigo, e em caráter excepcional, estendê-la aos demais vínculos, consideradas as circunstâncias do caso e a gravidade da infração. (Incluído pela Lei nº 14.230, de 2021)

§ 2º A multa pode ser aumentada até o dobro, se o juiz considerar que, em virtude da situação econômica do réu, o valor calculado na forma dos incisos I, II e III do *caput* deste artigo é ineficaz para reprovação e prevenção do ato de improbidade. (Incluído pela Lei nº 14.230, de 2021)

§ 3º Na responsabilização da pessoa jurídica, deverão ser considerados os efeitos econômicos e sociais das sanções, de modo a viabilizar a manutenção de suas atividades. (Incluído pela Lei nº 14.230, de 2021)

§ 4º Em caráter excepcional e por motivos relevantes devidamente justificados, a sanção de proibição de contratação com o poder público pode extrapolar o ente público lesado pelo ato de improbidade, observados os impactos econômicos e sociais das sanções, de forma a preservar a função social da pessoa jurídica, conforme disposto no § 3º deste artigo. (Incluído pela Lei nº 14.230, de 2021)

§ 5º No caso de atos de menor ofensa aos bens jurídicos tutelados por esta Lei, a sanção limitar-se-á à aplicação de multa, sem prejuízo do ressarcimento do dano e da perda dos valores obtidos, quando for o caso, nos termos do *caput* deste artigo. (Incluído pela Lei nº 14.230, de 2021)

§ 6º Se ocorrer lesão ao patrimônio público, a reparação do dano a que se refere esta Lei deverá deduzir o ressarcimento ocorrido nas instâncias criminal, civil e administrativa que tiver por objeto os mesmos fatos. (Incluído pela Lei nº 14.230, de 2021)

§ 7º As sanções aplicadas a pessoas jurídicas com base nesta Lei e na Lei nº 12.846, de 1º de agosto de 2013, deverão observar o princípio constitucional do *non bis in idem*. (Incluído pela Lei nº 14.230, de 2021)

§ 8º A sanção de proibição de contratação com o poder público deverá constar do Cadastro Nacional de Empresas Inidôneas e Suspensas (CEIS) de que trata a Lei nº 12.846, de 1º de agosto de 2013, observadas as limitações territoriais contidas em decisão judicial, conforme disposto no § 4º deste artigo. (Incluído pela Lei nº 14.230, de 2021)

§ 9º As sanções previstas neste artigo somente poderão ser executadas após o trânsito em julgado da sentença condenatória. (Incluído pela Lei nº 14.230, de 2021)

§ 10. Para efeitos de contagem do prazo da sanção de suspensão dos direitos políticos, computar-se-á retroativamente o intervalo de tempo entre a decisão colegiada e o trânsito em julgado da sentença condenatória. (Incluído pela Lei nº 14.230, de 2021)

49. SANÇÕES GERAIS CONTRA A IMPROBIDADE ADMINISTRATIVA. Sanção é consequência pelo descumprimento da norma jurídica, consistente na previsão normativa de reação à prática da ação ou omissão por ela proibida e que viola o bem jurídico por ela tutelado. Ela operacionaliza a responsabilidade jurídica. Em respeito ao princípio de legalidade, na expressão da reserva absoluta de lei, a imposição de sanção exige precedência e depende dessa sede específica porque constitui fator de extinção, diminuição, limitação, ou restrição de direitos e liberdades fundamentais.

No ordenamento jurídico, atento às matrizes constitucionais antes referidas, encontram-se várias normativas de responsabilização por improbidade: civil, administrativa, eleitoral, política, penal.

A responsabilidade civil e pessoal por ação ou omissão no exercício de função pública é subjetiva e é disciplinada pelas Leis n. 4.717/65 e n. 8.429/92.

A responsabilidade administrativa, elementar à hierarquia, à autotutela e à controlabilidade que iluminam a Administração Pública, tem sua raiz no art. 41, II, da Constituição, que estrutura a responsabilidade disciplinar pela prática de infração funcional inclusive por improbidade administrativa (*v.g.*, art. 132, IV, da Lei n. 8.112), sujeita à demissão.

A Lei Complementar n. 64/90 regula casos de inelegibilidade inclusive para proteção da probidade administrativa. Inelegibilidade não é sanção, senão consequência decorrente, entre outros, da imposição de uma sanção como, por exemplo, com base na Lei da Improbidade Administrativa. E a Lei n. 9.504/97 delineia condutas vedadas nas eleições (em especial no art. 73) destinadas também a assegurar a probidade administrativa, prevendo sanções como cassação de registro ou de diploma e multa.

O art. 85, V, da Constituição Federal, estatui a responsabilidade político-administrativa do Presidente da República (assim como a outras autoridades) por crime de responsabilidade e, dentre suas figuras, o atentado contra a probidade na Administração. A Lei n. 1.079/50 no inciso V do art. 4º repete a norma constitucional e no art. 9º define os crimes de responsabilidade contra a probidade na administração, sujeitando seu autor às sanções de perda do cargo e inabilitação para o exercício de qualquer função pública por prazo determinado. A Constituição ainda prevê a cassação de mandato de parlamentares por procedimento incompatível com o decoro (art. 55, II, §§ 1º e 2º).

O Código Penal arrola os denominados crimes contra a Administração Pública praticados por agentes públicos como o peculato, a corrupção passiva, a concussão, o emprego irregular de verbas públicas etc. Leis penais extravagantes também tipificam crimes funcionais, típicos de agentes públicos, como a Lei de Abuso de Autoridade. Além da sanção privativa de liberdade, o Código Penal prevê como efeito da condenação (que torna certa a obrigação de reparar o dano e a perda de bens produto do crime) a perda de cargo, função pública ou mandato eletivo quando aplicada pena privativa de liberdade por tempo (a) igual ou superior a um ano, nos crimes praticados com abuso de poder ou violação de dever para com a Administração Pública, ou (b) superior a 04 (quatro) anos nos demais casos, estabelecendo que esse não é automático, devendo ser motivadamente declarado na sentença (art. 92).

50. COMUNICAÇÃO OU NÃO DE INSTÂNCIAS DIFERENTES DE RESPONSABILIDADE. Tradição no direito brasileiro é a regra da incomunicabilidade das diferentes instâncias de responsabilidade, sendo a comunicação exceção. A diversidade de regimes de responsabilidade é funcionalmente resolvida pela independência de instâncias que alija de seu contexto receio ao *bis in idem*. Seu fundamento radica-se na diferenciação de bens jurídicos tutelados – a disciplina interna da Administração, o direito subjetivo público ao governo honesto etc. – e na natureza da resposta institucional do ordenamento jurídico. A independência de instâncias de responsabilidade é regra (art. 935, Código Civil; arts. 66 e 67, Código de Processo Penal; art. 125, Lei n. 8.112/90) e, como dito, as exceções à incomunicabilidade de instâncias correm por conta das expressas previsões normativas (art. 65, Código de Processo Penal, v.g.). Desde sua redação original, a Lei n. 8.429/92 não se desviou dessa tradição no *caput* de seu art. 12 assim como no art. 21 que, especialmente, declara a irrelevância da aprovação ou rejeição das contas pelo órgão de controle interno ou pelo Tribunal ou Conselho de Contas (inciso II), até porque não têm o efeito de excluir ou impedir a jurisdição. Porém, a redação adicionada pela Lei n. 14.230/21 ao art. 21 da Lei da Improbidade Administrativa tem considerável impacto e dela se aparta. Decisão liminar em ação direta de inconstitucionalidade suspendeu a eficácia desse dispositivo, entendendo que "a comunicabilidade ampla pretendida pela norma questionada acaba por corroer a própria lógica constitucional da autonomia das instâncias"[1].

1. STF, ADI 7.236 MC/DF, Rel. Min. Alexandre de Moraes, 27/12/2022, DJe 10/01/2023.

51. SANÇÕES ESPECÍFICAS DA LEI N. 8.429/92. A Lei da Improbidade Administrativa enumera no art. 12 as sanções civis típicas contra atos de improbidade administrativa: (a) a perda de bens, (b) a perda da função pública, (c) a suspensão temporária dos direitos políticos, (d) o pagamento de multa civil, e (e) a proibição de contratação com o Poder Público ou de recebimento de benefícios ou incentivos fiscais ou creditícios. O ressarcimento do dano arrolado no § 4º do art. 37 da Constituição não é tecnicamente sanção concebida em sentido estrito como punição, senão obrigação (efeito ou consequência) da prática de ilícito, como medida de reparação decorrente da responsabilidade. Também não o é a indisponibilidade de bens, outrossim nele referida, providência acautelatória do resultado útil do processo.

A Lei n. 8.429/92 aumentou o rol delineado na Constituição das reações ao ato de improbidade administrativa. Com efeito, só constam do § 4º do art. 37 da Constituição a perda da função pública, a suspensão dos direitos políticos e o ressarcimento do dano. A Lei n. 8.429/92 acrescentou o pagamento de multa civil, a proibição de contratação com o Poder Público ou do recebimento de benefícios ou incentivos fiscais ou creditícios, e a perda de bens ou valores ilicitamente acrescidos. Na conformidade do que já exposto outrora[2], o acréscimo tem suficiente respaldo constitucional com base no princípio conformador peculiar à atividade normativa infraconstitucional, uma vez que compete à legislação subconstitucional o estabelecimento de sanções ou penalidades contra o ato ilícito. A literatura refuta inconstitucionalidade ao observar que as sanções previstas na Constituição são principais, mas, o art. 37, § 4º, remete à legislação infraconstitucional a repressão da improbidade administrativa em traços não taxativos[3], e que inexiste restrição à liberdade de conformação da legislação ordinária para formulação de casos específicos de improbidade administrativa, fixação de limites mínimos e máximos para as sanções e a criação de novas reprimendas[4].

---

2. MARTINS JÚNIOR, Wallace Paiva. *Probidade administrativa*. 4. ed. São Paulo: Saraiva, 2009, pp. 370-371, n. 58.

3. FREITAS, Juarez. Do princípio da probidade administrativa e sua máxima efetivação. *Revista de direito administrativo*, nº 204, abr./jun., 1996, p. 73.

4. MELLO, Cláudio Ari. Improbidade administrativa – Considerações sobre a Lei nº 8.429/92. *Cadernos de direito constitucional e ciência política*, v. 11, abr./jun., 1995, p. 57.

Além disso, a Constituição no art. 5º contempla as sanções constitucionalmente admissíveis (incisos XLV e XLVI) e inadmissíveis (inciso XLVII) contra o ato ilícito, sendo que aquelas se aplicam a ilícitos de qualquer natureza. No exercício da outorga constitucional deferida à legislação, esta, na repressão da improbidade administrativa, tinha a prerrogativa de estabelecer as sanções admissíveis constitucionalmente contra o ato ilícito e não poderia se furtar à imposição das sanções previstas no art. 37, § 4º, da Constituição, que constituem o mínimo repressivo indicado, não bastasse, essa norma remeter à conformação normativa infraconstitucional a disciplina da forma e da gradação das sanções.

As sanções (*lato sensu*) do art. 12 da Lei n. 8.429/92 podem ser classificadas de acordo com sua natureza em reparatórias e punitivas. As reparatórias consistem (a) no ressarcimento do dano e (b) na perda de bens. As punitivas subdividem-se em (a) restritivas de direitos (suspensão temporária de direitos políticos; proibição temporária de contratação com a Administração Pública ou de recebimento de benefícios ou incentivos fiscais ou creditícios), (b) pecuniárias (pagamento de multa civil), e (c) extintivas de situações jurídicas (perda da função pública). Silvio Antonio Marques tem outro critério, distinguindo entre obrigações civis (ressarcimento do dano e perda de bens ou valores) e sanções de privação ou interdição temporária de direitos (perda da função pública, suspensão de direitos políticos, pagamento de multa civil, proibição de contratação com o Poder Público ou de recebimento de benefícios ou incentivos fiscais ou creditícios)[5].

As sanções são aplicadas judicialmente em decisão em ação civil (arts. 12 e 17-C, Lei n. 8.429/92) ou estabelecidas consensualmente em acordo de não persecução civil (art. 17-B, Lei n. 8.429/92), estando sujeitas à prescrição (art. 23, Lei n. 8.429/92), dela ressalvado o ressarcimento do dano na conformidade do § 5º do art. 37 da Constituição e do entendimento assentado em repercussão geral enunciando que "são imprescritíveis as ações de ressarcimento ao erário fundadas na prática de ato doloso tipificado na Lei de Improbidade Administrativa" (Tema 897).

5. MARQUES, Silvio Antonio. *Improbidade administrativa: ação civil e cooperação jurídica internacional*. São Paulo: Saraiva, 2010, p. 131.

52. DIMENSÃO SUBJETIVA. Essas penalidades do art. 12 são direcionadas aos agentes públicos e a particulares, estes desde que induzam ou concorram dolosamente à prática do ato de improbidade, nos termos dos arts. 2º e 3º da Lei n. 8.429/92, podendo, no caso de pessoas jurídicas de direito privado, alcançar seus sócios, cotistas, diretores e colaboradores se, comprovadamente, houver participação e benefícios diretos (art. 3º, § 1º). Às pessoas físicas ou jurídicas serão aplicáveis as sanções legais que não sejam privativas de agentes públicos (perda da função pública, *v.g.*) e, se pessoas jurídicas, as que não sejam peculiares a pessoas naturais (suspensão dos direitos políticos, *v.g.*), sem prejuízo do ressarcimento do dano. Também se aplicam à pessoa física ou jurídica que celebra com a Administração Pública convênio, contrato de repasse, contrato de gestão, termo de parceria, termo de cooperação ou ajuste administrativo equivalente no que se refere aos recursos de origem pública (art. 2º, parágrafo único).

A responsabilidade das pessoas jurídicas é excluída na Lei da Improbidade Administrativa se o ato for também sancionado como ato lesivo à Administração Pública de acordo com a Lei n. 12.846/13 (art. 3º, § 2º, Lei n. 8.429/92). A questão exige reflexão. Não há exclusividade da Lei Anticorrupção Empresarial para punição de pessoa jurídica sob o falso pressuposto de inaplicabilidade da Lei da Improbidade Administrativa às pessoas jurídicas. Desde seu nascedouro a Lei n. 8.429/92 se aplica a pessoas jurídicas de direito privado como beneficiária ou partícipe, em conjunto ou não com sócios, administradores e empregados, sujeitando-se à imposição, para além do ressarcimento do dano ao erário, das sanções de perda de bens, multa civil e proibição de contratação com o Poder Público ou de recebimento de benefícios ou incentivos fiscais ou creditícios[6]. Em realidade, opera-se uma relação de exclusão entre as Leis n. 8.429/92 e n. 12.846/13: esta se sedimenta na responsabilidade objetiva e trata de atos lesivos ao patrimônio público perpetrados por particulares; aquela é estadeada

6. Nesse sentido, gizou a jurisprudência que "o sujeito particular submetido à lei que tutela a probidade administrativa, por sua vez, pode ser pessoa física ou jurídica. Com relação a esta última somente se afiguram incompatíveis as sanções de perda da função pública e suspensão dos direitos políticos" (STJ, REsp 1.038.762-RJ, 2ª Turma, Rel. Min. Herman Benjamin, 18-08-2009, v.u., DJe 31-08-2009).

na responsabilidade subjetiva e tem por pressuposto ação ou omissão dolosa de agente público que caracterize alguma das espécies de seus arts. 9º, 10 e 11.

Por força da Lei n. 14.230/21 foi explicitada no art. 2º da Lei n. 8.429/92 a sua incidência aos agentes políticos, o que era induvidoso e se harmoniza com o entendimento do Supremo Tribunal Federal ao decidir que "as condutas descritas na lei de improbidade administrativa, quando imputadas a autoridades detentoras de prerrogativa de foro, não se convertem em crimes de responsabilidade"[7] e que o regime de responsabilidade política não exclui o da Lei n. 8.429/92[8].

53. APLICAÇÃO E DOSIMETRIA DAS SANÇÕES. A operação de responsabilização dos agentes envolvidos em ato de improbidade demanda a subsunção do fato à norma e a escolha das sanções legalmente previstas. Há um sentido de correlação temática entre a natureza do ato e a sanção à vista dos arts. 9º, 10, 11 e 12 da Lei 8.429/92. A sistemática adotada na Lei da Improbidade Administrativa dedica blocos de sanções constantes dos incisos I, II e III do art. 12 que são correspondentes a cada uma das espécies de atos de improbidade administrativa arrolados nos arts. 9º, 10 e 11, respectivamente.

Ato de improbidade administrativa é externamente considerado grave, mas a legislação, atendendo à gradação referida no art. 37, § 4º, da Constituição, estabelece diferenciados níveis de gravidade interna, como se contém na escala dos incisos do art. 12 da Lei n. 8.429/92. Como já observado, "o enriquecimento ilícito no exercício de funções públicas é o ato mais grave, tanto que suas sanções são mais severas e agudas, enquanto os atos que importam prejuízo financeiro ao patrimônio público estão num grau intermediário ou médio e os que atentam contra os princípios da administração pública têm menor grau de gravidade"[9]. No mesmo sentido, anota Silvio Antonio Marques que "na definição qualitativa e quantitativa de cominações civis por ato ímprobo, que variam conforme a gravidade das condutas, as quais

7. RTJ 211/225.
8. STF, AgR-AC 3.585-RS, 2ª Turma, Rel. Min. Celso de Mello, 02-09-2014, v.u., DJe 28-10-2014.
9. MARTINS JÚNIOR, Wallace Paiva. *Probidade administrativa*. 4. ed. São Paulo: Saraiva, 2009, p. 327, n. 46.

foram divididas em três modalidades que preveem tipos classificados em ordem decrescente de importância, na visão do legislador. Os atos mais deletérios ao patrimônio e a outros interesses públicos provocam as cominações mais severas, enquanto os menos graves legitimam consequências jurídicas mais leves"[10].

Em comparação com a redação originária da Lei n. 8.429/92 foi promovida pela Lei n. 14.230/21 reformulação da cominação de sanções de acordo com as diferentes espécies de atos de improbidade administrativa. Se antes as sanções eram idênticas com algumas variações (de tempo ou de valor) e condicionantes, atualmente a lei tem sistemática diferente. Em linhas gerais, as alterações consistem no aumento do prazo das sanções restritivas de direito (suspensão de direitos políticos, proibição de contratação com o poder público ou de recebimento de benefícios ou incentivos fiscais ou creditícios), na redução do valor da multa civil, na exclusão de algumas sanções (perda da função pública, suspensão temporária de direitos políticos) para determinada espécie de improbidade (atentado aos princípios da administração pública), e na especificidade correlacional da sanção à espécie de ato de improbidade praticada.

As penalidades são, como estampa o *caput* do art. 12 da Lei n. 8.429/92, aplicadas isoladas ou cumulativamente, independentemente do ressarcimento integral do dano patrimonial efetivo e das sanções penais (comuns e de responsabilidade), civis e administrativas.

Ao enriquecimento ilícito no exercício de função pública (art. 9º) foram previstas as seguintes sanções: (a) perda de bens ou valores acrescidos ilicitamente, (b) perda da função pública, (c) suspensão dos direitos políticos até 14 (catorze) anos, (d) pagamento de multa civil equivalente ao valor do acréscimo patrimonial, e (e) proibição de contratar com o poder público ou de receber benefícios ou incentivos fiscais ou creditícios, direta ou indiretamente, ainda que por intermédio de pessoa jurídica da qual seja sócio majoritário, pelo prazo não superior a 14 (catorze) anos (art. 12, I). O ressarcimento do dano

10. MARQUES, Silvio Antonio. *Improbidade administrativa: ação civil e cooperação jurídica internacional*. São Paulo: Saraiva, 2010, p. 129.

poderá ter lugar em figuras típicas dos incisos II, III e VI do art. 9º da Lei da Improbidade Administrativa, por exemplo.

Ao prejuízo ao erário (art. 10) foram discriminadas as seguintes penalidades para além do ressarcimento do dano patrimonial: (a) perda dos bens ou valores acrescidos ilicitamente (se concorrer esta circunstância), (b) perda da função pública, (c) suspensão dos direitos políticos até 12 (doze) anos, (d) pagamento de multa civil equivalente ao valor do dano, e (e) proibição de contratar com o poder público ou de receber benefícios ou incentivos fiscais ou creditícios, direta ou indiretamente, ainda que por intermédio de pessoa jurídica da qual seja sócio majoritário, pelo prazo não superior a 12 (doze) anos (art. 12, II).

Ao atentado aos princípios da Administração Pública foram cominadas as seguintes reprimendas: (a) pagamento de multa civil de até 24 (vinte e quatro) vezes o valor da remuneração percebida pelo agente e (b) proibição de contratar com o poder público ou de receber benefícios ou incentivos fiscais ou creditícios, direta ou indiretamente, ainda que por intermédio de pessoa jurídica da qual seja sócio majoritário, pelo prazo não superior a 4 (quatro) anos (art. 12, III). Dessa modalidade foram excluídas as sanções de perda da função pública e suspensão dos direitos políticos, o que configura proteção insuficiente e, portanto, ofensa ao princípio da proporcionalidade, frisando-se, ainda, que a Constituição (art. 37, § 4º) não permite essa flexibilização, pois, comina e determina a qualquer improbidade, indistinta e explicitamente, essas duas penalidades. Se houver dano patrimonial, caberá o respectivo ressarcimento.

O catálogo do art. 12 da Lei n. 8.429/92 contém sanções variáveis ou não. Independentemente do ressarcimento do dano que é obrigação legal, as sanções fixas são a perda de bens ou valores ilicitamente acrescidos e a perda da função pública. As sanções de suspensão temporária dos direitos políticos, pagamento de multa civil, e proibição de contratação com o Poder Público ou de recebimento de benefícios ou incentivos fiscais ou creditícios, são variáveis, como revelam os incisos I a III do art. 12, em função do período de restrição de direitos ou do valor da pena pecuniária de acordo com a natureza do ato de improbidade, de maneira que essa a variação sopesa a "potencialidade lesiva" de cada espécie de ato de improbidade[11]. As inovações da Lei n. 14.230/21 no art. 12 da Lei n. 8.429/92 eliminaram os patamares mínimos da multa civil e das restrições temporárias de direitos.

A multa civil tem seu valor estipulado dependendo da natureza da infração: (a) no enriquecimento ilícito, ela é equivalente ao valor do acréscimo patrimonial, (b) no prejuízo ao erário, equivalente ao valor do dano, e (c) no atentado aos princípios da administração pública, até 24 vezes o valor da remuneração percebida pelo agente. Ela ainda pode ser aumentada até o dobro (art. 12, § 2º).

A suspensão de direitos políticos não é cabível no atentado aos princípios da administração pública – opção inadequada da reforma legislativa – e é de (a) até 14 anos na hipótese de enriquecimento ilícito, e de (b) até 12 anos no prejuízo ao erário. Anote-se que as sanções contempladas no artigo 12 podem ser aplicadas ao agente público e ao particular, sem distinção, inclusive a suspensão de direitos políticos (REsp. 1.735.603/AL, Rel. Min. Gurgel Faria, Primeira Turma, j. 03/09/2024).

E a proibição de contratação com o poder público ou de recebimento de benefícios ou incentivos fiscais ou creditícios pode se estender até (a) 14 anos na situação do art. 9º, (b) 12 anos na do art. 10, e (c) 04 anos na do art. 11.

Não há possibilidade de combinação ou mescla de penalidades em descompasso à classificação de espécies de improbidade, adoção de outras não previstas em lei, fixação dos limites das sanções além das balizas previstas em lei, como já decidido[12].

Apesar de a Constituição no art. 37, § 4º, ser impositiva ao determinar que aos atos de improbidade administrativa – sem distinção entre suas espécies – se aplicarem as sanções respectivas, a Lei n. 12.120/09 alterou o *caput* do art. 12 da Lei n. 8.429/92 para explicitar que as sanções são aplicadas cumulativamente ou não, balizada a

11. SOBRANE, Sérgio Turra. *Improbidade administrativa: aspectos materiais, dimensão difusa e coisa julgada*. São Paulo: Atlas, 2010, p. 156.
12. STJ, REsp 365.087-PR, 1ª Turma, Rel. Min. Hamilton Carvalhido, 17-11-2009, v.u., DJe 03-12-2009; STJ, REsp 1.376.481-RN, 2ª Turma, Rel. Min. Mauro Campbell Marques, 15-10-2015, v.u., DJe 22-10-2015.

opção, motivada pelo juiz[13], pelos parâmetros legais. Se o juiz opta pela aplicação cumulativa ou não das sanções deverá fazê-lo, em qualquer caso, atendendo ao princípio da proporcionalidade (ou seja, da justa medida) que demanda o exame de adequação, necessidade e proporcionalidade em sentido estrito e interdita tanto o excesso quanto a insuficiência (ou falta), fundamentando as razões pelas quais escolhe todas, algumas ou uma delas. Como já decidido, "a aplicação das penalidades previstas na norma exige que o magistrado considere, no caso concreto, 'a extensão do dano causado, assim como o proveito patrimonial obtido pelo agente' (conforme previsão expressa contida no parágrafo único do art. 12 da Lei 8.429/1992). Assim, é necessária a análise da razoabilidade e proporcionalidade em relação à gravidade do ato de improbidade e à cominação das penalidades, as quais podem ocorrer de maneira cumulativa, embora não necessariamente"[14].

Os parâmetros da dosimetria consistiam na redação primitiva da Lei da Improbidade Administrativa na extensão do dano causado e no proveito patrimonial obtido pelo agente (art. 12 e parágrafo único, da Lei 8.429/92), o que era insuficiente. Com a edição da Lei n. 12.120/09 foi acrescentada a gravidade do fato no *caput* do art. 12. A jurisprudência também estabeleceu outros parâmetros assinalando que "o espectro sancionatório da lei induz interpretação que deve conduzir à dosimetria relacionada à exemplariedade e à correlação da sanção, critérios que compõem a razoabilidade da punição" sendo "necessária a observância da lesividade e reprovabilidade da conduta do agente, do elemento volitivo da conduta e da consecução do interesse público, para efetivar a dosimetria da sanção por ato de improbidade, adequando-a a finalidade da norma"[15]. A Lei n. 14.230/21 redimensionou completamente este panorama ao adicionar novos parâmetros legais para a dosimetria na Lei n. 8.429/92. No § 4º do art. 1º enunciou a incidência dos princípios constitucionais do direito administrativo sancionador, manteve a gravidade do fato no *caput* do art. 12 e, apesar de ter revogado seu parágrafo único, e dedicado

13. STJ, REsp 658.389-MG, 2ª Turma, Rel. Min. Eliana Calmon, 26-06-2007, v.u., DJ 03-08-2007, p. 327.
14. STJ, REsp 1.376.481-RN, 2ª Turma, Rel. Min. Mauro Campbell Marques, 15-10-2015, v.u., DJe 22-10-2015.
15. STJ, REsp 1.130.198-PR, 1ª Turma, Rel. Min. Luiz Fux, 02-12-2010, v.u., Dje 15-12-2010.

normas especiais nos §§ 1º a 5º e 8º a determinadas sanções, elencou no inciso IV do art. 17-C mais parâmetros para sua aplicação, renovada a cumulatividade ou não das sanções. Enfim, são os seguintes parâmetros: (a) os princípios de proporcionalidade e razoabilidade, (b) a natureza, a gravidade e o impacto da infração cometida, (c) a extensão do dano causado, (d) o proveito patrimonial obtido pelo agente, (e) as circunstâncias agravantes ou atenuantes, (f) a atuação do agente em minorar os prejuízos e as consequências advindas de sua conduta omissiva ou comissiva, (g) os antecedentes do agente. Esse rol é aproximado ao que consta do § 2º do art. 22 da Lei de Introdução às Normas do Direito Brasileiro.

Os incisos I, II, III e VII do citado art. 17-C não constituem parâmetros, senão requisitos de motivação da decisão judicial. Aliás, os incisos II e III reproduzem *grosso modo* os arts. 20, *caput*, e 22, *caput*, da Lei de Introdução às Normas do Direito Brasileiro, valendo obtemperar que em face de ato ilícito como é a improbidade administrativa não tem sentido considerar os obstáculos e as dificuldades reais do gestor e as exigências das políticas públicas a seu cargo, e as circunstâncias práticas que houverem imposto, limitado ou condicionado a ação do agente.

Por sua vez, o disposto no inciso V do referido art. 17-C da Lei n. 8.429/92 é parâmetro condicional, consistente na consideração da dosimetria das sanções relativas ao mesmo fato já aplicadas ao agente, guardando aproximação com o art. 22, § 3º, da Lei de Introdução às Normas do Direito Brasileiro.

Para atos de menor potencial ofensivo, há regra especial na Lei n. 8.429/92 (art. 12, § 5º), limitando-se a censura judicial à aplicação de multa, sem prejuízo do ressarcimento do dano e da perda dos valores obtidos, quando for o caso.

54. RESSARCIMENTO DO DANO. O tratamento do ressarcimento do dano experimentou sensível modificação na Lei n. 8.429/92 em virtude das inovações ditadas pela Lei n. 14.230/21. Para além da inadequada revogação do art. 5º da Lei da Improbidade Administrativa e da própria conceituação de atos de improbidade que causam prejuízo ao erário no art. 10 (exigente de efetivos e comprovados perda patrimonial desvio, apropriação, malbaratamento ou dilapidação), o ressarcimento integral do dano foi disciplinado em vários preceitos como o § 7º do art. 1º, os §§ 1º e 2º do art. 10, o *caput* do art. 12 e em seus §§ 5º e 6º, o art. 17-B, o *caput* do art. 18 e em seus §§, e o inciso I do art. 21.

O ressarcimento do dano, desde que ocorrida repercussão patrimonial negativa no erário, não é sanção senão consequência da lesão econômico-financeira que se consubstancia na recomposição do patrimônio lesado como obrigação resultante da prática de ato ilícito. Conforme o Superior Tribunal de Justiça decidiu, "caracterizado o prejuízo ao erário, o ressarcimento não pode ser considerado propriamente uma sanção, mas apenas consequência imediata e necessária de reparação do ato ímprobo, razão pela qual não pode figurar isoladamente como penalidade"[16]. Essa diretriz foi reafirmada na cabeça do art. 12 da Lei n. 8.429/92 na redação dada pela Lei n. 14.230/21 desde que o dano patrimonial seja efetivo, o que torna compulsória sua imposição.

Configurada a improbidade administrativa e pronunciada pelo juiz, (a) é inadmissível a isolada imposição desse dever convindo a adição das sanções cumulativamente ou não[17] e (b) se o agente resgata o dano nem por isso se elimina a imposição das sanções[18].

Por isso, é impossível punir a improbidade exclusivamente pelo ressarcimento do dano. Se houve condenação somente a isso, então não se caracterizou improbidade ou está prescrita a perspectiva de sanções.

O ressarcimento do dano deverá ser integral, abrangendo tudo aquilo que representa a expressão do dano, à vista da *restitutio in integrum*, o que compele correção monetária, juros etc. Consoante assentado em repercussão geral, "são imprescritíveis as ações de ressarcimento ao erário fundadas na prática de ato doloso tipificado na Lei de Improbidade Administrativa" (Tema 897). Suportam o ressarcimento do dano os bens do patrimônio do devedor – presentes, pretéritos ou pósteros (art. 942, Código Civil; art. 789, Código de Processo Civil). É importante destacar que para efeito da Lei da Improbidade Administrativa,

16. STJ, REsp 1.376.481-RN, 2ª Turma, Rel. Min. Mauro Campbell Marques, 15-10-2015, v.u., DJe 22-10-2015.
17. STJ, REsp 1.019.555-SP, 2ª Turma, Rel. Min. Castro Meira, 16-06-2009, v.u., DJe 29-06-2009.
18. STJ, REsp 1.009.204-MG, 2ª Turma, Rel. Min. Herman Benjamin, 01-12-2009, v.u., DJe 17-12-2009.

esse dano a ser integralmente ressarcido é de natureza patrimonial, conforme a redação dada à cabeça do art. 12 pela Lei n. 14.230/21.

De acordo com a reconfiguração do art. 10 da Lei n. 8.429/92 determinada pela Lei n. 14.230/21, a caracterização de atos de improbidade administrativa que causam prejuízo ao erário demanda resultado patrimonial negativo efetivo e comprovado. Entretanto, o § 1º desse art. 10 o dispensa ao enunciar que "nos casos em que a inobservância de formalidades legais ou regulamentares não implicar perda patrimonial efetiva, não ocorrerá imposição de ressarcimento, vedado o enriquecimento sem causa das entidades da Administração Pública". Trata-se de uma exceção à regra. Somente nesses casos – contidos nas figuras dos incisos II, III, VII, XI (primeira parte), XV, XVI, XVII, XVIII e XX e nos que também se articule inobservância de formalidades legais ou regulamentares não arrolados, posto que o art. 10 da Lei n. 8.429/92 tem redação exemplificativa – se exonera o ressarcimento do dano, o que não significa descaracterização de improbidade administrativa dessa espécie. O escopo é evitar o locupletamento sem causa da Administração Pública porque havendo apenas vício formal não seria justo o particular pagar indenização para ressarcimento integral do dano.

Porém, a isenção de ressarcimento do dano pode ser afastada. O dispositivo é, no mínimo, controverso porque poderá haver real, concreto e efetivo prejuízo patrimonial, devidamente demonstrado e, para além, atos da Administração como transmissão, doação e outorga de uso de bens, dinheiros e recursos públicos a particular que não observam requisitos formais substanciais (que geram sua nulidade insanável e não constituam mera irregularidade) implicam enriquecimento deste e perda do poder público, o que impõe para restauração do direito lesado o ressarcimento do dano. Além disso, a presença da boa-fé é insuperável, pois, aquele que obrou com má-fé não pode vindicar em seu benefício esse preceito.

Portanto, sob este ângulo, o preceito cria incômoda impunidade, e contraria o princípio da moralidade administrativa e a regra punitiva da improbidade que inclui o ressarcimento do dano como uma de suas reações com o predicado de mandamento (art. 37, *caput*, e § 4º, da Constituição).

O § 2º desse art. 10 não cuida do ressarcimento do dano, senão da própria descaracterização de improbidade no caso de mera perda patrimonial decorrente de atividade econômica do Estado, salvo se comprovado ato doloso com essa finalidade.

Na Lei n. 8.429/92, o ressarcimento integral do dano é de imposição obrigatória na hipótese de prejuízo ao erário (art. 10), e condicionado à sua prova nas de enriquecimento ilícito e atentado aos princípios da administração (arts. 9º e 11), pois, nesses casos depende de efetiva ocorrência (art. 21, I). Seu produto é destinado à pessoa jurídica prejudicada (art. 18), observada a dedução prevista no § 6º do art. 12 e o desconto dos serviços efetivamente prestados (art. 18, § 3º), admitindo-se o parcelamento de seu adimplemento (art. 18, § 4º).

Sob o ângulo subjetivo, ela alcança o agente público e terceiros participantes do ato de improbidade em regime de solidariedade, sendo transmissível aos sucessores no limite das forças da herança (art. 8º).

55. PERDA DA FUNÇÃO PÚBLICA. A perda da função pública deve ser entendida em sentido amplo alcançando todas as espécies de vínculo, funcional ou não, do agente público com a Administração Pública, como expressa o art. 2º da Lei da Improbidade Administrativa que fornece conceito *lato sensu* de função pública, abrangente de relação jurídica estabelecida com o Estado mediante mandato, cargo, função (em sentido estrito), ou emprego público – independentemente de sua natureza vitalícia, política, efetiva, estável, precária, comissionada, remunerada, gratuita etc. –, decorrentes de qualquer procedimento de investidura como eleição, nomeação, designação, contratação, credenciamento, requisição etc. Somente o particular desvinculado da Administração Pública, beneficiário ou partícipe do ato, dela escapa, como explicita a própria lei no art. 3º ao usar a fórmula normativa "no que couber".

Após o Superior Tribunal de Justiça ter definido que a penalidade de perda da função pública alcança qualquer cargo ou função desempenhado no momento do trânsito em julgado da condenação[19], § 1º

19. "ADMINISTRATIVO. IMPROBIDADE ADMINISTRATIVA. SANÇÃO DE PERDA DA FUNÇÃO PÚBLICA. EXTENSÃO. CARGO OU FUNÇÃO OCUPADO NO MOMENTO DO TRÂNSITO EM JULGADO DA DECISÃO CONDENATÓRIA.

foi adicionado ao art. 12 da Lei n. 8.429/92 pela Lei n. 14.230/21 estabelecendo exatamente o contrário, isto é, como regra a perda da função pública atinge apenas o vínculo de mesma qualidade e natureza que o agente público ou político detinha com o poder público na época do cometimento da infração, sendo excepcional a possibilidade do magistrado, nos casos de enriquecimento ilícito no exercício de função pública, estendê-la aos demais vínculos, a partir de motivação considerando as circunstâncias do caso e a gravidade da infração. É mais um retrocesso inadequado que a Lei n. 14.230/21 instituiu, ofendendo a razoabilidade, a proporcionalidade e, sem dúvida, a efetiva concretização do princípio de moralidade. É a banalização da ética, contrária aos fins da tutela da probidade e da repressão à improbidade administrativa, porque, *tout court*, não há como objetivamente se

---

1. Cuida-se de embargos de divergência interposto com o fim de compor a interpretação dissidente entre as Turmas da Primeira Seção a respeito da extensão da penalidade de perda de função pública. À luz da interpretação dada pela Primeira Turma, a sanção de perda da função pública compreende apenas aquela de que se utilizou o agente público para a prática do ato ímprobo. Por outro lado, entende a Segunda Turma que a penalidade de perda da função pública alcança qualquer cargo ou função desempenhado no momento do trânsito em julgado da condenação.

2. A probidade é valor que deve nortear a vida funcional dos ocupantes de cargo ou função na Administração Pública. A gravidade do desvio que dá ensejo à condenação por improbidade administrativa é tamanha que diagnostica verdadeira incompatibilidade do agente com o exercício de atividades públicas. "A sanção de perda da função pública visa a extirpar da Administração Pública aquele que exibiu inidoneidade (ou inabilitação) moral e desvio ético para o exercício da função pública, abrangendo qualquer atividade que o agente esteja exercendo ao tempo da condenação irrecorrível" (REsp n. 924.439/RJ, Rel. Min. Eliana Calmon, Segunda Turma. DJ de 19/8/2009).

3. O art. 12 da Lei n. 8.429/92 deve ser compreendido semanticamente, no que diz respeito à sanção de perda da função pública, como integrante de um sistema que repele a inserção no serviço público de pessoas cujo comportamento passado já sinalizou a pouca afeição aos valores entoados pelo art. 37 da CF/88. Em outras palavras, não se pode acoimar de ampliativa interpretação que prestigia os desígnios da Administração Pública, não obstante concorra com outra menos nociva ao agente, mas também menos reverente à tessitura normativa nacional.

4. Não parece adequado o paralelo entre a perda do cargo como efeito secundário da condenação penal e como efeito direto da condenação por improbidade administrativa. É que, reita-se, a sanção de perda da função cominada pela Lei de Improbidade tem o propósito de expurgar da Administração o indivíduo cujo comportamento revela falta de sintonia com o interesse coletivo.

5. Nem se diga que tal pena teria caráter perene, pois o presente voto propõe que a perda da função pública abranja qualquer cargo ou função exercida no momento do trânsito em julgado da condenação. Incide uma limitação temporal da sanção.

6. Embargos de divergência não providos." (STJ, EDv nos EREsp 1.701.967/RS, 1ª Seção, Rel. Min. Francisco Falcão, 09-09-2020, DJe 02-02-2021).

afirmar que uma pessoa condenada por improbidade administrativa seja moralmente apta e idônea para o exercício de qualquer função pública, assim como ser moralmente inapta e inidônea para o exercício de uma função pública e não seja para outra, de natureza diversa, como se a troca constituísse uma indulgência plenária.

À vista da alteração normativa e de opinião de Luiz Manoel Gomes Júnior e Rogerio Favreto assinalando que "o condenado pela prática de ato de improbidade perde o cargo no qual praticou o ato de improbidade (eleito, comissionado ou concursado) e aquele que esteja exercendo quando do trânsito em julgado, desde que nele possa cometer ato de improbidade similar ao que justificou a sua condenação. Importante haver um potencial objetivo de continuidade delitiva no plano da improbidade, isso pelo exercício das funções no cargo público que exerça na oportunidade do trânsito em julgado da ação"[20], não se pode obliterar que, como explica a literatura,[21] o escopo da perda da função pública é extirpar da Administração Pública aquele que exibiu inidoneidade (ou inabilitação) moral e desvio ético para o exercício de função pública, expandindo-se para qualquer função pública que exerça, mesmo se em nível ou esfera de governo diferente daquela executada quando praticado o ato ímprobo. É incômodo e desagradável *bill of indenity* alforriá-lo da perspectiva da perda da função pública somente porque veio exercer função distinta daquela contemporânea ao ato de improbidade praticado. O ordenamento jurídico vigente colima a perda da função pública ao agente público ímprobo justamente porque ele no exercício de cargo, emprego ou função pública, caracterizou-se como portador de inabilitação moral para o seu desempenho, corolário que não se adstringe ao cargo que ocupava quando praticado o ato ímprobo, como se a mudança ou alteração da investidura cessasse imediatamente a sua incapacidade; acompanha o agente público porque ela é uma condição personalíssima, somente sendo abdicada a incidência da sanção de que se cuida, se o agente público não tem

20. GAJARDONI, Fernando da Fonseca; CRUZ, Luana Pedrosa de Figueiredo; GOMES JR., Luiz Manoel; FRAVETO, Rogério. *Comentários à Lei de improbidade administrativa [livro eletrônico]: Lei 8.249/1992, com as alterações da Lei 14.230/2021*, 3. ed., São Paulo: Thomson Reuters Brasil, 2021.

21. MARTINS JÚNIOR, Wallace Paiva. *Probidade administrativa*. 4. ed. São Paulo: Saraiva, 2009, pp. 363-364, n. 56.

mais nenhum vínculo com a Administração Pública, de qualquer um dos níveis de governo ou de poderes. O assunto será estudado adiante ao se focalizar especificamente o § 1º do art. 12.

Se inativo, a improbidade praticada na atividade era causa que impunha a desvinculação compulsória, motivo pelo qual a sentença cassa-lhe a aposentação. E não vinga alegar impossibilidade da cassação da aposentadoria em razão do caráter contributivo do sistema previdenciário, pois, ela equivale à demissão e à perda da função pública por motivo ocorrido na atividade, e o caráter contributivo de benefício previdenciário não impede sua incidência, como decidiu o Supremo Tribunal Federal[22], afirmando a constitucionalidade dessa punição[23], e, ainda, a possibilidade da conversão da perda da função pública em cassação de aposentadoria na ação civil de improbidade administrativa[24].

Ainda que vitalícios, magistrados e membros do Ministério Público podem ser processados por improbidade administrativa, admitida a imposição da perda da função porque decorrente de decisão transitada em julgado em processo judicial, como decidiu o Superior Tribunal de Justiça[25], e no caso de militares, a competência para o processamento e julgamento de ação civil por ato de improbidade administrativa é da Justiça Comum, e não da Militar, não existindo óbice à perda da função pública[26].

Outro retrocesso promovido pela Lei n. 14.230/21 que não se concilia com o § 4º do art. 37 da Constituição foi a exclusão do cabimento da perda da função pública da punição aos atos de improbidade constantes do art. 11 da Lei n. 8.429/92, conforme a nova redação dada ao inciso III de seu art. 12. Como discorrido, além de configurar proteção insuficiente e, portanto, ofensa ao princípio da

22. STF, MS 23.219-9-RS, Tribunal Pleno, Rel. Min. Eros Grau, 30-06-2005, DJ 19-08-2005.
23. STF, RMS 34.499 AgR/DF, 1ª Turma, Rel. Min. Roberto Barroso, 11-09-2017, DJe 21-09-2017.
24. STF, ARE 1.321.655 AgR/SP, 1ª Turma, Rel. Min. Alexandre de Moraes, 23-08-2021, DJe 31-08-2021.
25. STJ, REsp 1.298.092-SP, 1ª Turma, Rel. Min. Regina Helena Costa, 09-08-2016, v.u., DJe 15-09-2016; STJ, REsp 1.191.613-MG, 1ª Turma, Rel. Min. Benedito Gonçalves, 19-03-2015, v.u., DJe 17-04-2015; STJ, REsp 1.249.531-RN, 2ª Turma, Rel. Min. Mauro Campbell Marques, 20-11-2012, v.u., DJe 05-12-2012; STJ, REsp 1.169.762-RN, 2ª Turma, Rel. Min. Mauro Campbell Marques, 10-08-2010, v.u., DJe 10-09-2010.
26. STJ, CC 100.862-MG, 1ª Seção, Rel. Min. Castro Meira, 10-06-2009, v.u., DJe 18-06-2009.

proporcionalidade, a Constituição (art. 37, § 4º) não permite essa isenção, pois, determina à improbidade administrativa – sem distinção – enumerada e explicitamente essa penalidade.

56. PERDA DE BENS. A perda de bens é sanção pela prática de ilícito com esteio na Constituição, sujeita ao devido processo legal (art. 5º, XLV, XLVI, *b* e LIV), e não se confunde com o confisco[27] e nem é efeito da condenação, como ocorre na responsabilidade penal. O ato de improbidade administrativa de enriquecimento ilícito do agente implica a perda dos respectivos bens ou valores dele oriundos pela falta de justa causa do acréscimo. Trata-se de sanção de natureza ressarcitória inspirada por um componente preponderantemente moral[28]. Como bens ou valores foram ilicitamente acrescidos porque desviados do patrimônio estatal ou porque foram apropriados de particulares, por conta de função pública exercida, essa adição não tem causa lícita ou justa. O perdimento se dá em prol da entidade da Administração Pública lesada.

Conforme a jurisprudência, "como bem posto por Emerson Garcia 'é relevante observar ser inadmissível que ao ímprobo sejam aplicadas unicamente as sanções de ressarcimento do dano e de perda de bens, pois estas, em verdade, não são reprimendas, visando unicamente à recomposição do status quo' (Improbidade Administrativa. Editora Lumen Juris: Rio de Janeiro, 2ª ed., 2004, p. 538)"[29]. Bem por isso, é impositiva e compulsória sua aplicação havendo enriquecimento ilícito.

A sanção de perda de bens se funda nos seguintes requisitos: (a) locupletamento de uma parte, (b) empobrecimento de outra, (c) falta de justa causa e (d) nexo de causalidade. A perda só tem lugar em razão da ilicitude ou da imoralidade do enriquecimento. O perdimento alcança o objeto do enriquecimento ilícito, bem como seus frutos e produtos; se os bens são fungíveis (como o dinheiro) incide,

27. FERREIRA FILHO, Manoel Gonçalves. *Comentários à Constituição brasileira*. 5 ed. São Paulo: Saraiva, 1984pp. 602-603; MELLO FILHO, José Celso de. *Constituição Federal anotada*. 2 ed. São Paulo: Saraiva, 1986, pp. 444-445; MIRANDA, Francisco Cavalcanti Pontes de. *Comentários à Constituição de 1967*. 3. ed. Rio de Janeiro: Forense, 1987. Tomo V, pp. 196-200.
28. MARTINS JÚNIOR, Wallace Paiva. *Probidade administrativa*. 4. ed. São Paulo: Saraiva, 2009, pp. 346-349, n. 53.
29. STJ, REsp 1.019.955-SP, 2ª Turma, Rel. Min. Castro Meira, 16-06-2009, v.u., DJe 29-06-2009.

se consumido, sobre o equivalente existente no patrimônio do infrator (art. 884 e parágrafo único, Código Civil).

A perda de bens incide sobre o proveito, direta ou indiretamente, positiva ou negativamente, acrescido ao patrimônio. Será obrigatória nos casos de enriquecimento ilícito (arts. 9º e 12, I), mesmo que a vantagem indevida tenha sido obtida por prestação negativa, circunstância que autoriza a desapropriação do importe equivalente constante do patrimônio do réu pela verificação do que efetivamente poupou com a obtenção da vantagem. Nos casos de prejuízo ao erário (art. 10), é condicionada a existência dessa circunstância (art. 12, II), admitindo-se a cumulação, como se dá nas hipóteses dos art. 9º, IV e XII, e art. 10, XII e XIII, pois, de um lado haverá a perda do proveito acrescido e, de outro, o ressarcimento do gasto injusto suportado pelos cofres públicos para que aquele proveito ocorresse. A mesma cumulação ocorre nas hipóteses previstas no art. 9º, II a IV, e no art. 10, II, IV e V. Aplica-se ao agente público, aos terceiros beneficiários, partícipes e aos seus sucessores nos termos da cabeça do art. 8º. Em muitos casos, será o beneficiário que deverá perder em favor do erário os bens ou valores ilicitamente acrescidos quando o agente público facilita para que ele enriqueça ilicitamente mediante, por exemplo, o uso de bens ou serviços públicos ou mesmo o partícipe que, por simulação, adquiriu em seu nome bens produto do enriquecimento ilícito de agente público. Por isso, ela pune o enriquecimento direto do agente público ou indireto, quando este usa terceiros.

57. SUSPENSÃO TEMPORÁRIA DOS DIREITOS POLÍTICOS. Entre as causas previstas na Constituição de suspensão dos direitos políticos encontra-se a improbidade administrativa (arts. 15, V e 37, § 4º). Pessoas físicas, agentes públicos ou não, estão sujeitas à suspensão temporária dos direitos políticos em razão de atos de improbidade administrativa, ressalvados os descritos no art. 11 da Lei n. 8.429/92, conforme a nova redação dada ao inciso III de seu art. 12 pela Lei n. 14.230/21, o que desalinha do § 4º do art. 37 da Constituição. Como discorrido, além de configurar violação à proporcionalidade pela proteção insuficiente do bem jurídico, a Constituição (art. 37, § 4º) não permite essa eliminação, pois, determina à improbidade administrativa – sem distinção – enumerada e explicitamente essa penalidade.

A penalidade tem como meta a subtração da capacidade cívica do cidadão, impedindo-o da disputa e da investidura em mandato eletivo porque tolhe a elegibilidade, a assunção de qualquer outra função pública, e o direito de promoção de ação popular. Trata-se de restrição de direitos, substanciando a inabilitação temporária para o exercício de função pública. A cessação da investidura não o escoima de seus efeitos futuros, e se o agente ainda exerce o posto, ou é detentor de outro em acumulação, ela reflexamente gera a perda da função pública, pois, o inabilita para o exercício de qualquer função pública. A cidadania é condição de acesso e permanência a cargos, funções ou empregos públicos e a penalidade fulmina seus direitos políticos que compreendem o *jus suffragi*, o *jus honorum*, o *jus ad officium* e o *jus in officio*, já que o ato praticado revela sua inabilitação ética para tanto[30].

A suspensão de direitos políticos não é cabível no atentado aos princípios da administração pública – opção inadequada da reforma legislativa – e é de (a) até 14 anos na hipótese de enriquecimento ilícito, e de (b) até 12 anos no prejuízo ao erário.

Antes da edição da Lei n. 14.230, de 25 de outubro de 2021, foi deferida medida cautelar em decisão monocrática proferida em ação direta de inconstitucionalidade, ad referendum do Plenário do Supremo Tribunal Federal, com efeito ex nunc, para "(a) conferir interpretação conforme à Constituição ao inciso II do artigo 12 da Lei 8.429/1992, estabelecendo que a sanção de suspensão de direitos políticos não se aplica a atos de improbidade culposos que causem dano ao erário; e (b) suspender a vigência da expressão "suspensão dos direitos políticos de três a cinco anos" do inciso III do art. 12 da Lei 8.429/1992". Essa decisão, todavia, não foi submetida ao referendo plenário e nem tem efeito retroativo. Além disso, a superveniente Lei n. 14.230/21 revogou a redação das normas que constituíam o seu objeto, tornando prejudicada a liminar e o prosseguimento da ação.

30. MARTINS JÚNIOR, Wallace Paiva. Sanções por ato de improbidade administrativa. *Enciclopédia jurídica da PUC-SP*. Celso Fernandes Campilongo, Alvaro de Azevedo Gonzaga e André Luiz Freire (coords.). Tomo: Direito Administrativo e Constitucional. Vidal Serrano Nunes Jr., Maurício Zockun, Carolina Zancaner Zockun, André Luiz Freire (coord. de tomo). 1. ed. São Paulo: Pontifícia Universidade Católica de São Paulo, 2017. Disponível em: https://enciclopediajuridica.pucsp.br/verbete/29/edicao-1/sancoes-por-ato-de-improbidade-administrativa

58. PAGAMENTO DE MULTA CIVIL. A multa civil é sanção pecuniária contra o dano moral[31] experimentado pela Administração Pública. Neste sentido, Juarez Freitas explica que a multa civil reúne forças mais do que razoáveis para assumir o lugar deste ressarcimento por dano moral[32], embora divirja a doutrina sobre sua natureza sancionatória[33] ou indenizatória[34].

Seu valor é variável conforme a espécie de improbidade administrativa praticada, e constitui receita extratributária da entidade interessada, fixada nos limites legais, segundo os critérios da dosimetria, sendo revertida para o patrimônio da entidade interessada. A multa civil tem seu valor estipulado dependendo da natureza da infração: (a) no enriquecimento ilícito, ela é equivalente ao valor do acréscimo patrimonial, (b) no prejuízo ao erário, equivalente ao valor do dano, e (c) no atentado aos princípios da administração pública, até 24 vezes o valor da remuneração percebida pelo agente.

59. PROIBIÇÃO TEMPORÁRIA DE CONTRATAÇÃO COM O PODER PÚBLICO OU DE RECEBIMENTO DE BENEFÍCIOS OU INCENTIVOS FISCAIS OU CREDITÍCIOS. Outra sanção restritiva de direitos é a proibição de contratação com o poder público e de recebimento de benefícios ou incentivos fiscais ou creditícios. Ela consiste em suspensão temporária do exercício de direitos por aqueles que praticaram ato de improbidade administrativa, impedindo que possam convencionar com a Administração Pública ou se beneficiar de fomento público. A penalidade pode se estender até (a) 14 anos na situação do art. 9º, (b) 12 anos na do art. 10, e (c) 04 anos na do art. 11.

Embora se aplique a agentes públicos e particulares à vista dos arts. 2º e 3º da Lei da Improbidade Administrativa, essa penalidade tem relevante eficácia contra o particular envolvido no ato de improbidade

---

31. MARTINS JÚNIOR, Wallace Paiva. *Probidade administrativa*. 4. ed. São Paulo: Saraiva, 2009, pp. 370-374, n. 58.
32. FREITAS, Juarez. *O controle dos atos administrativos e os princípios fundamentais*. O controle dos atos administrativos e os princípios fundamentais. São Paulo: Malheiros Editores, 1997, p. 118.
33. SOBRANE, Sérgio Turra. *Improbidade administrativa: aspectos materiais, dimensão difusa e coisa julgada*. São Paulo: Atlas, 2010, pp. 160-161.
34. MARQUES, Silvio Antonio. *Improbidade administrativa: ação civil e cooperação jurídica internacional*. São Paulo: Saraiva, 2010, p. 136.

administrativa que não se alforria do dever de boa-fé em suas relações com o poder público, sancionando aquele que nelas demonstrou inidoneidade. É uma sanção de prazo certo, fixado nos limites previstos variáveis, conforme a espécie de improbidade administrativa (art. 12, I a III). Ela encontra paralelo nas sanções administrativas de impedimento de licitar e contratar e declaração de inidoneidade para licitar ou contratar (art. 87, III e IV, Lei n. 8.666/93; art. 156, III e IV, Lei n. 14.133/21) e da sanção (judicial) civil de proibição de receber incentivos, subsídios, subvenções, doações ou empréstimos de órgãos ou entidades públicas e de instituições financeiras públicas ou controladas pelo poder público (art. 19, IV, Lei n. 12.846/13).

A sanção focalizada admite a forma indireta, exemplificando a lei que se aplica ainda que por intermédio de pessoa jurídica da qual seja sócio majoritário, de modo que é plenamente cabível nos casos de sucessão societária, consórcios, sociedade em conta de participação etc. Embora seja aplicável à pessoa jurídica também, nada impede sua incidência sobre seus sócios com o emprego da teoria da desconsideração da personalidade jurídica (arts. 3º, § 1º e 17, § 15, Lei n. 8.429/92). Assim como não se impede aplicação da desconsideração inversa, tal como prevista no Código de Processo Civil (art. 133, § 2º) e cujos contornos foram fixados pela jurisprudência[35]. Se na desconsideração se alcança a pessoa física porque a pessoa jurídica é o artifício para a prática de ilícitos e não tem bens para responder, na desconsideração inversa se atinge a pessoa jurídica porque a prática de ilícitos é imputável ao administrador que é insolvente.

---

35. "III – A desconsideração inversa da personalidade jurídica caracteriza-se pelo afastamento da autonomia patrimonial da sociedade, para, contrariamente do que ocorre na desconsideração da personalidade propriamente dita, atingir o ente coletivo e seu patrimônio social, de modo a responsabilizar a pessoa jurídica por obrigações do sócio controlador. IV – Considerando-se que a finalidade da *disregard doctrine* é combater a utilização indevida do ente societário por seus sócios, o que pode ocorrer também nos casos em que o sócio controlador esvazia o seu patrimônio pessoal e o integraliza na pessoa jurídica, conclui-se, de uma interpretação teleológica do art. 50 do CC/02, ser possível a desconsideração inversa da personalidade jurídica, de modo a atingir bens da sociedade em razão de dívidas contraídas pelo sócio controlador, conquanto preenchidos os requisitos previstos na norma. V – A desconsideração da personalidade jurídica configura-se como medida excepcional. Sua adoção somente é recomendada quando forem atendidos os pressupostos específicos relacionados com a fraude ou abuso de direito estabelecidos no art. 50 do CC/02. Somente se forem verificados os requisitos de sua incidência, poderá o juiz, no próprio processo de execução, 'levantar o véu' da personalidade jurídica para que o ato de expropriação atinja os bens da empresa" (STJ, REsp 948.117-MS, 3ª Turma, Rel. Min. Nancy Andrighi, 22-06-2010, v.u., DJe 03-08-2010, RT 901/169).

Observa a literatura que, no tocante ao fomento público, a penalidade impede somente a outorga de benefícios e incentivos fiscais ou creditícios condicionados e especiais, e não os gerais e incondicionados[36]. No tocante à contratação com o poder público, ela inibe a participação em qualquer modalidade de licitação e qualquer forma de contratação ou convenção em sentido amplo, precedida ou não de processo licitatório.

60. LIMITAÇÃO MATERIAL DA PERDA DA FUNÇÃO PÚBLICA. Após o Superior Tribunal de Justiça ter definido que a penalidade de perda da função pública alcança qualquer cargo ou função desempenhado no momento do trânsito em julgado da condenação[37], § 1º foi acrescentado

36. SOBRANE, Sérgio Turra. *Improbidade administrativa: aspectos materiais, dimensão difusa e coisa julgada*. São Paulo: Atlas, 2010, p. 164.

37 1. Cuida-se de embargos de divergência interposto com o fim de compor a interpretação dissidente entre as Turmas da Primeira Seção a respeito da extensão da penalidade de perda de função pública. À luz da interpretação dada pela Primeira Turma, a sanção de perda da função pública compreende apenas aquela de que se utilizou o agente público para a prática do ato ímprobo. Por outro lado, entende a Segunda Turma que a penalidade de perda da função pública alcança qualquer cargo ou função desempenhado no momento do trânsito em julgado da condenação.

2. A probidade é valor que deve nortear a vida funcional dos ocupantes de cargo ou função na Administração Pública. A gravidade do desvio que dá ensejo à condenação por improbidade administrativa é tamanha que diagnostica verdadeira incompatibilidade do agente com o exercício de atividades públicas. "A sanção de perda da função pública visa a extirpar da Administração Pública aquele que exibiu inidoneidade (ou inabilitação) moral e desvio ético para o exercício da função pública, abrangendo qualquer atividade que o agente esteja exercendo ao tempo da condenação irrecorrível" (REsp n. 924.439/RJ, Rel. Min. Eliana Calmon, Segunda Turma. DJ de 19/8/2009).

3. O art. 12 da Lei n. 8.429/92 deve ser compreendido semanticamente, no que diz respeito à sanção de perda da função pública, como integrante de um sistema que repele a inserção no serviço público de pessoas cujo comportamento passado já sinalizou a pouca afeição aos valores entoados pelo art. 37 da CF/88. Em outras palavras, não se pode acoimar de ampliativa interpretação que prestigia os desígnios da Administração Pública, não obstante concorra com outra menos nociva ao agente, mas também menos reverente à tessitura normativa nacional.

4. Não parece adequado o paralelo entre a perda do cargo como efeito secundário da condenação penal e como efeito direto da condenação por improbidade administrativa. É que, reita-se, a sanção de perda da função cominada pela Lei de Improbidade tem o propósito de expurgar da Administração o indivíduo cujo comportamento revela falta de sintonia com o interesse coletivo.

5. Nem se diga que tal pena teria caráter perene, pois o presente voto propõe que a perda da função pública abranja qualquer cargo ou função exercida no momento do trânsito em julgado da condenação. Incide uma limitação temporal da sanção.

6. Embargos de divergência não providos." (STJ, EDv nos EREsp 1.701.967/RS, 1ª Seção, Rel. Min. Francisco Falcão, 09-09-2020, DJe 02-02-2021).

ao art. 12 da Lei n. 8.429/92 pela Lei n. 14.230/21 estabelecendo que (a) como regra a perda da função pública atingir apenas o vínculo de mesma qualidade e natureza que o agente público ou político detinha com o poder público na época do cometimento da infração, e (b) como exceção, a possibilidade do magistrado, nos casos de enriquecimento ilícito no exercício de função pública, estendê-la aos demais vínculos, a partir de motivação considerando as circunstâncias do caso e a gravidade da infração. Convolou-se a regra em exceção e vice-versa.

Esse é um dos pontos em que a Lei n. 14.230/21 exibiu seu franco propósito de arrefecimento na tutela da probidade na vida pública brasileira, aviltando vetores essenciais como razoabilidade e proporcionalidade e imolando o princípio de moralidade. O preceito normativo enfocado padece pelo menoscabo à ética pública. Como frisado antes, não há como objetivamente se afirmar que uma pessoa condenada por improbidade administrativa seja moralmente apta e idônea para o exercício de qualquer função pública, assim como ser moralmente inapta e inidônea para o exercício de uma função pública e não seja para outra, de natureza diversa. É o ilógico câmbio de posições pressuposto de uma indulgência plenária.

Não se anima com a opinião de condicionar a exceção normativa pelo receio de reincidência específica ou continuidade delitiva[38]. Como se observou outrora[39], o escopo da perda da função pública é a erradicação dos quadros da Administração Pública daquele que tem inidoneidade (ou inabilitação) moral e desvio ético para o exercício de função pública. Esse é o dado fundamental para expansão da condenação a qualquer função pública que exerça, mesmo se em nível ou esfera de governo diferente daquela executada quando praticado o ato ímprobo. Raciocínio contrário, assume a qualidade de insuportável *bill of indenity* porque, como frisado, o ordenamento jurídico colima a perda da função pública ao agente público ímprobo em razão dele, no exercício de cargo, emprego ou função pública, caracterizar-se como

---

38. GAJARDONI, Fernando da Fonseca; CRUZ, Luana Pedrosa de Figueiredo; GOMES JR., Luiz Manoel; FRAVETO, Rogério. *Comentários à Lei de improbidade administrativa [livro eletrônico]: Lei 8.249/1992, com as alterações da Lei 14.230/2021*, 3. ed., São Paulo: Thomson Reuters Brasil, 2021.
39. MARTINS JÚNIOR, Wallace Paiva. *Probidade administrativa*. 4. ed. São Paulo: Saraiva, 2009, pp. 363-364, n. 56.

portador de inabilitação moral para o seu desempenho, vício que não se restringe ao cargo que ocupava quando praticado o ato ímprobo.

O Supremo Tribunal Federal suspendeu liminarmente a eficácia desse dispositivo em ação direta de inconstitucionalidade[40] considerando que essa "severa restrição ao mandamento constitucional de defesa da probidade administrativa" em razão de sua afronta ao princípio da razoabilidade "na medida em que sua incidência concreta pode eximir determinados agentes dos efeitos da sanção constitucionalmente devida simplesmente em razão da troca de função ou da eventual demora no julgamento da causa, o que pode decorrer, inclusive, do pleno e regular exercício do direito de defesa por parte do acusado".

61. AUMENTO DA MULTA CIVIL. O § 2º do art. 12 da Lei n. 8.429/92 autoriza a majoração do valor estipulado de pagamento de multa civil nos incisos I a III desse mesmo dispositivo legal até o dobro. A duplicação é o limite; admite-se, portanto, que a fixação do aumento seja graduada até o dobro, não podendo exceder, conquanto possa ser inferior a esse patamar e superior ao valor básico.

O aumento depende de motivação específica na decisão condenatória, radicada na compreensão de que em virtude da situação econômica do réu o valor básico é ineficaz para reprovação e prevenção do ato de improbidade. Portanto, são dois requisitos cumulativos que empenham análise casuística para essa hipótese excepcional.

62. PRESERVAÇÃO DA PESSOA JURÍDICA. O § 3º do art. 12 da Lei da Improbidade Administrativa traça uma diretriz que colima atender a função social da pessoa jurídica. Essa regra prescreve que na imposição das sanções merecem consideração os seus efeitos econômicos e sociais respectivos, para viabilizar a manutenção de suas atividades. À pessoa jurídica são aplicáveis para além do ressarcimento do dano a perda de bens, o pagamento de multa civil, e a proibição de contratação com o poder público ou de recebimento de benefícios ou incentivos fiscais ou creditícios, e a lei não elenca entre as suas penalidades a dissolução da pessoa jurídica – como o fez, por exemplo, a Lei n. 12.846/13 (art. 19, III e § 1º).

---

40. STF, ADI 7.236 MC/DF, Tribunal Pleno, Rel. Min. Alexandre de Moraes, 27/12/2022, DJe 10/01/2023.

O § 3º do art. 12 da Lei de Improbidade Administrativa não autoriza dispensar sanções cabíveis em razão da função social de empresa, mas, dosá-las dentro dos limites variáveis (tempo ou valor) entre as penalidades isolada ou cumulativamente impostas. A Lei n. 14.230 poderia ter ido além, aproveitando da parte *in fine* do § 1º de seu art. 3º, para prever sanção própria para dirigente ou empregado de pessoa jurídica de direito privado, como o impedimento ao exercício de funções nela por conta da improbidade.

E como se trata de condição personalíssima o que consta do § 3º do art. 12, ele não tem serventia para se estender a outrem (pessoas físicas ou jurídicas) para efeito das sanções que são solidárias nem mesmo para aquelas que não admitem redução (perda de bens, ressarcimento do dano), devendo ser utilizada como baliza exclusivamente para a proibição de contratação com o poder público ou de recebimento de benefícios ou incentivos fiscais ou creditícios.

63. LIMITAÇÃO ESPACIAL DA PROIBIÇÃO TEMPORÁRIA DE CONTRATAÇÃO COM O PODER PÚBLICO E RECEBIMENTO DE BENEFÍCIOS OU INCENTIVOS FISCAIS OU CREDITÍCIOS. O § 4º do art. 12 da Lei n. 8.429/92 introduzido pela Lei n. 14.230/21 incorporou tendência pretoriana de limitação espacial dessa sanção. A regra é a contenção de sua eficácia territorial ao ente público lesado pelo ato de improbidade, sendo excepcional a extrapolação estadeada em motivos relevantes devidamente justificados, devendo para tanto sopesar os impactos econômicos e sociais da sanção para preservação da função social da pessoa jurídica, viabilizando a manutenção de suas atividades.

Também neste tópico a reforma legislativa é inadequada. Destinada exclusivamente à pessoa jurídica de direito privado, a medida carece de razoabilidade e proporcionalidade porque se ela não teve idoneidade para se relacionar com um determinado ente da Administração Pública, não há como cindir essa característica por critério geográfico ou institucional fictício. A regra desestimula a diretriz de repressão à improbidade. Melhor solução se afigura a tomada de menor dimensão temporal da penalidade. Além disso, a norma evidencia a carência de providência com melhor energia, e que consistiria na punição de dirigentes ou empregados da pessoa jurídica diretamente envolvidos na prática de ato de improbidade mediante inabilitação, suspensão ou exclusão do desenvolvimento de certas atividades na pessoa jurídica.

Outra solução, mais simples, e que pode ser adotada pelo julgador, é a adoção de prazo menor de eficácia da proibição temporária de contratação com o poder público e recebimento de benefícios ou incentivos fiscais ou creditícios.

64. IMPROBIDADE DE MENOR POTENCIAL OFENSIVO. Para atos de menor potencial ofensivo, há regra especial na Lei n. 8.429/92 (art. 12, § 5º), possibilitando-se a contenção da censura judicial à aplicação de multa, sem prejuízo do ressarcimento do dano e da perda dos valores obtidos, quando for o caso.

O problema saliente é que a lei não define o que sejam atos de menor ofensa aos bens jurídicos tutelados, criando abalo à segurança jurídica, à igualdade e à própria tutela da probidade e da moralidade. Da maneira como construída a norma, valendo-se de conceito indeterminado, intensa será a discricionariedade na sua aplicação, com soluções díspares e incoerentes.

Uma técnica que permite dar um sentido mais objetivo e impessoal aos atos de improbidade administrativa de diminuta potencialidade danosa é a sua aproximação com conceito similar dado no âmbito penal, de modo que os crimes contra a Administração Pública que admitem classificação como infrações de menor potencial ofensivo pela Lei n. 9.099/95 podem ser considerados como atos de menor ofensa aos bens jurídicos tutelados pela Lei da Improbidade Administrativa.

Não é possível afirmar, *a priori*, que atos que possibilitem a celebração de acordo de não persecução civil sejam atos de potencialidade ofensiva reduzida para fins da Lei n. 8.429/92, porque essa composição não tem como reagente qualquer sanção, uma vez que o art. 17-C se refere como objeto mínimo o ressarcimento do dano ou a perda de bens ou valores. É certo que o acordo pode estabelecer sanções (desde que haja consenso) e que o legislador poderia ter concebido uma espécie de acordo com base na menor ofensividade do ato. Mas, não o fez, e para agravar permitiu que, nesse caso, a reação mínima fosse a multa civil, sem prejuízo do ressarcimento do dano ou da perda de bens ou valores. De qualquer maneira, elevando-se a multa civil como sanção minimamente exigível para o acordo de não persecução civil, sem prejuízo de ressarcimento do dano e perda de bens, para as hipóteses de menor potencial ofensivo, sem prejuízo de outros parâmetros positivos (confissão, colaboração processual etc.) e negativos (inocorrência de reincidência).

65. DEDUÇÃO DA REPARAÇÃO DO DANO DE INSTÂNCIAS DIVERSAS. Havendo lesão ao patrimônio público, independentemente da espécie de improbidade administrativa de que se trate, o ressarcimento integral do dano é obrigação legal, mas, sua quantificação, para efeito de cumprimento da decisão condenatória, deve deduzir o ressarcimento havido nas demais instâncias desde que incida sobre fatos idênticos, e que pode ser total ou parcial, sob pena de locupletamento ilícito do poder público.

66. PROIBIÇÃO DO *BIS IN IDEM*. O § 7º do art. 12 da Lei da Improbidade Administrativa na redação atribuída pela Lei n. 14.230/21 proclama a observância da parêmia *non bis in idem* na aplicação de suas sanções e da Lei n. 12.846/13 às pessoas jurídicas.

As sanções da Lei n. 8.429/92 aplicáveis a pessoas jurídicas são (a) a perda de bens ou valores, (b) o pagamento de multa civil e (c) a proibição de contratação com o poder público ou de recebimento de benefícios ou incentivos fiscais ou creditícios, considerando que ressarcimento do dano não é sanção.

Na Lei n. 12.846/13 há duas ordens diferentes de sanções aplicáveis, isolada ou cumulativamente: (1) na esfera administrativa, (a) multa (no valor de 0,1% a 20% do faturamento bruto do último exercício anterior ao da instauração do processo administrativo, excluídos os tributos, a qual nunca será inferior à vantagem auferida, quando for possível sua estimação) e (b) publicação extraordinária da decisão condenatória (art. 6º); (2) na esfera judicial, (a) perdimento dos bens, direitos ou valores (que representem vantagem ou proveito direta ou indiretamente obtidos da infração, ressalvado o direito do lesado ou de terceiro de boa-fé), (b) suspensão ou interdição parcial de suas atividades, (c) dissolução compulsória da pessoa jurídica, e (d) proibição de receber incentivos, subsídios, subvenções, doações ou empréstimos de órgãos ou entidades públicas e de instituições financeiras públicas ou controladas pelo poder público, pelo prazo mínimo de 01 (um) e máximo de 05 (cinco) anos (art. 19). E para além do ressarcimento do dano se não resolvida na instância administrativa, o Ministério Público pode aforar ação também para imposição das sanções administrativas em razão de omissão das autoridades competentes para promover a responsabilização administrativa (art. 20).

Não há receio de *bis in idem* se o fundamento jurídico da sanção é diferenciado. E é o que ocorre na apreciação das Leis n. 8.429 e n. 12.846 porque a responsabilidade (civil) por improbidade administrativa é subjetiva e pressupõe ação ou omissão dolosa de agente público enquanto a responsabilidade (civil e administrativa) por ato lesivo à Administração Pública é objetiva; além disso, há a diversidade de bens jurídicos tutelados, o que inspira a distinção entre responsabilidade administrativa e civil. Portanto, a Lei n. 8.429/92 exclui a Lei n. 12.846/13 e vice-versa, não havendo espaço para cogitar *bis in idem*, exatamente por falta de identidade[41].

Ora, se não há ação ou omissão ímproba imputável a agente público, mas, apenas, lesão ao patrimônio público ou aos princípios jurídico-administrativos, incide a Lei Anticorrupção Empresarial, ao passo que havendo o comportamento ímprobo de agente público em concurso a pessoa jurídica de direito privado, aplica-se a Lei da Improbidade Administrativa.

Discorre Mateus Bertoncini que "os ilícitos da Lei 12.846 são cometidos isoladamente pela pessoa jurídica em face da administração pública, ao passo que os atos de improbidade administrativa são praticados pelo agente público contra a administração estatal, direta ou indireta, possuindo o terceiro, dentre os quais a pessoa jurídica, papel coadjuvante em relação à pessoa física do agente público, induzindo, concorrendo ou se beneficiando do ato de improbidade administrativa. Em outras palavras, não há ato de improbidade administrativa sem a figura do agente público, diversamente dos atos lesivos da Lei sob comento, praticados exclusivamente pela pessoa jurídica. A participação de pessoas físicas nesses casos, servidor ou não, importará noutras formas de responsabilização pessoal, na medida da sua culpabilidade, como se demonstrará adiante. Disso se pode concluir que os atos lesivos da Lei 12.846/2013 não possuem natureza de ato de improbidade administrativa"[42].

41. MARTINS JÚNIOR, Wallace Paiva. Comentários ao art. 30, *in* DI PIETRO, Maria Sylvia Zanella; MARRARA, Thiago (Coord.). *Lei Anticorrupção comentada*, 3. ed., Belo Horizonte: Fórum, 2021, pp. 339-345.

42. SANTOS, José Anacleto Abduch; BERTONCINI, Mateus; COSTÓDIO FILHO, Ubirajara. *Comentários à Lei 12.846/2013: Lei anticorrupção*. 2. ed. São Paulo: Revista dos Tribunais, 2015, p. 155.

Em idêntica direção, Antonio Araldo Ferraz Dal Pozzo *et alii* explicam que "como não estamos diante de uma lei que cuida de ato de improbidade administrativa, para cuja prática se exige um servidor público, mas diante de atos lesivos à Administração Pública, que são praticados por particulares, a lei cuida da matéria como sendo, praticamente, o reverso da medalha em relação à Lei de Improbidade Administrativa: enquanto nesta, para ser alcançado, o particular necessita que o agente público pratique um ato de improbidade para o qual, no entanto, ele induz ou concorre (art. 3º da Lei de Improbidade Administrativa), em caso de atos lesivos à Administração Pública deve haver unicamente o comportamento do particular. A atuação conjunta do servidor público sem dúvida desloca o fato para a Lei de Improbidade Administrativa"[43].

Portanto, a Lei n. 12.846/13 se aplica exclusivamente a pessoas jurídicas pela prática de atos lesivos à Administração Pública por particulares (art. 5º), sujeitas a sanções administrativas e judiciais baseada em responsabilidade objetiva (arts. 2º, 6º e 19), ao passo que a Lei n. 8.429/92 incide em relação a agentes públicos e beneficiários ou partícipes pessoas físicas ou jurídicas (arts. 2º e 3º), sujeitando-as a sanções judiciais, fundada em responsabilidade subjetiva por atos de improbidade administrativa (arts. 9º a 12) baseados em ação ou omissão de agentes públicos em proveito próprio ou de terceiros, inclusive pessoas jurídicas de direito privado. Enquanto a Lei n. 8.429/92 pune ações ou omissões praticadas por agentes públicos em consórcio ou não com particulares, a Lei n. 12.846/13 somente objetiva a punição de ilícitos praticados por particulares contra a Administração Pública. A responsabilidade civil de pessoa jurídica de direito privado fundada na Lei n. 12.846 não pressupõe ação ou omissão de agente público, pois, se configura pela prática de comportamento ilícito de particulares sem a participação danosa de agentes públicos em detrimento do poder público. Neste sentido, Thiago Marrara pondera que o § 2º do art. 3º da Lei de Improbidade Administrativa na redação da Lei

43. DAL POZZO, Antonio Araldo Ferraz; DAL POZZO, Augusto Neves; DAL POZZO, Beatriz Neves; FACCHINATTO, Renan Marcondes. *Lei Anticorrupção: apontamentos sobre a Lei nº 12.846/2013*. 2. ed. São Paulo: Contracorrente, 2015, pp. 52-53.

n. 14.230 impediu a aplicação conjunta da Lei n. 8.429 com a Lei n. 12.846 contra as pessoas jurídicas[44]. Trata-se de norma expletiva.

Os únicos pontos tangentes são, *ad argumentandum tantum*, (a) totalmente, a perda de bens ou valores, e (b) parcialmente, a proibição temporária de recebimento de benefícios fiscais ou creditícios (não a de contratação com o poder público), e (c) o ressarcimento do dano (que, repita-se, não é sanção, desde que imodificáveis e definitivos; em verdade, são questões reflexivas de prejudicialidade na execução *lato sensu*. Se, realmente, é logicamente impossível a duplicação da perda de bens ou valores e o ressarcimento do dano, sob pena de locupletamento ilícito do poder público, tratamento apartado se dedica à restrição temporária de recebimento de benefícios fiscais ou creditícios sedimentado sobre natureza e pressupostos diversos.

67. CADASTRO NACIONAL DE EMPRESAS INIDÔNEAS E SUSPENSAS. A Lei n. 12.846/13 estabeleceu no art. 23 a obrigação de órgãos ou entidades dos Poderes Executivo, Legislativo e Judiciário de todas as esferas de governo de informação e atualização, para fins de publicidade, no Cadastro Nacional de Empresas Inidôneas e Suspensas (CEIS), de caráter público, instituído no âmbito do Poder Executivo federal, dos dados relativos às sanções por eles aplicadas, nos termos da legislação de licitações e contratos administrativos.

Agora, pelo § 8º do art. 12 da Lei n. 8.429/92 abastecerão o cadastro centralizado também as condenações à sanção de proibição de contratação com o poder público, com a limitação espacial de sua eficácia, e, obviamente, de sua extensão excepcional. A medida é útil, conveniente, adequada e oportuna, pois, a pesquisa ao cadastro impedirá contratação quando haja condenação por improbidade, notadamente porque, nesse caso, a decisão impõe impedimento legal. Idêntica razão inculca sua extensão na hipótese de acordo de não persecução civil que voluntária e consensualmente implicar essa sanção.

68. EFICÁCIA TEMPORAL DAS SANÇÕES. De acordo com o § 9º do art. 12 da Lei da Improbidade Administrativa, as sanções somente poderão ser executadas após o trânsito em julgado da sentença

44. MARRARA, Thiago. "Atos de improbidade: como a Lei nº 14.230/2021 modificou os tipos infrativos da LIA?", *in Revista Digital de Direito Administrativo vol. 10*, n. 1, pp. 162-178, 2023.

condenatória, excedendo a regra da cabeça do art. 20 do mesmo diploma legal que restringe a exequibilidade da perda da função pública e da suspensão temporária dos direitos políticos ao trânsito em julgado da sentença condenatória. De fato, a superveniência desse § 9º do art. 12 revogou implicitamente o *caput* do art. 20 da Lei n. 8.429/92.

A mudança, todavia, não foi adequada sob o pálio da efetividade do processo, postergando seus resultados, considerando a carência de efeito suspensivo dos recursos (extraordinário e especial) aos Tribunais Superiores. Como ressarcimento do dano não é sanção, na conformidade do exposto, ele não é afetado pela regra em foco, permitindo-se o cumprimento provisório da sentença condenatória.

§ 10. Para efeitos de contagem do prazo da sanção de suspensão dos direitos políticos, computar-se-á retroativamente o intervalo de tempo entre a decisão colegiada e o trânsito em julgado da sentença condenatória. (Incluído pela Lei nº 14.230, de 2021)

69. CÔMPUTO DA SUSPENSÃO TEMPORÁRIA DE DIREITOS POLÍTICOS. Outra inovação da Lei n. 14.230/21 na Lei n. 8.429/92 é o acréscimo do § 10 ao art. 12 que versa sobre o cômputo do prazo da sanção de suspensão temporária de direitos políticos.

A sanção é exequível desde o trânsito em julgado da condenação (art. 12, § 9º), mas, deve observar a contagem retroativa instituída, referente ao interstício entre a decisão colegiada e o trânsito em julgado da decisão condenatória, o que poderá gerar inelegibilidade nos termos do art. 1º, I, *l*, da Lei Complementar n. 64/90, desde que oriunda de decisão irrecorrível ou recorrível proferida por órgão judicial colegiado por ato doloso de enriquecimento ilícito e lesão ao patrimônio público dolosos.

A regra colima que esse período em que ainda não houve execução da sanção seja computado como se fosse executada, ainda que ela não tenha produzido efeitos porque depende do trânsito em julgado (arts. 12, § 9º e 20, Lei n. 8.429/92 na redação da Lei n. 14.230/21). Essa execução virtual objetiva sincronizar a Lei Ficha Limpa e a Lei de

Improbidade Administrativa, o que é ilógico, sobretudo por confundir suspensão temporária de direitos políticos com inelegibilidade.

Também o Supremo Tribunal Federal suspendeu liminarmente a eficácia desse dispositivo em ação direta de inconstitucionalidade[45], timbrando o Ministro Alexandre de Moraes que "a suspensão dos direitos políticos em virtude de improbidade administrativa, nos termos do art. 37, § 4º, não se confunde com a previsão de inelegibilidade do art. 1º, I, "l", da LC 64/1990" e que "os efeitos da detração estabelecida pela norma impugnada, cujo status é de lei ordinária, podem afetar o sancionamento adicional de inelegibilidade prevista na Lei Complementar 64/1990", havendo o risco de violação ao art. 37, § 4º,

45. "No que se relaciona ao art. 12, § 10, constante do art. 2º da Lei 14.230/2021, cabe destacar que, em princípio, não se afigura constitucionalmente aceitável a redução do prazo legal de inelegibilidade em razão do período de incapacidade eleitoral decorrente de improbidade administrativa. Na mesma linha do que assentei no julgamento da Ação Direta de Inconstitucionalidade 6630 (Rel. Min. NUNES MARQUES, Redator do acórdão Min. ALEXANDRE DE MORAES, Tribunal Pleno, DJe de 24/06/2022), a suspensão dos direitos políticos em virtude de improbidade administrativa, nos termos do art. 37, § 4º, não se confunde com a previsão de inelegibilidade do art. 1º, I, l, da LC 64/1990. Enquanto a primeira hipótese tem seu fundamento no art. 15 da Constituição Federal (suspensão), a segunda tem seu fundamento no § 9º do art. 14 do texto constitucional (inelegibilidade legal), que somente abrange uma situação de inelegibilidade, posterior ao término da suspensão dos direitos políticos. Em complementação – não em substituição – à previsão constitucional do art. 15 da Constituição Federal, com base no § 9º do seu art. 14, a LC 64/2010 estabeleceu criteriosos requisitos de incidência em seu art. 1º, I, l (condenação por ato de improbidade administrativa que importe, simultaneamente, lesão ao patrimônio público e enriquecimento ilícito; presença de dolo; decisão definitiva ou proferida por órgão judicial colegiado; e sanção de suspensão dos direitos políticos – nesse sentido: Ac.-TSE, de 21/02/2017, no Respe 10049), prevendo hipóteses especialmente graves e atentatórias à moralidade administrativa e ao bom funcionamento das instituições públicas. Em que pese serem previsões complementares, são diversas, com diferentes fundamentos e diferentes consequências, caracterizando institutos de natureza diversas, que, inclusive, admitem a possibilidade de cumulação entre as inelegibilidades e a suspensão de direitos políticos, pois conforme decidido pela CORTE no julgamento das ADCs 29 e 30 e da ADI 4578 (Rel. Min. LUIZ FUX, Tribunal Pleno, DJe de 29/06/2012): a inelegibilidade tem as suas causas previstas nos §§ 4º a 9º do art. 14 da Carta Magna de 1988, que se traduzem em condições objetivas cuja verificação impede o indivíduo de concorrer a cargos eletivos ou, acaso eleito, de os exercer, e não se confunde com a suspensão ou perda dos direitos políticos, cujas hipóteses são previstas no art. 15 da Constituição da República, e que importa restrição não apenas ao direito de concorrer a cargos eletivos (ius honorum), mas também ao direito de voto (ius sufragii). Por essa razão, não há inconstitucionalidade na cumulação entre a inelegibilidade e a suspensão de direitos políticos. Nesse contexto, considerando que os efeitos da detração estabelecida pela norma impugnada, cujo status é de lei ordinária, podem afetar o sancionamento adicional de inelegibilidade prevista na Lei Complementar 64/1990, reconheço o risco de violação ao art. 37, § 4º, da Constituição Federal, e aos princípios da vedação à proteção deficiente e ao retrocesso" (STF, ADI 7.236 MC/DF, Tribunal Pleno, Rel. Min. Alexandre de Moraes, 27/12/2022, DJe 10/01/2023).

da Constituição Federal, e aos princípios da vedação à proteção deficiente e ao retrocesso "em que pese serem previsões complementares, são diversas, com diferentes fundamentos e diferentes consequências, caracterizando institutos de natureza diversa, que, inclusive, admitem a possibilidade de cumulação entre as inelegibilidades e a suspensão de direitos políticos".

5

DECLARAÇÃO DE BENS (ART. 13)

CAPÍTULO IV
Da Declaração de Bens

Art. 13. A posse e o exercício de agente público ficam condicionados à apresentação de declaração de imposto de renda e proventos de qualquer natureza, que tenha sido apresentada à Secretaria Especial da Receita Federal do Brasil, a fim de ser arquivada no serviço de pessoal competente. (Redação dada pela Lei nº 14.230, de 2021)

§ 1º (Revogado). (Redação dada pela Lei nº 14.230, de 2021)

§ 2º A declaração de bens a que se refere o *caput* deste artigo será atualizada anualmente e na data em que o agente público deixar o exercício do mandato, do cargo, do emprego ou da função. (Redação dada pela Lei nº 14.230, de 2021)

§ 3º Será apenado com a pena de demissão, sem prejuízo de outras sanções cabíveis, o agente público que se recusar a prestar a declaração dos bens a que se refere o *caput* deste artigo dentro do prazo determinado ou que prestar declaração falsa. (Redação dada pela Lei nº 14.230, de 2021)

§ 4º (Revogado). (Redação dada pela Lei nº 14.230, de 2021)

70. CONTROLE DA LEGITIMIDADE DO ENRIQUECIMENTO DE AGENTES PÚBLICOS. Na redação primitiva da Lei n. 8.429/92 estava previsto o controle permanente da legitimidade do enriquecimento de agentes públicos. Ele foi mantido pela Lei n. 14.230/21 e consiste na obrigatoriedade da apresentação na posse do agente público e a renovação anual de declaração de imposto de renda e proventos de qualquer natureza, que tenha sido apresentada à Receita Federal. A alteração legislativa substituiu a exibição de declaração de bens e valores pela declaração fiscal. Sua eficácia se estende desde a fase prévia à investidura no cargo, função ou emprego público, abrangendo o seu exercício pela atualização anual e espraiando-se na cessação da investidura (art. 13 e § 2º). Os elementos compulsórios dessa declaração, que constavam do § 1º do art. 13[1], foram abolidos, o que pode arrefecer o controle se a declaração fiscal não contiver dados relevantes para a formação de juízo seguro, impondo diligências para averiguação mais adequada.

A exigência de declaração de bens foi predicada por Carlos Alberto Ortiz como "regra de segurança para conferência permanente da probidade administrativa"[2]. Ela já constava do art. 3º da Lei n. 3164/57 (Lei Pitombo-Godói Ilha), comentando Francisco Bilac Moreira Pinto que a providência tornava "fácil a prova do eventual enriquecimento ilícito dos servidores públicos ou autárquicos, cria para estes o dever de explicar a origem dos seus novos bens ou rendas, toda vez que se suscite dúvida acerca da irregularidade de sua aquisição"[3]. A providência foi inculcada por Pontes de Miranda, preconizando aos agentes públicos "a inventariar todos os anos o que têm, e o que têm os seus parentes sucessíveis, e à publicação dos seus haveres e rendas, anualmente"[4].

A obrigação legal tem serventia para aferição de eventual enriquecimento ilícito do agente (art. 9º, Lei n. 8429/92), notadamente nos casos de evolução patrimonial desproporcional em relação à renda (art. 9º, VII, Lei n. 8429/92), e a utilidade para ministrar pedido de indisponibilidade de bens, garantindo a execução de sentença condenatória de perda dos bens adquiridos ilicitamente ou de ressarcimento

---

1. § 1° A declaração compreenderá imóveis, móveis, semoventes, dinheiro, títulos, ações, e qualquer outra espécie de bens e valores patrimoniais, localizado no País ou no exterior, e, quando for o caso, abrangerá os bens e valores patrimoniais do cônjuge ou companheiro, dos filhos e de outras pessoas que vivam sob a dependência econômica do declarante, excluídos apenas os objetos e utensílios de uso doméstico.
2. Ortiz, Carlos Alberto. Improbidade Administrativa in *Cadernos de Direito Constitucional e Eleitoral, nº 28*, p. 20, São Paulo: Imprensa Oficial do Estado de São Paulo.
3. Pinto, Francisco Bilac Moreira. *Enriquecimento ilícito no exercício de cargos públicos*, Rio de Janeiro: Forense, 1960, pp. 113-114.
4. Miranda, Francisco Cavalcanti Pontes de. *Comentários à Constituição de 1967*, tomo V, 3 ed. Rio de Janeiro: Forense, 1987, p. 199.

do dano ao erário, evitando a insolvência fraudulenta e simulada, e a impunidade.

A previsão de demissão, sem prejuízo de outras sanções cabíveis, ao agente público foi preservada nas hipóteses de (a) recusa de apresentação da declaração (no prazo fixado) ou (b) fornecimento de declaração falsa.

O art. 13 da Lei n. 8.429/92 é aplicável a todos os agentes públicos, de quaisquer dos Poderes, da União, Estados, Distrito Federal e Municípios, e suas respectivas entidades da administração indireta (autarquias, fundações públicas, empresas públicas, sociedades de economia mista e sociedades com participação acionária estatal), como norma geral de direito financeiro. Deve ser efetivamente cumprido para que não figure como mais uma ineficaz disposição de boa vontade. Estados e Municípios têm a prerrogativa de estabelecer normas próprias a respeito, sem, no entanto, nulificar ou contrariar as disposições da legislação federal comentada, que fixa requisitos mínimos de observância compulsória para as unidades federadas além daqueles que estas venham posteriormente estabelecer. Além disso, todos os entes federados podem editar regulamento para descrição de condições de sua exequibilidade.

A exigência da declaração de bens cumpre importante função institucional para o controle da legitimidade do enriquecimento dos agentes públicos. Ela não é mera formalidade dissociada do adimplemento de uma finalidade. Por isso, deve se instituir um sistema permanente e eficiente de controle, de modo que, ano após ano, se detectem variações patrimoniais inexplicáveis (em cotejo com a evolução patrimonial ou da renda do agente) e se verifique, com a cessação da investidura no serviço ou atividade pública, se o agente público é probo ou não.

Há necessidade de que os exames aqui mencionados sejam realizados e encaminhados ao legitimado para a promoção da ação civil em tempo hábil e compatível, evitando-se a ocorrência da prescrição, razão pela qual o controle deve ser automático, contemporâneo, imediato, permanente e periódico a ser exercido por órgão especializado da Administração Pública e pelo Tribunal de Contas, de ofício, a requerimento de qualquer pessoa (nos termos do art. 14 da Lei n. 8.429/92) ou mediante requisição do Ministério Público (nos termos do art. 129, III, da Constituição Federal, do art. 26, I a III da Lei n. 8.625/93, do art. 8º da Lei n. 7.347/85 e do art. 22 da Lei n.

8.429/92), que não implica afronta a direito fundamental dos agentes públicos investigados, inclusive porque já estão obrigados, por lei, a disponibilizar informações sobre sua evolução patrimonial.[5]

71. LEI N. 8.730/93. A Lei n. 8.730/93 complementa esse panorama de controle de legitimidade do enriquecimento. Marcelo Figueiredo observa que suas exigências se destinam a "acompanhar o desenvolvimento econômico-financeiro do agente, sempre visando a detectar alguma anomalia ou presença de ilícito ou improbidade administrativa"[6], instituindo o controle externo da legitimidade do enriquecimento de agentes públicos, com remessa de cópia ao Tribunal de Contas para, dentre outras providências, exercer o exame de sua legitimidade (art. 1º, § 2º, II), procedendo ao levantamento da evolução patrimonial do seu titular e ao exame de sua compatibilização com os recursos e disponibilidades declarados, inclusive exigindo sua comprovação (arts. 2º, § 7º, 4º, § 2º).

72. REQUISITO DE PROVIMENTO EM CARGO, FUNÇÃO OU EMPREGO PÚBLICOS. O art. 13 da Lei n. 8.429/92 elege a apresentação

---

5. STJ, RMS n. 38.010/RJ, Rel. Min. Herman Benjamim, Segunda Turma, j. 02/05/2013: "ADMINISTRATIVO. IMPROBIDADE. INQUÉRITO CIVIL. INVESTIGAÇÃO DECORRENTE DE DENÚNCIA ANÔNIMA. EVOLUÇÃO PATRIMONIAL INCOMPATÍVEL COM OS RENDIMENTOS. AGENTES POLÍTICOS. ILÍCITO QUE SE COMPROVA NECESSARIAMENTE POR ANÁLISE DE DOCUMENTOS. HARMONIZAÇÃO ENTRE A VEDAÇÃO DO ANONIMATO E O DEVER CONSTITUCIONAL IMPOSTO AO MINISTÉRIO PÚBLICO. POSSIBILIDADE. 1. Cinge-se a controvérsia a definir se os recorrentes possuem o direito líquido e certo de impedir o prosseguimento de Inquérito Civil instaurado, após denúncia anônima recebida pela Ouvidoria-Geral do Ministério Público do Estado do Rio de Janeiro, com a finalidade de apurar possível incompatibilidade entre a evolução patrimonial de agentes políticos e seus respectivos rendimentos. 2. O simples fato de o Inquérito Civil ter-se formalizado com base em denúncia anônima não impede que o Ministério Público realize administrativamente as investigações para formar juízo de valor sobre a veracidade da notícia. Ressalte-se que, no caso em espécie, os servidores públicos já estão, por lei, obrigados na posse e depois, anualmente, a disponibilizar informações sobre seus bens e evolução patrimonial. 3. A Lei da Improbidade Administrativa (Lei 8.429/92), não deixa dúvida a respeito: "Art. 13. A posse e o exercício de agente público ficam condicionados à apresentação de declaração dos bens e valores que compõem o seu patrimônio privado, a fim de ser arquivada no serviço de pessoal competente. § 1° A declaração compreenderá imóveis, móveis, semoventes, dinheiro, títulos, ações, e qualquer outra espécie de bens e valores patrimoniais, localizado no País ou no exterior, e, quando for o caso, abrangerá os bens e valores patrimoniais do cônjuge ou companheiro, dos filhos e de outras pessoas que vivam sob a dependência econômica do declarante, excluídos apenas os objetos e utensílios de uso doméstico. § 2º A declaração de bens será anualmente atualizada e na data em que o agente público deixar o exercício do mandato, cargo, emprego ou função". [...]"
6. FIGUEIREDO, Marcelo. *Probidade Administrativa*, 1 ed. São Paulo: Malheiros, p. 79.

da declaração de bens como condição da posse ou exercício em cargo, emprego ou função pública e o art. 3º da Lei n. 8.730/93 explicitou a sanção de nulidade da investidura, configurando a apresentação da declaração de bens requisito de validade do ato, até porque sua falta impede a sua prática. Não há dúvida de que a apresentação da declaração de bens é requisito de validade da posse do agente público, e à sua falta o ato é nulo. O cumprimento desse art. 13 é formalidade do ato administrativo, e a ausência gera a nulidade, porque a lei a declara indispensável[7].

73. DECLARAÇÃO DE INTERESSES E ATIVIDADES. Mesmo com a modificação da Lei n. 8.429/92 persiste a incompletude, pois, conviria que essa declaração abrangesse bens, interesses e atividades para aprimoramento desse controle. José Alfredo de Oliveira Baracho relata que dentre os instrumentos para inibir condutas corruptas, além das medidas penais, as legislações contemporâneas primam pela adoção de procedimentos como a declaração de bens e interesses, antes do agente público assumir o cargo público[8]. Na Espanha, Jesus Gonzalez Perez relata que a Lei nº 12, de 11 de maio de 1995, abrange tanto a declaração de bens quanto de atividades (arts. 5º e 6º), observando que *"la declaración de intereses financieros se há considerado uno de los mecanismos más eficaces para salvaguardar la ética en las actividades públicas"*[9]. A declaração de atividades compreende todas as atividades desempenhadas pelo agente público na sua vida privada e tem por objetivo verificar a efetiva cessação (se houver incompatibilidade com a função pública), constatar eventuais desvios de sua atuação como agente público em favor de pessoas com que teve relações na atividade

---

7. A recusa, o atraso ou falsidade de sua prestação gera a demissão (art. 13, § 3º, Lei n. 8.429/92), sem prejuízo de outras sanções cabíveis, estabelecidas, agora, no art. 3º da Lei n. 8.730/93, configurando, de um lado, crime de responsabilidade (Lei n. 1.079/50) e, de outro, infração político-administrativa (no caso dos Municípios, lei municipal deve estabelecer a propósito), crime funcional (lei penal deve prever o fato típico e as respectivas penas) ou falta grave disciplinar, puníveis com a perda do mandato, demissão do cargo, exoneração do emprego ou destituição da função, além de inabilitação (até cinco anos) para o exercício de novo mandato, cargo, emprego ou função pública. Sem prejuízo dessas previsões específicas, o fato em si mesmo considerado pode caracterizar ato de improbidade administrativa (a negativa de exigir).
8. O enriquecimento injusto como princípio geral do Direito Administrativo in *Revista dos Tribunais, nº 755*. São Paulo: Revista dos Tribunais, set. 1998, p. 39.
9. *La ética en la Administración pública,* Madrid: Civitas S.A., 1996, p. 73.

particular e controlar o exercício compatível da função pública com a atividade privada (se admissível pela lei), tudo sob o exame de órgão especialmente criado (*Registro de Actividades de Altos Cargos*).

A declaração de atividades e interesses tem maior grau de relevância para a salvaguarda da ética nas atividades públicas. Ela compreende todas as atividades desempenhadas pelo agente público na sua vida privada, e tem por objetivo verificar a efetiva cessação (se houver incompatibilidade com a função pública), constatar eventuais desvios de sua atuação como agente público em favor de pessoas com que teve relações na atividade particular e controlar o exercício compatível da função pública com a atividade privada (se admissível pela lei), aquilatando, em suma, a existência de confusão entre o interesse público e o privado. Sua finalidade ressalta a eficiência do instituto como garante da probidade, na medida em que é a declaração dos interesses do agente público, podendo servir como guia da eficácia dos impedimentos, incompatibilidades e abstenções impostas aos agentes públicos.

É certo que a Lei n. 12.813, de 16 de maio de 2013, que dispõe sobre o conflito de interesses no exercício de cargo ou emprego do Poder Executivo federal e impedimentos posteriores ao exercício do cargo ou emprego, é um significativo avanço na tutela da probidade. Porém, sua efetividade depende além da iniciativa do próprio agente público para provocação do órgão competente em consulta, da edição de regras infralegais pela Comissão de Ética Pública ou pela Controladoria-Geral da União (art. 8º), sem embargo do dever do agente público promover (a) o envio anual de declaração com informações sobre situação patrimonial, participações societárias, atividades econômicas ou profissionais e indicação sobre a existência de cônjuge, companheiro ou parente, por consanguinidade ou afinidade, em linha reta ou colateral, até o terceiro grau, no exercício de atividades que possam suscitar conflito de interesses, e (b) a comunicação do exercício de atividade privada ou o recebimento de propostas de trabalho que pretende aceitar, contrato ou negócio no setor privado para exame de potencial conflito de interesses (art. 9º).

74. PUBLICIDADE. Uma questão que se põe em relevo é justamente a publicidade dessas declarações. Na Espanha, diferentemente da declaração de atividades, a declaração de bens e direitos tem caráter sigiloso e reservado, abrangendo a totalidade de bens, direitos e obrigações do agente público e, facultativamente, de seu cônjuge. Jesus Gonzalez Perez critica a falta de publicidade destas declarações de bens, sopesando que entre o direito à intimidade e o direito à integridade das instituições públicas deve prevalecer o último, pois *"el que se lanza a la vida pública debe ser consciente de que, al mismo tiempo que recibe prerrogativas y honores, viene sujeto a deberes y limitaciones que no afectan a los demás ciudadanos. Si entre estos deberes están las declaraciones de bienes (al acceder y cesar en un cargo público) y, para que éstas cumplan la finalidad de garantizar la transparencia en su actuación y, por ende, la ética pública, es necesaria la publicidad, no existe razón que justifique la limitación del derecho al acceso a los archivos y registros administrativos que reconoce el artículo 105 de la Constitución, para conocer cuál era el patrimonio del político al ocupar y al cesar en cargo público"*[10].

Mesmo que se considerada sublimada a cláusula da intimidade da vida privada, no direito brasileiro, não há outra solução: aqueles que ingressam no serviço público recebem remuneração do poder público; devem atuar com exclusividade e isenção, manejam e gerenciam o patrimônio público em nome alheio; devem ser totalmente transparentes, em todos os aspectos, no exercício de suas funções, porque neles a sociedade deposita a sincera confiança de honestidade. O exercício de cargos, funções e empregos públicos pode gerar algumas prerrogativas especiais aos seus titulares (geralmente confundidos pela opinião pública como privilégios), mas, em compensação lhes são impostos certos ônus que, em função do interesse público (valor maior do que a intimidade) fazem cessar certos direitos garantidos a eles e aos demais. Pontes de Miranda, como acima salientado, bem percebeu a evidência e a justiça desse raciocínio. O Supremo Tribunal Federal assentou em repercussão geral que "é legítima a publicação, inclusive em sítio eletrônico mantido pela Administração Pública, dos nomes dos seus servidores e do valor dos correspondentes vencimentos e vantagens pecuniárias" (Tema 483), o que consta, aliás,

---

10. Perez, Jesus Gonzalez. *La ética en la Administración pública,* Madrid: Civitas S.A., 1996, pp. 76-77.

do Decreto n. 7.724, de 16 de maio de 2012, que regulamenta a Lei n. 12.527/11 (art. 7º, § 3º, VI).

De acordo com a Lei n. 8.730/93, o Tribunal de Contas publicará periodicamente por extrato, dados e elementos constantes da declaração (de bens) e fornecerá certidões e informações requeridas por qualquer cidadão, para propor ação popular que vise a anular ato lesivo ao patrimônio público ou à moralidade administrativa, na forma da lei (art. 1º, § 2º, IV e VI).

6

CONTROLE INTERNO (ARTS. 14 E 15)

CAPÍTULO V
Do Procedimento Administrativo e do Processo Judicial

Art. 14. Qualquer pessoa poderá representar à autoridade administrativa competente para que seja instaurada investigação destinada a apurar a prática de ato de improbidade.

§ 1º A representação, que será escrita ou reduzida a termo e assinada, conterá a qualificação do representante, as informações sobre o fato e sua autoria e a indicação das provas de que tenha conhecimento.

§ 2º A autoridade administrativa rejeitará a representação, em despacho fundamentado, se esta não contiver as formalidades estabelecidas no § 1º deste artigo. A rejeição não impede a representação ao Ministério Público, nos termos do art. 22 desta lei.

§ 3º Atendidos os requisitos da representação, a autoridade determinará a imediata apuração dos fatos, observada a legislação que regula o processo administrativo disciplinar aplicável ao agente. (Redação dada pela Lei nº 14.230, de 2021)

Art. 15. A comissão processante dará conhecimento ao Ministério Público e ao Tribunal ou Conselho de Contas da existência de procedimento administrativo para apurar a prática de ato de improbidade.

Parágrafo único. O Ministério Público ou Tribunal ou Conselho de Contas poderá, a requerimento, designar representante para acompanhar o procedimento administrativo.

75. CONTROLE INTERNO DA PROBIDADE. O combate à improbidade depende tanto do aspecto preventivo quanto do repressivo nos âmbitos interno e externo. A prevenção se articula por um complexo normativo variegado compreendendo instituições (corregedorias, auditorias, Tribunal de Contas, Ministério Público), institutos (licitação, concurso público, transparência, direito de petição) e regras (incompatibilidades, declaração de bens e atividades, códigos de ética e de integridade), sem prejuízos de outros programas específicos. A repressão pela existência de normas disciplinando infrações, sanções e o devido processo legal nas esferas judicial e extrajudicial. A Administração Pública tem o dever jurídico de zelo pela probidade de seus agentes, devendo aparelhar os mecanismos e organismos para sua preservação. É o controle interno a sede primeira para combate aos comportamentos que violem ou ameacem o dever de probidade. A repressão administrativa da improbidade é decorrência do poder disciplinar por falta funcional previamente definida em lei, como é o caso do art. 132, IV, da Lei n. 8.112/90, aplicável no âmbito da União, que comina demissão, sem prejuízo da responsabilização lastreada na Lei n. 8.429/92. Nesse sentido, decidiu o Supremo Tribunal Federal que "ao prever a demissão do servidor que incorre em ato de improbidade administrativa, o Estatuto dos Servidores da União faz remissão às condutas tipificadas na lei de improbidade administrativa, razão pela qual, nessa qualidade, podem ser apuradas e punidas pela própria Administração"[1].

76. DIREITO DE REPRESENTAÇÃO. Um dos institutos potentes para a efetiva funcionalidade do controle interno da probidade é o direito de representação. Constante do art. 14 da Lei n. 8.429, ele é conferido a qualquer pessoa para ignição de investigação de atos de improbidade, tendo a autoridade administrativa, dotada de competência segundo as normas orgânicas, o dever jurídico de procedê-la. O direito de representação é decorrência do histórico e gratuito direito de petição, prestigiado pela Constituição no inciso XXXIV do art. 5º assim como no inciso III do § 3º do art. 37.

1. STF, RMS 33.666/DF, 1ª Turma, Rel. Min. Edson Fachin, 31-05-2016, DJe 21-09-2016.

A Lei n. 8.429/92 traça requisitos específicos para o seu exercício: (a) forma escrita (ou reduzida a termo e assinada), (b) qualificação do representante, (c) informações sobre o fato e sua autoria e (d) indicação das provas de que tenha conhecimento (art. 14, § 1º). A autoridade competente, como dito, tem o dever de procedê-la, o que significa a obrigação de instauração de apuração ou a rejeição da representação.

De acordo com o § 2º do art. 14, a rejeição da representação deve ser veiculada por decisão motivada à vista da inobservância das formalidades exigidas no § 1º do citado art. 14. Essa rejeição não impede a representação ao Ministério Público, nos termos do art. 22 da Lei n. 8.429/92; e nem poderia porque ao *Parquet* é assegurada independência funcional e o controle interno não o subordina nem o condiciona. De qualquer maneira, embora a Lei da Improbidade Administrativa seja omissa a respeito, não se impede que a autoridade administrativa, tomando conhecimento do fato, desenvolva apuração *ex officio*, decorrente do princípio da controlabilidade orientado pela autotutela ou pela hierarquia. Aliás, o art. 126-A da Lei n. 8.112/90, aplicável no âmbito da União, estimula a vigilância contra a improbidade ao expressar que "nenhum servidor poderá ser responsabilizado civil, penal ou administrativamente por dar ciência à autoridade superior ou, quando houver suspeita de envolvimento desta, a outra autoridade competente para apuração de informação concernente à prática de crimes ou improbidade de que tenha conhecimento, ainda que em decorrência do exercício de cargo, emprego ou função pública".

O § 3º do art. 14 da Lei da Improbidade Administrativa estabelece que, presentes esses requisitos, a autoridade administrativa deve determinar imediata apuração, observada a legislação que regula o processo administrativo disciplinar aplicável ao agente. A remissão ao processo administrativo disciplinar deve ser bem compreendida: a Administração Pública pode punir seus agentes pela prática de ato de improbidade administrativa com base nas normas estatutárias, mas, isso não exclui a responsabilização judicial com lastro na Lei n. 8.429/92. A apuração de ato de improbidade pela autoridade administrativa pode, destarte, se desenvolver sob o influxo de procedimento investigatório, destinado à coleta de indícios de autoria e materialidade, e, por isso, não sujeito ao contraditório e à ampla defesa, considerando que somente processo administrativo tem a potencialidade de imposição de sanção e exige esses requisitos. Essa premissa se aplica igualmente a apurações desenvolvidas pela Administração Pública para fornecer elementos de convicção ao Ministério Público, a teor do art. 22 da Lei da Improbidade Administrativa. Somente se a Administração Pública tencionar a punição na instância administrativo-disciplinar do agente deverá instaurar o processo administrativo, com observância daqueles predicados, sem excluir a instância jurisdicional de responsabilização pela Lei n. 8.429/92, que é exclusiva do Poder Judiciário[2], ou a investigação pelo Ministério Público, instaurada por impulso oficial ou mediante provocação.

O art. 15 da Lei n. 8.429/92 também impõe a obrigação pela comissão processante de cognição da existência desse procedimento administrativo apuratório de ato de improbidade ao Ministério Público e ao Tribunal ou Conselho de Contas, o que proporciona o controle externo sobre o exercício do autocontrole e viabiliza, no tocante ao *Parquet*, o desenvolvimento de sua apuração incondicionada aos meios e resultados daquele. De acordo com o parágrafo único desse preceito, esse procedimento se abre à participação desses órgãos que poderão designar representantes para seu acompanhamento, e embora a lei o sujeite a requerimento, nada impede designação *ex officio*, iluminada pela colaboração interinstitucional.

2. STF, MS 24.699-DF, 1ª Turma, Rel. Min. Eros Grau, 30-11-2004, DJ 01-07-2005.

7

INDISPONIBILIDADE DE BENS (ART. 16)

Art. 16. Na ação por improbidade administrativa poderá ser formulado, em caráter antecedente ou incidente, pedido de indisponibilidade de bens dos réus, a fim de garantir a integral recomposição do erário ou do acréscimo patrimonial resultante de enriquecimento ilícito. (Redação dada pela Lei nº 14.230, de 2021)

§ 1º (Revogado). (Redação dada pela Lei nº 14.230, de 2021)

§ 1º-A O pedido de indisponibilidade de bens a que se refere o *caput* deste artigo poderá ser formulado independentemente da representação de que trata o art. 7º desta Lei. (Incluído pela Lei nº 14.230, de 2021)

§ 2º Quando for o caso, o pedido de indisponibilidade de bens a que se refere o *caput* deste artigo incluirá a investigação, o exame e o bloqueio de bens, contas bancárias e aplicações financeiras mantidas pelo indiciado no exterior, nos termos da lei e dos tratados internacionais. (Redação dada pela Lei nº 14.230, de 2021)

§ 3º O pedido de indisponibilidade de bens a que se refere o *caput* deste artigo apenas será deferido mediante a demonstração no caso concreto de perigo de dano irreparável ou de risco ao resultado útil do processo, desde que o juiz se convença da probabilidade da ocorrência dos atos descritos na petição inicial com fundamento nos respectivos elementos de instrução, após a oitiva do réu em 5 (cinco) dias. (Incluído pela Lei nº 14.230, de 2021)

§ 4º A indisponibilidade de bens poderá ser decretada sem a oitiva prévia do réu, sempre que o contraditório prévio puder comprovadamente frustrar a efetividade da medida ou houver outras circunstâncias que recomendem a proteção liminar, não podendo a urgência ser presumida. (Incluído pela Lei nº 14.230, de 2021)

§ 5º Se houver mais de um réu na ação, a somatória dos valores declarados indisponíveis não poderá superar o montante indicado na petição inicial como dano ao erário ou como enriquecimento ilícito. (Incluído pela Lei nº 14.230, de 2021)

§ 6º O valor da indisponibilidade considerará a estimativa de dano indicada na petição inicial, permitida a sua substituição por caução idônea, por fiança bancária ou por seguro-garantia judicial, a requerimento do réu, bem como a sua readequação durante a instrução do processo. (Incluído pela Lei nº 14.230, de 2021)

§ 7º A indisponibilidade de bens de terceiro dependerá da demonstração da sua efetiva concorrência para os atos ilícitos apurados ou, quando se tratar de pessoa jurídica, da instauração de incidente de desconsideração da personalidade jurídica, a ser processado na forma da lei processual. (Incluído pela Lei nº 14.230, de 2021)

§ 8º Aplica-se à indisponibilidade de bens regida por esta Lei, no que for cabível, o regime da tutela provisória de urgência da Lei nº 13.105, de 16 de março de 2015 (Código de Processo Civil). (Incluído pela Lei nº 14.230, de 2021)

§ 9º Da decisão que deferir ou indeferir a medida relativa à indisponibilidade de bens caberá agravo de instrumento, nos termos da Lei nº 13.105, de 16 de março de 2015 (Código de Processo Civil). (Incluído pela Lei nº 14.230, de 2021)

§ 10. A indisponibilidade recairá sobre bens que assegurem exclusivamente o integral ressarcimento do dano ao erário, sem incidir sobre os valores a serem eventualmente aplicados a título de multa civil ou sobre acréscimo patrimonial decorrente de atividade lícita. (Incluído pela Lei nº 14.230, de 2021)

§ 11. A ordem de indisponibilidade de bens deverá priorizar veículos de via terrestre, bens imóveis, bens móveis em geral, semoventes, navios e aeronaves, ações e quotas de sociedades simples e empresárias, pedras e metais preciosos e, apenas na inexistência desses, o bloqueio de contas bancárias, de forma a garantir a subsistência do acusado e a manutenção da atividade empresária ao longo do processo. (Incluído pela Lei nº 14.230, de 2021)

§ 12. O juiz, ao apreciar o pedido de indisponibilidade de bens do réu a que se refere o *caput* deste artigo, observará os efeitos práticos da decisão, vedada a adoção de medida capaz de acarretar prejuízo à prestação de serviços públicos. (Incluído pela Lei nº 14.230, de 2021)

§ 13. É vedada a decretação de indisponibilidade da quantia de até 40 (quarenta) salários mínimos depositados em caderneta de poupança, em outras aplicações financeiras ou em conta-corrente. (Incluído pela Lei nº 14.230, de 2021)

§ 14. É vedada a decretação de indisponibilidade do bem de família do réu, salvo se comprovado que o imóvel seja fruto de vantagem patrimonial indevida, conforme descrito no art. 9º desta Lei. (Incluído pela Lei nº 14.230, de 2021)

77. INDISPONIBILIDADE DE BENS. A antiga redação da Lei n. 8.429/92 contemplava, como instrumentos cautelares patrimoniais, a indisponibilidade de bens (art. 7º) e o sequestro (art. 16). A Lei n. 14.230/2021 promoveu considerável alteração na regulamentação do tema, pois não só eliminou a disciplina do sequestro contida no antigo art. 16, como conferiu ampla e nova disciplina à indisponibilidade de bens.

O sequestro consistia em tutela provisória destinada a garantir o integral ressarcimento do dano causado ao erário, bem como a restituição dos bens acrescidos de forma ilícita ao patrimônio do agente público ou particular, em razão da prática de ato de improbidade administrativa. O pedido deveria recair sobre bens determinados e não genéricos, em relação aos quais se consubstanciou o enriquecimento ilícito e prejuízo ao erário causado, incorporando-se ao patrimônio do agente público ou do terceiro. Conforme lição de Pedro Roberto Decomain a conveniência de se "concluir pelo cabimento do sequestro, sempre que possa ser identificado especificamente algum bem que haja representado o enriquecimento ilícito do agente, caracterizador das situações de improbidade administrativa focadas pelo art. 9º da

Lei n. 8.429/92."[1] Tratava-se de tutela de urgência, pois era necessária a demonstração do *fumus boni iuris* (fundados indícios da prática do ato de improbidade administrativa) e do *periculum in mora* (risco de dilapidação dos bens). Em razão do nexo que exigia para o sequestro, ou seja, tratar-se de bem adquirido com valores obtidos ilicitamente ou mediante prejuízo ao erário, somente poderia incidir sobre bens adquiridos após a prática do ato de improbidade administrativa, diferentemente do que se verifica com a indisponibilidade de bens.[2]

Havia evidente diferença entre o sequestro e a indisponibilidade, mesmo podendo as medidas concorrer, atendidos os pressupostos legais respectivos. O alcance da indisponibilidade se mostrava muito maior que o do sequestro, tendo como referência o patrimônio do réu e não somente aquela específica quantia ou determinado bem ilicitamente acrescido. O sequestro e a indisponibilidade são providências acautelatórias, preparatórias ou dependentes, no combate da improbidade administrativa que visam garantir a eficácia da eventual sentença que condenar à perda dos bens ilicitamente acrescidos ou ao ressarcimento do dano, podendo o autor promovê-las, mesmo que a autoridade administrativa não represente nesse sentido. O sequestro e a indisponibilidade têm natureza jurídica, requisitos, pressupostos e alcances diferenciados, porém atingem bens de qualquer natureza do agente público, de terceiros beneficiários ou partícipes e de sucessores. A indisponibilidade de bens atinge bens genericamente considerados, enquanto o sequestro (arresto) sobre bem específico.

A doutrina criticava eventual atecnia legislativa no tratamento do tema na redação anterior da Lei n. 8.429/92, notadamente em relação à possível confusão entre os conceitos de arresto e sequestro, razão pela qual se sustentava que, na prática, havia identidade entre as medidas que visavam o bloqueio de bens e direitos, para se garantir o resultado útil do processo.[3]

1. DECOMAIN, Pedro Roberto. 'Improbidade administrativa'. São Paulo: Dialética, 2014. p. 329.
2. ANDRADE, Adriano; MASSON, Cleber; ANDRADE, Landolfo. 'Interesses difusos e coletivos esquematizado'. São Paulo: Método, 2015. p 785.
3. GAJARDONI, Fernando da Fonseca; CRUZ, Luana Pedrosa de Figueiredo; GOMES JÚNIOR, Luiz Manoel; FAVRETO, Rogério. *Comentários à Nova Lei de Improbidade Administrativa: Lei 8.429/1992, com as alterações da Lei 14.230/2021*. 5.ed. rev., atual. e ampl. São Paulo: Thomson Reuters Brasil, 2021. p. 270-271.

Nesta óptica, positiva a simplificação legislativa consubstanciada no artigo 16, o qual passa a dispor sobre qualquer forma de indisponibilidade de bens, abrangendo a indisponibilidade, sequestro ou arresto e bloqueio de bens disciplinados no regime anterior.[4]

A indisponibilidade de bens, que, à evidência, não configura sanção, mas espécie de tutela provisória, foi expressamente incluída no § 4º do art. 37 da Constituição Federal, do que se extrai a peculiar escolha do constituinte originário em elevar ao patamar constitucional a tutela cautelar do patrimônio público, por meio das ações de improbidade administrativa. Esta particular preocupação do constituinte para com a proteção do patrimônio público deve ser levada em consideração pelo legislador ordinário na conformação das normas processuais pertinentes, bem como pelo juiz na aplicação do direito e, portanto, na apreciação dos pedidos de indisponibilidade de bens calcados em atos de improbidade administrativa.

Em atenção ao comando constitucional, o art. 16 da Lei n. 8.429/92, com a redação que lhe foi dada pela Lei n. 14.230/2021, contempla a indisponibilidade de bens nas ações de improbidade administrativa. Assim como as tutelas provisórias em geral, o pedido de indisponibilidade de bens poderá ser deduzido de forma antecedente ou incidental, observando-se o disposto nos arts. 294 e segts. do Código de Processo Civil, inclusive a necessidade de ajuizamento da ação principal de improbidade administrativa no prazo de 30 dias da efetivação da cautelar (art. 308 do Código de Processo Civil).

78. LEGITIMIDADE ATIVA. O pedido deve ser formulado por quem tem legitimidade para a propositura da ação de improbidade administrativa, oficiosamente ou por meio de provocação da autoridade que tomar conhecimento dos fatos (art. 7º), como, por exemplo, aquele competente para a aplicação de sanções disciplinares administrativas. A Lei 14.230/2021 restringiu a legitimidade ativa para as ações de improbidade administrativa ao Ministério Público, afastando a da pessoa jurídica interessada que constava na redação anterior do art.

4. GAJARDONI, Fernando da Fonseca; CRUZ, Luana Pedrosa de Figueiredo; GOMES JÚNIOR, Luiz Manoel; FAVRETO, Rogério. *Comentários à Nova Lei de Improbidade Administrativa: Lei 8.429/1992, com as alterações da Lei 14.230/2021*. Op. cit., p. 271.

17. O Supremo Tribunal Federal reputou inconstitucional a restrição e reconheceu a existência de legitimidade ativa concorrente entre Ministério Público e pessoas jurídicas interessadas (ADI 7.042; ADI 7.043), do que se decorre a legitimação concorrente também para o pedido de indisponibilidade de bens.

79. FINALIDADE. Cuida-se a indisponibilidade de bens de providência de cunho conservativo, pois visa a assegurar o resultado útil do processo,[5] consubstanciado, conforme previsão do *caput* do art. 16, no ressarcimento ao erário ou na restituição dos valores acrescidos ilicitamente ao patrimônio do agente.

O § 10 do art. 16, ao mencionar que a indisponibilidade recairá sobre bens que assegurem exclusivamente o integral ressarcimento do dano ao erário, deve ser entendido como mera explicitação da vedação legal à consideração do valor da multa civil para a sua incidência, pois, de acordo com o "caput" do artigo 16, é indubitável que também poderá atingir os bens acrescidos ilicitamente ao patrimônio do agente.

Por meio do Tema 1.055[6] o Superior Tribunal de Justiça havia consolidado entendimento sobre a possibilidade de a indisponibilidade de bens alcançar o valor da multa civil, bem como a prática de atos de improbidade administrativa tipificados no art. 11. Ocorre que o § 10 do art. 16, com redação dada pela Lei n. 14.230/2021, passou a vedar a incidência da indisponibilidade de bens sobre valores aplicados a título de multa civil.

5. BEDAQUE, José Roberto dos Santos. *Tutela provisória: analisada à luz das garantias constitucionais da ação e do processo*. 6.ed., rev. e refundida. São Paulo: Malheiros, 2021. p. 136-137. Pontua o autor que enquanto "as demais, cognitiva e executiva, visam à satisfação do interesse juridicamente protegido no plano substancial, a cautelar tem por função assegurar a efetividade dessas tutelas contra o perigo representado pelo retardamento do pronunciamento jurisdicional definitivo. A demora do provimento satisfativo pode gerar sua ineficácia, o que torna muitas vezes necessária determinada providência assecuratória, função precípua da tutela cautelar."

6. É possível a inclusão do valor de eventual multa civil na medida de indisponibilidade de bens decretada na ação de improbidade administrativa, inclusive naquelas demandas ajuizadas com esteio na alegada prática de conduta prevista no art. 11 da Lei 8.429/1992, tipificador da ofensa aos princípios nucleares administrativos.

Em face da natureza pecuniária da sanção de multa civil[7] e do escopo conservativo das cautelares em geral, compreende-se que a restrição em tela se afigura desprovida de razoabilidade, colocando em risco o resultado útil do processo. A garantia de acesso à justiça e do devido processo legal não se restringem às tutelas satisfativas ou definitivas, devendo o sistema processual contemplar instrumentos que permitam afastar riscos à efetividade do provimento final decorrentes da demora no trâmite processual, "proteção inerente à garantia constitucional da ação, que não pode ser objeto de restrição por parte do legislador ordinário".[8]

Assim como reconhecido pelo Supremo Tribunal Federal em relação aos arts. 7º, § 2º, e 22, § 2º, da Lei 12.016/2009,[9] detecta-se inconstitucionalidade na restrição prevista no § 10 do art. 16 da LIA em relação à multa civil, na medida em que impõe indevido óbice ao acesso à justiça, em descompasso com o patamar constitucional ao qual erigida a proteção ao patrimônio público e a medida de indisponibilidade de bens, estrategicamente albergada no § 4º do art. 37 da Constituição Federal.

Portanto, entende-se que o § 10 do art. 16 da Lei n. 8.429/92[10] não supera a filtragem realizada pela garantia de acesso à justiça e pelo § 4º do art. 37 da Lei Maior, razão pela qual se reputa inconstitucional a vedação imposta pelo referido dispositivo, subsistindo a dicção firmada no Tema 1.055 do Superior Tribunal de Justiça.

---

7. MARTINS JÚNIOR, Wallace Paiva. *Probidade Administrativa*. 4ª. ed. São Paulo: Saraiva, 2009, p. 371-371.
8. BEDAQUE, José Roberto dos Santos. *Tutela provisória: analisada à luz das garantias constitucionais da ação e do processo*. 6.ed., rev. e refundida. São Paulo: Malheiros, 2021. p. 81.
9. STF, ADI 4.296, Rel. Min. Alexandre de Moraes, j. 09.06.2021. Constou na decisão que se "esta CORTE, em sede concentrada, deve garantir a efetividade, isto é, a concretização da proteção constitucional aos direitos líquidos e certos protegidos por mandado de segurança; e, nessa proteção, engloba-se a cautelaridade. Obstáculos que se coloquem à concessão da medida liminar em mandado de segurança, a meu ver, serão sempre inconstitucionais por restringirem uma ação constitucional de natureza civil estampada no art. 5º da Constituição, na previsão dos nossos direitos e garantias fundamentais.
10. Tramita no STF a ADI n. 7237 que, dentre outros, tem como objeto o § 10 do art. 10.

80. CONCORRÊNCIA COM OUTROS PROVIMENTOS CAUTELARES. Cuidando-se de cautelar típica contemplada na Lei n. 8.429/92, nada obsta, ainda, a utilização subsidiária do Código de Processo Civil, notadamente da cautelar inominada (arts. 300 e 301), por meio de arresto ou protesto contra a alienação de bens, além de hipoteca judiciária em caso de condenação em primeiro grau de jurisdição sujeita à apelação com efeito suspensivo (artigo 495).[11]

81. CONTRADITÓRIO DIFERIDO. Não obstante a parte *in fine* do § 3º do art. 16 contemple a oitiva do réu para decretação da indisponibilidade, o § 4º do art. 16 autoriza a concessão da indisponibilidade de bens mediante contraditório diferido, sempre que a prévia oitiva do réu puder, comprovadamente, frustrar a efetividade da medida, ou existem outras circunstâncias que recomendem a liminar *inaudita altera pars*.

82. REQUISITOS. Aplica-se, no que for cabível, o regime da tutela provisória de urgência regulamentada no Código de Processo Civil (§ 8º do art. 16). O *fumus boni iuris* consiste na verossimilhança do direito, equivalente à existência de indícios fundados da prática do ato de improbidade administrativa. Sob a égide da redação anterior do art. 16 o Superior Tribunal de Justiça, por meio do Tema 701 de recurso repetitivo, havia assentado a desnecessidade de demonstração da dilapidação do patrimônio, ou seja, do *periculum in mora*, para a concessão da cautelar, exigindo apenas a demonstração de fortes indícios da prática de ato de improbidade administrativa. Em síntese, para os pedidos de indisponibilidade de bens nas ações de improbidade administrativa o Superior Tribunal de Justiça entendia que o *periculum in mora* era presumido.

A reforma promovida pela Lei 14.230/2021 incluiu os §§ 3º[12] e 4º ao art. 16, os quais passaram a exigir não só a demonstração, no caso concreto, de perigo de dano irreparável ou de risco ao resultado útil do processo, como também vedaram a presunção de urgência.

---

11. GAJARDONI, Fernando da Fonseca; CRUZ, Luana Pedrosa de Figueiredo; GOMES JÚNIOR, Luiz Manoel; FAVRETO, Rogério. *Comentários à Nova Lei de Improbidade Administrativa: Lei 8.429/1992, com as alterações da Lei 14.230/2021*. Op. cit., p. 296-297.
12. Tramita no STF a ADI n. 7.237 que, dentre outros, tem como objeto o § 3º do art. 16.

A nova regulamentação da indisponibilidade de bens, portanto, requer maior empenho do autor para a demonstração de que existe risco ao resultado útil do processo, tornando, de certo modo, prejudicado o Tema 701 do Superior Tribunal de Justiça, de forma que ao autor do pedido cautelar incumbirá apresentar elementos suficientes acerca do perigo na demora.

Neste contexto, a configuração da urgência poderá advir, por exemplo, da demonstração da intenção do investigado em promover a dilapidação do patrimônio. Contudo, esta não é a única hipótese, pois a indisponibilidade de bens não poderá ficar condicionada, em qualquer situação, à demonstração da iminência ou efetiva dilapidação de bens.

Destaque-se que, por vezes, o próprio *modus operandi* para a concretização do ato de improbidade administrativa, descrito na petição inicial, será suficiente para transparecer o perigo concreto na demora e a adequação da medida cautelar, como, por exemplo, em casos de simulações de contratações por meio de empresas fantasmas, atestados falsos de conclusões de obras, envolvendo altos valores contratuais, hipóteses nas quais a audácia revelada concretiza forte indicativo de que os envolvidos no desvio das verbas públicas tudo farão para ocultar os bens desviados. Neste sentido, conforme já decidiu o Superior Tribunal de Justiça, "a indisponibilidade dos bens não é indicada somente para os casos de existirem sinais de dilapidação dos bens que seriam usados para pagamento de futura indenização, mas também nas hipóteses em que o julgador, a seu critério, avaliando as circunstâncias e os elementos constantes dos autos, demonstra receio a que os bens sejam desviados, dificultando eventual ressarcimento"[13].

Em palavras singelas, o afastamento da presunção acerca do *periculum in mora* não significa que a satisfação do requisitos para a concessão da cautelar dependerá, em toda e qualquer situação, da demonstração do risco ou da dilapidação do patrimônio, pois a urgência e o perigo concreto podem advir de outras situações,[14] como, por

13. STJ, AgRg na MC 11.139/SP, Rel. Min. Francisco Falcão, Primeira Turma, j. 14.03.2006.

14. TJSP, AI 2176789-82.2021.8.26.0000, Rel. Des. Bandeira Lins, 8ª Câmara de Direito Público, j. 09/11/2022. Afirmou que "a inicial menciona uma 'sofisticada organização criminosa voltada a desviar recursos públicos, bem como obtenção de vantagens indevidas', que aparenta ter como padrão a cooptação de agentes políticos e da própria natureza dessa associação,

exemplo, da constatação de que os bens desviados, não mais passíveis de localização, sequer vieram a integrar o patrimônio do agente, ou, ainda, em casos nos quais o requerido está se ocultando e obstando o recebimento da citação.

Por fim, importante destacar a inconstitucionalidade de restrição imposta pela novel legislação, na medida em que, em descompasso com o § 4º do artigo 37 da Constituição Federal, oferecerá obstáculos à indisponibilidade de bens em caso de prática de atos de improbidade administrativa, com risco à tutela do patrimônio público e ofensa ao princípio da proibição da proteção insuficiente da vedação ao retrocesso.[15]

83. BENS ATINGÍVEIS. A análise conjunta art. 16, *caput*, e dos §§ 2º, 10 e 11, demonstram que qualquer bem móvel ou imóvel, inclusive ativos financeiros e contas bancárias mantidas no exterior, podem ser objeto da indisponibilidade. Por outro lado, a indisponibilidade de bens deverá recair sobre bens adquiridos antes ou depois da prática do ato de improbidade administrativa, dado o seu escopo de garantir o cumprimento da sentença que condene ao ressarcimento ao erário e perdimento de bens acrescidos ilicitamente.

Destaque-se o § 6º do art. 16 permite a substituição da indisponibilidade de bens por caução idônea, fiança bancária ou seguro-garantia judicial, a requerimento do réu.

A indisponibilidade não poderá atingir bens considerados impenhoráveis pela legislação, como as aplicações financeiras de até 40 (quarenta) salários-mínimos (§ 13º do art. 16) e o bem de família, salvo se restar demonstrado que o imóvel é fruto de vantagem patrimonial indevida (§ 14º do art. 16).

---

portanto, se infere presente o risco a cuja verificação a lei passou a subordinar decretos de indisponibilidade de bens: os vários elos da organização aparentam prestar-se à ocultação de bens e recursos que a ação conjunta tenha permitido amealhar A urgência, no caso, promana da característica da operação conjunta que, como multifacetada estrutura, estende a seus integrantes e comparsas a facilidade de que não disporiam, isoladamente, para camuflar valores. É ela própria, a organização, o fator concreto de risco, ensejador da necessidade de se manter o decreto constritivo originário."

15. A matéria é objeto da ADI 7.237/DF em trâmite no STF.

Admite-se, contudo, a indisponibilidade de percentual dos vencimentos do agente público, pois a vedação do inciso IV do art. 833 do Código de Processo Civil cede à especialidade do § 3º do art. 14 da Lei de Ação Popular, aplicável às ações de improbidade administrativa em razão do diálogo das fontes do microssistema processual coletivo, observada a necessidade de que o bloqueio incida sobre quantia que não coloque em risco a subsistência do réu.[16] A jurisprudência do Superior Tribunal de Justiça admite, em situações excepcionais, a relativização da regra da impenhorabilidade das verbas salariais para alcançar parte da remuneração do devedor, desde que preservada quantia suficiente para sua subsistência e de sua família.[17]

84. ORDEM DE INDISPONIBILIDADE DE BENS. O § 11 do art. 16, sob justificativa de garantir a subsistência e propiciar a manutenção da atividade empresarial, estabelece ordem de indisponibilidade que visa a proteger aplicações financeiras, somente passíveis de bloqueio na inexistência de veículos de via terrestre, bens imóveis, bens imóveis em geral, semoventes, navios e aeronaves, ações e quotas de sociedades simples e empresárias, pedras e metais preciosos. Cuida-se de disposição que não se coaduna com a ordem geral estabelecida no art. 835 do Código de Processo Civil, no qual a preferência recai sobre dinheiro, em espécie ou em aplicações financeiras, inexistindo razoável justificativa para o tratamento distinto.

A expressa exigência de demonstração concreta do perigo de dano irreparável ou de risco ao resultado útil do processo (§§ 3º e 4º do art. 16), aliada à limitação ao montante indicado na petição inicial como dano ao erário ou enriquecimento ilícito (§ 5º do art. 16), conferem proteção adequada a eventuais abusos na efetivação da medida, de maneira que a restrição contida no § 11 do art. 16 deve ser considerada apenas se o acusado possuir patrimônio com liquidez para garantir o ressarcimento ao erário, perdimento de bens e multa civil; os bens se mostrarem suficientes para garantir o dano estimado na inicial

16. GAJARDONI, Fernando da Fonseca; CRUZ, Luana Pedrosa de Figueiredo; GOMES JÚNIOR, Luiz Manoel; FAVRETO, Rogério. *Comentários à Nova Lei de Improbidade Administrativa: Lei 8.429/1992, com as alterações da Lei 14.230/2021*. Op. cit., p. 294-295.

17. STJ, AgInt no AREsp n. 2.062.108/RJ, Rel. Min. Marco Buzzi, Quarta Turma, j. 18/08/2022; EREsp n. 1.582.475/MG, Rel. Min. Benedito Gonçalves, Corte Especial, j. 03/10/2018.

(§§ 5º e 6º do art. 16); o réu demonstrar na ação que os valores em dinheiro e aplicações financeiras comprometem a sua subsistência ou o funcionamento de atividade empresária.[18]

85. BENS DE TERCEIRO. O § 7º do art. 16 preconiza que a indisponibilidade de bens de terceiro dependerá da demonstração de sua efetiva concorrência para os atos ilícitos apurados. A previsão é despicienda, pois o deferimento da medida depende da demonstração da fumaça do bom direito e do perigo na demora, providência relacionada com a constatação de que o terceiro contribuiu de alguma forma para o ilícito, nos termos do art. 3º da Lei n. 8.429/92. Além disso, para que a indisponibilidade possa atingir bens de sócios e administradores não enquadrados nas hipóteses dos arts. 2º e 3º e, que, portanto, não figurariam no polo passivo de eventual ação de improbidade administrativa, é necessária a desconsideração da personalidade jurídica, na forma dos arts. 133 a 137 do CPC.

86. PROPORCIONALIDADE. Não se admite que a indisponibilidade de bens venha a incidir sobre a totalidade do patrimônio, mas apenas aqueles bens suficientes para o cumprimento da sentença. Trata-se de entendimento que já era consolidado pelo Superior Tribunal de Justiça[19] e que foi incorporado aos §§ 5º, 6º e 10 do art. 16, conforme redação dada pela Lei 14.230/2021.

O § 5º do art. 16 veda a que a indisponibilidade dos bens de cada réu, em caso de litisconsórcio, supere o montante do valor indicado na inicial como dano ao erário ou enriquecimento ilícito. O § 6º do art. 16, além de determinar seja estimado o dano indicado na petição inicial, tem cláusula expressa que permite a readequação do valor da indisponibilidade durante a instrução do processo, para hipóteses em que se constate, por exemplo, que o valor do dano foi inferior ou mesmo superior ao estimado. Decorre tal regra da própria provisoriedade das cautelares, que podem ser revogadas ou modificadas a qualquer tempo (art. 296 do CPC).

---

18. GAJARDONI, Fernando da Fonseca; CRUZ, Luana Pedrosa de Figueiredo; GOMES JÚNIOR, Luiz Manoel; FAVRETO, Rogério. *Comentários à Nova Lei de Improbidade Administrativa: Lei 8.429/1992, com as alterações da Lei 14.230/2021*. Op. cit., p. 302.
19. STJ, REsp 1.161.049/PA, Rel. Min. Sérgio Kukina, Primeira Turma, j. 18.09.2014.

Ainda na hipótese de litisconsórcio passivo cabe esclarecer que, em caso de procedência do pedido mediante o reconhecimento de dano ao erário ou enriquecimento ilícito, todos os réus devem responder solidariamente, conforme determina o artigo 942 do Código Civil. Se a solidariedade decorre das regras de direito material, não há como se admitir que medida processual destinada a garantir a eficácia do provimento final destoe das balizas contidas no direito material, razão pela qual se mostra inadequada a tese de que a indisponibilidade de bens deveria ser *pro rata*. O art. 17-C, § 2°, da Lei n. 8.429/92 está dirigido às sanções de caráter repressivo-punitivo, as quais, dada a natureza e consequências gravosas de sua incidência, submetem-se aos princípios constitucionais do direito administrativo sancionador (art. 1, § 4º, da lei de Improbidade) e à gama de garantias deles decorrente. É dizer que a vedação à solidariedade se restringe às sanções em razão da prática de ato de improbidade administrativa, como a perda da função pública e a proibição de contratar com a administração, não se aplicando à responsabilidade civil de reparação dos danos causados ou à restituição dos bens acrescidos ilicitamente ao patrimônio.

O art. 17-C, § 2º, da Lei n. 8.429/92, deve ser compreendido de maneira teleológica e em harmonia com as demais regras de direito constitucional, material e processual, não podendo ser aplicado de maneira desarrazoada, sobrepondo-se à solidariedade existente no campo material.

A matéria restou pacificada no Superior Tribunal de Justiça, conforme o Tema 1213 de recurso repetitivo, segundo o qual, para "*fins de indisponibilidade de bens, há solidariedade entre os corréus da Ação de Improbidade Administrativa, de modo que a constrição deve recair sobre os bens de todos eles, sem divisão em quota-parte, limitando-se o somatório da medida ao quantum determinado pelo juiz, sendo defeso que o bloqueio corresponda ao débito total em relação a cada um*".

Por outro lado, o § 12 do art. 16 determina ao juiz a observância dos efeitos práticos da decisão, vedando a adoção de medida capaz de acarretar prejuízo à prestação de serviços públicos. O dispositivo exalta a necessidade de cautela do magistrado, inclusive à luz do consequencialismo, a fim de se evitar que provimento jurisdicional cautelar que venha a atingir faturamento, bens móveis, depósitos bancários ou outros ativos financeiros, venham a colocar em risco a prestação do serviço público. Assim, caso decretada a indisponibilidade de bens em face de empresa prestadora de determinado serviço público, como saúde ou educação, a medida não poderá atingir bens destinados à prestação do serviço à população, como aqueles reservados para pagamento de salários e conservação de bens.[20]

87. CONVENÇÃO PROCESSUAL. Importante frisar que, a partir do disposto no art. 190 do CPC, que introduziu o negócio jurídico processual atípico, as partes poderão celebrar convenção processual por meio da qual ajustem quais bens do requerido deverão ficar indisponíveis até o término da ação.[21] Intuitivo que o autor, Ministério Público e Fazenda Pública, somente poderá firmar o ajuste processual se evidenciada a suficiência dos bens oferecidos para a garantia da utilidade do provimento final, valendo ressaltar que ao Magistrado caberá o controle da validade deste acordo processual, afastando-o caso repute insuficiente a garantia oferecida.[22]

88. DIREITO INTERTEMPORAL. Por fim, dada a natureza processual das novas disposições sobre a indisponibilidade de bens, sua incidência aos processos em trâmite deve observar o art. 14 do Código de Processo Civil, ou seja, aplicação imediata aos feitos em curso e sem retroatividade, respeitados os atos processuais praticados e as situações jurídicas consolidadas à luz da regulamentação anterior. Em outras palavras, decisões anteriores à alteração legislativa, pautadas no entendimento de que o *periculum in mora* seria presumido (Tema 701 do Superior Tribunal de Justiça) ou mesmo de que a indisponibilidade poderia atingir valores estimados a título de multa civil (Tema 1055 do Superior Tribunal de Justiça), não poderão ser revistas apenas em razão do advento da Lei 14.230/2021.

---

20. GAJARDONI, Fernando da Fonseca; CRUZ, Luana Pedrosa de Figueiredo; GOMES JÚNIOR, Luiz Manoel; FAVRETO, Rogério. *Comentários à Nova Lei de Improbidade Administrativa: Lei 8.429/1992, com as alterações da Lei 14.230/2021*. Op. cit., p. 295.
21. MAGALHÃES JR, Alexandre Alberto de Azevedo; *Convenção processual na tutela coletiva.* Salvador: Juspodivm, 2020. p. 277.
22. Ibidem, p. 122-132 e 232-234.

A matéria é objeto do Tema 1257 de recurso repetitivo, ainda sem julgamento no mérito, com destaque para o memorial do Ministério Público do Estado de São Paulo em um dos recursos afetados (REsp n. 2.076.911/SP), no qual defendeu que aos pedidos de indisponibilidade de bens realizados antes da entrada em vigor da Lei n. 14.230/2021 deve ser aplicada a disciplina contida na anterior redação da Lei n. 8.429/1992, seja para a decisão inicial de deferimento ou indeferimento, seja para os eventuais recursos subsequentes, bem como para os pedidos de revogação e modificação, à luz do art. 14 do CPC, do art. 5º, XXXVI e da teoria do isolamento dos atos processuais.

Em outras palavras, admitir-se a revisão automática das decisões concessivas da indisponibilidade de bens sem qualquer alteração fática certamente ocasionaria efeito retroativo à nova lei, vez que o ato processual praticado e seus fundamentos não estariam sendo respeitados. Aceitar a alteração da decisão em razão da mera superveniência legislativa esvaziaria por completo o art. 14 do Código de Processo Civil e, portanto, implicaria supressão do direito processual adquirido, consubstanciado na observância de todos os requisitos elencados na redação pretérita da Lei n. 8.429/1992.

Registre-se que o Supremo Tribunal Federal decidiu pela inaplicabilidade do Tema 1.199 e, também, da impossibilidade de aplicação retroativa das alterações acerca da indisponibilidade de bens.[23]

89. RESPONSABILIDADE CIVIL E IMPROCEDÊNCIA DA AÇÃO. Dispõe o art. 302 do CPC que a parte responde de forma objetiva pelo prejuízo que a efetivação da tutela de urgência causou à parte adversa em caso de insucesso da ação principal.

A regra da responsabilidade objetiva aplicável ao processo civil tradicional não pode ser simplesmente transportada para a ação de improbidade administrativa, que integra o microssistema processual coletivo, sem a consideração das peculiaridades da tutela coletiva,[24] em que o pagamento das custas, despesas e honorários sucumbenciais

---

23. STF, RE 1.445.312 AgR-Segundo/RJ, Rel. Min. Alexandre de Moraes, Primeira Turma, j. 25/09/2023.
24. LEONEL, Ricardo de Barros; *Manual do processo coletivo*. Op. cit., p. 466.

depende da comprovação da má-fé do autor (arts. 17 e 18 da Lei n. 7.347/85; 87 da Lei n. 8.078/1990 e 23-B, § 2º, da Lei n. 8.429/92).

Assim, afastada a responsabilidade objetiva, o autor somente poderá ser responsabilizado em razão da efetivação da indisponibilidade e em caso de insucesso da ação de improbidade administrativa se identificada a má-fé e a manifesta temeridade da demanda.[25]

25. Ibidem. loc. cit.

8

PROCESSO JUDICIAL
(ARTS. 17 E 18)

Art. 17. A ação para a aplicação das sanções de que trata esta Lei será proposta pelo Ministério Público e seguirá o procedimento comum previsto na Lei nº 13.105, de 16 de março de 2015 (Código de Processo Civil), salvo o disposto nesta Lei. (Redação dada pela Lei nº 14.230, de 2021)

§§ 1º a 4º (Revogados). (Redação dada pela Lei nº 14.230, de 2021)

§ 4º-A A ação a que se refere o *caput* deste artigo deverá ser proposta perante o foro do local onde ocorrer o dano ou da pessoa jurídica prejudicada. (Incluído pela Lei nº 14.230, de 2021)

§ 5º A propositura da ação a que se refere o *caput* deste artigo prevenirá a competência do juízo para todas as ações posteriormente intentadas que possuam a mesma causa de pedir ou o mesmo objeto. (Redação dada pela Lei nº 14.230, de 2021)

§ 6º A petição inicial observará o seguinte: (Redação dada pela Lei nº 14.230, de 2021)

I – deverá individualizar a conduta do réu e apontar os elementos probatórios mínimos que demonstrem a ocorrência das hipóteses dos arts. 9º, 10 e 11 desta Lei e de sua autoria, salvo impossibilidade devidamente fundamentada; (Incluído pela Lei nº 14.230, de 2021)

II – será instruída com documentos ou justificação que contenham indícios suficientes da veracidade dos fatos e do dolo imputado ou com razões fundamentadas da impossibilidade de apresentação de qualquer dessas provas, observada a legislação vigente, inclusive as disposições constantes dos arts. 77 e 80 da Lei nº 13.105, de 16 de março de 2015 (Código de Processo Civil). (Incluído pela Lei nº 14.230, de 2021)

§ 6º-A O Ministério Público poderá requerer as tutelas provisórias adequadas e necessárias, nos termos dos arts. 294 a 310 da Lei nº 13.105, de 16 de março de 2015 (Código de Processo Civil (Incluído pela Lei nº 14.230, de 2021)

§ 6º-B A petição inicial será rejeitada nos casos do art. 330 da Lei nº 13.105, de 16 de março de 2015 (Código de Processo Civil), bem como quando não preenchidos os requisitos a que se referem os incisos I e II do § 6º deste artigo, ou ainda quando manifestamente inexistente o ato de improbidade imputado. (Incluído pela Lei nº 14.230, de 2021)

§ 7º Se a petição inicial estiver em devida forma, o juiz mandará autuá-la e ordenará a citação dos requeridos para que a contestem no prazo comum de 30 (trinta) dias, iniciado o prazo na forma do art. 231 da Lei nº 13.105, de 16 de março de 2015 (Código de Processo Civil). (Redação dada pela Lei nº 14.230, de 2021)

§§ 8º e 9º (Revogados). (Redação dada pela Lei nº 14.230, de 2021)

§ 9º-A. Da decisão que rejeitar questões preliminares suscitadas pelo réu em sua contestação caberá agravo de instrumento. (Incluído pela Lei nº 14.230, de 2021)

§ 10. (Revogado). (Redação dada pela Lei nº 14.230, de 2021)

§ 10-A. Havendo a possibilidade de solução consensual, poderão as partes requerer ao juiz a interrupção do prazo para a contestação, por prazo não superior a 90 (noventa) dias. (Incluído pela Lei nº 13.964, de 2019)

§ 10-B. Oferecida a contestação e, se for o caso, ouvido o autor, o juiz: (Incluído pela Lei nº 14.230, de 2021)

I – procederá ao julgamento conforme o estado do processo, observada a eventual inexistência manifesta do ato de improbidade; (Incluído pela Lei nº 14.230, de 2021)

II – poderá desmembrar o litisconsórcio, com vistas a otimizar a instrução processual. (Incluído pela Lei nº 14.230, de 2021)

§ 10-C. Após a réplica do Ministério Público, o juiz proferirá decisão na qual indicará com precisão a tipificação do ato de improbidade administrativa imputável ao réu, sendo-lhe vedado modificar o fato principal e a capitulação legal apresentada pelo autor. (Incluído pela Lei nº 14.230, de 2021)

§ 10-D. Para cada ato de improbidade administrativa, deverá necessariamente ser indicado apenas um tipo dentre aqueles previstos nos arts. 9º, 10 e 11 desta Lei. (Incluído pela Lei nº 14.230, de 2021)

§ 10-E. Proferida a decisão referida no § 10-C deste artigo, as partes serão intimadas a especificar as provas que pretendem produzir. (Incluído pela Lei nº 14.230, de 2021)

§ 10-F. Será nula a decisão de mérito total ou parcial da ação de improbidade administrativa que: (Incluído pela Lei nº 14.230, de 2021)

I – condenar o requerido por tipo diverso daquele definido na petição inicial; (Incluído pela Lei nº 14.230, de 2021)

II – condenar o requerido sem a produção das provas por ele tempestivamente especificadas. (Incluído pela Lei nº 14.230, de 2021)

§ 11. Em qualquer momento do processo, verificada a inexistência do ato de improbidade, o juiz julgará a demanda improcedente. (Redação dada pela Lei nº 14.230, de 2021)

§§ 12 e 13. (Revogados). (Redação dada pela Lei nº 14.230, de 2021)

§ 14. Sem prejuízo da citação dos réus, a pessoa jurídica interessada será intimada para, caso queira, intervir no processo. (Incluído pela Lei nº 14.230, de 2021)

§ 15. Se a imputação envolver a desconsideração de pessoa jurídica, serão observadas as regras previstas nos arts. 133, 134, 135, 136 e 137 da Lei nº 13.105, de 16 de março de 2015 (Código de Processo Civil). (Incluído pela Lei nº 14.230, de 2021)

§ 16. A qualquer momento, se o magistrado identificar a existência de ilegalidades ou de irregularidades administrativas a serem sanadas sem que estejam presentes todos os requisitos para a imposição das sanções aos agentes incluídos no polo passivo da demanda, poderá, em decisão motivada, converter a ação de improbidade administrativa em ação civil pública, regulada pela Lei nº 7.347, de 24 de julho de 1985. (Incluído pela Lei nº 14.230, de 2021)

§ 17. Da decisão que converter a ação de improbidade em ação civil pública caberá agravo de instrumento. (Incluído pela Lei nº 14.230, de 2021)

§ 18. Ao réu será assegurado o direito de ser interrogado sobre os fatos de que trata a ação, e a sua recusa ou o seu silêncio não implicarão confissão. (Incluído pela Lei nº 14.230, de 2021)

§ 19. Não se aplicam na ação de improbidade administrativa: (Incluído pela Lei nº 14.230, de 2021)

I – a presunção de veracidade dos fatos alegados pelo autor em caso de revelia; (Incluído pela Lei nº 14.230, de 2021)

II – a imposição de ônus da prova ao réu, na forma dos §§ 1º e 2º do art. 373 da Lei nº 13.105, de 16 de março de 2015 (Código de Processo Civil); (Incluído pela Lei nº 14.230, de 2021)

III – o ajuizamento de mais de uma ação de improbidade administrativa pelo mesmo fato, competindo ao Conselho Nacional do Ministério Público dirimir conflitos de atribuições entre membros de Ministérios Públicos distintos; (Incluído pela Lei nº 14.230, de 2021)

IV – o reexame obrigatório da sentença de improcedência ou de extinção sem resolução de mérito. (Incluído pela Lei nº 14.230, de 2021)

§ 20. A assessoria jurídica que emitiu o parecer atestando a legalidade prévia dos atos administrativos praticados pelo administrador público ficará obrigada a defendê-lo judicialmente, caso este venha a responder ação por improbidade administrativa, até que a decisão transite em julgado. (Incluído pela Lei nº 14.230, de 2021)

§ 21. Das decisões interlocutórias caberá agravo de instrumento, inclusive da decisão que rejeitar questões preliminares suscitadas pelo réu em sua contestação. (Incluído pela Lei nº 14.230, de 2021)

90. PROCESSO JUDICIAL: AÇÃO CIVIL. A tutela jurisdicional civil da probidade administrativa está delineada na diretriz do art. 37, § 4º, da Constituição Federal. O dispositivo constitucional destacado proclama a repressão da improbidade administrativa na jurisdição civil a ser descrita em lei, sem prejuízo da ação penal cabível. Essas duas instâncias, entretanto, são dotadas de instrumentos e mecanismos diferentes e concorrentes.

O *caput* do art. 17 explicita a natureza civil ao apontar que as ações de improbidade administrativa seguirão o procedimento comum contemplado no Código de Processo Civil, observadas as normas processuais especiais previstas na Lei 8.429/92. Incontroversa, portanto, a natureza civil[1] e não penal da ação de improbidade, dada a redação do § 4º do art. 37 da Constituição Federal, segundo o qual "os atos de improbidade administrativa importarão a suspensão dos direitos políticos, a perda da função, a indisponibilidade dos bens e o ressarcimento ao erário, na forma e gradação previstas em lei, sem prejuízo da ação penal cabível".

A diretriz constitucional não pode ser afastada ao se interpretar o § 4º do art. 1º da Lei 8.429/92, com a redação dada pela Lei 14.230/21, o qual afirmou a aplicação dos princípios constitucionais do direito administrativo sancionador. Ora, a despeito do caráter sancionador do sistema de improbidade administrativa, cuida-se de sanção inserida na seara civil e que, portanto, segue as disposições processuais civis. Ensina José Antonio Lisboa Neiva que a aludida ação não tem natureza penal, mas civil, sendo certo que o § 4º do art. 37 da Constituição de República, após mencionar as consequências decorrentes dos atos ímprobos, destaca expressamente: 'sem prejuízo da ação penal cabível'. Sendo assim, parece claro que o ressarcimento, a perda da função ou cargo e a indisponibilidade cautelar de bens, todos previstos no aludido dispositivo constitucional, são obtidos em ação civil.[2]

1. STF, ADI 2797/DF, Rel. Min. Sepúlveda Pertence, Tribunal Pleno, j. 15/09/2005; PET 3240 AgR/DF, Rel. Min. Luís Roberto Barroso, Tribunal Pleno, j. 10/05/2018, no qual se assentou que: "A suposta gravidade das sanções previstas no art. 37, § 4º, da Constituição, não reveste a ação de improbidade administrativa de natureza penal."
2. NEIVA, José Antonio Lisbôa Neiva. Op. cit. p. 228;

Ademais, a natureza civil das ações de improbidade administrativa restou reafirmada no julgamento do Tema 1199 de Repercussão Geral (RE 843989/PR), que teve como objeto a retroatividade ou não das alterações promovidas pela Lei n. 14.230/2021.[3]

A ação de improbidade administrativa não só tem natureza civil como está inserida no sistema de tutela coletiva, na medida em que a proteção ao patrimônio público e à moralidade administrativa revelam direitos de natureza indivisível e sujeitos beneficiados indeterminados, configurando espécie de interesse difuso contemplado no art. 81, parágrafo único, I, do Código de Defesa do Consumidor. A ação civil de que trata o art. 17 é pública porque, sendo a probidade administrativa interesse transindividual, indivisível e de titulares indeterminados, pertencendo à categoria dos difusos (cujos objetos são o patrimônio público e social e a moralidade administrativa), a ação que tende a protegê-lo, prevenindo e responsabilizando danos morais e patrimoniais, é a demanda molecular (a ação civil pública criada pela Lei Federal n. 7.347/85, art. 1º, IV, com o objeto ampliado pelo art. 129, III, da CF).

Conforme destaca Hermes Zaneti Jr., o processo coletivo pode ter como objeto questões administrativas e tutelar bens jurídicos protegidos pelo direito administrativo e, neste contexto, "a tutela do combate à corrupção, da moralidade e da probidade administrativa é claramente um bem jurídico difuso com guarida constitucional e

---

3. Destacou o Ministro Alexandre de Moraes em seu voto que "A Constituição Federal, portanto, **no campo civil**, pretendeu punir mais severamente o agente público corrupto, que se utiliza do cargo ou de funções públicas para enriquecer ou causar prejuízo ao erário, desrespeitando a legalidade e moralidade administrativas, mas, para tanto, exigiu a tipificação legal das condutas denominadas "atos de improbidade" e geradoras das graves sanções previstas no § 4º do art. 37 e disciplinadas no art. 12 da Lei 8.429/1992, de maneira a possibilitar a ampla defesa e o contraditório, com absoluto respeito ao devido processo legal.

A LIA definiu os atos de improbidade administrativa como aqueles que, **possuindo natureza civil e devidamente tipificados em lei federal,** ferem direta ou indiretamente os princípios constitucionais e legais da Administração Pública, independentemente de importarem enriquecimento ilícito ou de causarem prejuízo material ao erário [...] **A Lei 14.230/21, de maneira inexplicável, pretendeu, em seu artigo 17-D, excluir a natureza civil da ação de improbidade, em que pese, esse substrato partir da própria Constituição Federal Ora, ao errônea e fictamente tentar excluir a natureza civil da ação de improbidade, a lei não teve a força de excluir a natureza civil do ato de improbidade e suas sanções, pois essa "natureza civil" tem substrato diretamente do texto constitucional** [...] – grifos nossos

natureza cível *lato sensu*, direito público coletivo, portanto (art. 37, *caput* e § 4º, CF/88)".[4]

Em consequência da natureza cível *lato sensu* das ações de improbidade administrativa e de sua destinação à proteção de interesses metaindividuais, a Lei 8.429/92 integra, ao lado do Código de Defesa do Consumidor, da Lei da Ação Civil Pública, da Lei de Ação Popular, entre outras, o microssistema processual coletivo, permeado pelo diálogo das fontes, permitindo, por exemplo, a alteração do polo nas ações coletivas (art. 6º, § 3º, da Lei de Ação Popular) ou a impossibilidade de condenação em honorários advocatícios, custas e despesas processuais.[5]

91. LEGITIMIDADE ATIVA. Na redação anterior do "caput" do art. 17 da Lei 8.429/92 a legitimidade para deflagrar a ação de improbidade administrativa era do *Ministério Público e da pessoa jurídica interessada ou lesada*, abrangendo as pessoas jurídicas de direito público da administração direta (União, Estados, Municípios e Distrito Federal) e da administração indireta e fundacional (redação anterior do art. 1º, "caput", da Lei. 8.429/92). As pessoas jurídicas referidas no antigo parágrafo único do art. 1º não possuíam legitimidade ativa, pois a finalidade da lei é a proteção dos recursos públicos investidos e não do patrimônio particular da entidade, recaindo a legitimidade sobre o Ministério Público, administração pública direta, indireta ou fundacional responsável pela incorporação, criação, custeio ou incentivo à entidade privada.[6]

Cuidava-se de hipótese de legitimação concorrente e disjuntiva, nos moldes adotados para a tutela coletiva em geral.

Quanto ao Ministério Público o art. 129, III, da Constituição Federal dispõe função institucional "promover o inquérito civil e a ação civil pública para a proteção do patrimônio público e social, do meio

4. Esta é a posição de Hermes Zaneti Jr: DIDIER JR, Fredie; ZANETI JR, Hermes; Curso de direito processual civil: processo coletivo – v.4 – 16.ed. rev. atual, e ampl. – São Paulo: Ed. Juspodivm, 2022. p. 25-30. Em sentido contrário Fredie Didier Jr em: DIDIER JR, Fredie; ZANETI JR, Hermes; Curso de direito processual civil: processo coletivo – v.4 – Op. cit., p. 30-33.
5. Ibid., p. 30.
6. GARCIA, Emerson; ALVES, Rogério Pacheco. Op. cit., p. 860.

ambiente e de outros interesses difusos e coletivos". Assim, a legitimidade ativa conferida ao Ministério Público no art. 17, *caput*, da Lei n. 8.429/92, tem embasamento na Constituição Federal, razão pela qual inadmissível entendimento que sustente a inconstitucionalidade da legitimidade conferida ao *Parquet* para a tutela do patrimônio público, sob o fundamento de que a sua defesa incumbiria tão somente à Fazenda Pública.

É inegável que a legitimidade ativa do Ministério Público tem substrato constitucional, não padecendo do vício de representação judicial das pessoas jurídicas da Administração Pública, na medida em que exerce o direito de ação em nome da coletividade para alcance e prevalência do interesse público primário. De outra parte, essa legitimação concorrente à pessoa jurídica de direito público interessada assume o contorno de evitar que a legitimação de um único órgão ou pessoa levasse a indesejáveis efeitos, principalmente a impunidade. É mais do que óbvio que será muito difícil a pessoa jurídica interessada promover ação civil de improbidade administrativa contra seus próprios dirigentes ou outras pessoas ligadas ou por eles protegidas.

O inciso IX, do art. 129, deve ser interpretado em conjunto com o inciso III do mesmo dispositivo, o qual, como visto, incumbe expressamente ao Ministério Público a defesa do patrimônio público, não se confundindo a tutela do patrimônio público com a representação judicial da fazenda pública.[7]

A proibição de consultoria jurídica e representação judicial de entidades públicas deve ser contextualizada. Buscou-se afastar conflito existente na estrutura do Ministério Público Federal, que também exercia a representação judicial da União. Assim, a partir de 1988, a representação judicial da União ficou reservada à Advocacia-Geral da União, nos termos do art. 131 da CF.

---

7. LEONEL, Ricardo de Barros. Op. cit., p. 215. Aponta que a "propositura de ação civil pública em defesa do erário ou do patrimônio público não se confunde com o exercício de representação judicial de entidade pública. Na representação processual o representante postula interesse alheio em nome próprio. Na demanda coletiva proposta pelo *Parquet* em defesa do patrimônio público, a instituição está tutelando em nome próprio interesse difuso do qual todos os integrantes da sociedade são titulares, de forma indivisível. É a tutela do interesse público primário, e não do interesse público secundário, este sim visto sob a ótica da Administração Pública.

Ademais, por se tratar de normas constitucionais originárias, tanto a que concebe legitimação para a tutela do patrimônio público como a que veda a representação judicial e consultoria jurídica de entes públicos, deve-se solucionar o aparente impasse com esteio nos postulados da unidade da Constituição e harmonização de suas normas, sendo certo que a admissão de inconstitucionalidade da legitimação do Ministério Público contrariaria princípios básicos da hermenêutica constitucional.[8]

Portanto, não há como se afastar a legitimidade ativa do Ministério Público para tutela do patrimônio público, entendimento pacificado na Súmula n. 329 do Superior Tribunal de Justiça.

Por outro lado, a Lei 14.230/2021 havia restringido a legitimidade ativa para as ações de improbidade ao Ministério Público, o que traduzia indevida tentativa de afastar a ação de improbidade administrativa do microssistema coletivo e aproximá-la do processo punitivo penal.

O legislador também havia fixado que apenas o Ministério Público poderia celebrar acordo de não persecução civil (art. 17-B), bem como estabelecia o prazo de um ano a partir da publicação da Lei 14.230/21 para que o Ministério Público se manifestasse no interesse do prosseguimento das ações em curso ajuizadas pela Fazenda Pública (art. 3º da Lei 14.230/21).

A opção legislativa não se coadunava com o arcabouço constitucional voltado ao combate aos atos de corrupção e nem mesmo com a inserção das ações de improbidade no microssistema de tutela coletiva. Conforme antes destacado, cuida-se de ação de natureza civil e não penal, não se afigurando razoável que a pessoa jurídica lesada não possa deflagrar a respectiva ação ou mesmo celebrar acordo de não persecução civil.

O Supremo Tribunal Federal reputou inconstitucional a alteração legislativa (ADI 7.042 e 7.043) garantindo a legitimidade ativa concorrente entre Ministério Público e as pessoas jurídicas interessadas. Conforme frisou o Ministro Relator na concessão da liminar, a "supressão da legitimidade ativa das pessoas jurídicas interessadas para a propositura da ação de improbidade administrativa pode representar

8. Ibid., p. 216.

grave limitação ao amplo acesso à jurisdição (CF, art. 5º, XXXV), com ferimento ao princípio da eficiência (CF, art. 37, *caput*) e, no limite, obstáculo ao exercício da competência comum da União, Estados, Distrito Federal e Municípios para "zelar pela guarda da Constituição" e "conservar o patrimônio público" (CF, art. 23, I), bem como, um significativo retrocesso quanto ao imperativo constitucional de combate à improbidade administrativa."

92. COMPETÊNCIA. Antes da alteração promovida pela Lei 14.230/2021 no § 4º-A da Lei 8.429/92 não havia regra explícita sobre a competência para as ações de improbidade administrativa, o que não obstou, à luz das regras do microssistema processual coletivo, a consolidação do entendimento doutrinário de que a competência deveria coincidir com o local do dano (art. 2º da Lei 7.347/85),[9] posição também sedimentada na jurisprudência.[10]

Com base no regramento anterior já se afirmou que o local do dano poderia ser compreendido como a sede da pessoa jurídica de direito público lesada ou aquele no qual praticadas as condutas ilícitas, não necessariamente coincidente com a sede da pessoa jurídica.[11]

O § 4º-A do art. 17 consolidou tal entendimento e assentou que a ação deverá ser proposta perante o foro do local onde ocorrer o dano ou, ainda, da sede da pessoa jurídica prejudicada.

Cuida-se de competência territorial de natureza absoluta, inderrogável, improrrogável e cognoscível de ofício, em qualquer grau de jurisdição, fixada em razão do interesse público na maior facilidade de produção de prova e apuração dos fatos.[12]

A opção pelo *locus* em que tenha ocorrido a ação ou omissão tem como escopo facilitar a produção de provas em prol da eficiência

9. MARTINS JÚNIOR, Wallace Paiva. *Probidade Administrativa*. 4ª. ed. São Paulo: Saraiva,2009, p. 422-423. NEVES, Daniel Amorim Assumpção; OLIVEIRA, Rafael Carvalho Rezende. Op. cit. p. 162/163.
10. STJ, 2ª Turma, AgRg no REsp n. 1356217/SC, Rel. Min. Herman Benjamin, Dje 20.06.2014.
11. GARCIA, Emerson; ALVES, Rogério Pacheco. Op. cit. p. 1013-1015.
12. LEONEL, Ricardo de Barros. *Manual do processo coletivo*. op. cit., p. 246-248.

processual, celeridade, duração razoável do processo e ampla defesa, em linha com a ideia de competência adequada.[13]

A despeito da aparente concorrência de foros no § 4º-A do art. 17, deverá prevalecer a competência do local em que os fatos ocorreram, em detrimento da sede da pessoa jurídica lesada. Neste sentido decidiu o Superior Tribunal de Justiça que "a *ratio legis* da utilização do local do dano como critério definidor da competência nas ações coletivas é proporcionar maior celeridade no processamento, na instrução e, por conseguinte, no julgamento do feito, dado que é muito mais fácil apurar o dano e suas provas no juízo em que os fatos ocorreram".[14]

A regra de prevenção contemplada no § 5º do art. 17 demanda interpretação a partir das balizas acima explicitadas, devendo prevalecer o foro com maior facilidade para produção de provas, a despeito de a ação ter sido ajuizada posteriormente.[15]

Por outro lado, em face do disposto no inciso I do art. 109 da Constituição Federal, será da Justiça Federal a competência em caso de atos de improbidade contra o patrimônio da União, de suas entidades autárquicas ou de empresas públicas federais. Em relação às sociedades de economia mista federal a competência será da Justiça Estadual, conforme Súmulas 556 do Supremo Tribunal Federal e 42 do Superior Tribunal de Justiça, salvo se houver interesse e intervenção da União na relação jurídica processual, providência que poderá deslocar a ação para a Justiça Federal caso se constate a presença de efetivo interesse jurídico do citado ente federativo.[16] Cabe à Justiça

13. DIDIER JR, Fredie; ZANETI JR, Hermes; Curso de direito processual civil: processo coletivo – v.4 – Op. cit., p. 155-159.
14. STJ, CC 97.351/SP, Rel. Min. Castro Meira, Terceira Seção, j. 27/05/2009.
15. O PL 1.641/2021, elaborado por comissão de juristas constituída por membros do IBDP e apresentado em homenagem à Ada Pellegrini Grinover, incorporou a competência adequada como critério para definição de conflito de competência, conforme disposto no § 2º do artigo 8º: § 2º Havendo conflito de competência, sua solução deverá considerar como parâmetros, o local da ocorrência dos fatos, a abrangência nacional, regional ou local do ilícito ou dano coletivo, a facilidade na obtenção e produção das provas, a proximidade da residência dos membros do grupo, as exigências de publicidade e divulgação dos atos processuais, a facilitação da adequada notificação aos membros do grupo, a estrutura e acervo da serventia judiciária, a especialização dos juízes na matéria objeto do litigio, bem como a facilitação do exercício das garantias fundamentais processuais do réu.
16. GARCIA, Emerson; ALVES, Rogério Pacheco. Op. cit. p. 1.008.

Federal decidir sobre a existência ou não do citado interesse, conforme Súmula 150 do Superior Tribunal de Justiça.

A presença do Ministério Público Federal no polo ativo, a despeito de inicialmente atrair a competência da Justiça Federal, não assegura, por si só, a prolação de sentença de mérito, pois será necessário aferir se a matéria é mesmo de atribuição do Ministério Público Federal (art. 109, I, da Constituição Federal) ou do Ministério Público Estadual (residual) e, caso não identificada a atribuição do primeiro e sim a do segundo, a ação deverá ser remetida à Justiça Estadual.[17]

Em relação ao repasse de verbas da União para Estados e Municípios, além das diretrizes acima delineadas, mostra-se necessário analisar as cláusulas do convênio, a natureza da verba transferida e a efetivação incorporação ou não ao patrimônio municipal,[18] não sendo correto afirmar, *a priori*, que a fiscalização pelo Tribunal de Contas de União seria circunstância suficiente para atrair a competência da Justiça Federal.[19]

Por fim, tanto o Supremo Tribunal Federal quanto o Superior Tribunal de Justiça pacificaram entendimento acerca da inexistência de foro por prerrogativa de função nas ações de improbidade, sob o

17. Neste sentido: STJ, REsp n. 1.250.033/ES, Rel. Min. Herman Benjamin, Segunda Turma, j. 15/09/2016. Apontou o Ministro Relator que "a presença do Ministério Público Federal é insuficiente para assegurar que o processo receba sentença de mérito na Justiça Federal, pois, se não existir atribuição do Parquet federal, o processo deverá ser extinto sem julgamento do mérito por ilegitimidade ativa ou, vislumbrando-se a legitimidade do Ministério Público Estadual, ser remetido a Justiça Estadual para que ali prossiga com a substituição do MPF pelo MPE, o que seria viável diante do princípio constitucional da unidade do Ministério Público. E quando haverá a atribuição do Ministério Público Federal? Em síntese, quando existir interesse federal envolvido, considerando-se como tal um daqueles abarcados pelo art. 109 da Constituição, que estabelece a competência da Justiça Federal".

18. STJ, REsp n. 1.391.212/PE, Rel. Min. Humberto Martins, Segunda Turma, j. 02/09/2014, no qual se assentou que: "Nem toda transferência de verba que um ente federado faz para outro enseja o entendimento de que o dinheiro veio a incluir seu patrimônio. A questão depende do exame das cláusulas dos convênios e/ou da análise da natureza da verba transferida. Assim, a depender da situação fático-jurídica delineada no caso, pode-se aplicar o entendimento da Súmula n. 209 do STJ ("compete a Justiça Estadual processar e julgar prefeito por desvio de verba transferida e incorporada ao patrimônio municipal") ou aquele outro constante da Súmula n. 208 do STJ ("compete à justiça federal processar e julgar prefeito municipal por desvio de verba sujeita a prestação de contas perante órgão federal").

19. STF, AgRg no RE 589.840, Rel. Min. Carmen Lúcia, Primeira Turma, j. 10/05/2011; STJ, AgRg no AResp n. 664.901/RJ, Rel. Min. Benedito Gonçalves, Primeira Turma, j. 23/08/2016.

fundamento da impossibilidade de se estender o foro especial concebido na Constituição para as ações penais, uma vez que, por se tratar de exceção, deve ser interpretado restritivamente.[20]

93. REQUISITOS DA PETIÇÃO INICIAL. O § 6º do art. 17 cuida dos requisitos especiais a serem observados na petição inicial trazendo aspectos próprios, para além das balizas gerais contidas no art. 319 do Código de Processo Civil.

Conforme regra geral processual civil, a inicial deverá indicar o juízo a que dirigida, a qualificação das partes, o fato e os fundamentos jurídicos do pedido, o pedido e especificações, o valor da causa, as provas com que o autor pretende demonstrar a verdade dos fatos alegados e a opção do autor pela realização ou não de audiência de conciliação ou mediação. Outrossim, segundo o art. 320 do mesmo diploma, a inicial deverá ser instruída com os documentos indispensáveis à propositura da ação.

No § 6º do art. 16 da Lei 8.429/92 o legislador explicitou a necessidade de (i) individualização da conduta e apontamento dos elementos probatórios mínimos que demonstrem a ocorrência das hipóteses dos arts. 9º, 10 e 11 e de sua autoria, bem como de (ii) instruir a inicial com documentos ou justificação que contenham indícios suficientes da veracidade dos fatos e do dolo imputado ou com razões fundamentadas da impossibilidade de apresentação de qualquer dessas provas, observada a legislação vigente, inclusive os arts. 77 e 88 do Código de Processo Civil.

Trata-se de exigências, em certa medida, contempladas nos incisos III (o fato e os fundamentos jurídicos do pedido) e VI (as provas com que o autor pretende demonstrar a verdade dos fatos alegados) do art. 319, bem como no art. 320 do diploma processual, mas que traduzem especial preocupação do legislador com o ajuizamento de ações de improbidade administrativa desprovidas de lastro probatório

20. STF, AgRg na Pet. 3240/DF, Rel. Min. Roberto Barroso, Tribunal Pleno, j. 10/05/2018; STJ, AgInt no AREsp n. 1.790.481/GO, Rel. Min. Herman Benjamin, Segunda Turma, j. 08/06/2021; AgRg na Rcl 12.514/MT, Rel. Min. Ari Pargendler, Corte Especial, j. 16/09/2013.

mínimo, sem a adequada descrição da conduta ímproba e o cotejo com as provas que a instruem.

O dispositivo requer interpretação à luz da garantia de acesso à justiça e não pode implicar aplicação em que se exija exclusivamente prova pré-constituída,[21] como se mandado de segurança fosse. Em outras palavras, o autor deve instruir a inicial com os elementos de prova que embasaram a formação de seu convencimento pela deflagração da ação, colhidos, por exemplo, a partir de inquérito civil, notícia de fato, comunicação do Tribunal de Contas etc.

A descrição dos fatos e dos fundamentos jurídicos devem ser aptos a descortinar a conduta ímproba imputada ao agente público e demais requeridos, dentre aquelas elencadas nos arts. 9º a 11 da Lei 8.429/92, aliada ao apontamento de elementos probatórios mínimos que embasem a referida imputação, a fim de viabilizar o exercício adequado do direito à ampla defesa pelos requeridos.

Nada obstante a exigência de individualização da conduta na petição inicial, é importante destacar que tal descrição não vincula o juiz na aplicação do direito aos fatos, pois vigora no processo civil, ramo no qual inserida a ação de improbidade administrativa, a máxima *iura novit curia* que preconiza caber às partes a descrição e delimitação dos fatos e ao juiz a subsunção destes fatos à norma jurídica, situação sintetizada no brocardo *da mihi factum dabo tibi ius*,[22] conforme será melhor explorado nos comentários aos §§ 10-F e 10-C do art. 17.

Escusa-se a impossibilidade de apresentação de provas em situações excepcionais e devidamente fundamentadas, permitindo-se a requisição com suporte no § 7º do art. 1º da Lei da Ação Popular.

94. REJEIÇÃO DA PETIÇÃO INICIAL. O § 6º-B do art. 17, por sua vez, dispõe sobre a rejeição da petição inicial não só nas hipóteses

21. NEVES, Daniel Amorim Assumpção; OLIVEIRA, Rafael Carvalho Rezende; Comentários à reforma da lei de improbidade administrativa: Lei 14.230, de 25.10.2021 comentada artigo por artigo – Rio de Janeiro: Forense, 2022. p. 80-81.

22. TUCCI, José Rogério Cruz e. *Comentários ao Código de Processo Civil – volume VII (arts. 318-368).* São Paulo: Saraiva Educação, 2017. p. 62.

do art. 330 do Código de Processo Civil,[23] mas se descumpridos os incisos I e II do § 6º do art. 17, bem como quando manifestamente inexistente o ato de improbidade administrativa.

Em caso de eventuais irregularidades formais, antes de rejeitar a inicial o magistrado deve instar o autor a promover o aditamento, conforme preceitua o art. 321 do Código de Processo Civil, bem como em face dos arts. 9º e 10 do diploma processual.[24]

A rejeição da inicial por manifestamente inexistente o ato de improbidade administrativa deve ser solução aplicada com cautela e apenas para aquelas hipóteses claras e indubitáveis acerca da inexistência de conduta ímproba. A alteração dos §§ 7º e 8º do art. 17, em nossa visão, implica unicamente a eliminação da fase da defesa prévia que apenas retardava o trâmite processual. Não se extrai, contudo, alteração das balizas a serem observadas pelo Magistrado nesta incipiente fase processual, sobretudo em face do grau de cognição exercido e da ausência de instrução probatória, de forma que o decreto de rejeição por inexistência de ato de improbidade administrativa deve ficar reservado às hipóteses evidentemente temerárias.[25]

95. TUTELA PROVISÓRIA. O § 6º-A do art. 17 explicita a regra geral de aplicação subsidiária das disposições contidas no Código de Processo Civil, realçando a possibilidade de serem requeridas pelo autor as tutelas provisórias adequadas e necessárias contempladas

---

23. Art. 330. A petição inicial será indeferida quando: I – for inepta; II – a parte for manifestamente legítima; III – o autor carecer de interesse processual; IV – não atendidas as prescrições dos arts. 106 e 321 . § 1º Considera-se inepta a petição inicial quando: I – lhe faltar pedido ou causa de pedir; II – o pedido for indeterminado, ressalvadas as hipóteses legais em que se permite o pedido genérico; III – da narração dos fatos não decorrer logicamente a conclusão; IV – contiver pedidos incompatíveis entre si. § 2º Nas ações que tenham por objeto a revisão de obrigação decorrente de empréstimo, de financiamento ou de alienação de bens, o autor terá de, sob pena de inépcia, discriminar na petição inicial, dentre as obrigações contratuais, aquelas que pretende controverter, além de quantificar o valor incontroverso do débito. § 3º Na hipótese do § 2º, o valor incontroverso deverá continuar a ser pago no tempo e modo contratados.
24. BUENO, Cassio Scarpinella. *Manual do poder público em juízo.* Op. cit., p. 554.
25. Permanece, portanto, atual a jurisprudência do Superior Tribunal de Justiça acerca das balizas para rejeição da inicial por inexistência do ato de improbidade administrativa: STJ, AgInt no REsp n. 1.570.000/RN, Rel. Min. Gurgel de Faria, Primeira Turma, j. 28/09/2021; AREsp n. 1.639.103/MS, Rel. Min. Francisco Falcão, Segunda Turma, j. 08/06/2021.

nos arts. 294 a 310 do diploma processual. Mesmo com base na redação anterior à Lei 14.230/21, em que inexistia disposição similar, não havia dúvidas sobre a admissibilidade das tutelas provisórias se atendidos os requisitos próprios,[26] inclusive porque qualquer limitação às tutelas de urgência não se compatibiliza com o princípio da inafastabilidade da jurisdição.[27]

Assim, para além das cautelas típicas contempladas na Lei 8.429/92 (indisponibilidade de bens e afastamento do agente público), são permitidas todas as tutelas provisórias, de evidência ou urgência, de natureza conservativa ou antecipatória, desde que atendidos os requisitos explicitados nos arts. 294 a 310 do Código de Processo Civil. Admite-se, por exemplo, medidas conservativas patrimoniais como o arresto, sequestro, arrolamento de bens, registro de protesto contra a alienação de bem ou mesmo a suspensão de pagamentos com suporte em contrato administrativo (art. 301) questionado em razão de cúmulo de pedido sancionatório e desconstitutivo.

Vale frisar, contudo, a inviabilidade da antecipação de tutela para a aplicação das sanções contempladas no art. 12 da Lei 8.429/92,[28] permitindo-se tão somente medidas conservativas patrimoniais voltadas a garantir a utilidade do provimento final no tocante ao ressarcimento ao erário, ao perdimento de bens e ao pagamento da multa civil, como a indisponibilidade de bens analisada no capítulo 7.

96. CONTESTAÇÃO E DEFESAS. A nova redação do § 7º do art. 17 suprimiu a defesa preliminar ao contemplar que se a inicial estiver em termos será determinada a citação dos requeridos para que ofereçam contestação no prazo comum de trinta dias. Salutar a alteração, que se mostra em linha com a duração razoável do processo, pois a fase suprimida, de pouca valia para o próprio réu, acabava por retardar o recebimento da inicial por meio de controvérsias que, em regra, seriam reiteradas na fase da contestação. Ademais, era pacífico o entendimento jurisprudencial no sentido de que a ausência da defesa

26. NEVES, Daniel Amorim Assumpção; OLIVEIRA, Rafael Carvalho Rezende. Op. cit. 245.
27. GARCIA, Emerson; ALVES, Rogério Pacheco. Op. cit., p. 986/987.
28. Ibid., p. 1.444/1.445.

preliminar não ensejava nulidade absoluta, mas relativa, dependendo da efetiva e concreta demonstração de prejuízo.[29]

Em relação à contestação, devem ser observadas as disposições contidas nos arts. 335 e seguintes do Código de Processo Civil, competindo ao réu deduzir todas as suas defesas, desde eventuais nulidades processuais àquelas afetas ao mérito, especificar as provas que pretende produzir e juntar a prova documental em seu poder.

O dispositivo contempla prazo de trinta dias para a contestação, superior aos quinze dias previstos no art. 335 do Código de Processo Civil, escolha possivelmente relacionada com a eliminação da defesa preliminar a ensejar concessão de prazo mais elástico para o oferecimento de defesa.

Por fim, o § 9º do art. 17 cuidou do cabimento de agravo de instrumento contra a decisão que rejeitar as preliminares oferecidas na contestação, incorporando ao texto legislativo o entendimento já adotado pelo Superior Tribunal de Justiça, de que nas ações de improbidade administrativa deve ser observada regra especial do microssistema processual coletivo, contemplada no § 1º do art. 19 da Lei de Ação Popular, segundo o qual das decisões interlocutórias cabe agravo de instrumento, não incidindo, assim, o rol do art. 1.015 do Código de Processo Civil.[30]

97. SUSPENSÃO PROCESSUAL E ACORDO DE NÃO PERSECUÇÃO CIVIL. O § 10-A do art. 17 cuida da suspensão consensual do processo para que as partes possam entabular tratativas voltadas à celebração de acordo de não persecução civil, com fixação de prazo não superior a noventa dias. O pleito de suspensão do processo poderá ser formalizado por peticionamento conjunto ou de uma das partes, com aderência da outra em momento posterior, dependendo, em qualquer caso, do deferimento judicial para que opere a interrupção. Exige-se, portanto, cautela da defesa dos requeridos a fim de que não se escoe

29. STJ, REsp n. 1.894.276/GO, Rel. Min. Herman Benjamin, Segunda Turma, j. 09/03/2021.
30. STJ, REsp n. 1.925.492/RJ, Rel. Min. Herman Benjamin, Segunda Turma, j. 04/05/2021.

o prazo para o oferecimento da contestação sem que tenha havido apreciação do pedido pelo juiz.

Nada impede que as partes, em qualquer momento do processo e inclusive em sede recursal, subscrevam convenção processual de suspensão do processo com a mesma finalidade, mas com suporte no art. 265, II, do Código de Processo Civil,[31] hipótese em que, evidentemente, não haverá a interrupção de prazos peremptórios, mas apenas sua suspensão.

98. JULGAMENTO CONFORME O ESTADO E LITISCONSÓRCIO. O § 10-B do art. 17 dispôs sobre providências a serem tomadas após a contestação e que, nada obstante, poderiam ser efetivadas sem a previsão no dispositivo em estudo, pois contempladas no Código de Processo Civil, aplicado de forma subsidiária.

A primeira delas é o julgamento conforme o estado de processo, consoante disposto nos arts. 354 a 356 do Código de Processo Civil, em casos nos quais, por exemplo, o Magistrado constatar a prescrição ou inexistir a necessidade de produção de outras provas além daquelas apresentadas pelas partes.

A despeito da redação do dispositivo transparecer que o julgamento conforme o estado do processo seria possível apenas no caso de inexistência manifesta do ato de improbidade, é indubitável que se os elementos de prova carreados pelo autor foram suficientes para comprovar a ocorrência do ato de improbidade administrativa, o magistrado poderá julgar procedente o pedido nesta fase processual.

Conforme será melhor explorado adiante, o §10-F do art. 17 demanda interpretação conforme à Constituição, não se mostrando razoável que dele se extraia entendimento segundo o qual toda e qualquer prova requerida pelo réu deva ser deferida pelo juiz.

Consoante se discorreu em relação ao § 6º-B do art. 17, a improcedência da demanda sem que seja autorizada a produção de prova

31. Sobre convenções processuais na tutela coletiva: MAGALHÃES JR, Alexandre Alberto de Azevedo; *Convenção processual na tutela coletiva.* Salvador: Juspodivm, 2020. *passim*

pelo autor deve ficar reservada apenas para aquelas hipóteses claras e indubitáveis acerca da manifesta inexistência de conduta ímproba.

A segunda providência contemplada no dispositivo analisado é a possibilidade de desmembrar o litisconsórcio, a fim de otimizar a produção da prova e propiciar eficiência processual.[32] Nada obstante o dispositivo não contenha menção expressa ao número excessivo de litigantes, compreende-se que tal requisito, além da complexidade da causa e da respectiva instrução, deve iluminar a providência estudada. Além disso, o § 1º do art. 113 do Código de Processo Civil melhor disciplina o assunto, pois também autoriza a limitação do litisconsórcio se o número de litigantes dificultar a defesa, hipótese que, ao lado do desmembramento na liquidação e no cumprimento de sentença, certamente podem ser invocadas nas ações de improbidade administrativa.

O desmembramento somente será viável em caso de litisconsórcio passivo facultativo, ou seja, naquelas hipóteses em que inexistir obrigatoriedade legal impondo que todos sejam demandados no mesmo processo.[33] Importante registrar, ademais, que conforme pacífico entendimento do Superior Tribunal de Justiça, o litisconsórcio passivo nas ações de improbidade administrativa é simples e facultativo.[34]

99. IMODIFICABILIDADE DA PETIÇÃO INICIAL. O disposto no § 10-C do art. 17[35] exige que o Magistrado, na fase de saneamento, profira decisão em que indique a tipificação do ato de improbidade administrativa imputado ao réu, vedando-lhe a modificação do fato principal e a *capitulação legal* apresentada pelo autor. Tal dispositivo relaciona-se com o § 10-F, inciso I, do art. 17, o qual considera nula a decisão que condenar o requerido por tipo diverso daquele definido na petição inicial.

---

32. BUENO, Cassio Scarpinella. *Manual do poder público em juízo.* São Paulo: SaraivaJur, 2022. p. 556.
33. DINAMARCO, Candido Rangel. *Litisconsórcio.* 8. Ed. rev. ampl. atual. São Paulo: Malheiros, 2009. p. 76.
34. STJ, REsp 1.567.026/RS, Rel. Min. Francisco Falcão, Segunda Turma, j. 21/08/2018; STJ, REsp 896.044/PA, Rel. Min. Herman Benjamin, Segunda Turma, j. 16/09/2010.
35. Tramita no STF a ADI n. 7236 em face do § 10-C do art. 17, dentre outros.

Indubitável que o magistrado está vinculado ao fato principal deduzido pelo autor, sendo-lhe vedado proferir decisão com base em causa de pedir diversa. A questão que se coloca em relação ao dispositivo analisado é a vedação à prolação de decisão judicial com suporte em fundamento jurídico distinto daquele oferecido pelo autor.

Desconsidera-se que no processo civil, ramo no qual inserida a ação de improbidade administrativa, incide a máxima *iura novit curia*, segundo a qual às partes cabe a descrição e delimitação dos fatos, ao passo que ao juiz compete a subsunção destes fatos à norma jurídica, a despeito de diversa indicação prévia realizada pelos demandantes, situação sintetizada no brocardo *da mihi factum dabo tibi ius*.[36]

Trata-se de tarefa inserida nos poderes-deveres do juiz em relação à qual inexiste discricionariedade. De fato, o *iura novit curia* configura um dever pois relacionado à imperatividade das decisões judiciais alinharem-se ao direito estatal vigente. Ensina a doutrina que aceitar "que o *iura novit curia* seja uma faculdade implicaria aceitar que juízes podem deliberadamente proferir decisões antijurídicas porque voluntariamente deixaram de dar o correto enquadramento jurídico à situação fática que lhes foi apresentada pelas partes".[37]

No processo punitivo penal, que lida com sanções corporais, é expressamente admitida a atribuição de definição jurídica diversa aos fatos pelo magistrado (arts. 383 e 384 do CPP), não havendo qualquer justificativa plausível para que nas ações de improbidade administrativa se proceda de outra forma.

Cuida-se de providência que, levada ao extremo, impede ao juiz o exercício da atividade jurisdicional e colide, aparentemente, com a garantia do direito de ação contida no artigo 5º, XXXV, da CF, que não se esgota com a possibilidade de ajuizar a demanda, exigindo a efetiva possibilidade de obtenção da tutela jurisdicional, por meio de decisão favorável ou desfavorável, conclusão reforçada pelo disposto

---

36. TUCCI, José Rogério Cruz e. *Comentários ao Código de Processo Civil – volume VII (arts. 318-368)*. São Paulo: Saraiva Educação, 2017. p. 62.

37. LUCCA, Rodrigo Ramina de. *Disponibilidade processual*: a liberdade das partes no processo. Coordenado por Teresa Arruda Alvim e Eduardo Talamini. São Paulo: Thomson Reuters Brasil, 2019. p. 322.

no art. 17, § 19, III, que veda propositura de outra demanda com base nos mesmos fatos.[38]

A alteração promovida nos §§ 10-C e 10-F, inciso I, do art. 17 da Lei n. 8.429/1992, fere a independência da atuação jurisdicional na aplicação do direito e não se compatibiliza com a primazia do julgamento do mérito, além de impor imposição de limitação desproporcional e que afronta ao devido processo legal.

Necessário, assim, extrair interpretação afinada aos preceitos constitucionais e processuais, em especial ao princípio do contraditório, consubstanciado nos arts. 9º, 10 e 933 do Código de Processo Civil. Acerca da aplicação de norma não invocada pelas partes com base no *iura novit curia*, a doutrina destaca a necessidade de prévia manifestação dos demandantes, até mesmo porque desta providência podem advir consequências não imaginadas pelas partes.[39]

O dispositivo em comento demanda, portanto, interpretação conforme a Constituição, no sentido de que é admitida a alteração da qualificação jurídica dos fatos pelo magistrado com suporte na máxima *iura novit curia*,[40] condicionado à observância prévia do contraditório, na forma dos arts. 9º, 10 e 933 do CPC.[41]

No julgamento da ADI 7.236, o Ministro Relator Alexandre de Moraes, único a proferir o voto até o fechamento desta edição, declarou a parcial nulidade com redução de texto do art. 17, § 10-C, com exclusão da expressão "e a capitulação legal apresentada pelo

---

38. LEONEL, Ricardo de Barros. *Processo e procedimento na nova Lei de Improbidade Administrativa.* 2021. Disponível em: https://www.conjur.com.br/2021-nov-26/ricardo-leonel-processo-procedimento-lei-improbidade. Acesso em 29 de junho de 2022.

39. BEDAQUE, José Roberto dos Santos. *Os elementos objetivos da demanda examinados à luz do contraditório.* In: BEDAQUE, José Roberto dos Santos; e TUCCI, José Rogério Cruz e (coord.). *Causa de pedir e pedido no processo civil (questões polêmicas).* São Paulo: Revista dos Tribunais, 2002. p. 42.

40. STJ, AgInt no AResp 1.415.942/SP, Rel. Min. Benedito Gonçalves, Primeira Turma, j. 17/11/20. Este é o entendimento pacífico do Superior Tribunal de Justiça, que já assentou o seguinte: "...não há ofensa ao princípio da congruência quando a decisão judicial enquadra os supostos atos de improbidade em dispositivo diverso daquele trazido na exordial, uma vez que os réus se defendem dos fatos que lhes são imputados, competindo ao juízo, como dever de ofício, sua qualificação jurídica, vigendo em nosso ordenamento jurídico os brocardos iura novit curia e o da mihi factum, dabo tibi ius..."

41. LEONEL, Ricardo de Barros. *Processo e procedimento na nova Lei de Improbidade Administrativa.* 2021. Op. cit.

autor", bem como conferiu interpretação conforme ao art. 17, § 10-F, na esteira da tese acima defendida, ou seja, "no sentido de que será nula a decisão de mérito total ou parcial da ação de improbidade administrativa que condenar o requerido por tipo diverso daquele definido na petição inicial, desde que não tenha tido a possibilidade de ampla defesa, observado o parágrafo 10-C".

100. CUMULAÇÃO DE PEDIDOS. De acordo com o dispositivo analisado, na petição inicial o autor deverá especificar em qual tipo, dentre aqueles previstos nos arts. 9º a 11, se subsome a conduta do réu, vedando que, para uma mesma conduta, seja invocada mais de uma tipificação.

É adequado que o autor, ao descrever os fatos que ensejaram a propositura da ação, indique o dispositivo no qual tipificada a conduta do réu, dentre aqueles previstos nos arts. 9º a 11 da Lei 8.429/92. Contudo, o dispositivo analisado demanda a mesma interpretação conforme a Constituição aplicada aos §§ 10-C e 10-F, inciso I, do art. 17, (vide tópico anterior) ou seja, a qualificação formulada pelo autor não deverá vincular o juiz, o qual, com base no brocardo *iura novit curia*, poderá conferir qualificação jurídica diversa, observada, contudo, a necessidade de prévia manifestação das partes a fim de se evitar a prolação de decisão surpresa.

No julgamento da ADI 7.236, o Ministro Relator Alexandre de Moraes, único a proferir voto até o fechamento da edição, reconheceu a inconstitucionalidade do preceito, em linha com os fundamentos acima indicados.

101. PROVAS. O § 10-E do art. 17 cuida da intimação das partes para especificação das provas que pretendem produzir, realizada após a prolação da decisão de tipificação da conduta do réu, do qual decorre que os pedidos de provas elaborados pelo autor, na inicial, e pelo réu, na contestação, podem ser genéricos.[42]

42. NEVES, Daniel Amorim Assumpção; OLIVEIRA, Rafael Carvalho Rezende; Comentários à reforma da lei de improbidade administrativa: Lei 14.230, de 25.10.2021 comentada artigo por artigo – Rio de Janeiro: Forense, 2022. p. 86.

Em relação ao inciso I do § 10-F do art. 17 remete-se o leitor aos comentários realizados no tópico relativo à imodificabilidade da petição inicial, no qual se sintetizou a ideia de que a qualificação formulada pelo autor não deverá vincular o juiz, o qual, com base no brocardo *iura novit curia*, poderá conferir qualificação jurídica diversa, observada, contudo, a necessidade de prévia manifestação das partes a fim de se evitar a prolação de decisão surpresa.

Exige especial atenção ao inciso II do § 10-F do art. 17 da Lei n. 8.429/1992, que dispõe sobre a nulidade da decisão de mérito na ação de improbidade administrativa que condenar o requerido *sem a produção de provas por ele tempestivamente especificadas*.

Referido dispositivo aparenta que toda e qualquer prova tempestivamente especificada pelo requerido, a despeito de sua relevância e pertinência para o julgamento da causa, deve ser obrigatoriamente deferida pelo magistrado, sob pena de nulidade da sentença de procedência do pedido.

Trata-se de interpretação indevida, que desafia a garantia da duração razoável do processo e a paridade de armas, não se afigurando plausível que em qualquer processo judicial e sem nenhum filtro de relevância e pertinência, autor e réu possam postular todo e qualquer tipo de provas que pretendam produzir, vedando-se o seu indeferimento pelo magistrado.

A natureza fundamental do direito à prova não deve significar a admissão irrestrita de toda e qualquer prova requerida, na medida em que devem ser indeferidas pelo magistrado as diligências inúteis ou meramente protelatórias que não se refiram a fatos controversos, relevantes e pertinentes à causa.[43]

Incidem os arts. 370, *caput*, e parágrafo único, e 374 do CPC, segundo os quais cabe ao juiz determinar as provas necessárias para o julgamento do mérito, relativas a fatos relevantes, pertinentes e controvertidos, podendo indeferir, em decisão fundamentada, aquelas que reputar inúteis ou meramente protelatórias, providência encontrada até mesmo no âmbito do processo penal, nos termos do art. 400, §

43. MARINONI, Luiz Guilherme. *In* SARLET, Ingo Wolfgang; MARINONI, Luiz Guilherme; MITIDIERO, Daniel. *Curso de Direito Constitucional*. São Paulo: Saraiva, 2017, p. 805-807.

1º, do CPP, nada justificando que solução distinta possa ser admitida nas ações de improbidade administrativa.

O inc. II do § 10-F do art. 17 poderá propiciar a procrastinação, comportamento contrário à boa-fé processual, elevada à norma fundamental do processo civil (artigo 5º do CPC), pois permite que qualquer meio de prova requerido e indeferido, por mais absurdo que o seja, possa ensejar eventual futuro reconhecimento de nulidade da sentença.[44]

O dispositivo exige, portanto, interpretação conforme a Constituição, à luz do devido processo legal e da duração razoável do processo, a fim de se estabelecer que a nulidade da decisão somente ocorrerá se (i) a prova requerida tempestivamente seja relevante e pertinente, relacionada a fatos controvertidos; (ii) o seu indeferimento tenha sido imotivado; e (iii) tenha sido demonstrado efetivo prejuízo em razão da não realização da prova.

102. SENTENÇA DE IMPROCEDÊNCIA *AD NUTUM*. O § 11 do art. 17 explicita a possibilidade do magistrado, a qualquer momento, julgar improcedente a demanda caso constate a inexistência do ato de improbidade administrativa, afastando qualquer entendimento de que haveria preclusão para tal proceder,[45] a despeito de não o ter feito nas fases dos § 6º-B e § 10-B, inciso I, do art. 17.

---

44. LEONEL, Ricardo de Barros. *Processo e procedimento na nova Lei de Improbidade Administrativa.* 2021. Op. cit. Destaca que a "atividade probatória não pode ser compreendida como um capricho. Do contrário, abrir-se-ia ao litigante malicioso a possibilidade de impedir ou, quando menos, dilatar excessiva e desnecessariamente, a duração do processo. Isso se mostra ainda mais grave num regime prescricional que desequilibra a relação, propiciando incompreensível redução pela metade do prazo prescricional mesmo após o reconhecimento do direito deduzido pelo autor, com a sentença de procedência (artigo 23, §5º). Ou seja, se a produção de provas for uma prerrogativa absoluta (e não uma possibilidade a ser avaliada a cada caso concreto), ela significará, na prática, deixar nas mãos do réu a chave destinada a abrir a porta da prescrição. Qual a interpretação adequada, portanto, para tal disposição? Haverá nulidade da sentença, sim, caso seja negada a produção de prova tempestivamente requerida, desde que esta seja relevante, pertinente, diga respeito a fatos controvertidos. Além disso, claro, desde que seja demonstrado o prejuízo em decorrência da não realização da prova. Que não se declara nulidade sem prejuízo, bem como que não se decreta nulidade em proveito da parte que lhe deu causa, é algo que há muito foi incorporado à doutrina processual brasileira e está, no CPC-15, no âmbito de cláusulas compreendidas como verdadeiro estatuto da instrumentalidade no processo civil (artigos 276, 277, 282, §1º).

45. GAJARDONI, Fernando da Fonseca; CRUZ, Luana Pedrosa de Figueiredo; GOMES JÚNIOR, Luiz Manoel; FAVRETO, Rogério. *Comentários à Nova Lei de Improbidade Administrativa: Lei*

Consoante se discorreu em relação ao § 6º-B e § 10-B, inc. I, do art. 17, a improcedência da demanda sem que seja autorizada a produção de prova pelo autor deve ficar reservada àquelas hipóteses claras e indubitáveis acerca da manifesta inexistência de conduta ímproba.

Excepciona-se a regra que autoriza o reconhecimento da improcedência da demanda a qualquer momento se, interposto agravo de instrumento, o tribunal afirme a existência de indícios para prosseguimento da demanda e, ainda, não tenha havido alteração do quadro fático à disposição do magistrado, o qual ficará, portanto, adstrito à decisão da superior instância.[46]

Por outro lado, a regra do § 11º do art. 17 não pode ser aplicada de forma dissociada daquela prevista no § 16 do mesmo art., a qual autoriza o prosseguimento do processo como ação civil pública.[47] Em outras palavras, detectada a inexistência do ato de improbidade administrativa, poderá haver a conversão em ação civil pública de ressarcimento de danos caso se constate, por exemplo, que a conduta do agente público foi culposa e não dolosa.

A redação anterior do § 11º do art. 17 autorizava a extinção do processo sem julgamento do mérito, por inadequação da via eleita, ao passo que o novo dispositivo introduzido pela Lei 14.230/21 permite o julgamento de mérito da demanda, caso o juiz se convença de que inexistiu conduta ímproba.

103. INTERVENÇÃO DA PESSOA JURÍDICA INTERESSADA. A intervenção da pessoa jurídica interessada, antes da reforma realizada pela Lei 14.230/21, estava prevista no revogado § 3º do art. 17, segundo o qual deveria ser observado, no que coubesse, o disposto no § 3º do art. 6º da Lei 4.717/65.[48] Com base neste dispositivo, a

---

8.429/1992, com as alterações da Lei 14.230/2021. 5.ed. rev., atual. e ampl. São Paulo: Thomson Reuters Brasil, 2021. p. 354-355.

46. GAJARDONI, Fernando da Fonseca; CRUZ, Luana Pedrosa de Figueiredo; GOMES JÚNIOR, Luiz Manoel; FAVRETO, Rogério. *Comentários à Nova Lei de Improbidade Administrativa: Lei 8.429/1992, com as alterações da Lei 14.230/2021*. 5.ed. rev., atual. e ampl. São Paulo: Thomson Reuters Brasil, 2021. p. 354-355.

47. BUENO, Cassio Scarpinella. *Manual do poder público em juízo*. São Paulo: SaraivaJur, 2022. p. 554.

48. "Art. 6º (...) § 3º. A pessoa jurídica de direito público ou de direito privado, cujo ato seja objeto de impugnação, poderá abster-se de contestar o pedido, ou poderá atuar ao lado do autor,

pessoa jurídica interessada poderia: (i) integrar o polo ativo ao lado do Ministério Público; (ii) integrar o polo passivo da demanda, com a possibilidade de contestar o pedido; (iii) assumir postura neutra, abstendo de integrar o polo ativo ou passivo.[49]

O § 14 do art. 17, a despeito de mencionar, de forma genérica, a possibilidade de intervenção no processo, não traduz substancial inovação quanto ao regime anterior, até mesmo em razão da aplicação subsidiária das disposições contidas na Lei da Ação Popular. Além disso, a menção genérica à intervenção deve ser compreendida no contexto em que excluída a legitimidade ativa da pessoa jurídica interessada por meio da reforma imposta pela Lei 14.230/21, restrição considerada inconstitucional pelo Supremo Tribunal Federal no bojo de ações diretas de inconstitucionalidade (ADI 7.042 e 7.043).

Portanto, devem ser mantidas as mesmas diretrizes delineadas em face do revogado § 3º do art. 17. O norte a ser seguido será o atendimento ao interesse público e o aos princípios que regem a administração pública, não se admitindo, assim, a defesa do agente público ímprobo, de forma indireta, quando evidente a prática de ato de improbidade administrativa, ou, ainda, a prática de atos processuais protelatórios, adoção de postura contrária ao texto expresso da lei, alteração dos fatos etc., sob pena de responsabilização do representante legal da pessoa jurídica.[50]

A posição da pessoa jurídica interessada, assim como na ação popular, é *sui generis*, caracterizada pela "mutabilidade do interesse público que impõe à Administração Pública a adoção de medidas muitas vezes contrapostas às anteriores."[51] Opera-se a reversibilidade da posição do poder público, à luz da imperatividade na defesa

---

desde que isso se afigure útil ao interesse público, a juízo do respectivo representante legal ou dirigente."

49. FERRARESI, Eurico. *Improbidade administrativa: Lei 8.429/1992 comentada.* São Paulo: Método, 2011, p. 196.

50. MAGALHÃES JR, Alexandre Alberto de Azevedo. *A tutela do patrimônio público.* In: VITORELLI, Edilson (org.). Manual dos direitos difusos. 2. Ed. rev., atual. e ampl. Salvador: Editora Juspodivm, 2018. p. 629-630.

51. SALGADO FILHO, Nilo Spinola. *Probidade Administrativa. In* Manual de Direitos Difusos. São Paulo: Verbatim, 2012, p. 611.

do interesse público,[52] com a admissão da migração interpolar[53] e o litisconsórcio dinâmico.[54]

104. DESCONSIDERAÇÃO DA PERSONALIDADE JURÍDICA. O preceito analisado remete à aplicação dos dispositivos do Código de Processo Civil que cuidam do incidente de desconsideração da personalidade jurídica, cabível em qualquer fase do processo de conhecimento ou cumprimento de sentença, inclusive na petição inicial da ação de improbidade administrativa (art. 134 e §§ do CPC), resguardando-se o contraditório e a ampla defesa.

A desconsideração da personalidade jurídica exige a demonstração de abuso da personalidade jurídica pelo sócio ou administrador (art. 50 do CC), por meio da prática de ato fraudulento e desvio de finalidade, com efeitos limitados àqueles sócios e administradores responsáveis pela conduta abusiva.[55]

O escopo da desconsideração da personalidade jurídica é garantir o adimplemento das obrigações, estendendo-as aos bens dos sócios e administradores, por exemplo, o perdimento de bens acrescidos ilicitamente ao patrimônio, o ressarcimento ao erário e o pagamento da multa civil. Contudo, caso os sócios e administradores tenham atuado como verdadeiros autores ou partícipes dos atos de improbidade administrativa imputados na petição inicial, deverão figurar no polo passivo da respectiva ação na forma do art. 3º da Lei n. 8.429/92, afigurando-se despicienda a desconsideração da personalidade jurídica.[56]

---

52. LEONEL, Ricardo de Barros; *Manual do processo coletivo*. Op. cit., p. 287-288.

53. CABRAL, Antonio do Passo. *Despolarização do processo*. In: ZUFFELATO, Camilo; YARSHELL, Flávio Luiz (org.). "40 anos da teoria geral do processo no Brasil, Passado, presente e futuro". São Paulo: Malheiros, 2013, p. 82-83.

54. Neste sentido: STJ, REsp 1.817.109/RJ, Rel. Min. Luis Felipe Salomão, Quarta Turma, j. 23/02/21. Assentou a Corte Superior que: "[...] 2. Nessa perspectiva, admite-se a chamada "migração interpolar" do INPI (litisconsórcio dinâmico), a exemplo do que ocorre na ação popular e na ação de improbidade, nas quais a pessoa jurídica de direito público ou de direito privado, cujo ato seja objeto de impugnação, pode abster-se de contestar o pedido ou atuar ao lado do autor, desde que isso se afigure útil ao interesse público, nos termos dos artigos 6º, § 3º, da Lei 4.717/65 e 17, § 3º, da Lei 8.429/92. [...]"

55. BEDAQUE, José Roberto dos Santos. *Comentários ao Código de Processo Civil – volume III (arts. 119-187)*. São Paulo: Saraiva Educação, 2019. p.127.

56. Neste sentido: STJ, AREsp n. 1.535.119/P, Rel. Min. Francisco Falcão, Segunda Turma, j. 10/03/2020. Destacou que: "[...] Segundo os acórdãos, os atos ilícitos, imorais e iníquos imputados ao

105. CONVERSÃO OU PROSSEGUIMENTO DA AÇÃO. O § 16 do art. 17 contempla a conversão da ação de improbidade administrativa em ação civil pública, caso não estejam presentes os requisitos para a imposição das sanções contempladas na Lei n. 8.429/92 e o magistrado detecte a presença de ilegalidades ou irregularidades administrativas a serem sanadas.

Critica-se o dispositivo por representar potencial violação à regra da demanda, além da inércia jurisdicional, permitindo ao magistrado imiscuir-se nas escolhas feitas pelo autor. Além disso, no mais das vezes, pode se mostrar providência desnecessária, pois se houver o cúmulo de demandas, como, por exemplo, de condenação por improbidade administrativa e nulidade do contrato administrativo, bastaria a improcedência do pedido de aplicação de sanções e acolhimento dos demais.[57] Inexiste, inclusive, qualquer vedação à cumulação de demandas, na forma do art. 327 do CPC, conclusão reforçada pelo art. 17-D da Lei n. 8.429/92, que reserva a ação de improbidade administrativa para a aplicação das sanções previstas na citada lei.[58]

Caso inexista cúmulo de demandas, a medida poderá gerar tumulto processual mediante interferência no pedido e na causa de pedir, até mesmo após a citação e o oferecimento da contestação.[59]

Feitas estas ressalvas, o § 16 do art. 17 poderá ser aplicado em situações excepcionais, observado o contraditório e a ampla defesa,

---

agente foram pessoal e diretamente realizados. Não se deram na condição de representante da pessoa jurídica. Ora, se praticou a conduta em nome próprio, não há necessidade de responsabilização principal da pessoa jurídica. Em outras palavras, não há necessidade de instauração de incidente de desconsideração da personalidade jurídica (CPC/15, art. 133), com a demonstração da presença dos requisitos do art. 50 do CC, muito menos se exige o prévio esgotamento patrimonial da sociedade de advogados (Estatuto da Advocacia, art. 17) [...]"

57. LEONEL, Ricardo de Barros. *Pontos para reflexão sobre a nova Lei de Improbidade.* Disponível em: https://www.conjur.com.br/2021-jun-22/leonel-pontos-reflexao-lei-improbidade. Acesso em: 10 de agosto de 2022.
58. BUENO, Cassio Scarpinella. *Manual do poder público em juízo.* Op. cit., p. 549-550.
59. GAJARDONI, Fernando da Fonseca; CRUZ, Luana Pedrosa de Figueiredo; GOMES JÚNIOR, Luiz Manoel; FAVRETO, Rogério. *Comentários à Nova Lei de Improbidade Administrativa: Lei 8.429/1992, com as alterações da Lei 14.230/2021.* Op. cit., p. 358.

visando à economia processual e à primazia do julgamento do mérito,[60] mediante aproveitamento dos atos processuais praticados.

Veja que se a disciplina atual permite a conversão da ação, com maior razão deve ser permitido o mero prosseguimento em relação ao ressarcimento ao erário, caso descaracterizada a prática de atos de improbidade administrativa, inclusive pela atipicidade superveniente.

Pode ser cogitada a seguinte situação: considerando que as figuras dos arts. 9º a 11 após a reforma implementada pela Lei n. 14.230/2021 somente admitem a conduta dolosa, caso o magistrado constate que a conduta do requerido foi culposa, poderá permitir a continuidade da ação em relação ao ressarcimento de danos ao erário, a despeito da conduta não mais configurar ato de improbidade administrativa.

Outra hipótese seria a necessidade de prosseguimento da demanda em caso de conduta dolosa, ressarcimento ao erário e prescrição das demais sanções (Tema 897 de repercussão geral). Acerca desta situação o Superior Tribunal de Justiça fixou o Tema 1.089 de recurso repetitivo, segundo o qual na "ação civil pública por ato de improbidade administrativa é possível o prosseguimento da demanda para pleitear o ressarcimento do dano ao erário, ainda que sejam declaradas prescritas as demais sanções previstas no art. 12 da Lei 8.429/92."

Em tal hipótese é necessário que se reconheça, incidentalmente, a prática do ato doloso de improbidade administrativa, sob pena de se inviabilizar o reconhecimento da responsabilização pelo ressarcimento ao erário. Acerca do tema calha destacar brilhante voto da douta Ministra Carmen Lúcia do Supremo Tribunal Federal, no bojo do Agravo Regimental no ARE 1.475.101/SP, em que se pontuou a desnecessidade do ajuizamento e condenação prévia do réu por improbidade administrativa, sob pena de se tornar inócua a tese firmada no Tema 897 de repercussão geral.[61]

60. NEVES, Daniel Amorim Assumpção; OLIVEIRA, Rafael Carvalho Rezende; Comentários à reforma da lei de improbidade administrativa: Lei 14.230, de 25.10.2021 comentada artigo por artigo – Rio de Janeiro: Forense, 2022. p. 89.

61. STF, AgReg no ARE 1.475.101/SP, Rel. Min. Alexandre de Moraes, Primeira Turma, j. 01/03/2024. Ainda não foi finalizado o respectivo julgamento, em razão de pedido de vista pelo Ministro Luiz Fux, mas cabe transcrever parte do voto da douta Ministra Carmen Lúcia, que bem equaciona a questão: "5. No processo paradigma do Tema 897 da repercussão geral, não consta a

Também é possível o prosseguimento da demanda na situação em que o magistrado detecte que a conduta descrita na inicial é culposa e não dolosa (atualmente atípica), mas que acarretou dano ao erário. A mesma situação poderá decorrer da aplicação *do item 3 do Tema 1.199 de repercussão geral,* segundo o qual a "nova Lei 14.230/2021 aplica-se aos atos de improbidade administrativa culposos praticados na vigência do texto anterior da lei, porém sem condenação transitada em julgado, em virtude da revogação expressa do texto anterior; devendo o juízo competente analisar eventual dolo por parte do agente".

Ou seja, se o ato de improbidade administrativa do art. 10 imputado na inicial for culposo, ou, ainda, se inicialmente se apontou a existência de dolo mas, após a instrução, o magistrado constatou que o elemento subjetivo foi a culpa, não poderá o juiz simplesmente extinguir a ação de improbidade administrativa por atipicidade superveniente, devendo determinar o prosseguimento da ação *se evidenciado o dano ao erário.*

Veja que a ação de improbidade administrativa comporta o cúmulo de demandas, inclusive o de ressarcimento ao erário (arts. 12 e 18 da Lei 8.429/92), de maneira que, a rigor, não se trata de conversão em ação civil pública, mas sim de apreciação de um dos pedidos inseridos na inicial. Portanto, se a nova disciplina permite a conversão, com maior razão é de se admitir o mero prosseguimento da demanda que se equipararia à ação civil pública de ressarcimento ao erário, em face do mesmo réu e com suporte na mesma causa de pedir.

Tal conclusão está em harmonia com os fundamentos do voto do Ministro Alexandre de Moraes no Tema 1199, em trecho no qual

existência de prévio reconhecimento judicial da prática de improbidade administrativa pelos réus. Sua condenação nas sanções da Lei n. 8.429/1992 ocorreu naquela própria ação, na qual este Supremo Tribunal entendeu legítima sua condenação a ressarcir o dano ao erário. Em nenhum momento do julgamento do Tema 897 os integrantes da corrente majoritária aderiram à tese de que, para o reconhecimento da imprescritibilidade da pretensão de ressarcimento ao erário, fazia-se necessária a existência de condenação prévia do réu por improbidade administrativa. Esse entendimento, com a devida vênia, tornaria inócua a tese fixada por este Supremo Tribunal no julgamento do Recurso Extraordinário n. 852.475, já que pressuporia o ajuizamento de uma ação por ato de improbidade administrativa antes do transcurso do prazo prescricional [...] Para a imprescritibilidade da pretensão de ressarcimento de dano ao erário, portanto, basta que, na própria ação ajuizada visando ao ressarcimento ao erário, haja o reconhecimento de que o ato que ocasionou o dano configura improbidade administrativa".

explicitou que a revogação da modalidade culposa não configura *anistia geral* e não *afasta a possibilidade de responsabilização* dos agentes públicos por atos ilícitos e nem mesmo pelo eventual *ressarcimento ao erário*.[62]A despeito da superveniente atipicidade da conduta culposa, afigura-se necessário o pronunciamento de sentença declaratória do ilícito, outrora tipificado na lei pretérita,[63] com parcial procedência para a condenação ao ressarcimento do dano erário.

As situações acima narradas se amoldam à mesma *ratio* que embasou o Tema 1089 do STJ, pautado na instrumentalidade das formas e na irrelevância do *nomem iuris* dado à demanda.

106. INTERROGATÓRIO. O inciso VIII do art. 139 do CPC prevê a possibilidade do Magistrado determinar, de ofício, o interrogatório das partes, afastando a incidência da confissão em caso de recusa ou silêncio.[64] Por outro lado, o art. 385 do CPC cuida do depoimento pessoal do autor e do réu, que configura meio de prova típico através do qual um dos demandantes postula o depoimento do outro (na inicial, contestação ou até o momento das providências preliminares que cuida o art. 348 do CPC), com o objetivo de produzir prova que lhe seja favorável.[65]

62. STF, RE 843989/PR, Rel. Min. Alexandre de Moraes, Tribunal Pleno, j. 18/08/2022. Assentou o Ministro Relator que: "O alerta feito pelo Ministro MAURO CAMPBELL MARQUES é importante, para deixar claro que a revogação da modalidade culposa do ato de improbidade administrativa não afasta a possibilidade de responsabilização do agente por atos ilícitos administrativos e suas respectivas sanções, bem como pelo eventual ressarcimento ao erário. [...] Ao revogar a modalidade culposa do ato de improbidade administrativa, entretanto, a Lei 14.230/2021, não trouxe qualquer previsão de "anistia" geral para todos aqueles que, nesses mais de 30 anos de aplicação da LIA, foram condenados pela forma culposa de artigo 10; nem tampouco determinou, expressamente, sua retroatividade ou mesmo estabeleceu uma regra de transição que pudesse auxiliar o intérprete na aplicação dessa norma – revogação do ato de improbidade administrativa culposo – em situações diversas como ações em andamento, condenações não transitadas em julgado e condenações transitadas em julgado. [...] Não se trata de retroatividade da lei, uma vez que todos os atos processuais praticados serão válidos, inclusive as provas produzidas – que poderão ser compartilhadas no âmbito disciplinar e penal –; bem como a ação poderá ser utilizada para fins de ressarcimento ao erário.".
63. LEONEL, Ricardo de Barros. *Nova LIA: aspectos da retroatividade associada ao Direito Sancionador*. Disponível em: https://www.conjur.com.br/2021-nov-17/leonel-lia-retroatividade-associada--direito-sancionador. Acesso em: 13/06/2023.
64. Ibid. p. 91.
65. BONIZZI, Marcelo José Magalhães. *Fundamentos da prova civil*. São Paulo: Editora Revista dos Tribunais, 2017. p. 111.

Assim, no processo civil comum, o depoimento pessoal poderá ser requerido pelos demandantes, na forma do art. 385 do CPC, ou determinado o interrogatório de ofício pelo Magistrado, nos termos do art. 139, VIII, do diploma processual.

O § 18 do art. 17 da Lei n. 8.429/92 contempla o direito ao réu de ser interrogado pelos fatos a ele imputados na ação de improbidade administrativa, bem como assegura que sua recusa e o silêncio do requerido não acarretarão a confissão. A despeito da proximidade com a oitiva contemplada no art. 139, VIII, do CPC, no procedimento especial das ações de improbidade o legislador não tratou o interrogatório como providência inserida nos poderes do juiz, mas sim como meio de defesa e direito do réu.

Contudo, caso o réu renuncie ao direito de ser interrogado sobre os fatos a ele imputados, nada impedirá a aplicação das disposições contidas no Código de Processo Civil e, portanto, a determinação do interrogatório pelo Magistrado (inciso VIII do art. 139), ou, ainda, o requerimento do depoimento pessoal do réu por parte do autor da ação de improbidade administrativa (art. 385). Anote-se, porém, que o especial tratamento conferido ao direito de defesa do requerido nas ações de improbidade, como, por exemplo, o afastamento da presunção de veracidade em caso de revelia (inciso I do § 19 do art. 17), não se compatibiliza com a aplicação da pena de confissão em caso de não comparecimento ou recusa a depor no depoimento pessoal (§ 1º do art. 385 do CPC).

Em síntese, poderá haver o interrogatório por opção do requerido ou por determinação do magistrado, bem como admissível o depoimento pessoal em razão do requerimento do autor, sendo certo que em nenhuma destas hipóteses incidirá a pena de confissão em caso de recusa ou silêncio.

O afastamento da confissão na hipótese de recusa ou silêncio do requerido não impede seja considerada a confissão em resposta afirmativa às indagações do magistrado,[66] bem como não obsta a que

66. NEVES, Daniel Amorim Assumpção; OLIVEIRA, Rafael Carvalho Rezende; Comentários à reforma da lei de improbidade administrativa: Lei 14.230, de 25.10.2021 comentada artigo por artigo – Rio de Janeiro: Forense, 2022. p. 91.

a postura do réu, mesmo o seu silêncio, seja levado em conta pelo juiz como elemento para a valoração das provas, nos termos do art. 371 do CPC.[67]

107. INAPLICABILIDADE DA PRESUNÇÃO DE VERACIDADE DOS FATOS ALEGADOS NA INICIAL EM CASO DE REVELIA. O § 19 do art. 17 elenca restrições processuais à ação de improbidade administrativa, sendo a primeira delas a inaplicabilidade da presunção de veracidade dos fatos alegados na inicial em caso de revelia do requerido.

A revelia decorre da ausência de contestação pelo réu devidamente citado, conforme previsto no art. 344 do CPC, cujo efeito ordinário é a presunção de veracidade dos fatos formulados pelo autor. Tal efeito é afastado nas ações de improbidade administrativa, por determinação do inciso I do § 19 do art. 17, do que decorre a imprescindibilidade do autor comprovar os fatos alegados na inicial, eis que inadmissível qualquer presunção acerca da existência de improbidade administrativa.[68]

Destaque-se que antes mesmo das alterações promovidas pela Lei n. 14.230/2021, dada a nota de indisponibilidade do bem jurídico tutelado, já era possível se extrair a impossibilidade de presunção de veracidade dos fatos imputados, na forma do art. 345, II, do CPC.[69]

108. NÃO INCIDÊNCIA DA INVERSÃO OU MODIFICAÇÃO DO ÔNUS DA PROVA. A segunda vedação contemplada no § 19 do art. 17 é a não incidência da inversão ou modificação do ônus da prova ao requerido (distribuição dinâmica do ônus da prova), com suporte nos §§ 1º e 2º do art. 373 do CPC, de forma que apenas ao autor, Ministério Público ou pessoa jurídica lesada, caberá o ônus de comprovar a ocorrência do ato de improbidade administrativa. Assim, na hipótese do inciso VII do art. 9º da Lei n. 8.429/92, por exemplo, caberá ao autor demonstrar o fato constitutivo do direito (art. 373, I, do CPC), qual seja, a evolução patrimonial desproporcional no exercício da função pública, ao passo que ao réu cumprirá demonstrar a

67. BUENO, Cassio Scarpinella. *Manual do poder público em juízo*. Op. cit., p. 558.
68. BUENO, Cassio Scarpinella. *Manual do poder público em juízo*. Op. cit., p. 558.
69. Neste sentido: STJ, REsp n. 1.330.058/PR, Rel. Min. Mauro Campbell Marques, Segunda Turma, j. 20/06/2013.

existência de fato impeditivo, modificativo ou extintivo (art. 373, II, CPC), consistente na licitude da evolução patrimonial.

A vedação à distribuição dinâmica atinge apenas os requeridos contra os quais deduzido pedido de aplicação de sanções previstas na Lei n. 8.429/92, não impedindo que tal providência, atendidos os requisitos legais, seja aplicada contra a pessoa jurídica lesada, caso venha a integrar a relação jurídica processual no polo passivo.[70]

Acerca das hipóteses tratadas nos incisos I e II do § 19 do art. 17, conforme destaca Ricardo de Barros Leonel, necessário reconhecer o acerto da opção do legislador em vedar a presunção de veracidade e a inversão dos encargos probatórios, visto o rigor das sanções de improbidade, a justificar tratamento distinto do processo civil tradicional.[71]

109. CONFLITO DE ATRIBUIÇÃO E MULTIPLICIDADE DE AÇÕES. De acordo com o inc. III do § 19 do art. 17 (i) não se aplica o ajuizamento de mais de uma ação de improbidade administrativa pelo mesmo fato e (ii) eventual conflito de atribuições entre membros de Ministérios Públicos distintos deve ser dirimido pelo Conselho Nacional do Ministério Público.

Trata-se de previsão normativa com infeliz técnica redacional, que mistura correlação entre demandas e conflito de atribuições, demandando interpretação adequada à luz do sistema processual vigente.

Em relação à primeira parte do dispositivo compreende-se cuidar-se do fenômeno da litispendência e da coisa julgada,[72] que é a existência de duas ou mais ações em curso ou com trânsito em julgado, respectivamente, com identidade de partes, pedido e causa de pedir (art. 337, §§ 1º, 3º e 4º, do CPC) e que tem como efeito a extinção do processo sem resolução do mérito (art. 485, V, do CPC).

70. Vide comentários ao § 14 do artigo 17.

71. LEONEL, Ricardo de Barros. *Processo e procedimento na nova Lei de Improbidade Administrativa.* 2021. Op. cit.

72. Idib. Afirma que a "vedação do ajuizamento de outra ação de improbidade pelos mesmos fatos, em si mesma, não é novidade alguma. É a mesma vedação que decorre da litispendência ou da coisa julgada. Outra dicção para institutos que já são, de todos, bem conhecidos."

Nada impede, contudo, a parcial coincidência entre a causa de pedir e o pedido,[73] o que poderá ensejar o reconhecimento de conexão ou continência, com as consequências previstas nos arts. 55, § 1º, e 57 do CPC. Reforça este entendimento a redação do 5º do art. 17, o qual dispõe que a propositura da ação tornará prevento o juízo para as ações posteriores, com base na mesma causa de pedir ou mesmo objeto.

Nestas hipóteses de coisa julgada, litispendência, conexão ou continência, será exclusivamente jurisdicional a decisão acerca do rumo do processo e, também, do juízo competente, em nada interferindo eventual enfrentamento de conflito de atribuições pelo Conselho Nacional do Ministério Público.

Por outro lado, o conflito de atribuições poderá ser extrajudicial e prévio à ação de improbidade administrativa, na fase do inquérito civil, ou, ainda, concomitante ao processo judicial, limitando-se a apreciação do Conselho Nacional do Ministério Público a fixar o órgão ou membro do Ministério Público com atribuição para determinada investigação ou para a demanda judicial, sem que tal decisão tenha o condão de interferir nas situações jurídicas processuais do Estado-Juiz, a quem cabe decidir sobre a competência jurisdicional. Conforme destaca Cássio Scarpinella Bueno, a atuação do Conselho Nacional do Ministério Público "deve ser entendida como meramente administrativa, sem o condão, destarte, de influir nas regras de competência e de prevenção derivadas do sistema constitucional e legal, nem, tampouco, impor, por si só, a extinção do processo sem resolução do mérito".[74]

Em palavras singelas, o inciso III do § 19 do art. 17 cuida de duas situações distintas, uma jurisdicional e outra administrativa, quais sejam, correlação entre demandas, a ser dirimida pelo Poder Judiciário, e conflito de atribuições entre Ministérios Públicos, questão a ser solucionada pelo Conselho Nacional do Ministério Público.

---

73. Na identificação do autor, a despeito da distinção entre a identidade institucional (Ministérios Públicos distintos) dos autores nas diversas ações, importa a condição jurídica de legitimado coletivo à ação de improbidade, do que decorre que a parte ativa destas ações será considerada a mesma. Neste sentido: LEONEL, Ricardo de Barros; *Manual do processo coletivo*. Op. cit., p. 262-263.

74. BUENO, Cassio Scarpinella. *Manual do poder público em juízo*. Op. cit., p. 525.

A opção legislativa de encaminhar ao Conselho Nacional do Ministério Público a decisão sobre conflito de atribuições entre Ministérios Públicos distintos decorre de precedente fixado pelo Supremo Tribunal Federal[75].

110. REEXAME NECESSÁRIO. Por fim, o inciso IV do § 19 do art. 17 afasta o reexame obrigatório da sentença de improcedência ou de extinção sem resolução de mérito, quebrando com a tradição imposta pelo art. 19, *caput*, da Lei de Ação Popular, dispositivo aplicável a todo o microssistema processual coletivo, inclusive para as ações de improbidade administrativa.[76] Essa proibição foi reiterada no art. 17-C. § 3º, da Lei n. 8.429/92 na redação da Lei n. 14.230/21.

A remessa necessária traduz maior preocupação legislativa com o interesse público que permeia determinadas matérias, razão pela qual era elogiável a sua aplicação nas ações de improbidade administrativa, que denotam estreita correlação com as ações populares na tutela da moralidade e do patrimônio público e social. Entende-se, portanto, que a nova disposição configura retrocesso na conformação processual da tutela do patrimônio público.

O Superior Tribunal de Justiça, no bojo do Tema 1042 de recurso repetitivo, caminhava para a fixação de precedente sobre a aplicação da remessa necessária nas ações de improbidade administrativa, à luz da disciplina processual anterior. Contudo, houve o cancelamento da afetação, em razão do advento da Lei n. 14.230/21. À luz da vedação contida no art. 17-C, § 3º, a verificação do cabimento ou não da remessa necessária deve ser iluminada pela regra do artigo 14 do Código de Processo Civil e da teoria do isolamento dos atos processuais, de maneira que o reexame necessário deve ser observado em relação aos processos em que publicada a sentença antes da entrada em vigor da Lei n. 14.230/21.

75. STF, ACO 843, Rel. Min. Marco Aurélio, Redator do Acórdão Min. Alexandre de Moraes, Tribunal Pleno, j. 08/06/2020.

76. STJ, Embargos de Divergência no REsp n. 1.220.667/MG, Rel. Min. Herman Benjamin, 1ª Seção, j. 24/05/2017.

111. ATUAÇÃO DA ADVOCACIA PÚBLICA. O § 20 do art. 17 da Lei n. 8.429/1992 garante ao administrador público, réu em improbidade administrativa, que sua defesa judicial seja realizada pela assessoria jurídica responsável pelo parecer que atestou a legalidade prévia dos atos administrativos.

O dispositivo padece de vício de inconstitucionalidade, pois viola os preceitos constitucionais que disciplinam a advocacia pública, fere o pacto federativo e atenta contra os princípios da moralidade e da impessoalidade.

De acordo com os arts. 131 e 132 da Constituição Federal, os órgãos estatais da advocacia pública têm como atribuição a representação judicial e extrajudicial da União, dos Estados e do Distrito Federal, pessoas jurídicas de direito público, o que exclui a defesa particular de agentes públicos que venham a figurar como requeridos em ações de improbidade administrativa. Não é missão da Advocacia Pública a defesa de agentes públicos demandados sob a perspectiva de sua responsabilidade pessoal.

A atuação institucional dos órgãos da advocacia pública, portanto, não pode ser desviada para a tutela dos interesses particulares dos agentes e servidores, sob pena de violação aos princípios da impessoalidade e da moralidade administrativa.[77]

A disciplina acerca das atribuições da advocacia pública de todos os entes federativos também invadiu a organização administrativa dos Estados, do Distrito Federal e dos Municípios, no que refere à estruturação e atribuições de seus respectivos órgãos, com ofensa ao pacto federativo.

Ademais, quanto à União, há vício formal de inconstitucionalidade, pois, nos termos do art. 131 da Constituição Federal, seria exigível lei complementar para disciplina do tema, além de vício de iniciativa, pois matéria relativa à organização e às atribuições de entidades vinculadas ao Poder Executivo, inclusive em relação à advocacia pública, é de iniciativa reservada do Presidente da República, na forma do art. 61, § 1º, II, *a* e *c*, da Constituição Federal.

77. STJ, EDcl no AgRg no REsp n. 681.571/GO, Rel. Min. Eliana Calmon, Segunda Turma, j. 24/10/06.

Registre-se, por fim, que o Supremo Tribunal Federal declarou a inconstitucionalidade parcial, com redução de texto, do § 20 do art. 17, no sentido de que inexiste obrigatoriedade de defesa judicial, havendo, porém, a possibilidade de os órgãos da advocacia pública autorizarem a realização dessa representação judicial por parte da assessoria jurídica que emitiu o parecer atestando a legalidade prévia (ADI 7.042 e 7.043).

112. RECURSOS. O § 21 do art. 17 contempla a recorribilidade de todas as decisões interlocutórias proferidas no trâmite das ações de improbidade administrativa, na contramão da diretriz adotada no art. 1015 do CPC. Tal sistemática já era observada por conta da aplicação do art. 19, § 1º, da Lei da Ação Popular, o qual prevê que toda decisão interlocutória proferida neste processo coletivo desafia agravo de instrumento, c.c o art. 1.015, VIII, do CPC, segundo o qual o referido recurso será cabível mesmo para as hipóteses não elencadas em seu rol, desde que exista expressa disposição legal.[78]

O legislador perdeu boa oportunidade para conferir maior celeridade às ações de improbidade, pois a recorribilidade de toda e qualquer decisão interlocutória implicará maior demora para a solução da demanda, oferecendo preocupação não apenas pela óptica da duração razoável do processo, mas também em face da prescrição intercorrente implementada pelo art. 23, § 8º, da Lei n. 8.429/92.

No mais, devem ser observadas as disposições sobre recursos contidas no Código de Processo Civil, inclusive no que se refere à hipótese de decisão parcial de mérito e o cabimento de agravo de instrumento (artigo 356, § 5º, do CPC) contra tal *decisum*.

Importante frisar que, no recurso especial, é presumida a relevância da questão de direito federal infraconstitucional discutida no caso nas ações de improbidade administrativa, conforme o inciso II do § 3º do artigo 105 da Constituição Federal.

Nas hipóteses de litisconsórcio, é necessário cautela em relação ao reconhecimento do efeito expansivo subjetivo se interposto o recurso

78. STJ, AgInt nos EDcl no AREsp n. 1.554.380/RS, Rel. Min. Manoel Erhardt (Des. Convocado do TRF5), Primeira Turma, j. 28/09/2021.

por apenas um dos litisconsortes (art. 1.005 do CPC), pois nas ações de improbidade administrativa o litisconsórcio é simples e facultativo, não unitário, com exigência de comprovação da responsabilidade subjetiva e individual de cada requerido (artigos 17, § 6º, I, e 17-C, VI, da Lei n. 8.429/92), de maneira que o reconhecimento da atipicidade da conduta ou da insuficiência de provas do ato ilícito em relação a um dos corréus não pode ser estendida, automaticamente, àquele que não interpôs recurso.

Tal conclusão fica ainda mais acentuada nos recursos aos tribunais superiores, em que vedada a análise de fatos e provas, razão pela qual se reputa de difícil aplicação o art. 1.005 do CPC nos recursos especial e extraordinário aviados por apenas um dos litisconsortes.[79]

Art. 17-A. (VETADO). (Incluído pela Lei nº 13.964, de 2019)

Art. 17-B. O Ministério Público poderá, conforme as circunstâncias do caso concreto, celebrar acordo de não persecução civil, desde que dele advenham, ao menos, os seguintes resultados: (Incluído pela Lei nº 14.230, de 2021)

I – o integral ressarcimento do dano; (Incluído pela Lei nº 14.230, de 2021)

---

79. STJ, AgInt no REsp n. 2.124.162/PB, Rel. Min. Herman Benjamin, Segunda Turma, j. 19/08/2024: "PROCESSUAL CIVIL E ADMINISTRATIVO. AGRAVO INTERNO NO RECURSO ESPECIAL. NEGATIVA DE PRESTAÇÃO JURISDICIONAL. INEXISTÊNCIA. AÇÃO DE IMPROBIDADE ADMINISTRATIVA. EXTENSÃO DOS EFEITOS DO PROVIMENTO A CORRÉU. IMPOSSIBILIDADE. EXISTÊNCIA DE LITISCONSÓRCIO SIMPLES NO CASO DOS AUTOS. PRINCÍPIO DA AUTONOMIA DOS LITISCONSORTES. COMPROVAÇÃO DE AUSÊNCIA DE IDENTIDADE DAS CIRCUNSTÂNCIAS E DAS CONDUTAS E ALTERAÇÃO DA DOSIMETRIA DAS SANÇÕES. PRETENSÃO DE REEXAME FÁTICO-PROBATÓRIO. INCIDÊNCIA DA SÚMULA 7/STJ. DISSÍDIO JURISPRUDENCIAL. ANÁLISE PREJUDICADA. AGRAVO INTERNO NÃO PROVIDO. [...] 10. Verifica-se que a causa foi decidida após percuciente análise do acervo de fatos e das provas dos autos. Na moldura delineada, infirmar o entendimento assentado no aresto recorrido, quanto à ausência de identidade das circunstâncias e das condutas do recorrente e as do corréu José de Anchieta Martins, passa por revisitar o acervo probatório, o que é vedado na via eleita ante a incidência da Súmula 7/STJ. [...] 12. Assim sendo, seguindo a jurisprudência do STJ, em relação ao litisconsórcio simples, vigora o princípio da autonomia dos litisconsortes, segundo o qual os réus ou autores integrantes do mesmo polo da ação devem ser tratados como partes distintas em suas relações com a parte adversa, de modo que, no curso do processo, podem apresentar situações jurídico-processuais diferentes, se assim determinarem as decisões judiciais proferidas para cada um deles. 13. Não se caracterizando litisconsórcio unitário, a interposição de Recurso pelo litisconsorte não aproveita aos demais. Inteligência do art. 1.005 do CPC."

II – a reversão à pessoa jurídica lesada da vantagem indevida obtida, ainda que oriunda de agentes privados. (Incluído pela Lei nº 14.230, de 2021)

§ 1º A celebração do acordo a que se refere o *caput* deste artigo dependerá, cumulativamente: (Incluído pela Lei nº 14.230, de 2021)

I – da oitiva do ente federativo lesado, em momento anterior ou posterior à propositura da ação; (Incluído pela Lei nº 14.230, de 2021)

II – de aprovação, no prazo de até 60 (sessenta) dias, pelo órgão do Ministério Público competente para apreciar as promoções de arquivamento de inquéritos civis, se anterior ao ajuizamento da ação; (Incluído pela Lei nº 14.230, de 2021)

III – de homologação judicial, independentemente de o acordo ocorrer antes ou depois do ajuizamento da ação de improbidade administrativa. (Incluído pela Lei nº 14.230, de 2021)

§ 2º Em qualquer caso, a celebração do acordo a que se refere o *caput* deste artigo considerará a personalidade do agente, a natureza, as circunstâncias, a gravidade e a repercussão social do ato de improbidade, bem como as vantagens, para o interesse público, da rápida solução do caso. (Incluído pela Lei nº 14.230, de 2021)

§ 3º Para fins de apuração do valor do dano a ser ressarcido, deverá ser realizada a oitiva do Tribunal de Contas competente, que se manifestará, com indicação dos parâmetros utilizados, no prazo de 90 (noventa) dias. (Incluído pela Lei nº 14.230, de 2021)

§ 4º O acordo a que se refere o *caput* deste artigo poderá ser celebrado no curso da investigação de apuração do ilícito, no curso da ação de improbidade ou no momento da execução da sentença condenatória. (Incluído pela Lei nº 14.230, de 2021)

§ 5º As negociações para a celebração do acordo a que se refere o *caput* deste artigo ocorrerão entre o Ministério Público, de um lado, e, de outro, o investigado ou demandado e o seu defensor. (Incluído pela Lei nº 14.230, de 2021)

§ 6º O acordo a que se refere o *caput* deste artigo poderá contemplar a adoção de mecanismos e procedimentos internos de integridade, de auditoria e de incentivo à denúncia de irregularidades e a aplicação efetiva de códigos de ética e de conduta no âmbito da pessoa jurídica, se for o caso, bem como de outras medidas em favor do interesse público e de boas práticas administrativas. (Incluído pela Lei nº 14.230, de 2021)

§ 7º Em caso de descumprimento do acordo a que se refere o *caput* deste artigo, o investigado ou o demandado ficará impedido de celebrar novo acordo pelo prazo de 5 (cinco) anos, contado do conhecimento pelo Ministério Público do efetivo descumprimento. (Incluído pela Lei nº 14.230, de 2021)

113. A CONSENSUALIDADE COMO NOVA FORMA DE RESOLUÇÃO DE CONFLITOS. O art. 17-B da Lei n. 14.230/21 disciplina o acordo de não persecução civil, instrumento para a resolução de conflitos na esfera da improbidade administrativa.

A adoção dessa modalidade de acordo, assim como outros instrumentos para a resolução de conflitos no âmbito do direito administrativo sancionador, veio tardiamente, sobretudo em virtude do dogma arraigado da supremacia do interesse público, já que o direito administrativo brasileiro, erigido sobre matriz de origem francesa, adotou regime jurídico informado por concepções como a da *puissance publique*, pela supremacia do interesse público, pela relação vertical entre Administração Pública e particular, na qual o Estado pratica atos administrativos unilaterais, imperativos e autoexecutórios.

Disso decorria a concepção engessada de indisponibilidade dos interesses que envolvem a Administração Pública, os quais sempre devem prevalecer sobre os particulares, tornando a ideia de consenso com a participação do Estado, no qual haveria disposição parcial de um interesse seu posto em jogo, conflitante com o fundamento basilar da atuação administrativa. Daí porque seria vedado àqueles responsáveis pela tutela do interesse público dele dispor ou sobre ele transigir, o que implicava necessariamente a adjudicação pública dos conflitos.

Por essa razão, no campo da moralidade administrativa e do patrimônio público não se admitia qualquer tipo de solução consensual dos conflitos que envolvessem esses valores, o que tornava cogente a intervenção do Poder Judiciário para sua resolução, resultando na proibição de transação, acordo ou conciliação na redação original do § 1° do art. 17 da Lei n. 8.429/92.

Porém, o desenvolvimento de modelos jurídicos estatais inspirados por crises econômicas e institucionais promoveu grandes transformações, enfraquecendo a invocação abstrata e generalista da supremacia do interesse público e de sua indisponibilidade, pois em diversos casos o melhor para o interesse público pode ser obtido por uma solução concertada, que atenda de um lado os interesses próprios da Administração e, de outro, os interesses individuais, que igualmente são protegidos pelo ordenamento jurídico.

Atualmente, a consensualidade ou concertação administrativa é princípio que deve pautar a administração pública, sendo considerado mecanismo de gestão da coisa pública[80], pois a solução consensual (i) traz maior eficiência, já que economiza tempo, custos para ambas as partes e promove maiores chances de cooperação no cumprimento pelo particular, (ii) incrementa a transparência no desempenho das funções estatais, fazendo com que os interesses privados associados à Administração Pública sejam devidamente identificados em um acordo formal, evitando-se negociatas de bastidores disfarçadas de interesses da coletividade e (iii) reveste de maior legitimidade a atuação do Poder Público, funcionando como um grande meio de aperfeiçoamento ético nas relações entre os particulares e o Estado[81].

Em verdade, a resolução extrajurisdicional passou a ser priorizada sempre que se mostrar como a via hábil à solução mais célere, econômica, implementável e capaz de satisfazer adequadamente as legítimas expectativas dos titulares dos direitos envolvidos, contribuindo para diminuir a litigiosidade.

---

80. MEDAUAR, Odete. *Direito administrativo em evolução*. São Paulo: Revista dos Tribunais, 2003, p. 210/211.

81. BINENBOJM, Gustavo. *A consensualidade administrativa como técnica juridicamente adequada de gestão eficiente de interesses sociais*. Revista Eletrônica da Procuradoria Geral do Estado do Rio de Janeiro – PGE-RJ, Rio de Janeiro, v. 3 n. 3, set./dez.2020.

Se a resolução consensual apresentar vantagens sobre a tutela jurisdicional, por demonstrar ser mais adequada, justa e razoável, sem dúvida alguma deve ser buscada pelos envolvidos para solução da contenda. Tanto é que leis recentes passaram a cuidar da matéria, como a Lei n. 13.140/15, que dispõe sobre a mediação entre particulares como meio de solução de conflitos e sobre a autocomposição no âmbito da Administração Pública, e as novas regras da Lei de Introdução às Normas do Direito Brasileiro (LINDB – Decreto-lei n. 4.657/42, na redação introduzida pela Lei n. 13.655/2018), cujo art. 26 possibilita a celebração de compromissos para eliminar irregularidades, incertezas jurídicas ou situações contenciosas na aplicação do direito público, disposição essa que passou a ser considerada verdadeira cláusula geral de negociação no âmbito da Administração Pública.

Agora, a Lei de Improbidade Administrativa prevê a possibilidade de celebração do acordo de não persecução civil, instrumento introduzido pela nova redação dada ao § 1° do art. 17 da Lei n. 8.429/92, pela Lei n. 13.964/19 (Pacote Anticrime) e, agora, disciplinado pelo art. 17-B, introduzido pela Lei n. 14.230/21.

Importa destacar, desde logo, que o acordo de não persecução civil se sujeita às regras do Direito Público, de modo que nesse ajuste, o Estado não abre mão de seu poder sancionador pois, ao contrário, o Estado celebra o acordo com o fim de impor a sanção, porém de forma negociada. Daí porque não se pode falar em mitigação do princípio do interesse público e de sua marca indelével de indisponibilidade, já que o que tem lugar é uma revisitação da compreensão que deve ser dada a esses conceitos, estimulada pela perspectiva de consensualidade com vistas a alcançar efetividade, nos termos preconizados pelos princípios da eficiência, razoabilidade e proporcionalidade.

114. CONSENSUALIDADE NA TUTELA DA PROBIDADE ADMINISTRATIVA. A paulatina adoção de negócios jurídicos em outras esferas de responsabilização do direito público sancionador, voltados a punir o mesmo ato ilícito, tais como a colaboração premiada no âmbito penal, e o acordo de leniência, no âmbito administrativo e civil relacionadas à responsabilização da pessoa jurídica, passou a demandar a existência e a justificar a criação do mesmo tipo de ajuste na esfera da improbidade administrativa, em atendimento ao ideal de justiça, igualdade e razoabilidade.

Por essa razão, parte da doutrina já preconizava a revogação tácita do § 1° do art. 17 da Lei n. 8.429/92, em sua redação original, à vista da existência de um microssistema de combate à corrupção que deveria ser homogêneo no tratamento do ato ilícito subordinado a múltiplas esferas de responsabilização[82] e que deveria atender as obrigações subscritas pelo Brasil em diversos pactos internacionais, como a Convenção sobre o Combate da Corrupção de Funcionários Públicos Estrangeiros, da Organização para a Cooperação e Desenvolvimento Econômico – OCDE (Decreto n. 3.678/2000) e a Convenção das Nações Unidas contra o Crime Organizado Transnacional – Convenção de Palermo (Decreto n. 5.015/2004)[83].

A questão parecia que seria superada com a edição da Medida Provisória n. 703 em 18 de dezembro de 2015, que no inciso I de seu art. 2º revogava o § 1º do art. 17 da Lei n. 8.429/92, não obstante sua constitucionalidade fosse controversa pelo fato de conter normas processuais, à luz da vedação do art. 62, § 1º, I, *b*, da Constituição de 1988 na redação dada pela Emenda n. 32/01. Entretanto, a medida provisória teve seu prazo de vigência encerrado em 29 de maio de 2016, repristinando, por consequência, a norma proibitiva revogada, o que reavivou a polêmica em torno da proibição de autocomposição na Lei n. 8.429/92.

No ano de 2017, a Resolução n. 179 do Conselho Nacional do Ministério Público, editada em 26 de julho, estabeleceu a possibilidade de compromisso de ajustamento de conduta nas hipóteses configuradoras de improbidade administrativa, sem prejuízo do ressarcimento ao erário e da aplicação de uma ou algumas das sanções previstas em lei, de acordo com a conduta ou o ato praticado. A constitucionalidade desse ato normativo também se mostrou controversa à época de sua edição, por autorizar aquilo que a Lei n. 8.429/92 explicitamente proibia no § 1º de seu art. 17. Porém, a Resolução n. 179/17 estimulou a

82. DIDIER JR., Fredie e BONFIM, Daniela Santos. *A colaboração premiada como negócio jurídico processual atípico nas demandas de improbidade administrativa*. A&C – Revista de Direito Administrativo & Constitucional, Belo Horizonte, ano 17, n. 67, p. 105-120, jan./mar. 2017.

83. OLIVEIRA, Beatriz Lopes de; MARQUES, Silvio Antonio. *Acordos de Não Persecução no Brasil e em perspectiva comparada*. In *Ministério Público Estratégico – vol. 08: resolução consensual e tratamento adequado de conflitos, controvérsias e problemas na tutela de direitos fundamentais pelo ministério público*. Indaiatuba: Editora Foco, 2024, p. 437.

edição de normativas pelos Ministérios Públicos a respeito do termo de ajustamento de conduta na esfera da improbidade administrativa[84].

115. ACORDO DE NÃO PERSECUÇÃO CIVIL. Na sequência, sobreveio o acordo de não persecução civil, que introduzido pela nova redação dada ao § 1° do art. 17 da Lei n. 8.429/92 pela Lei n. 13.964/19 (Pacote Anticrime) mostrou-se desprovido de contornos quanto à legitimidade e limite temporal para sua celebração, conteúdo e necessidade ou não de homologação por órgão de controle interno ou por órgão jurisdicional, dado o veto aposto ao art. 17-A[85].

Por fim, as alterações promovidas pela Lei n. 14.230/21 revogaram o § 1º do art. 17 e criaram o art. 17-B, passando a disciplinar o acordo de não persecução civil. Em síntese, o dispositivo estabelece como legitimado ativo ao ajuste apenas o Ministério Público, determinando que as negociações sejam travadas com o investigado ou demandado e seu defensor (§ 5º). O acordo é condicionado ao integral ressarcimento do dano (inciso I) e à reversão à pessoa jurídica lesada da vantagem indevida obtida (inciso II), estabelecendo-se que para fins de apuração do valor do dano a ser ressarcido, deverá ser realizada a oitiva do Tribunal de Contas competente, que se manifestará, com indicação dos parâmetros utilizados, no prazo de 90 (noventa) dias (§ 3º). A celebração do acordo passa a depender, cumulativamente, da oitiva da pessoa jurídica lesada e de dúplice homologação, tanto do órgão de controle interno do Ministério Público como do órgão jurisdicional (§1º). O ajuste deve levar em conta a personalidade do agente, a natureza, as circunstâncias, a gravidade e a repercussão social do ato de improbidade e as vantagens para o interesse público

84. Nesse sentido: Provimento 58/18-PGJ, do Ministério Público do Estado do Rio Grande do Sul; Resolução CSMP n. 3/17, do Ministério Público de Minas Gerais; Resolução COPJ n° 06/14, do Ministério Público do Espírito Santo; Resolução n° 15/18-CPJ, do Ministério Público de Sergipe; Resolução n° 75/19-CPMP, do Ministério Público do Maranhão; Resolução n° 08/19-CPJ, do Ministério Público do Rio Grande do Norte; Resolução n° 06/19-CPJ, do Ministério Público do Mato Grosso do Sul; Resolução n° 05/18-CSMP, do Ministério Público do Tocantins; Resolução n° 01/17-CSMP, do Ministério Público do Paraná; Resolução n° 11/19-CPJ, do Ministério Público de Alagoas.

85. O dispositivo vetado (art. 17-A) estabelecia o Ministério Público como único legitimado ativo ao acordo; elencava a obtenção de determinados resultados como condição do ajuste; admitia sua celebração tanto na fase extrajudicial como judicial e subordinava a homologação do acordo tanto ao órgão de controle interno como ao órgão jurisdicional.

na rápida solução do caso (§ 2º). Permite-se que o acordo seja celebrado no curso da investigação, na ação ou na fase de execução da sentença condenatória (§ 4º) e possibilita-se a adoção de mecanismos e procedimentos internos de integridade, de auditoria e de incentivo à denúncia de irregularidades e aplicação efetiva de códigos de ética e de conduta no âmbito da pessoa jurídica, se o caso, bem como outras medidas em favor do interesse público e de boas práticas administrativas (§ 6º). Em caso de descumprimento do acordo, o investigado ou demandado fica impedido de celebrar novo acordo pelo prazo de 05 (cinco) anos, contados do conhecimento pelo Ministério Público do efetivo descumprimento.

116. NATUREZA JURÍDICA. O acordo de não persecução civil tem natureza de negócio jurídico bilateral ou multilateral pois decorre de um ajuste de vontades entre o legitimado ativo à tutela da probidade administrativa e os autores do ato ilícito ou pessoas por eles beneficiadas, com previsão de concessões mútuas.

Trata-se de ajuste de natureza material e processual no qual o legitimado ativo, de um lado, faz concessões relacionadas à propositura ou continuidade da ação judicial para aplicação das sanções, bem como ao montante ou à forma de sua aplicação e, o autor ou terceiro que concorreu para o ato ilícito, de outro, as faz em relação à assunção de responsabilidade por sua prática e quanto à aceitação em promover a reparação integral do dano, devolver valores ilicitamente auferidos, bem como submeter-se a uma ou algumas das sanções previstas na lei e, eventualmente, a outras medidas convencionadas.

Considerando o disposto no § 2° do art. 1° da Resolução n. 179/17[86] do Conselho Nacional do Ministério Público, alguns doutrinadores atribuem ao acordo de não persecução civil a natureza jurídica de termo de ajustamento de conduta[87]. Entretanto, não se pode atribuir ao novo

86. Art. 1° (...).
§ 2°. É cabível o compromisso de ajustamento de conduta nas hipóteses configuradoras de improbidade administrativa, sem prejuízo do ressarcimento ao erário e da aplicação de uma ou algumas das sanções previstas em lei, de acordo com a conduta ou o ato praticado.

87. Nesse sentido defende Fabio Media Osório, que enxerga a natureza de TAC no acordo de não persecução civil quando celebrado sem vinculação a acordos na órbita penal, que tratem dos mesmos fatos: "forçoso reconhecer que a vontade do legislador se coadunou com a do

instrumento essa natureza, considerando a formatação concebida pela Lei de Ação Civil Pública (Lei n. 7.347/85) e pelo Código de Defesa do Consumidor (Lei n. 8.078/90), posto que o termo de ajustamento de conduta, nessas hipóteses, teria finalidade eminentemente preventiva, recompositiva e de reparação[88]. Adota-se, nesse caso, o escólio de Hugo Nigro Mazzilli, para quem "o compromisso de ajustamento de conduta é antes um ato administrativo negocial (negócio jurídico de Direito Público), que consubstancia uma declaração de vontade do Poder Público coincidente com a do particular (o causador do dano, que concorda em adequar sua conduta às exigências da lei"[89].

---

proponente (Ministro da Justiça) do anteprojeto de lei, de modo que a modificação realizada pelo Legislativo, embora contenha elementos técnicos legislativos diversos, teve o mesmo efeito prático da proposta inicial. O que ocorreu foi a bifurcação da natureza jurídica da figura do instituto em comento: de um lado, expressa a colaboração premiada em ações ou investigações em improbidade administrativa, quando for decorrência de acordos celebrados em ações ou investigações penais; de outro, assume contornos de termos de ajustamento de conduta quando for celebrado independentemente de acordos pelos mesmos fatos na seara penal". *Natureza jurídica do instituto da não persecução cível previsto na lei de improbidade administrativa e seus reflexos na lei de improbidade empresarial.* Site Migalhas.com.br, 10 de março de 2020.

88. Conforme destaca Wallace Paiva Martins Júnior, "da comparação entre o compromisso de ajustamento de conduta e o acordo de não persecução civil são detectadas as diferenças entre esses institutos de solução negociada, inspirados na consensualidade: (a) há uma maior margem de liberdade de negociação no acordo de não persecução civil, pois, sobre ele não incide a finalidade ontológica do compromisso de ajustamento de conduta e o consequente limite à indisponibilidade da obrigação principal; (b) como a Lei da Improbidade Administrativa admite a imposição isolada, alternativa ou cumulativa de suas sanções, no acordo de não persecução civil há efetiva transação guiada pela opção pragmática de resultado, considerando vetores como eficiência, economicidade, proporcionalidade, celeridade; (c) o objeto do compromisso de ajustamento amplo é mais amplo, abrangendo todos os interesses supraindividuais, enquanto o do acordo de não persecução civil é restrito à repressão da improbidade administrativa. O confronto entre o § 2º do art. 1º da Resolução n. 179, do Conselho Nacional do Ministério Público, e o § 1º do art. 17 da Lei n. 8.429/92 na redação dada pela Lei n. 13.964/19, conduz à conclusão que a denominação compromisso de ajustamento de conduta por aquela empregada não prevalece em face da lei superveniente, erradicando a inadequada apropriação do instituto para o ajuste por ela autorizado". MARTINS JR, Wallace Paiva. Acordo de não persecução civil. *In*: CUNHA, Rogério Sanches (coord.). *Acordos de não Persecução Penal e Cível*. São Paulo: Juspodivm, 2021.

89. Cabe aqui o magistério de Hugo Nigro Mazzilli, para quem "o compromisso de ajustamento de conduta não tem natureza contratual, pois os órgãos públicos que o tomam não têm poder de disposição. Assim, não podem ser considerados uma verdadeira e própria transação, porque a transação importa poder de disponibilidade, e os órgãos públicos legitimados à ação civil pública ou coletiva, posto tenham disponibilidade do conteúdo processual da lide (como de resto é comum aos legitimados de ofício, como substitutos processuais que são), não detêm disponibilidade sobre o próprio direito material controvertido. Nesse sentido, o art. 841 do Código Civil corretamente dispõe que "só quanto a direitos patrimoniais de caráter

É certo que a doutrina mais moderna apresenta críticas à concepção de que o termo de ajustamento de conduta não poderia instrumentalizar autêntica negociação, diante da indisponibilidade dos direitos difusos, coletivos e individuais homogêneos. Vale dizer, a negativa de sentido verdadeiramente negocial ao termo de ajustamento de conduta desvirtuaria sua natureza e sua finalidade compositiva, causando problemas relacionados à efetividade (pragmática) e à validade (legalidade) do instrumento[90]. Considerando a concepção mais conservadora, de fato não seria possível estabelecer a aplicação de sanções no termo de ajustamento de conduta, como a suspensão de direitos políticos e a perda da função pública, previstas na Lei n. 8.429/92.

Com efeito, se o acordo de não persecução civil e o compromisso de ajustamento de conduta são espécies de negócio jurídico bilateral, eles não têm idêntica natureza, embora alguns princípios deste possam ser aplicados àquele.

117. LEGITIMIDADE ATIVA. Quando o acordo de não persecução civil foi inserido no art. 17-A da Lei de Improbidade pela Lei n. 13.964/19, considerando a redação original do *caput* do art. 17, os legitimados ativos à celebração do ajuste eram o Ministério Público e a pessoa jurídica interessada, já que ambos eram os legitimados ativos à ação de improbidade.

---

privado se permite a transação". Assim, o compromisso de ajustamento de conduta é antes um ato administrativo negocial (negócio jurídico de Direito Público), que consubstancia uma declaração de vontade do Poder Público coincidente com a do particular (o causador do dano, que concorda em adequar sua conduta às exigências da lei). MAZZILLI, Hugo Nigro. *COMPROMISSO DE AJUSTAMENTO DE CONDUTA: evolução e fragilidades e atuação do Ministério Público*. Revista de Direito Ambiental, Vol. 41, Ano 2006.

90. VENTURI, Elton. *Transação de direitos indisponíveis?* Revista de Processo, vol. 251/2016, p. 391-426, jan./2016. O autor destaca, ainda, que "a ausência de genuína transação (concessões recíprocas), sob a justificativa da indisponibilidade dos direitos ou interesses em disputa, implica a ausência de qualquer real incentivo para que o conflito seja resolvido, pragmaticamente, da melhor forma possível para todos. Afastada *ab initio* qualquer possibilidade de negociação relativamente à essência do conflito coletivo, a mera regulação de "prazos e formas" para o cumprimento da obrigação não é conciliação (muito menos transação), senão retórico reforço a disposições constitucionais, legais ou contratuais consideradas indiscutíveis e imutáveis. Neste sentido, a assinatura de ajustes de conduta, no mais das vezes, revela-se pouco útil e insuficiente para garantir concretamente a melhor ou a possível proteção dos direitos ou interesses em discussão".

Na reforma promovida pela Lei n. 14.230/21, o Ministério Público passou a ser o único legitimado à ação (art. 17) e, consequentemente, o único legitimado à celebração do ajuste, conforme previsto expressamente no artigo 17-B da Lei n. 8.429/92. Porém, o Supremo Tribunal Federal, apreciando a questão, declarou a inconstitucionalidade parcial, sem redução de texto, do *caput* e dos §§ 6º-A e 10-C do art. 17, assim como do *caput* e dos §§ 5º e 7º do art. 17-B, da Lei n. 8.429/1992, na redação dada pela Lei 14.230/2021, de modo a restabelecer a existência de legitimidade ativa concorrente e disjuntiva entre o Ministério Público e as pessoas jurídicas interessadas para a propositura da ação por ato de improbidade administrativa e para a celebração de acordos de não persecução civil (ADI 7042/DF).

O ajuste deve ser celebrado pelo membro do Ministério Público que tenha atribuição para a investigação dos fatos ou propositura da ação civil de improbidade. Após a prolação da sentença, no âmbito do Ministério Público Federal, a Orientação n. 10/20, da 5ª Câmara de Coordenação e Revisão, estabelece que a atribuição será da Procuradoria Regional da República (arts. 27 a 37). Nos Ministérios Públicos Estaduais, algumas normativas expedidas também definem o órgão com atribuição para o ajuste. No Estado de São Paulo, a atribuição para a apreciação de proposta de acordo em processos que se encontram em segunda instância, ou julgados em primeiro grau de jurisdição, ou com recurso interposto ao Tribunal de Justiça, é do Procurador de Justiça oficiante no processo, ainda que não tenha havido remessa ou distribuição dos autos, ressalvados os casos da competência originária do Procurador-Geral de Justiça. No âmbito dos Tribunais Superiores, a atribuição é concorrente entre o Procurador de Justiça oficiante no processo e o Procurador-Geral de Justiça[91].

91. Conforme §§ 5º e 6º da Resolução n. 1.193/20-CPJ do MPSP. No Rio Grande do Sul estabeleceu-se que a atribuição do órgão do Ministério Público para a celebração do acordo de não persecução civil, na fase judicial, será definida em função do órgão judicial competente para julgar o recurso interposto (§ 4º do artigo 2º do Provimento n. 16/21-PGJ). Em Goiás, na hipótese em que já houver julgamento de mérito em primeiro grau ou com recurso interposto perante os Tribunais, a atribuição para a celebração do acordo de não persecução civil será do membro do Ministério Público com atuação no juízo em que tramitarem os autos. Após o trânsito em julgado da decisão, o acordo poderá ser celebrado pelo membro do Ministério Público que atuar perante o juízo onde tramitar o cumprimento de sentença (§§ 1º e 2º do art. 5º da Resolução CPJ n. 02, de 30.01.23 do MPGO). No Rio de Janeiro, a atribuição para a apreciação de proposta de acordo de não persecução cível, em processos com recursos

118. OITIVA DO ENTE LESADO. Com as modificações promovidas pela Lei n. 14.230/21, a Lei n. 8.429/92 estabelece que a celebração do acordo de não persecução civil depende da oitiva do ente federativo lesado, em momento anterior ou posterior à propositura da ação (inciso I do § 1º do art. 17-B).

Considerando que a oitiva passa a ser obrigatória por força legal, o Ministério Público deverá intimar o ente lesado para que se manifeste a respeito do acordo que será subscrito. O ente lesado poderá, então, se omitir ou apresentar manifestação em que concorda com a ajuste, oferecer sugestões ou dele discordar. Em qualquer caso, não obstante a oitiva passe a ser obrigatória, é desnecessária a aquiescência do ente lesado como requisito de validade ou eficácia do acordo celebrado pelo Ministério Público[92], pois, do contrário, o *Parquet* se veria condicionado ou subordinado a vontade da Administração Pública, o que contraria sua independência e fere a separação de poderes.

119. REQUISITOS PARA A CELEBRAÇÃO DO ACORDO: ADEQUAÇÃO, OPORTUNIDADE, CONVENIÊNCIA E UTILIDADE. A celebração do acordo de não persecução civil exige sua adequação ao caso concreto, vale dizer, a eleição desse método de negociação se justifica quando for o mais adequado instrumento para a solução do conflito, porque

---

interpostos para o Tribunal de Justiça, será do Procurador de Justiça com atribuição, e, caso haja recurso interposto para o Supremo Tribunal Federal ou para o Superior Tribunal de Justiça, do Procurador-Geral de Justiça (art. 7º, parágrafo único da Resolução GPGJ n. 2.469, de 25.05.22 do MPRJ). No Rio Grande do Norte, a atribuição para celebração do ajuste, na fase judicial, será definida em função do órgão judicial competente para julgar a ação de improbidade em andamento ou com recurso interposto. A atribuição para celebração do acordo após a sentença e antes do trânsito em julgado da fase de conhecimento será do Procurador de Justiça responsável pelo acompanhamento do feito na fase recursal em que se encontre (art. 10 da Resolução nº 04/23-CPJ, de 11.03.23, do MPRN). Em Minas Gerais, a atribuição do órgão do Ministério Público para a celebração do acordo, na fase judicial, será definida em função do órgão judicial competente para julgar a ação de improbidade administrativa em andamento ou o recurso interposto. A atribuição para celebração do acordo judicial após a sentença e antes do trânsito em julgado da fase de conhecimento será do Procurador de Justiça responsável pelo acompanhamento do feito na fase recursal em que se encontre, de acordo com as regras de distribuição da respectiva Procuradoria de Justiça, devendo ser priorizada a atuação conjunta com o órgão de execução de primeira instância (art. 10 da Resolução Conjunta PGJ/CGMP nº 07, 12.08.22, do MPMG).

92. Nesse sentido o inciso XIV do art. 5º da Resolução nº 1.193/20-CPJ, de 11 de março de 2020, do Ministério Público do Estado de São Paulo, ao prever que o instrumento que formalizar o acordo deverá conter a oitiva do ente federativo lesado, se o caso, não se exigindo, contudo, sua aquiescência como requisito de validade ou eficácia do acordo.

proporcionará a proteção do interesse público mediante solução negociada[93].

Devem ser sopesadas as vantagens e desvantagens em sua utilização. O acordo deve ser um meio mais proveitoso ao interesse público que o ajuizamento da ação civil de responsabilidade por ato de improbidade administrativa ou que seu prosseguimento, sopesando fatores como duração razoável do processo, efetividade das sanções aplicáveis e maior abrangência de responsabilização de agentes públicos e de terceiros envolvidos no ilícito ou que dele tenham auferido vantagem indevida de qualquer natureza[94]. Daí porque o § 3º do art. 17-B da Lei n. 8.429/92, estabelece que a celebração do acordo deve levar em conta as vantagens, para o interesse público, da rápida solução do caso.

A consensualidade, como pressuposto da resolutividade de conflitos de interesses, é uma tendência de agilização, racionalização e efetividade que não exclui a jurisdição, atuando paralelamente a ela[95]. O acordo não pode ser considerado e nem utilizado como mera forma de desjudicialização voltada à diminuição do número de processos em tramitação no Poder Judiciário ou como instrumento simplista para solucionar o grande número de inquéritos civis e procedimentos investigatórios em trâmite no Ministério Público.

Nas hipóteses em que não se vislumbre a possibilidade de propositura futura de ação civil pública, seja pela insuficiência de elementos quanto à existência do ato ilícito, seja pela ausência de indícios de responsabilidade do agente público ou terceiro que concorreu para a prática do ato, não se poderá fazer uso do ajuste, já que nesses casos não haverá interesse público a tutelar.

A adequação aqui tratada tem lugar quando o acordo for oportuno e se revestir de conveniência e utilidade.

---

93. ALMEIDA, Diogo Assumpção Rezende de. *O princípio da adequação e os métodos de solução de conflitos*. Revista de Processo, vol. 195, ano 36, p. 187-208. São Paulo: RT, maio, 2011.

94. MARTINS JR, Wallace Paiva. *Princípios do acordo de não persecução civil.* In MPMG Jurídico - Revista do Ministério Público do Estado de Minas Gerais, Tratamentos adequados e soluções consensuais, 2024, p. 99.

95. MARTINS JR, Wallace Paiva. Acordo de não persecução civil. *In*: CUNHA, Rogério Sanches (coord.). *Acordos de não Persecução Penal e Cível*. São Paulo: Juspodivm, 2021, p. 230.

A oportunidade na celebração do acordo está relacionada ao momento no qual a negociação pode ter lugar. A Lei n. 8.429/92, na redação dada pela Lei n. 13.964/19, limitou-se a estabelecer, no § 1° do art. 17, que a celebração do acordo de não persecução civil era admitida nas ações e, no § 10-A, consignou que havendo possibilidade de solução consensual, as partes poderiam requerer a interrupção do prazo para a contestação, por prazo não superior a noventa dias.

Porém, na redação dada pela Lei n. 14.230/21, o § 4º do art. 17-B da Lei de Improbidade não estabeleceu limitação temporal, prevendo que o ajuste poderá ser celebrado no curso da investigação de apuração do ilícito, no curso da ação de improbidade ou no momento da execução da sentença condenatória.

Apesar de a nova redação não estabelecer limitação quanto à oportunidade para celebração do ajuste, o melhor momento para a sua celebração é durante a investigação ou a fase de instrução da ação, até momento anterior à prolação da sentença, posto que até a decisão de primeiro grau é possível a discussão de fatos e a análise de provas, a permitir a identificação do interesse público na negociação. Já a celebração do ajuste após a sentença de primeiro grau, apesar de possível, exige análise de sua vantajosidade para a Administração Pública, conforme a seguir explicitado.

Além de oportuna, a negociação deverá ser conveniente e útil tanto ao Ministério Público como ao autor ou terceiro que concorreu para o ato ilícito, pois o móvel que deve inspirar a composição na repressão à improbidade administrativa não é outro senão a utilidade para o interesse público sob os prismas material (punição) e processual (celeridade)[96].

De fato, observados os princípios da voluntariedade – opção das partes pelo acordo como meio de solução da controvérsia –, e do consentimento informado – prerrogativa de obter informações suficientes sobre seus direitos e deveres na conciliação, de forma que sua eleição seja a mais consciente possível –, perfeitamente aqui aplicáveis, posto que imanentes a outros métodos de composição (art. 166 do CPC),

96. MAGALHÃES JR, Alexandre Alberto de Azevedo. *Convenção processual na tutela coletiva*. Salvador: Juspodivm, 2020, p. 276.

há que se verificar se o ajuste é conveniente à hipótese, figurando instrumento apto a alcançar a adequada solução ao direito tutelado, resguardada a proteção ao interesse público.

Tratando-se de ajuste consensual, o Ministério Público deve enxergar conveniência em sua celebração, o que se faz exclusivamente mediante análise das circunstâncias do caso concreto. É plena a incidência do princípio da proporcionalidade (tanto pela proibição do excesso quanto pela proibição da insuficiência ou da falta) no acordo de não persecução civil. O órgão acusador opta por ele baseado em prognóstico balizado pela perspectiva punitiva oferecida pela legislação e pela potencialidade de resultados à luz do tratamento jurisdicional aplicado (ou aplicável) e, sobretudo, da realidade e da eficácia de uma política adequada de responsabilização por atos de improbidade administrativa. O seu móvel é o interesse público primário (tutela da probidade) e não o interesse público secundário (aquisição de receitas, cumprimento quantitativo de metas etc.). Daí porque o § 2º do art. 17-B da Lei n. 8.429/92 prevê que a celebração do acordo considerará a personalidade do agente, a natureza, as circunstâncias, a gravidade e a repercussão social do ato, bem como as vantagens da rápida solução do caso.

Desse modo, a celebração do acordo não é obrigatória ao Ministério Público pois, em grande parte dos casos, a gravidade dos fatos praticados e sua repercussão social, bem como a circunstâncias do ato ilícito, dentre outros fatores, podem indicar manifesta ausência de interesse público no acordo, justificando a propositura de ação civil. Além disso, em outras situações, a marcha processual já pode estar em estágio extremamente avançado, de modo que a composição não se justifica também pela falta de interesse público.

Por isso, pode-se afirmar a inexistência de direito subjetivo do autor do ato ilícito ou do terceiro que para ele concorreu ao acordo de não persecução civil[97].

De outro lado, é evidente, poderá ter lugar a recusa do investigado ou réu na celebração do ajuste ofertado pelo Ministério Público, seja

97. STJ, AgInt no AResp 2068838/RJ, 2ª Turma, Rel. Min. Herman Benjamin, 27/05/2024, *Dje* 04/06/2024.

porque pretende obter o arquivamento da investigação em curso ou a improcedência da ação em tramitação.

Porém, tanto a recusa na oferta quanto a recusa na aceitação do acordo devem ser motivadas e deverão constar formalmente dos autos, a fim de explicitar as razões pelas quais a parte não quer negociar, já que é possível que sobrevenha interesse na celebração do ajuste em momento posterior. Com efeito, a superveniência de fato novo pode justificar o acordo sob a ótica do legitimado ativo, do mesmo modo que o prognóstico de eventual condenação pode trazer ao réu a conveniência de abreviar a investigação ou o processo. Observe-se que o registro de eventual recusa anterior do investigado na celebração extrajudicial do acordo pode constituir motivo, inclusive, para a negativa da composição na fase judicial, já que o escopo de promover rapidez e eficiência na tutela do direito lesado foi peremptoriamente dispensada pelo autor do ilícito, que somente à vista de uma iminente condenação passa a demonstrar interesse na solução consensual.

Questão relevante que se coloca é se a negativa de celebração do acordo de não persecução civil pelo Ministério Público é suscetível de revisão pelo órgão superior. Se o Promotor de Justiça ou o Procurador da República recusar justificadamente a propositura do ajuste, o investigado pode requerer a remessa dos autos ou aviar recurso ao órgão hierarquicamente superior? A questão é relevante à vista daqueles que postulam aplicação analógica do § 14 do artigo 28-A do Código de Processo Penal, que estabelece a possibilidade de postular a revisão da recusa na celebração de acordos de não persecução penal.

Temos que a resposta é negativa, por fundamentos variados. O primeiro deles decorre da ausência de expressa previsão legal no texto que normatizou o acordo de não persecução civil. Se a reanálise do juízo negativo na propositura do ajuste por órgão superior fosse algo desejado pelo legislador, haveria previsão normativa, tal qual ocorre na legislação processual penal, ao disciplinar o acordo de não persecução penal, ainda mais considerando que os dois instrumentos foram introduzidos pela mesma lei, qual seja, o Pacote Anticrime (Lei n. 13.964/2019). Além disso, no ensinamento de Emerson Garcia, a existência de uma instância revisora na negativa de celebração do acordo de não persecução civil não estaria ínsita na atuação funcional do Ministério Público[98]. O juízo de valor que redundou na negativa de propositura do acordo está resguardado pelo princípio da independência funcional e a interferência de outros agentes, façam parte ou não do Ministério Público, nessa decisão, seja para alterá-la ou revê-la, afrontaria também o princípio do Promotor Natural. Para que o ato praticado por um órgão de execução possa ser revisto por outro, é necessário que essa atribuição seja criada, de modo que haja incidência da garantia da independência funcional e do princípio do Promotor Natural em relação à atuação do órgão revisor. Para o autor, também é inviável utilizar a "teoria do diálogo das fontes" para legitimar a aplicação da norma afeta à recusa de celebração do acordo de não persecução penal, pois "(1ª) o preceito é direcionado a instância de responsabilização de natureza penal, enquanto a improbidade administrativa está integrada à instância cível; (2ª) o direito brasileiro adota o sistema de independência entre as instâncias, que somente se comunicam entre si nos estreitos limites estabelecidos pela ordem jurídica, o que não é o caso; (3ª) normas afetas ao processo penal não apresentam uma convergência, no plano espaço-temporal, com normas do processo civil ou do processo administrativo, de modo que todas incidam, simultaneamente, sobre a mesma situação concreta; (4ª) a ausência de instância revisora decorre de um silêncio eloquente, não de uma lacuna normativa, o que é facilmente constatado ao observarmos que ambos os acordos, o penal e o cível, foram introduzidos pela Lei nº 13.964/2019, que somente previu a revisão em relação ao primeiro; e (5º) a negativa de celebração de acordos, no âmbito da tutela dos interesses difusos, não conta, historicamente, com uma instância de revisão".

Também deve existir utilidade na celebração do acordo.

A celebração do acordo na fase investigativa, que inclusive parece o melhor momento para o ajuste, é útil porque concretiza o ideal de resolutividade, evitando a judicialização da questão com a propositura da ação, que pode arrastar-se por anos no Poder Judiciário.

98. GARCIA, Emerson. *Acordo de não persecução civil: a negativa de celebração é suscetível de revisão?* Revista do Ministério Público do Rio de Janeiro. Rio de Janeiro, nº 83, jan/mar 2022, p. 35/53.

Trata-se de concretizar o terceiro estágio do movimento de acesso à Justiça, que preconiza a simplificação de procedimentos e a adoção de métodos autocompositivos para a solução de conflitos, de modo que o inquérito civil assume o papel de procedimento voltado a operacionalizar a consensualidade na fase extrajudicial, sendo necessário, portanto, verdadeira mudança de postura voltada à fomentar a negociação na tutela da probidade, quando cabível, resguardado sempre o interesse público.

Vale lembrar que a característica informal da negociação, na qual os passos para se chegar a um bom termo não estão aprioristicamente definidos, contribui para a sua maior adequação. A informalidade presente na possibilidade de negociação é altamente compatível com a construção da forma mais efetiva de proteção ao interesse tutelado, ensejando o conhecimento efetivo da situação a ser ajustada[99].

De outro lado, ainda sob o aspecto da utilidade, o ajuste realizado durante a fase instrutória pode ser útil para abreviar o processo judicial e evitar o prolongamento da solução da lide decorrente da interposição de sucessivos recursos, nos casos em que houver édito condenatório.

Questiona-se, de outro lado, se haveria interesse público na celebração do acordo após a sentença condenatória, isto é, após já se ter obtido a aplicação judicial das sanções na ação civil de improbidade administrativa. Haveria interesse público na negociação após a resposta judicial positiva, que fornece – ainda que sujeita à reforma por instância superior – a obtenção da tutela pretendida?

A resposta é negativa, salvo raras exceções. De fato, na hipótese de sentença condenatória manifestamente desproporcional quanto à fixação das reprimendas, a ensejar, por parte do legitimado ativo, um prognóstico de reforma na instância superior, à luz de jurisprudência dominante nos Tribunais Superiores, a negociação pode ser positiva. Da mesma forma, nos casos em que da sentença houver interposição de recurso tanto pelo legitimado ativo, com o fim de agravar as sanções, como do réu, a fim de afastá-las ou diminuí-las, a negociação

99. RODRIGUES, Geisa de Assis. *Ação civil pública e o termo de ajustamento de conduta*: teoria e prática. 2. ed. Rio de Janeiro: Forense, 2011, p. 133.

ainda poderia propiciar o término abreviado do processo, levando a uma solução que atenda o interesse público e ao interesse particular.

Fora desses casos, porém, a conveniência e utilidade da celebração do acordo em segundo grau ou no âmbito dos Tribunais Superiores não parecem ter lugar. Antes da Lei n. 14.230/21, o Superior Tribunal de Justiça acenou ora no sentido de que o acordo de não persecução civil não teria lugar quando já ultrapassada a fase de análise dos fatos e provas (primeira e segunda instância)[100], ora apontando que "a homologação judicial dos acordos de não persecução cível em sede de ação de improbidade administrativa, previsto na Lei n. 13.964/2019, pode ser levado a efeito na instância recursal"[101]. Após a edição da mencionada lei, a Corte Superior, de forma diversa, apontou que "a Lei n. 14.230/2021, que alterou significativamente o regramento da improbidade administrativa, incluiu o art. 17-B à Lei n. 8.429/92, trazendo previsão normativa explícita quanto à possibilidade do acordo em exame até mesmo no momento da execução da sentença"[102].

120. TIPOS DE ACORDO. Na forma em que foi inicialmente introduzido pela Lei n. 13.964/19, o acordo de não persecução civil carecia de contornos bem definidos. As alterações promovidas pela Lei n. 14.230/21 não supriram a omissão, já que o art. 17-B se limitou a estabelecer, no aspecto material, que o acordo deve resultar, ao menos, no integral ressarcimento do dano e na reversão, à pessoa jurídica lesada, da vantagem ilícita obtida, além de possibilitar a adoção de mecanismos e procedimentos internos de integridade. A lei sequer previu a imposição de multa civil.

A omissão torna necessária a fixação de parâmetros mínimos voltados a nortear sua celebração, o que vem sendo feito por meio

100. STJ – RtPaut no AgInt no RE nos EDcl no AgInt no Agravo em Recurso Especial nº 1.341.323 – RS.

101. STJ, Acordo no AREsp 1610631-PR, 1ª Turma, Rel. Min. Gurgel de Faria, 22/06/2021, Dje 17/08/2021. No mesmo sentido o Acordo no AREsp 1314581/SP, 1ª Turma, Rel. Min. Benedito Gonçalves, 23/02/2021, Dje 01/03/2021.

102. STJ, Acordo nos EAREsp 102.585-RS, Primeira Seção, Rel. Min. Gurgel Faria, 09/03/2022, Dje 06/04/2022; Pet na Pet 14712-RS, 1ª Seção, Rel. Min. Francisco Galvão, 27/09/2023, Dje 01/10/2023; Acordo nos EAResp 102585-RS, 1ª Seção, Rel. Min. Gurgel de Faria, 09/03/2022, Dje 06/04/2022.

de normativas expedidas pelo Ministério Público, que tem poder de regulamentar matéria diretamente ligada à sua competência (competência normativa primária)[103].

A competência normativa decorre da teoria dos poderes implícitos, pela qual a atribuição de competência expressa a determinado órgão ou instituição, importa em outorga implícita, a esse mesmo órgão ou instituição, dos meios necessários à integral realização dos fins que lhe foram conferidos[104].

Daí porque legítima a regulamentação da celebração do acordo de não persecução civil pelo Ministério Público, o que foi feito por meio da edição de diversas resoluções internas[105], como a Resolução

103. MARTINS JÚNIOR, Wallace Paiva. *Ministério Público: a constituição e as leis orgânicas.* São Paulo: Atlas, 2015, p. 52.

104. Trata-se de doutrina construída pela Suprema Corte Americana dos Estados Unidos da América no caso McCULLOCH vs MARYLAND (1819). Tratando do tema, o Ministro Celso de Mello, no julgamento da ADI 5396 MC/PI, j. 25.08.2017, destaca que "o modelo brasileiro de repartição constitucional de competências estatais admite e reconhece a possibilidade de invocação da doutrina dos poderes implícitos, tal como assinalam eminentes autores (MARCELO CAETANO, "Direito Constitucional", vol. II/12-13, item n. 9, 1978, Forense; CASTRO NUNES, "Teoria e Prática do Poder Judiciário", p. 641/650, 1943, Forense; RUI BARBOSA, "Comentários à Constituição Federal Brasileira", vol. I/203-225, coligidos e ordenados por Homero Pires, 1932, Saraiva, v.g.). Observe-se, ainda, que na redação original da Lei n. 8.429/92, que legitimava a pessoa jurídica lesada à propositura da ação (art. 17, *caput*), a Administração Pública tinha autonomia e competência normativa para regulamentar o *modo de composição* administrativa de conflitos. A teor do disposto no § 1°, do artigo 32, da Lei n° 13.140/15, as *pessoas jurídicas de direito público* possuem essa autonomia em hipóteses que trate de improbidade administrativa, observado o § 4° do artigo 36 do referido ato normativo.

105. Alguns Ministérios Públicos Estaduais regulamentaram internamente a celebração do *acordo de não persecução cível*, podendo ser citadas as seguintes normativas: Resolução n° 1.193-CPJ, de 11.03.20, do Ministério Público do Estado de São Paulo; Resolução n° 03/2020-CPJ, de 16.09.20, do Ministério Público do Estado do Amapá; Resolução n° 68/2020, de 11.11.20, do Ministério Público do Estado do Ceará; Resolução n° 80/2020-CSMP, de 09.11.20, do Ministério Público do Estado de Mato Grosso; Recomendação n° 04/2020-CPGJ, de 08.04.20, do Ministério Público do Estado do Maranhão; Resolução CPJ n° 40/220, de 29.09.20, do Ministério Público do Estado da Paraíba; Resolução CPJ n° 04/20, de 17.08.20, do Ministério Público do Estado do Piauí; Recomendação Conjunta n° 03/2020, de 27.07.20 e Resolução n° 06/2019, de 28.06.19, do Ministério Público do Estado de Rondônia; Resolução CPJ nº 02, de 30.01.23,do Ministério Público do Estado de Goiás; Resolução CSMP n° 01/20, do Ministério Público do Estado de Pernambuco; Provimento n. 16/2021-PGJ, de 12.05.21, do Ministério Público do Estado do Rio Grande do Sul; Resolução n. 007/2021-CPJ, de 05.08.21, do Ministério Público do Estado do Pará; Resolução COPJ n. 009, de 13.09.21, do Ministério Público do Estado do Espírito Santo; Resolução Conjunta PGJ-CGMP n. 07, de 12.08.22, do Ministério Público do Estado de Minas Gerais; Ato Conjunto nº 01/2019-PGJ-CGMP, de 02.09.2019, do Ministério Público do Estado do Paraná; Resolução nº 04/23-CPJ, de 11.03.23, do Ministério Público do Estado do Rio Grande do Norte; Resolução Conjunta PGJ/CGMP nº 07, de 12.08.22, do Ministério Público

n. 1.193/2020-CPJ do Ministério Público do Estado de São Paulo, posto que o exercício da competência normativa implicitamente autorizada antecipa a interpretação da Instituição a respeito da matéria, trazendo orientação aos agentes públicos responsáveis por sua aplicação, padronização e sistematização da conduta a ser adotada, assegurando impessoalidade e segurança jurídica às partes, prevenindo, também, atos contrários ao entendimento adotado.

Dentro dessa competência regulamentar, reforçada pela autonomia disposta no § 4°, do art. 166, do Código de Processo Civil, que permite às partes pactuar regras dos meios autocompositivos com o fim de alcançar o melhor resultado para seu interesse, é possível estabelecer as modalidades de acordo de não persecução civil passíveis de celebração. Admitida a autocomposição sobre direito material nas ações de improbidade administrativa, abriu-se amplo leque para celebração de convenções processuais atípicas nestas ações, na forma do art. 190, parágrafo único, do Código de Processo Civil, admitindo-se, por exemplo, a confecção de acordo material e processual similar à colaboração premiada.

O acordo, portanto, poderá configurar um acordo de pura reprimenda ou um acordo de colaboração.

O acordo de pura reprimenda tem como fim a aplicação imediata da sanção legal convencionada, como forma de antecipar a responsabilização do autor do ato ilícito, evitando o processo ou abreviando-o, promovendo com isso o resultado útil e efetivo à tutela da probidade administrativa.

---

do Estado de Minas Gerais; Resolução GPGJ nº 2.469, de 25.05.22, do Ministério Público do Rio de Janeiro. No Ministério Público Federal foi editada a Orientação nº 10, de 03.11.20, da 5ª Câmara de Revisão do Ministério Público Federal. Outros Ministérios Públicos editaram *atos normativos anteriormente ao advento do ANPC*, regulamentando a celebração de termos de ajustamento de conduta em improbidade administrativa e acordos de leniência: Resolução CPJ n° 11/2019, de 29.11.19, do Ministério Público de Alagoas; Resolução n° 06/2019, do Ministério Público do Mato Grosso do Sul; Resolução CSMP n° 03, de 23.11.17, do Ministério Público de Minas Gerais; Provimento n° 58/2018, de 14.09.18, do Ministério Público do Rio Grande do Sul; Resolução CPJ n. 008/2019, do Ministério Público do Estado do Rio Grande do Norte; Resolução-CPJ n° 15/2018, de 18.10.18, do Ministério Público de Sergipe; Resolução CPOJ n° 06/2014, do Ministério Público do Espírito Santo; Resolução n° 05/2018-CSMP, de 20.11.18, do Ministério Público do Tocantins.

Esse acordo tem lugar nos casos em que comprovado o ato ilícito e identificado seu autor, havendo justa causa para a propositura da ação ou já no curso da ação proposta, identifica-se interesse público na solução negociada, ante a perspectiva de aplicação célere e eficaz da sanção. Na existência de interesse do autor do ato ilícito no ajuste, seja pela vantagem no abrandamento na sanção pactuada, seja pelo proveito decorrente da resolução eficiente da investigação ou ação, o acordo é celebrado entre as partes.

O acordo de colaboração, por seu turno, tem lugar nas hipóteses em que o caso concreto demande a cooperação do investigado, seja com vistas à identificação de outros envolvidos na prática ilícita ou à obtenção de informações e meios de prova diante de sua gravidade ou complexidade.

Embora não previsto expressamente na Lei n. 8.429/92, o acordo de não persecução civil pode assumir feição de acordo de colaboração, levando-se em conta as premissas que regem os ajustes estabelecidos nas esferas de responsabilização penal e administrativa, especialmente por se mostrar compatível com o microssistema de combate à corrupção, encontrando paralelo na colaboração premiada instituída pela Lei n. 12.850/13 e no acordo de leniência previsto na Lei n. 12.846/13. Sempre que a investigação demonstrar a existência de organização de pessoas para a prática dos atos ilícitos o acordo de não persecução civil deverá ser colaborativo.

A admissão dos negócios jurídicos processuais atípicos (art. 190 do CPC) confere ampla possibilidade para que sejam moldadas convenções processuais aproximando o acordo de não persecução civil da colaboração premiada ou do acordo de leniência. De fato, o negócio processual pode ser firmado em conjunto com o acordo material, no qual se comprometa o investigado, por exemplo, a colaborar na investigação, na produção de provas e, ainda, a promover o ressarcimento ao erário e/ou a restituição de valores acrescidos ilicitamente ao patrimônio, cumulados com, no mínimo, outra sanção prevista no art. 12 da Lei n. 8.429/92[106]. Assim, a colaboração premiada e o acordo de leniência

106. MAGALHÃES JR, Alexandre Alberto de Azevedo. *Convenção processual na tutela coletiva*. Salvador: Juspodivm, 2020, p. 277.

podem figurar como parâmetros para negócios jurídicos processuais atípicos[107], que contemplem, por exemplo, disposições sobre o direito material (sanções a serem aplicadas dentre aqueles previstas no art. 12), bem como sobre o direito processual (promessa de não processar, condicionada à efetiva colaboração do investigado)[108].

Oportuno destacar que o Supremo Tribunal Federal tratou da utilização da colaboração premiada no âmbito civil, em ação civil pública por ato de improbidade administrativa no Tema 1043 de repercussão geral (ARE 1175650). No recurso extraordinário, que fixou o precedente, discutia-se, à luz dos arts. 5º, II, 37, §§ 4º e 5º e 129, § 1º da Carta Federal, a possibilidade de emprego da colaboração premiada, instituto de direito penal, no âmbito das ações de improbidade administrativa. A Suprema Corte fixou entendimento positivo, sedimentando a tese de que é "É constitucional a utilização da colaboração premiada, nos termos da Lei 12.850/2013, no âmbito civil, em ação civil pública por ato de improbidade administrativa movida pelo Ministério Público, observando-se as seguintes diretrizes: (1) Realizado o acordo de colaboração premiada, serão remetidos ao juiz, para análise, o respectivo termo, as declarações do colaborador e cópia da investigação, devendo o juiz ouvir sigilosamente o colaborador, acompanhado de seu defensor, oportunidade em que analisará os seguintes aspectos na homologação: regularidade, legalidade e voluntariedade da manifestação de vontade, especialmente nos casos em que o colaborador está ou esteve sob efeito de medidas cautelares, nos termos dos §§ 6º e 7º do artigo 4º da referida Lei 12.850/2013; (2) As declarações do agente colaborador, desacompanhadas de outros elementos de prova, são insuficientes para o início da ação civil por ato de improbidade; (3) A obrigação de ressarcimento do dano causado ao erário pelo agente colaborador deve ser integral, não podendo ser objeto de transação ou acordo, sendo válida a negociação em torno do modo e

---

107. DIDIER JÚNIOR, Fredie; ZANETI JÚNIOR, Hermes. *Curso de direito processual civil*: processo coletivo. op. cit., p. 373-377. Veja também: DINO, Nicolao. A colaboração premiada na improbidade administrativa: possibilidade e repercussão probatória. *In*: SALGADO, Daniel Resende; QUEIROZ, Ronaldo Pinheiro. *A prova no enfrentamento da macrocriminalidade*. 2. ed. Salvador: Juspodivm, 2016. p. 515-535.

108. CABRAL, Antonio do Passo. *Pactum de non petendo: promessa de não processar no direito brasileiro*. In: Revista de Processo, São Paulo, n. 305, p. 30, jul. 2020.

das condições para a indenização; (4) O acordo de colaboração deve ser celebrado pelo Ministério Público, com a interveniência da pessoa jurídica interessada e devidamente homologado pela autoridade judicial; (5) Os acordos já firmados somente pelo Ministério Público ficam preservados até a data deste julgamento, desde que haja previsão de total ressarcimento do dano, tenham sido devidamente homologados em Juízo e regularmente cumpridos pelo beneficiado".

Desse modo, perfeitamente possível a celebração de acordo de persecução civil que assuma essa feição de colaboração. Essa modalidade de acordo é possível e compulsória nos casos que envolvam atuação ilícita concertada contra a Administração Pública, promovida por vários agentes, tais como cartéis para fraude a licitações com envolvimento de agentes públicos, esquemas de corrupção estabelecidos em órgãos públicos, atos ilícitos praticados por organizações criminosas com envolvimento de agentes públicos etc.

Nesse formato, o objetivo principal do ajuste é a obtenção de informações e meios de prova que promovam a identificação de outros agentes, partícipes e beneficiários dos atos ilícitos, assim como a localização de bens, direitos e valores para fins de ressarcimento do dano ao erário ou reversão, à pessoa jurídica lesada, da vantagem indevida obtida.

Por isso, apesar de o acordo conter disposições sobre as sanções que serão aplicadas, seu cumprimento estaria necessariamente atrelado à obtenção eficiente da colaboração.

Em quaisquer das duas modalidades, quais sejam, mera reprimenda ou colaboração, o acordo deve necessariamente ser firmado sem prejuízo do ressarcimento ao erário e do perdimento de bens ou valores acrescidos ilicitamente ao patrimônio, quando houver, já que não é possível nesse ponto, transacionar com o interesse público.

Questão relevante que se coloca, sobretudo à vista das premissas fixadas no Tema 1043, é sobre a possibilidade de o acordo exigir o ressarcimento parcial do dano e não o ressarcimento integral, quando firmado com apenas um ou alguns dos agentes envolvidos.

Não há dúvidas de que a obrigação de reparar o dano tem natureza divisível, de modo que, sob o aspecto da divisibilidade, não há impedimento à celebração do ajuste com apenas um dos envolvidos. De outro lado, havendo solidariedade entre os investigados, a obrigação de reparar o dano pode ser exigida, parcial ou totalmente, de um ou de parte deles e, eventual pagamento parcial, não desobriga os demais quanto à obrigação solidária de pagamento do restante.

Desse modo, como ensina Ricardo e Barros Leonel, "a partir das noções gerais de divisibilidade/indivisibilidade, bem ainda de solidariedade, chega-se à conclusão de que nelas não se identifica, em princípio, obstáculo para acordos que tenham por objetivo a parcial reparação de danos.(...) Ou seja, a realização de acordo parcial não se traduz em redução de garantia ou de possibilidade de receber o "restante" do que for devido, nem significará qualquer espécie de abdicação deste montante ou complemento do objeto da obrigação"[109].

O autor destaca, ainda, que a "vedação de solidariedade" contida no § 2º, do art. 17-C, da Lei n. 8429/92 não se refere à obrigação de reparar o dano, senão às sanções previstas na lei, de modo que referida previsão não modificou o regime obrigacional da responsabilidade aquiliana, regulada pelo Código Civil e aplicável à lei de improbidade. Logo, "a solidariedade e a indisponibilidade, portanto, não impedem o acordo subjetivamente parcial para fins de reparação de danos. Ele não significará renúncia ao direito indisponível (reparação integral) ou à solidariedade. Subsistirá a exigibilidade do restante da obrigação (aspecto ou valor ainda não atendido) em relação aos demais obrigados".

É certo, ainda, que a celebração do acordo de não persecução civil não afasta as demais esferas de responsabilização (penal e administrativa), nem importa, automaticamente, reconhecimento de responsabilidade para outros fins que não os estabelecidos expressamente no acordo.

Porém, é recomendável que as negociações envolvendo ilícitos puníveis na esfera cível e criminal sejam estabelecidas preferencialmente de forma conjunta pelos órgãos do Ministério Público com atribuições nas respectivas áreas de atuação, seja com vistas à celebração do acordo de colaboração premiada ou de não persecução penal, seja de acordo em matéria de improbidade administrativa.

---

109. LEONEL, Ricardo de Barros. *Solidariedade e divisibilidade das obrigações nos acordos civis em tutela coletiva*. In MPMG Jurídico - Revista do Ministério Público do Estado de Minas Gerais, Tratamentos adequados e soluções consensuais, 2024, p. 90/94.

Possível, ainda, a adoção da cooperação entre membros do Ministérios Público, nos moldes preconizados pelos arts. 67 a 69 do Código de Processo Civil, aplicáveis aos processos administrativos por força do disposto no art. 15 do citado diploma legal, tal como pedidos envolvendo prestação de informações, auxílio ou atos concertados, com vistas a promover maior efetividade na tutela pretendida.

121. CONTEÚDO. O acordo de não persecução civil contém requisitos subjetivos, objetivos e de ordem formal que devem ser observados para que possa validamente produzir efeitos.

Quanto aos requisitos subjetivos, o acordo deve ser celebrado entre as partes capazes para negociar, razão pela qual deve conter a identificação dos pactuantes, explicitando, de um lado, o órgão do Ministério Público e, de outro, o agente público ou terceiro concorreu para a prática do ato, que deverá estar adequadamente representado por advogado ou defensor público.

No que tange aos requisitos objetivos, o acordo deve conter a descrição da conduta ilícita, a fim de delimitar perfeitamente o objeto da avença, com todas as suas circunstâncias, em especial as condições de tempo e local, com indicação da hipótese de subsunção à específica previsão legal de modalidade de ato de improbidade administrativa (arts. 9°, 10 ou 11 da Lei n. 8.429/92 e demais condutas enquadráveis na Lei de Improbidade Administrativa)[110]. É vedada a alteração da tipificação do ato ilícito constante do ajuste.

Do ajuste também deve constar a quantificação e extensão do dano e dos valores acrescidos ilicitamente, quando houver. Necessária a explicitação da ação ou omissão ilícita, do nexo de causalidade e do dano material efetivo ou do dano moral difuso, com indicação dos bens metaindividuais afetados, de acordo com o caso, e dos critérios objetivos de cálculo e mensuração.

Ainda em relação aos requisitos objetivos, o acordo de não persecução civil também deve elencar os negócios jurídicos materiais pactuados,

---

110. Subsumível, ainda, a configuração da conduta ímproba aos artigos 52 da Lei n° 10.257/01 (Estatuto da Cidade) e artigos 5° e 6° da Lei n° 12.813/13 (Conflitos de Interesses na Administração Pública federal).

dentre eles: (a) o compromisso do autor ou do terceiro que concorreu para o ato ilícito em reparar o dano parcial ou integralmente ou promover a devolução dos valores auferidos ilicitamente, atualizados monetariamente, acrescido de juros legais. No caso de acordo de reparação parcial é conveniente a inserção de cláusula expressa, com indicação de que não há renúncia ao valor ou aspecto da obrigação não incluído no objeto do ajuste, e de que haverá prosseguimento em relação aos demais envolvidos; (b) a assunção da responsabilidade pelo ato ilícito praticado, sendo a medida justificada não apenas para evitar a indevida assunção da autoria do ato por terceiro estranho às negociações, como sói acontecer em casos de "laranjas", mas notadamente para o fim de interrupção da prescrição nas hipóteses de acordo extrajudicial; (c) as sanções que serão aplicáveis, assim como o modo, o prazo e a forma de execução. Os parâmetros para escolha da sanção a ser pactuada são extraídos da Lei n. 8.429/92, que aponta a gravidade do fato (art. 12, *caput* e art. 17-B, § 3º), a extensão do dano causado e o proveito patrimonial obtido pelo agente (art. 12, parágrafo único). A modalidade de ato de improbidade administrativa configurada no caso concreto guarda pertinência não apenas com o tipo de sanção a ser aplicada, mas também com o *quantum* sancionatório que será estabelecido, dado que os atos descritos no art. 9°, que importam em enriquecimento ilícito, são considerados os mais graves dentre aqueles previstos na Lei de Improbidade, seguidos dos atos previstos no art. 10, que causam prejuízo ao erário e, após, daqueles elencados no art. 11, que violam os princípios da administração. A fixação da sanção também pode levar em consideração a condição econômica do autor do ato ilícito, suas condutas e eventuais condenações antecedentes, a dimensão e reprovabilidade social da conduta e do dano[111] (art. 17-B, § 2º) e o momento de celebração do acordo (se durante a fase investigativa, antes da contestação ou durante a instrução probatória), observados, em qualquer caso, os limites máximos e mínimos legais, bem como os princípios da razoabilidade e da proporcionalidade[112]. Também são

111. SALGADO FILHO, Nilo Spinola. Probidade Administrativa. *In*: NUNES JÚNIOR, Vidal Serrano (coord.). *Manual de Direitos Difusos*. São Paulo: Verbatim, 2012, p. 638-639.

112. Há que observar o princípio da adequação punitiva, pelo qual a sanção só comporta aplicabilidade se houver adequação com a natureza do autor do fato. Desse modo, só se pode falar em perda de função pública em relação a agentes públicos, sendo inviável a incidência da sanção sobre terceiros. A sanção de multa civil em número de vezes do valor da remuneração

aplicáveis os parâmetros gerais elencados no § 2º do art. 22, da Lei de Introdução às Normas do Direito Brasileiro, incluído pela Lei n. 13.655/18, que fixa bases de orientação na aplicação de sanções no direito sancionador. Referida normativa condensa orientação impessoal e objetiva para a celebração de composição envolvendo improbidade administrativa ao estabelecer a consideração a respeito da natureza e gravidade da infração cometida, os danos que dela advierem para a administração pública, as circunstâncias agravantes ou atenuantes e os antecedentes do agente; (d) outras medidas preventivas ou acessórias que, no caso concreto, guardem pertinência com o dano causado e com o resguardo quanto à prática de novos ilícitos, tais como a adoção de medidas de governança e procedimentos internos de integridade voltados a mitigar o risco de ocorrência de novos atos lesivos, tal qual previsto no § 6º do art. 17-B, na redação dada pela Lei n. 14.230/21 e (v) o compromisso do celebrante em colaborar com a investigação e com a produção de provas, quando o caso for.

Também figura nesse tópico a possibilidade de cláusulas heterogêneas ou atípicas. A Lei n. 8.429/92 prevê abertura para tanto. Segundo o § 6º do art. 17-B, o acordo de não persecução civil poderá contemplar a adoção de mecanismos e procedimentos internos de integridade, de auditoria e de incentivo à denúncia de irregularidades e a aplicação efetiva de códigos de ética e de conduta no âmbito da pessoa jurídica, se for o caso, bem como de outras medidas em favor do interesse público e de boas práticas administrativas. Nesse sentido, há decisão do Superior Tribunal de Justiça ressaltando que "além dos pressupostos que devem ser preenchidos para a celebração do acordo – estando dentre eles as obrigações atinentes à reparação ao erário e aplicação de uma ou mais sanções previstas na Lei de Improbidade Administrativa –, é possível que sejam pactuadas outras obrigações"[113].

Além dos negócios jurídicos materiais, o acordo também deverá conter eventuais negócios jurídicos processuais cabíveis, como o compromisso, por parte do celebrante responsável pelo ato ilícito, de fornecer os elementos probatórios que permitam identificar outros

---

só pode ser aplicada se o agente tiver remuneração, posto que alguns agentes honoríficos não a percebem.

113. STJ, REsp 1.921.272/SP, 2ª Turma, Rel. Min. Francisco Falcão, 03-08-2021, DJe 17-11-2021.

agentes, partícipes, beneficiários, localização de bens e valores e produção de outras provas, durante o curso do inquérito civil ou do processo judicial. Do mesmo modo, outras convenções processuais podem ser pactuadas no acordo, tais como admissão de prova emprestada; acordo de não recorribilidade de decisões interlocutórias; negócio sobre a renúncia aos recursos especial e extraordinário pelo demandado; custeio de perícias; negócio processual para ajuizamento de ação de produção antecipada de provas visando obtenção de dados bancários e fiscais, mediante renúncia ao sigilo destas informações; convenção sobre ajuizamento de produção antecipada de provas para quantificação do dano ao erário[114]. Também podem ser pactuadas convenções sobre comunicações de atos processuais por meios eletrônicos ou aplicativos de mensagens e anuência quanto à utilização de provas colhidas na investigação em outras instâncias de responsabilização[115].

O ajuste também deverá estipular cláusula específica de aplicação de multa ou outra espécie de medida cominatória que se mostre adequada e suficiente para o caso de descumprimento das obrigações assumidas, tais como a inserção em cadastro de inadimplentes (art. 782, § 3° do CPC), além da especificação de tantos bens quanto bastem para a garantia do cumprimento das obrigações assumidas, se o caso for.

É certo que a multa cominatória, caso incidente, deve ser destinada a fundos federais, estaduais ou municipais que tenham o mesmo escopo daquele previsto no art. 13 da Lei n. 7.347/85, observado o disposto no art. 5° da Resolução n. 179, de 26 de julho de 2017, do Conselho Nacional do Ministério Público.

O acordo celebrado extrajudicialmente deverá prever que sua eficácia estará condicionada à aprovação do órgão de controle interno, seja o Conselho Superior ou a Câmara de Revisão do Ministério Público e à homologação judicial (art. 17-B, § 1°, I e II).

O ajuste também deve explicitar a forma de execução do avençado, o modo de fiscalização de seu cumprimento e as hipóteses de extinção

114. MAGALHÃES JR, Alexandre Alberto de Azevedo. *Convenção processual na tutela coletiva.* Salvador: Juspodivm, 2020, p. 277.

115. Ibid., p. 256-257 e 267.

e rescisão, com suas consequências, dentre elas a vedação de celebração de novo acordo pelo prazo de 5 (cinco) anos (art. 17-B, § 7º).

122. OITIVA DO TRIBUNAL DE CONTAS. O § 3º do art. 17-B da Lei n. 8.429/92 prevê que para apuração do valor do dano deverá ser realizada a oitiva do Tribunal de Contas competente, que se manifestará, com indicação dos parâmetros utilizados, no prazo de 90 (noventa) dias. O § 3º padece de inconstitucionalidade formal, já que é de iniciativa legislativa privativa do Tribunal de Contas a propositura de norma que estabeleça sua própria organização (arts. 73, 75 e 96, II, CF/88). Ao estabelecer ao Tribunal de Contas a obrigação de apresentar parâmetros para apuração do valor do dano em prazo determinado, a Lei n. 14.230/21, de iniciativa parlamentar, interfere em sua organização, violando frontalmente a Carta Federal. Conforme já assentado pelo Supremo Tribunal Federal, "estende-se aos Tribunais de Contas, como corolário das prerrogativas de independência e autonomia asseguradas às Cortes de Contas pela Lei Maior do país (arts. 73 e 75), a reserva de iniciativa para deflagrar o processo legislativo que tenha por objeto alterar a sua organização ou o seu funcionamento (art. 96, II, da Constituição da República)" (...) "o art. 75, *caput*, da Constituição da República contempla comando expresso de espelhamento obrigatório, nos Estados, no Distrito Federal e nos Municípios, do modelo nela estabelecido de controle externo da higidez contábil, financeira e orçamentária dos atos administrativos, sendo materialmente inconstitucional a norma de regência da organização ou funcionamento de Tribunal de Contas estadual divorciada do modelo federal de controle externo das contas públicas"[116].

O § 3º do art. 17-B da Lei n. 8.429/92 também padece de inconstitucionalidades materiais. A primeira delas envolve a violação à independência e à autonomia funcional do Ministério Público prevista no §§ 1º e 2º do art. 127 da Carta Federal, traduzida na garantia do exercício de suas funções sem interferências externas de outros órgãos ou poderes e, como timbrou o Supremo Tribunal Federal, "a independência do *Parquet* é uma decorrência da independência dos poderes"[117].

116. STF, ADI 5323-RN, Tribunal Pleno, Rel. Min. Rosa Weber, 11/04/2019.

117. STF, ADPF 388/DF, Tribunal Pleno, Rel. Min. Gilmar Mendes, 09-03-2016, DJe 01-08-2016.

De fato, a atuação do Ministério Público é imune a qualquer influência externa no exercício de sua atividade finalística. A imposição legal de oitiva do Tribunal de Contas para apuração do dano no acordo de não persecução civil celebrado pelo Ministério Público representa ingerência e limitação indevida no exercício da atividade ministerial. Além disso, a imposição legal prevista no § 3º do art. 17-B também restringe a função institucional atribuída ao Ministério Público pelo art. 129, inciso III da Carta Federal, de promover a investigação e adoção das medidas necessárias à proteção do patrimônio público e social.

Também há inconstitucionalidade material no § 3º do art. 17-B por violação da autonomia do Tribunal de Contas, já que a disposição normativa lhe impõe atribuição que não está elencada dentre aquelas fixadas no artigo 70 da Constituição Federal e que são voltadas ao controle externo da atividade administrativa, através da fiscalização contábil, financeira, orçamentária, operacional e patrimonial da administração direta e indireta, com vistas a garantir a legalidade, legitimidade e economicidade da atividade administrativa. Com efeito, a imposição de apresentação de parâmetros para cálculo do dano decorrente da prática de ato de improbidade administrativa, em acordo de não persecução civil celebrado pelo Ministério Público, representa desvirtuamento da função de controle externo desempenhada pelo Tribunal de Contas e fixada constitucionalmente, impondo-lhe atuação como verdadeiro órgão auxiliar do *Parquet*, o que não se coaduna com sua obrigação constitucional, qual seja, de realizar julgamento técnico das contas a partir da reunião de elementos objeto da fiscalização e, apurada irregularidade de que resulte dano ao erário, imputar o débito ao responsável, para fins de ressarcimento.

A norma teve sua eficácia suspensa pelo Supremo Tribunal Federal ao deferir cautelar em ação direta de inconstitucionalidade[118] verba-

118. "No que se relaciona ao art. 12, § 10, constante do art. 2º da Lei 14.230/2021, cabe destacar que, em princípio, não se afigura constitucionalmente aceitável a redução do prazo legal de inelegibilidade em razão do período de incapacidade eleitoral decorrente de improbidade administrativa. Na mesma linha do que assentei no julgamento da Ação Direta de Inconstitucionalidade 6630 (Rel. Min. NUNES MARQUES, Redator do acórdão Min. ALEXANDRE DE MORAES, Tribunal Pleno, DJe de 24/06/2022), a suspensão dos direitos políticos em virtude de improbidade administrativa, nos termos do art. 37, § 4º, não se confunde com a previsão de inelegibilidade do art. 1º, I, l, da LC 64/1990. Enquanto a primeira hipótese tem seu fundamento no art. 15 da Constituição Federal (suspensão), a segunda tem seu fundamento

lizando a decisão que "a norma aparenta condicionar o exercício da atividade-fim do Ministério Público à atuação da Corte de Contas, transmudando-a em uma espécie de ato complexo apto a interferir indevidamente na autonomia funcional constitucionalmente assegurada ao órgão ministerial. Eventual desrespeito à plena autonomia do Ministério Público, em análise sumária, consiste em inconstitucionalidade perante a independência funcional consagrada nos artigos 127 e 128 da Constituição Federal. Além de inúmeras incertezas que circundam a aplicação da regra (v.g. vinculatividade do cálculo realizado e procedimentos para sua oitiva), portanto, a própria fixação de prazo para a manifestação, mediante lei ordinária de autoria parlamentar, afeta o gozo das prerrogativas de autonomia e de autogoverno das Cortes de Contas, o que, na linha do que previsto pelo texto constitucional e reconhecido pela reiterada jurisprudência desta SUPREMA CORTE, 'inclui, essencialmente, a iniciativa reservada para instaurar processo legislativo que pretenda alterar sua organização e seu funcionamento,

---

no § 9º do art. 14 do texto constitucional (inelegibilidade legal), que somente abrange uma situação de inelegibilidade, posterior ao término da suspensão dos direitos políticos. Em complementação – não em substituição – à previsão constitucional do art. 15 da Constituição Federal, com base no § 9º do seu art. 14, a LC 64/2010 estabeleceu criteriosos requisitos de incidência em seu art. 1º, I, l (condenação por ato de improbidade administrativa que importe, simultaneamente, lesão ao patrimônio público e enriquecimento ilícito; presença de dolo; decisão definitiva ou proferida por órgão judicial colegiado; e sanção de suspensão dos direitos políticos – nesse sentido: Ac.-TSE, de 21/02/2017, no Respe 10049), prevendo hipóteses especialmente graves e atentatórias à moralidade administrativa e ao bom funcionamento das instituições públicas. Em que pese serem previsões complementares, são diversas, com diferentes fundamentos e diferentes consequências, caracterizando institutos de natureza diversas, que, inclusive, admitem a possibilidade de cumulação entre as inelegibilidades e a suspensão de direitos políticos, pois conforme decidido pela CORTE no julgamento das ADCs 29 e 30 e da ADI 4578 (Rel. Min. LUIZ FUX, Tribunal Pleno, DJe de 29/06/2012): a inelegibilidade tem as suas causas previstas nos §§ 4º a 9º do art. 14 da Carta Magna de 1988, que se traduzem em condições objetivas cuja verificação impede o indivíduo de concorrer a cargos eletivos ou, acaso eleito, de os exercer, e não se confunde com a suspensão ou perda dos direitos políticos, cujas hipóteses são previstas no art. 15 da Constituição da República, e que importa restrição não apenas ao direito de concorrer a cargos eletivos (ius honorum), mas também ao direito de voto (ius sufragii). Por essa razão, não há inconstitucionalidade na cumulação entre a inelegibilidade e a suspensão de direitos políticos. Nesse contexto, considerando que os efeitos da detração estabelecida pela norma impugnada, cujo status é de lei ordinária, podem afetar o sancionamento adicional de inelegibilidade prevista na Lei Complementar 64/1990, reconheço o risco de violação ao art. 37, § 4º, da Constituição Federal, e aos princípios da vedação à proteção deficiente e ao retrocesso" (STF, ADI 7.236 MC/DF, Tribunal Pleno, Rel. Min. Alexandre de Moraes, 27/12/2022, DJe 10/01/2023).

como resulta da interpretação lógico-sistemática dos artigos 73, 75 e 96, II, d, da Constituição Federal'".

Não obstante as inconstitucionalidades formal e material do § 3º do art. 17-B da Lei n. 8.429/92 apontadas, pode ser aplicada interpretação conforme à Constituição à disposição normativa em questão para fixar o entendimento de que a oitiva do Tribunal de Contas, para fins de apuração do valor do dano a ser ressarcido no acordo de não persecução civil, é facultativa, a critério do juízo de conveniência do membro do Ministério Público subscritor do ajuste. De fato, se o Ministério Público já possui elementos de quantificação do dano, soa desarrazoado exigir a oitiva do Tribunal de Contas, não sendo ocioso, ainda, gizar que o *Parquet* pode, por meios próprios, promover a apuração e quantificação do dano, não podendo se subordinar ao Tribunal de Contas nem a ele condicionar sua convicção.

123. SANÇÕES PASSÍVEIS DE ACORDO. Quando introduzido na Lei n. 8.429/92, um dos aspectos mais controvertidos do acordo de não persecução civil envolvia a possibilidade de pactuar a aplicação das sanções no âmbito extrajudicial, já que o veto aposto ao art. 6º da Lei n. 13.964/19, que inseria o art. 17-A na Lei de Improbidade, retirou do texto legal os parâmetros que eram ali estabelecidos em relação ao conteúdo e limites do acordo[119]. As alterações promovidas pela Lei n. 14.230/21 não supriram a omissão, limitando-se a estabelecer que do acordo deve necessariamente advir, ao menos, o integral ressarcimento do dano e devolução da vantagem ilicitamente obtida ao ente lesado, deixando de dispor acerca das sanções que poderiam ser pactuadas (art. 17-B, *caput* e incisos I e II).

Em razão disso, logo após a introdução do acordo como forma de solução negociada na lei de improbidade, questionava-se acerca da possibilidade de ajustar sobre a aplicação de algumas sanções extrajudicialmente, na medida em que no âmbito do direito sancionador,

119. O artigo 17-A da Lei n. 13.964/19, vetado, estabelecia que o Ministério Público poderia, conforme as circunstâncias do caso concreto, celebrar acordo de não persecução civil, desde que, ao menos, adviessem os seguintes resultados: I – o integral ressarcimento do dano; II – a reversão, à pessoa jurídica lesada, da vantagem indevida obtida, ainda que oriunda de agentes privados; III – o pagamento de multa de até 20% (vinte por cento) do valor do dano ou da vantagem auferida, atendendo a situação econômica do agente.

apenas a autoridade responsável pela aplicação da pena – no caso o órgão jurisdicional – poderia sobre elas dispor. Além disso, a ideia de acordo não seria compatível com a imposição de sanções, ainda que fossem convencionadas abaixo do máximo legal. Por fim, as sanções de suspensão de direitos políticos e de perda da função pública não poderiam ser pactuadas extrajudicialmente porque dependeriam necessariamente de decisão judicial para sua imposição, por força de lei.

Alguns Ministério Públicos apontaram parcialmente nessa linha, entendendo que o acordo de não persecução civil extrajudicial poderia tão somente fixar obrigações assemelhadas às sanções, o que seria mais consentâneo à ideia de negociação, de modo que o pactuante se submeteria ao cumprimento dessas medidas acordadas, que na prática levariam a um resultado assemelhado àquele que seria obtido com a aplicação da sanção propriamente dita.

As resoluções editadas nesse sentido estabeleceram a possibilidade de pactuar a renúncia ao direito de candidatar-se a cargos públicos eletivos, por determinado período, bem como a renúncia da função pública ocupada, como forma de alcançar o resultado prático equivalente àquele que seria obtido com a suspensão dos direitos políticos e com a perda da função pública[120].

Porém, logo após a publicação da Lei n. 13.964/19, restou evidente que a omissão legislativa não poderia impedir que o acordo de não persecução civil extrajudicial constituísse amplo negócio jurídico material, podendo dispor sobre todas as sanções dentre aquelas elencadas no artigo 12 da Lei n. 8.429/92, entendimento esse mantido após a edição da Lei n. 14.230/21.

Desse modo, desde que assegurados o ressarcimento do dano e a devolução de valores auferidos ilicitamente, podem ser objeto de acordo não só as sanções de perda da função pública, de suspensão dos direitos políticos, de proibição de contratar com o poder público ou receber benefícios ou incentivos fiscais ou creditícios, assim como a multa civil, que deverá ser revertida à pessoa jurídica lesada.

120. Considerados os atos normativos elencados em nota anterior: Artigo 6°, III e V da Resolução de Rondônia; art. 4°, III e IV da Resolução do Ceará; art. 4°, IV e VI da Resolução do Piauí; Art. 6°, III e V da Resolução da Paraíba; art. 6°, II, da Resolução do Amapá; art. 6°, III e IV da Resolução de Goiás (na redação da já revogada Resolução CPJ nº 01/2021).

No que tange à suspensão de direitos políticos, é perfeitamente passível sua negociação, não havendo que se opor impedimento ao ajuste à vista de sua natureza de direito fundamental, que não comportaria renúncia pelo titular[121]. Quando o investigado acorda voluntariamente a suspensão de seus direitos políticos, não está renunciando ao conteúdo desse direito fundamental, mas tão somente manifestando aceitação quanto à possibilidade de sua restrição temporária, à vista de outras vantagens que serão obtidas com o acordo.

Some-se a isso o fato de o Poder Judiciário já ter reconhecido a possibilidade de suspensão de direitos políticos por meio de acordo de não persecução civil, conforme previsto na Resolução Conjunta n. 06, de 21 de maio de 2020, expedida pelo Conselho Nacional de Justiça – CNJ e pelo Tribunal Superior Eleitoral – TSE, que elenca dentre sua *consideranda* as alterações promovidas pela Lei n. 13.964/19 no art. 17 da Lei de Improbidade, que possibilita a celebração de acordos de não persecução civil.[122] O inciso II, do art. 6°, dessa resolução, estabelece

---

121. Ementa: Apelação. Ação de improbidade. Ausência de interesse de agir. Não verificado. Acordo judicial. Homologação Possibilidade. Suspensão dos direitos políticos. Direito indisponível. Inocorrência. Finalidade da sanção. Recurso improvido.

Há interesse de agir em recurso proposto contra decisão homologatória de acordo judicial, quando alegado vício de vontade ou debate em relação a direitos indisponíveis, tendo em vista que os meios de autocomposição são passíveis de análise pelo Judiciário, tudo em observância ao princípio da inafastabilidade de jurisdição, art. 5º, XXXV, da CF.

A ação de improbidade tem como finalidade a manutenção do status de probidade em todas as relações que permeiam os entes públicos e o dinheiro público, não sendo possível flexibilizar este objetivo.

Todavia e principalmente após a mudança legislativa, é viável a composição judicial desde que mantido o superior interesse público, o ressarcimento ao erário, a compensação do dano e demonstração de vontade dos agentes ao reconhecimento da conduta e desejo de repará-la, bem como, tornar o processo judicial mais célere, e assim trazer uma resposta social mais efetiva.

Os direitos políticos são instrumentos para a participação na vida democrática no país, e ainda que sejam fundamentais, não são definidos como direitos nos quais é impossível a flexibilização diante de hipóteses previstas na Constituição ou nas demais normas, como na lei de delação premiada e Lei de denúncia, aplicadas subsidiariamente a Lei de improbidade.

A suspensão dos direitos políticos é sanção prevista constitucionalmente e visa afastar da vida pública, por um espaço de tempo determinado, o indivíduo que a vilipendiou. *In casu*, os agentes políticos, utilizando-se de recursos públicos, favoreceram paciente debilitado, com a finalidade meramente eleitoreira. Deste modo, a suspensão dos direitos políticos dos apelantes no pleito municipal é comando necessário para efetivar a finalidade da ação de improbidade. (TJRO – Apelação n° 7001871-82.2018.8.22.0015, Des. Roosevelt Queiroz Costa, j 09.09.20).

122. A Resolução n° 06 do CNJ institui sistemática unificada para o envio, no âmbito do Poder Judiciário, de informações referentes a condenações por improbidade administrativa e outras

que o encaminhamento de informações referentes a situações que impactem no gozo dos direitos políticos, dentre elas as derivadas de acordos de não persecução civil relativos à improbidade administrativa (art. 1°, II), deverá ser feita por meio do sistema INFODIP (Sistema de Informações de Óbitos e de Direitos Políticos) pelo órgão responsável pela homologação do acordo. Daí porque parece possível assentar que a suspensão de direitos políticos pactuada extrajudicialmente seja informada diretamente pelo órgão de controle interno do Ministério Público homologador do acordo (Conselho Superior ou Câmara de Revisão) à Justiça Eleitoral[123], na qualidade de órgão comunicante[124], para fins de registro da suspensão junto à inscrição eleitoral do celebrante.

Relevante questão envolve a possibilidade de celebração do acordo quando os atos ilícitos praticados puderem dar margem, em tese, a futura declaração de inelegibilidade, considerando que nesse caso o ajuste poderia frustrar a incidência da Lei Ficha Limpa (Lei Complementar n. 64/90 na redação da Lei Complementar n. 135/10).

Algumas normativas editadas por alguns Ministérios Públicos regulamentaram a matéria, tal como a Resolução n. 1.193/20-CPJ, do Estado de São Paulo, segundo a qual nos casos em que a conduta ímproba imputada se subsumir às hipóteses de inelegibilidade,

---

situações que impactam no gozo dos direitos políticos, que serão objeto de compartilhamento entre o Conselho Nacional de Justiça – CNJ e o Tribunal Superior Eleitoral – TSE. Considerando as alterações promovidas pela Lei n° 13.964/2019 no artigo 17 da Lei n° 8.429/92, sobre a possibilidade de celebração de acordos de não persecução cível, a resolução elenca o acordo de não persecução civil como fonte dessas informações (inciso II do artigo 1°).

123. O artigo 11 do Provimento n. 16/21-PGJ, do Ministério Público do Rio Grande do Sul, adotando esse entendimento, estabelece que homologado o acordo extrajudicial pelo Conselho Superior do Ministério Público, com vistas a conferir efetividade às obrigações assumidas pelo pactuante, caberá à Secretaria dos Órgãos Colegiados a comunicação, com cópia do acordo, à Corregedoria Regional Eleitoral do TRE-RS, por meio de ofício, com vistas à alimentação do INFODIP, e também ao ente público onde o pactuante eventualmente desempenha suas funções.

124. A Portaria Conjunta n° 07, de 18 de agosto de 2020, do Conselho Nacional de Justiça – CNJ e do Tribunal Superior Eleitoral – TSE, estabelece aspectos técnico-operacionais para disponibilização do sistema Infodip, formado por um módulo interno, de uso exclusivo da Justiça Eleitoral, e pelo módulo Infodip Web, para uso de usuários externos com o fim de encaminhar informações que podem restringir o gozo de direitos políticos, dentre elas aquelas resultantes da celebração de ANPC (art. 5°, § 2°, I). O artigo 19 da Portaria especifica, ainda, que tratando-se de acordo de não persecução civil, para fins de cadastro da suspensão de direitos políticos, deve ser informada: qualificação pessoal; numeração única completa; cargo e função, caso a parte seja agente público ou político e os termos do acordo de não persecução civil.

nos termos alínea *l*, do inciso I, do art.1º, da Lei Complementar n. 64/1990, não será admitido o acordo que afaste os efeitos nela previstos (art. 3°)[125]. A Carta Federal de 1988, no inciso V, do art. 15, admite a perda ou suspensão dos direitos políticos por improbidade administrativa, nos termos do art. 37, § 4º, remetendo à lei complementar o estabelecimento de outros casos de inelegibilidade, bem como os prazos de sua cessação, com vistas a proteger a probidade administrativa, a moralidade para exercício de mandato considerada a vida pregressa do candidato, e a normalidade e legitimidade das eleições contra a influência do poder econômico ou o abuso do exercício de função, cargo ou emprego na administração direta ou indireta (art. 14, § 9°).

Por isso, a Lei Complementar n. 64/90, na alínea *l*, do inciso I, do art. 1º, incluído pela Lei Complementar n. 135/10, estabelece hipótese de inelegibilidade infraconstitucional decorrente de condenação por ato de improbidade administrativa, tornando inelegíveis os que forem condenados à suspensão dos direitos políticos, em decisão transitada em julgado ou proferida por órgão judicial colegiado, por ato doloso de improbidade administrativa que importe lesão ao patrimônio público e enriquecimento ilícito, desde a condenação ou o trânsito em julgado até o transcurso do prazo de 8 (oito) anos após o cumprimento da pena. Em tais casos, a inelegibilidade, entendida como impedimento temporário ao poder de candidatar-se a mandato eletivo, surge como efeito da condenação à suspensão dos direitos políticos, representando restrição à capacidade eleitoral passiva.

125. No mesmo sentido é o § 6º do art. 4º da Resolução nº 3/21-CPJ, do Ministério Público do Mato Grosso do Sul. A Resolução CPJ n. 040/2020, do Ministério Público da Paraíba, estabeleceu que visando evitar a celebração de acordos de não persecução cível que gerem a ineficácia da Lei n° 8.429/1992 ou que não representem uma tutela eficaz do direito fundamental à probidade administrativa, o ANPC, em um juízo integrativo, o ajuste não poderá ser celebrado quando o ato ímprobo tiver causado, ao mesmo tempo, enriquecimento ilícito e prejuízo ao erário, conforme previsto no art. 1°, I, "l", da Lei Complementar n° 64/1990, uma vez que nessa hipótese a condenação judicial é pressuposto jurídico indispensável para o surgimento da inelegibilidade (art. 4°, inciso IV). A Orientação n° 10/20 da 5ª Câmara de Coordenação e Revisão do Ministério Público Federal, por sua vez, assentou a vedação de concessão de isenção da penalidade de suspensão de direitos políticos, nas hipóteses de inelegibilidade disciplinadas pela Lei Complementar n. 135/2010 ("Lei da Ficha Limpa") (art. 23, § 3º).

A suspensão de direitos políticos, quando pactuada em acordo de não persecução civil, não tem o condão de gerar a inelegibilidade, à vista da exigência de condenação judicial para esse fim pela Lei Complementar n. 64/90. Entretanto, considerando que da efetiva aplicabilidade da Lei n. 8.429/92 depende a exequibilidade da Lei Ficha Limpa, não se coaduna com o interesse público frustrar a aplicação dessa última normativa através da celebração de acordo de não persecução civil, que, cuidando de fatos que poderiam dar margem à inelegibilidade, não preveja a suspensão de direitos políticos, afastando seus efeitos práticos.

O ajuste, nesses casos, deverá prever a suspensão de direitos políticos por período, no mínimo, equivalente àquele que resultaria da incidência da Lei Ficha Limpa, ou, então, não deverá ser realizado, à vista de não prevendo essa sanção em seu objeto, obstar a incidência de importante comando normativo que visa afastar do campo eleitoral aquele que deveria ter sua capacidade eleitoral passiva suspensa. Desse modo, se as condutas envolverem a prática de ato doloso de improbidade administrativa que importe lesão ao patrimônio público e enriquecimento ilícito, o ajuste deve obrigatoriamente prever a suspensão dos direitos políticos que proporcione resultado prático equivalente. Na impossibilidade, a ação civil deverá ser proposta.

124. HOMOLOGAÇÃO DO ACORDO. Quando o acordo de não persecução civil foi instituído pela Lei n. 13.964/19 na Lei de Improbidade Administrativa, apesar do § 1º do art. 17 somente fazer referência ao ajuste na fase judicial, entendeu-se ser perfeitamente possível a subscrição do acordo na fase investigativa. Nessa linha, grande parte dos Ministérios Públicos estabeleceu, naquela época, que o acordo extrajudicial, quando celebrado pelo Ministério Público, deveria ser submetido à homologação do órgão de controle interno – o Conselho Superior (Ministérios Públicos Estaduais) ou a Câmara de Revisão (Ministério Público Federal)[126].

---

126. Nesse sentido a Resolução nº 1.193/20-CPJ, do Ministério Público do Estado de São Paulo (art. 10); Resolução nº 06/19-CPJ, do Ministério Público de Rondônia (art. 6º, §§ 6º a 8º); Resolução nº 04/20-CPJ, do Ministério Público do Piauí (art. 11); Resolução nº 40/20-CPJ, do Ministério Público da Paraíba (art. 7º, §§ 7º e 12); Resolução nº 80/20-CSMP , do Ministério Público do Mato Grosso (art. 6º, §§ 6º e 7º); Resolução nº 03/20-CPJ, do Ministério Público do Amapá (art.

Referido entendimento não tratou de inovar quanto às atribuições funcionais do órgão de controle interno do Ministério Público, criando hipótese não prevista em lei, mas sim de adotar a lógica que anima a homologação em outros tipos de avença. Com efeito, a celebração do acordo pelo Ministério Público na fase extrajudicial tem lugar necessariamente no curso de inquérito civil instaurado, implicando, por consequência, em arquivamento (total ou parcial) do procedimento. O art. 30 da Lei Orgânica Nacional do Ministério Público (Lei n. 8.625/93), repetido nas respectivas Leis Orgânicas do Ministério Público Federal[127] e de diversos Ministérios Públicos Estaduais, estabelece que cabe ao órgão de controle interno rever esse arquivamento, na forma da lei. Daí porque, pela mesma razão que se submete o termo de ajustamento de conduta à homologação do órgão de controle interno[128], o acordo de não persecução civil também deveria ser submetido.

A homologação do ajuste pelo órgão de controle interno também seria necessária e imprescindível para conferir unidade aos diversos tipos de acordo celebrados pelos órgãos da Instituição na tutela dos interesses coletivos *lato sensu*, notadamente diante da ausência de detalhados parâmetros na Lei n. 8.429/92, evitando que o ajuste ficasse aquém do interesse público ou estabelecesse medidas desproporcionais e irrazoáveis. Era essa a tônica da redação do vetado art. 17-A do projeto do Pacote Anticrime, que no § 4° estabelecia que "o acordo celebrado pelo órgão do Ministério Público com atribuição, no plano judicial ou extrajudicial, deve ser objeto de aprovação, no prazo de até 60 (sessenta) dias, pelo órgão competente para apreciar as promoções de arquivamento do inquérito civil".

A Lei n. 14.230/21 tratou explicitamente da questão, pois o inciso II do § 1° do art. 17-B da Lei n. 8.429/92 estabelece que a celebração do acordo depende de aprovação, no prazo de até 60 (sessenta) dias, pelo órgão do Ministério Público competente para apreciar as promoções de arquivamento de inquéritos civis, se anterior ao ajuizamento da ação.

---

13); Resolução n° 01/21-CPJ, do Ministério Público de Goiás (art. 10) e Resolução n° 68/20-CPJ, do Ministério Público do Ceará (arts. 5° e 6°).

127. Arts. 62, IV, e 171, IV da Lei Complementar n° 75/93.

128. Art. 9°, § 3° da Lei n° 7.347/85.

Ponto controverso, objeto de divergência nas normas internas que foram expedidas pelos Ministérios Públicos do país a respeito do acordo de não persecução civil por ocasião da publicação da Lei n. 13.964/19, envolvia a necessidade de o acordo extrajudicial também ser subordinado à homologação do órgão jurisdicional competente e, em caso positivo, se essa homologação (i) seria facultativa[129] ou obrigatória e (ii) se deveria abranger todo e qualquer sanção pactuada[130] ou apenas aquelas que versassem sobre suspensão dos direitos políticos[131] e perda da função pública, posto que nesse casos dependeriam de decisão judicial por imposição legal.

A desnecessidade de homologação judicial do ajuste extrajudicialmente celebrado pelo Ministério Público encontrava fundamento na inexistência de previsão nesse sentido na redação da Lei n. 8.429/92, de modo que haveria ampla autonomia na celebração do ajuste e o controle de eventual arquivamento implícito estaria resguardado pela necessidade de revisão pelo órgão de controle interno (Conselho Superior ou Câmara de Coordenação e Revisão) que analisando o acordo e verificando que ele não abrangia todos os fatos investigados ou que não atenderia o interesse público, não o homologaria.

Esse entendimento também era sustentado com base na ideia de que o acordo de não persecução civil tem natureza de título executivo extrajudicial, eis que tal qual o termo de ajustamento de conduta concebido pela sistemática estabelecida pela Lei n. 7.347/85 (Lei da Ação Civil Pública) e Lei n. 8.078/90 (Código de Defesa do Consumidor), a homologação judicial não é necessária.

De outro lado, outras normativas apontavam para a necessidade de homologação judicial nesse caso, já que a redação do vetado art. 17-A do Pacote Anticrime previa no § 5° que, após a homologação pelo órgão de controle interno, o acordo deveria ser encaminhado ao juízo competente para fins de homologação.

129. Nesse sentido a Resolução n° 01/21-CPJ do Ministério Público de Goiás (art. 12, § 2°).

130. Nesse sentido a Resolução n° 68/2020-CPJ do Ministério Público do Ceará (art. 12) e a Resolução n° 03/20-CPJ do Ministério Público do Amapá (art. 14).

131. Nesse sentido a Resolução n° 80/20-CSMP do Ministério Público do Mato Grosso (art. 5°, I, letra "e").

A questão foi pacificada pela Lei n. 14.230/21, pois o inciso III do § 1º do art. 17-B da Lei de Improbidade prevê, agora, que a celebração do acordo depende de homologação judicial, independentemente de o ajuste ocorrer antes ou depois do ajuizamento da ação de improbidade administrativa.

A necessidade de homologação do acordo pelo órgão jurisdicional, quando celebrado extrajudicialmente, encontra justificativa no fato de que a homologação judicial já é exigida em outros tipos de ajustes previstos na órbita do direito sancionador que admitem consensualidade, como a colaboração premiada e o acordo de não persecução penal, os quais poderão cuidar, não raras vezes, dos mesmos fatos ilícitos objeto do acordo de não persecução civil, porém na órbita criminal.

Na colaboração premiada, a homologação judicial tem por objetivo verificar a regularidade e legalidade do ajuste; a adequação dos benefícios pactuados aos requisitos e limites estabelecidas na lei para o ajuste; a adequação dos resultados da colaboração aos resultados mínimos exigidos na lei e, sobretudo, a voluntariedade da manifestação de vontade, especialmente nos casos em que o colaborador está ou esteve sob efeito de medidas cautelares (§ 7°, do art. 4°, da Lei n° 12.850/13). Na mesma oportunidade o magistrado deverá controlar a validade das convenções processuais inseridas como cláusulas do acordo de não persecução civil (art. 190, parágrafo único, do CPC).

Do mesmo modo, no acordo de não persecução penal, a homologação é voltada a verificar a voluntariedade do autor do fato – razão pela qual se determina a oitiva desse em juízo –, bem como a legalidade do ajuste (§ 4°, do art. 28-A, do Código de Processo Penal).

Logo, a homologação judicial do acordo de não persecução civil é posta a serviço de verificar a voluntariedade das partes em realizar o acordo como meio de solução da controvérsia, bem como avaliar se houve adequada e suficiente informação sobre os direitos e deveres pactuados (consentimento informado), princípios que devem guiar os métodos de composição, a teor do disposto no art. 166 do Código de Processo Civil. Já se decidiu, nesse sentido que "além do controle dos requisitos formais (arts. 104 do CC e 17-B, I e II, da Lei n. 8.429/1992, na redação pela Lei n. 14.230/2021), o papel do Judiciário na homologação dos acordos em tema de improbidade administrativa envolve, também, a análise do próprio conteúdo da convenção, verificando – após a oitiva das eventuais vítimas do dano reconhecido (que devem ser integradas ao debate) – se a avença atende as expectativas da coletividade à luz de particularidades subjetivas e objetivas da causa, bem como do princípio constitucional da razoável duração do processo, inclusive na fase satisfativa (art. 5º, LXXVIII, da CF e art. 4º do CPC). Interpretação, inclusive, em consonância com o art. 17-B, § 2º, da Lei de Improbidade, inserido pela Lei n. 14.230/2021, expresso no sentido de que o acordo (sic: o seu conteúdo) deverá considerar "a personalidade do agente, a natureza, as circunstâncias, a gravidade e a repercussão social do ato de improbidade, bem como as vantagens, para o interesse público, da rápida solução do caso"[132].

Some-se, ainda, o argumento de que quando se está a tratar de direito individual, o acordo não depende, via de regra, de controle judicial, já que nas hipóteses em que as partes discutem ou divergem sobre direitos disponíveis, a intervenção do Poder Judiciário não se mostra necessária para assegurar os direitos. De outro lado, quando se trata de tutela de direitos coletivos, o litígio envolve direitos indisponíveis, de modo que o controle judicial se justificaria com o fim de verificar se aquilo que foi acordado resguarda, de fato, o interesse público. O ajuste pode ter sido celebrado de forma a estabelecer medidas sancionatórias em patamares além daqueles admissíveis, de modo que necessário assegurar a observância do princípio da proporcionalidade e razoabilidade. Do mesmo modo, ainda que homologado pelo órgão de controle interno do Ministério Público, o acordo por ter sido estipulado com a fixação de medidas que estão aquém daquilo que resguardaria o interesse público.

Acrescente-se, por fim, que nos casos em que o acordo cuide de suspensão de direitos políticos, a homologação judicial afasta qualquer alegação de tergiversação sobre a exigência legal prevista no art. 20 da Lei de Improbidade Administrativa.

125. DESCUMPRIMENTO DO ACORDO. O § 7º do art. 17-B estabelece que o descumprimento do acordo pelo investigado ou demandado impede

132. STJ, Acordo nos EAResp 102585-RS, 1ª Seção, Rel. Min. Gurgel de Faria, 09/03/2022, Dje 06/04/2022.

a celebração de novo ajuste pelo prazo de 5 (cinco) anos, contados do conhecimento pelo Ministério Público do efetivo descumprimento.

Não obstante a proibição temporal de novo ajuste seja importante como forma de coibir o uso reiterado do acordo, a inexistência de um cadastro estadual ou um cadastro único de acordo celebrados dificulta o conhecimento de outros ajustes eventualmente subscritos pelo investigado ou demandado, dificultando o controle por parte do Poder Judiciário e pelo Ministério Público.

Porém, as consequências do descumprimento vão além da impossibilidade temporal de celebração de novo ajuste. Adotado o entendimento de que o acordo de não persecução civil tem natureza de negócio jurídico material e processual, no qual as partes podem avençar sobre a rescisão do acordo, as consequências de eventual descumprimento estão diretamente relacionadas ao tipo de ajuste celebrado e às sanções que foram pactuadas.

Tratando-se de acordo de pura reprimenda, a rescisão abre caminho para a execução das obrigações e sanções patrimoniais avençadas, de modo que descumprido o acordo, ainda que parcialmente, terá lugar o vencimento antecipado das obrigações em sua totalidade, competindo ao órgão do Ministério Público promover a execução da multa, dos valores relativos ao ressarcimento ao erário, dos valores acrescidos ilicitamente e das cláusulas cominatórias, descontando-se valores já pagos, caso sejam de natureza pecuniária. O descumprimento das demais sanções ou obrigações pactuadas no ajuste, de ordem não patrimonial, também poderá ensejar sua execução, inclusive de obrigação de fazer e não fazer. Não é demais timbrar que o acordo judicialmente homologado tem eficácia de título executivo judicial (art. 515, II e III, Código de Processo Civil).

De outro lado, tratando-se de acordo colaborativo, a ausência da efetiva colaboração por parte do celebrante abre caminho para a propositura da ação de improbidade ou sua continuidade, já que o principal objeto do ajuste não foi obtido. As cláusulas continuam válidas, o pacto de não processar sucumbe e as sanções não executadas podem ser perseguidas. À míngua de tratamento mais profundo sobre o tema, e considerando se tratar de composição sob condição, isto é, dependente da efetiva colaboração ajustada, deve-se socorrer à analogia com outras normativas de solução consensual no direito sancionador, como as da colaboração premiada (arts. 3º-A a 7º, Lei n. 12.850/13), do acordo de leniência (arts. 16 e 17, Lei n. 12.846/13) e do acordo de não persecução penal (art. 28-A, Código de Processo Penal).

Em qualquer caso, deve constar como cláusula do acordo a previsão dessas consequências.

Art. 17-C. A sentença proferida nos processos a que se refere esta Lei deverá, além de observar o disposto no art. 489 da Lei nº 13.105, de 16 de março de 2015 (Código de Processo Civil): (Incluído pela Lei nº 14.230, de 2021)

I – indicar de modo preciso os fundamentos que demonstram os elementos a que se referem os arts. 9º, 10 e 11 desta Lei, que não podem ser presumidos; (Incluído pela Lei nº 14.230, de 2021)

II – considerar as consequências práticas da decisão, sempre que decidir com base em valores jurídicos abstratos; (Incluído pela Lei nº 14.230, de 2021)

III – considerar os obstáculos e as dificuldades reais do gestor e as exigências das políticas públicas a seu cargo, sem prejuízo dos direitos dos administrados e das circunstâncias práticas que houverem imposto, limitado ou condicionado a ação do agente; (Incluído pela Lei nº 14.230, de 2021)

IV – considerar, para a aplicação das sanções, de forma isolada ou cumulativa: (Incluído pela Lei nº 14.230, de 2021)

a) os princípios da proporcionalidade e da razoabilidade; (Incluído pela Lei nº 14.230, de 2021)

b) a natureza, a gravidade e o impacto da infração cometida; (Incluído pela Lei nº 14.230, de 2021)

c) a extensão do dano causado; (Incluído pela Lei nº 14.230, de 2021)

d) o proveito patrimonial obtido pelo agente; (Incluído pela Lei nº 14.230, de 2021)

e) as circunstâncias agravantes ou atenuantes; (Incluído pela Lei nº 14.230, de 2021)

> f) a atuação do agente em minorar os prejuízos e as consequências advindas de sua conduta omissiva ou comissiva; (Incluído pela Lei nº 14.230, de 2021)
>
> g) os antecedentes do agente; (Incluído pela Lei nº 14.230, de 2021)
>
> V – considerar na aplicação das sanções a dosimetria das sanções relativas ao mesmo fato já aplicadas ao agente; (Incluído pela Lei nº 14.230, de 2021)
>
> VI – considerar, na fixação das penas relativamente ao terceiro, quando for o caso, a sua atuação específica, não admitida a sua responsabilização por ações ou omissões para as quais não tiver concorrido ou das quais não tiver obtido vantagens patrimoniais indevidas; (Incluído pela Lei nº 14.230, de 2021)
>
> VII – indicar, na apuração da ofensa a princípios, critérios objetivos que justifiquem a imposição da sanção. (Incluído pela Lei nº 14.230, de 2021)
>
> § 1º A ilegalidade sem a presença de dolo que a qualifique não configura ato de improbidade. (Incluído pela Lei nº 14.230, de 2021)
>
> § 2º Na hipótese de litisconsórcio passivo, a condenação ocorrerá no limite da participação e dos benefícios diretos, vedada qualquer solidariedade. (Incluído pela Lei nº 14.230, de 2021)
>
> § 3º Não haverá remessa necessária nas sentenças de que trata esta Lei. (Incluído pela Lei nº 14.230, de 2021)

126. SENTENÇA. O art. 17-C adicionado à Lei n. 8.429/92 pela Lei n. 14.230/21 contém os requisitos da sentença a ser proferida na ação civil que busca a responsabilização pela prática de atos de improbidade. Por expressa remissão contida no *caput* desse dispositivo legal, a decisão deve observar as regras processuais civis gerais do art. 489 do Código de Processo Civil, abrangendo tanto os elementos essenciais da sentença (relatório, fundamentação e dispositivo) quanto as exigências de fundamentação suficiente explicitadas no § 1º desse preceito. Também deve abarcar a justificativa, no caso de colisão entre normas, do objeto e dos critérios gerais da ponderação efetuada, enunciando as razões que autorizam a interferência na norma afastada e as premissas fáticas que fundamentam a conclusão, e ainda ser interpretada a partir da conjugação de todos os seus elementos e em conformidade com o princípio da boa-fé. Além desses requisitos gerais há os especiais, descritos na própria Lei da Improbidade Administrativa nesse art. 17-C, chamando a atenção a exigência da demonstração do elemento anímico da conduta, os parâmetros da dosimetria e a medida da responsabilidade individual nas hipóteses de litisconsórcio passivo.

127. APLICAÇÃO E DOSIMETRIA DAS SANÇÕES. A operação de responsabilização dos agentes envolvidos em ato de improbidade demanda a subsunção do fato à norma e a escolha das sanções legalmente previstas. Há um sentido de correlação temática entre a natureza do ato e a sanção à vista dos arts. 9º, 10, 11 e 12 da Lei 8.429/92. A sistemática adotada na Lei da Improbidade Administrativa dedica blocos de sanções constantes dos incisos I, II e III do art. 12 que são correspondentes a cada uma das espécies de atos de improbidade administrativa arrolados nos arts. 9º, 10 e 11, respectivamente.

Ato de improbidade administrativa é externamente considerado grave, mas a legislação, atendendo à gradação que o art. 37, § 4º, da Constituição confere à lei, estabelece diferenciados níveis de gravidade interna, como se contém na escala dos incisos do art. 12 da Lei n. 8.429/92. Como já observado, "o enriquecimento ilícito no exercício de funções públicas é o ato mais grave, tanto que suas sanções são mais severas e agudas, enquanto os atos que importam prejuízo financeiro ao patrimônio público estão num grau intermediário ou médio e os que atentam contra os princípios da administração pública têm menor grau de gravidade"[133]. No mesmo sentido, anota Silvio Antonio Marques que "na definição qualitativa e quantitativa de cominações civis por ato ímprobo, que variam conforme a gravidade das condutas, as quais foram divididas em três modalidades que preveem tipos classificados em ordem decrescente de importância, na visão do legislador.

133. MARTINS JÚNIOR, Wallace Paiva. *Probidade administrativa*. 4. ed. São Paulo: Saraiva, 2009, p. 327, n. 46.

Os atos mais deletérios ao patrimônio e a outros interesses públicos provocam as cominações mais severas, enquanto os menos graves legitimam consequências jurídicas mais leves"[134].

Em comparação com a redação originária da Lei n. 8.429/92 foi promovida pela Lei n. 14.230/21 reformulação da cominação de sanções de acordo com as diferentes espécies de atos de improbidade administrativa. Se antes as sanções eram idênticas com algumas variações (de tempo ou de valor) e condicionantes, atualmente a lei tem sistemática diferente. Em linhas gerais, as alterações consistem no aumento do prazo das sanções restritivas de direito (suspensão de direitos políticos, proibição de contratação com o poder público ou de recebimento de benefícios ou incentivos fiscais ou creditícios), na redução do valor da multa civil, e na especificidade correlacional da sanção à espécie de ato de improbidade praticada.

As penalidades são, como estampa o *caput* do art. 12 da Lei n. 8.429/92, aplicadas independentemente do ressarcimento integral do dano patrimonial efetivo e das sanções penais (comuns e de responsabilidade), civis e administrativas, isoladas ou cumulativamente.

Ao enriquecimento ilícito no exercício de função pública (art. 9º) foram previstas as seguintes sanções: (a) perda de bens ou valores acrescidos ilicitamente, (b) perda da função pública, (c) suspensão dos direitos políticos até 14 (catorze) anos, (d) pagamento de multa civil equivalente ao valor do acréscimo patrimonial, e (e) proibição de contratar com o poder público ou de receber benefícios ou incentivos fiscais ou creditícios, direta ou indiretamente, ainda que por intermédio de pessoa jurídica da qual seja sócio majoritário, pelo prazo não superior a 14 (catorze) anos (art. 12, I). O ressarcimento do dano poderá ter lugar em figuras típicas dos incisos II, III e VI do art. 9º da Lei da Improbidade Administrativa, por exemplo.

Ao prejuízo ao erário (art. 10) foram discriminadas as seguintes penalidades para além do ressarcimento do dano patrimonial: (a) perda dos bens ou valores acrescidos ilicitamente (se concorrer esta circunstância), (b) perda da função pública, (c) suspensão dos direitos

134. MARQUES, Silvio Antonio. *Improbidade administrativa: ação civil e cooperação jurídica internacional*. São Paulo: Saraiva, 2010, p. 129.

políticos até 12 (doze) anos, (d) pagamento de multa civil equivalente ao valor do dano, e (e) proibição de contratar com o poder público ou de receber benefícios ou incentivos fiscais ou creditícios, direta ou indiretamente, ainda que por intermédio de pessoa jurídica da qual seja sócio majoritário, pelo prazo não superior a 12 (doze) anos (art. 12, II).

Ao atentado aos princípios da Administração Pública foram cominadas as seguintes reprimendas: (a) pagamento de multa civil de até 24 (vinte e quatro) vezes o valor da remuneração percebida pelo agente e (b) proibição de contratar com o poder público ou de receber benefícios ou incentivos fiscais ou creditícios, direta ou indiretamente, ainda que por intermédio de pessoa jurídica da qual seja sócio majoritário, pelo prazo não superior a 4 (quatro) anos (art. 12, III). Dessa modalidade foram excluídas as sanções de perda da função pública e suspensão dos direitos políticos, o que configura proteção insuficiente e, portanto, ofensa ao princípio da proporcionalidade, frisando-se, ainda, que a Constituição (art. 37, § 4º) não permite essa flexibilização, pois, determina à improbidade administrativa - sem distinção - enumerada e explicitamente essas duas penalidades. Se houver dano patrimonial, caberá o respectivo ressarcimento.

O catálogo do art. 12 da Lei n. 8.429/92 contém sanções variáveis ou não. Independentemente do ressarcimento do dano que é obrigação legal, as sanções fixas são a perda de bens ou valores ilicitamente acrescidos e a perda da função pública. As sanções de suspensão temporária dos direitos políticos, pagamento de multa civil, e proibição de contratação com o Poder Público ou de recebimento de benefícios ou incentivos fiscais ou creditícios, são variáveis, como revelam os incisos I a III do art. 12, em função do período de restrição de direitos ou do valor da pena pecuniária de acordo com a natureza do ato de improbidade, de maneira que essa a variação sopesa a "potencialidade lesiva" de cada espécie de ato de improbidade[135]. As inovações da Lei n. 14.230/21 no art. 12 da Lei n. 8.429/92 eliminaram os patamares mínimos da multa civil e das restrições temporárias de direitos.

---

135. SOBRANE, Sérgio Turra. *Improbidade administrativa: aspectos materiais, dimensão difusa e coisa julgada*. São Paulo: Atlas, 2010, p. 156.

A multa civil tem seu valor estipulado dependendo da natureza da infração: (a) no enriquecimento ilícito, ela é equivalente ao valor do acréscimo patrimonial, (b) no prejuízo ao erário, equivalente ao valor do dano, e (c) no atentado aos princípios da administração pública, até 24 vezes o valor da remuneração percebida pelo agente. Ela ainda pode ser aumentada até o dobro (art. 12, § 2º).

A suspensão de direitos políticos não é cabível no atentado aos princípios da administração pública – opção inadequada da reforma legislativa – e é de (a) até 14 anos na hipótese de enriquecimento ilícito, e de (b) até 12 anos no prejuízo ao erário.

E a proibição de contratação com o poder público ou de recebimento de benefícios ou incentivos fiscais ou creditícios pode se estender até (a) 14 anos na situação do art. 9º, (b) 12 anos na do art. 10, e (c) 04 anos na do art. 11.

Não há possibilidade de combinação ou mescla de penalidades em descompasso à classificação de espécies de improbidade, adoção de outras não previstas em lei, fixação dos limites das sanções além das balizas previstas em lei, como já decidido[136].

Apesar de a Constituição no art. 37, § 4º, ser impositiva ao determinar que aos atos de improbidade administrativa – sem distinção entre suas espécies – se aplicarem as sanções respectivas, a Lei n. 12.120/09 alterou o *caput* do art. 12 da Lei n. 8.429/92 para explicitar que as sanções são aplicadas cumulativamente ou não, balizada a opção, motivada pelo juiz[137], pelos parâmetros legais. Se o juiz opta pela aplicação cumulativa ou não das sanções deverá fazê-lo, em qualquer caso, atendendo ao princípio da proporcionalidade (ou seja, da justa medida) que demanda o exame de adequação, necessidade e proporcionalidade em sentido estrito e interdita tanto o excesso quanto a insuficiência (ou falta), fundamentando as razões pelas quais escolhe todas, algumas ou uma delas. Como já decidido, "a aplicação

136. STJ, REsp 365.087-PR, 1ª Turma, Rel. Min. Hamilton Carvalhido, 17-11-2009, v.u., DJe 03-12-2009; STJ, REsp 1.376.481-RN, 2ª Turma, Rel. Min. Mauro Campbell Marques, 15-10-2015, v.u., DJe 22-10-2015.

137. STJ, REsp 658.389-MG, 2ª Turma, Rel. Min. Eliana Calmon, 26-06-2007, v.u., DJ 03-08-2007, p. 327

das penalidades previstas na norma exige que o magistrado considere, no caso concreto, 'a extensão do dano causado, assim como o proveito patrimonial obtido pelo agente' (conforme previsão expressa contida no parágrafo único do art. 12 da Lei 8.429/1992). Assim, é necessária a análise da razoabilidade e proporcionalidade em relação à gravidade do ato de improbidade e à cominação das penalidades, as quais podem ocorrer de maneira cumulativa, embora não necessariamente"[138]. Para esse fim, "o espectro sancionatório da lei induz interpretação que deve conduzir à dosimetria relacionada à exemplariedade e à correlação da sanção, critérios que compõem a razoabilidade da punição" sendo "necessária a observância da lesividade e reprovabilidade da conduta do agente, do elemento volitivo da conduta e da consecução do interesse público, para efetivar a dosimetria da sanção por ato de improbidade, adequando-a a finalidade da norma"[139].

Os parâmetros da dosimetria consistiam na redação primitiva da Lei da Improbidade Administrativa na extensão do dano causado e no proveito patrimonial obtido pelo agente (art. 12 e parágrafo único, da Lei 8.429/92), o que era insuficiente. Com a edição da Lei n. 12.120/09 foi acrescentada a gravidade do fato no *caput* do art. 12. A Lei n. 14.230/21 redimensionou completamente este panorama ao adicionar novos parâmetros legais para a dosimetria na Lei n. 8.429/92. No § 4º do art. 1º enunciou a incidência dos princípios constitucionais do direito administrativo sancionador, manteve a gravidade do fato no *caput* do art. 12 e, apesar de ter revogado seu parágrafo único, e dedicado normas especiais nos §§ 1º a 5º e 8º a determinadas sanções, elencou no inciso IV do art. 17-C mais parâmetros para sua aplicação, renovada sua cumulatividade ou não. Enfim, são os seguintes parâmetros: (a) os princípios de proporcionalidade e razoabilidade, (b) a natureza, a gravidade e o impacto da infração cometida, (c) a extensão do dano causado, (d) o proveito patrimonial obtido pelo agente, (e) as circunstâncias agravantes ou atenuantes, (f) a atuação do agente em minorar os prejuízos e as consequências advindas de sua conduta omissiva ou comissiva, (g) os antecedentes

138. STJ, REsp 1.376.481-RN, 2ª Turma, Rel. Min. Mauro Campbell Marques, 15-10-2015, v.u., DJe 22-10-2015.

139. STJ, REsp 1.130.198-PR, 1ª Turma, Rel. Min. Luiz Fux, 02-12-2010, v.u., Dje 15-12-2010.

do agente. Esse rol é aproximado ao que consta do § 2º do art. 22 da Lei de Introdução às Normas do Direito Brasileiro.

Os incisos I, II, III e VII do citado art. 17-C não constituem parâmetros, senão requisitos especiais de motivação da decisão judicial. Aliás, os incisos II e III reproduzem *grosso modo* os arts. 20, *caput*, e 22, *caput*, da Lei de Introdução às Normas do Direito Brasileiro, valendo obtemperar que em face de ato ilícito como é a improbidade administrativa não tem sentido considerar os obstáculos e as dificuldades reais do gestor e as exigências das políticas públicas a seu cargo, sem prejuízo dos direitos dos administrados e das circunstâncias práticas que houverem imposto, limitado ou condicionado a ação do agente.

Por sua vez, o disposto nos incisos V do referido art. 17-C da Lei n. 8.429/92 é parâmetro condicional, consistente na consideração da dosimetria das sanções relativas ao mesmo fato já aplicadas ao agente, guardando aproximação com o art. 22, § 3º, da Lei de Introdução às Normas do Direito Brasileiro.

Para atos de menor potencial ofensivo, há regra especial na Lei n. 8.429/92 (art. 12, § 5º), limitando-se a censura judicial à aplicação de multa, sem prejuízo do ressarcimento do dano e da perda dos valores obtidos, quando for o caso.

127.1. JUROS DE MORA E CORREÇÃO MONETÁRIA. Os juros e a correção monetária representam os denominados pedidos implícitos os quais, a despeito de não terem sido expressamente inseridos na petição inicial, devem ser fixados pelo magistrado ao prolatar a sentença, conforme se extrai dos artigos 322, § 1º, e 491 do Código de Processo Civil, preceitos que se aplicam às ações de improbidade administrativa e que autorizam, inclusive, a alteração ou modificação do termo inicial dos juros e da correção monetária, sem a configuração de julgamento *extra petita* ou *reformatio in pejus*.[140]

Assim, em relação às sanções de perda dos bens acrescidos ilicitamente, ressarcimento do dano ao erário e multa civil, inseridas

140. STJ, AgInt nos EDcl no REsp n. 1.840.583/SP, Rel. Min. Mauro Campbell Marques, Segunda Turma, j. 21/09/2020.

no contexto da responsabilidade civil extracontratual por ato ilícito, devem incidir as Súmulas 43 e 54 do Superior Tribunal de Justiça, de maneira que o termo *a quo* da correção monetária e dos juros moratórios é a data do evento danoso, entendido como o da prática do ato ímprobo.[141] O Superior Tribunal de Justiça proferiu, ainda, decisão na qual fixou a aplicação das balizas do Tema 905/STJ às ações de improbidade administrativa.[142]

128. ILEGALIDADE E IMPROBIDADE. As mudanças operacionalizadas pela Lei n. 14.230/21 na Lei da Improbidade são incisivas e repetidas. O § 1º do art. 17-C, portanto, reitera a necessidade do dolo para caracterização de improbidade, assentando que mera ou simples ilegalidade não tem proficiência para sua configuração na hipótese concreta. O preceito enfocado salienta, no particular, que ilegalidade sem a presença do dolo que a qualifique não é improbidade, admitindo que improbidade se caracteriza com ilegalidade qualificada por dolo.

129. INDIVIDUALIZAÇÃO DAS SANÇÕES. O § 2º do art. 17-C estabelece a necessidade do dimensionamento da medida individual de participação ou benefício nas situações de condenação com litisconsórcio passivo. É um preceito que disciplina a individualização das sanções aos autores, coautores, partícipes e beneficiários de atos de improbidade.

A lei não implanta litisconsórcio passivo necessário e a existência de diversas pessoas no polo passivo da ação não pode implicar a responsabilização por ações ou omissões que só é imputável a um ou parcela deles, devendo ser estimada na responsabilização a intensidade da participação ou do benefício individuais. A cláusula final do preceito normativo, proibitiva de solidariedade, deve, pois, ser compreendida de acordo com essas premissas, não obstando que, havendo comprovação de atuação conjunta e com unidade de desígnios, os réus sejam responsabilizados solidariamente ao ressarcimento do dano ou a perda de bens.

---

141. STJ, AgInt nos EDcl no REsp n. 1.901.336/PR, Rel. Min. Gurgel de Faria, Primeira Turma, j. 22/03/2021; STJ, AgInt no REsp n. 1.817.090/MS, Rel. Min. Mauro Campbell Marques, Segunda Turma, j. 07/11/2019. A matéria é, ainda, objeto do Tema 1.128 de Recurso Repetitivo.
142. STJ, AgInt no REsp n. 1.980.617/DF, Rel. Min. Regina Helena Costa, Primeira Turma, j. 12/06/2023.

130. PROIBIÇÃO DE REEXAME NECESSÁRIO. O § 3º do art. 17-C enuncia inovação inconveniente ao interesse público, consistente na interdição de remessa necessária (reexame necessário) nas sentenças. É uma regra contrária à orientação pacífica do Superior Tribunal de Justiça, cujo entendimento assinalava que as sentenças de improcedência de pedidos formulados em ação civil pública por ato de improbidade administrativa sujeitam-se indistintamente ao reexame necessário, seja por aplicação subsidiária do Código de Processo Civil, seja pela aplicação analógica da Lei da Ação Popular (art. 19 da Lei n. 4.717/65)[143].

Com efeito, o interesse público que permeia a ação popular e a ação de improbidade administrativa, voltadas à tutela do patrimônio público e da moralidade administrativa, além do diálogo das fontes próprio do microssistema processual coletivo, recomendam a incidência da remessa necessária prevista no artigo 19 da Lei n. 4.717/65 às ações de improbidade administrativa, como alvitrado pela doutrina abalizada[144].

> **Art. 17-D.** A ação por improbidade administrativa é repressiva, de caráter sancionatório, destinada à aplicação de sanções de caráter pessoal previstas nesta Lei, e não constitui ação civil, vedado seu ajuizamento para o controle de legalidade de políticas públicas e para a proteção do patrimônio público e social, do meio ambiente e de outros interesses difusos, coletivos e individuais homogêneos. (Incluído pela Lei nº 14.230, de 2021)

---

143. STJ, Embargos de Divergência no REsp 1.220.667/MG, 1ª Seção, Rel. Min. Herman Benjamin, 24/05/2017; STJ, AgInt no AREsp 1.008.646/MG, 2ª Turma, Rel. Min. Francisco Falcão, DJe 22/06/2018; STJ, AgInt no REsp 1.612.579/PR, 1ª Turma, Rel. Min. Gurgel de Faria, DJe 04/05/2020.

144. DIDIER Jr., Fredie; ZANETI Jr., Hermes. *Curso de direito processual civil: processo coletivo*. V.4. 14.ed. Salvador: Ed. Juspodivm, 2020. p. 77-75, 478-479; CUNHA, Leonardo Carneiro da. *A fazenda pública em juízo*. 18. ed. – Rio de Janeiro: Forense, 2021. p. 182-183; MARTINS JÚNIOR, Wallace Paiva. Probidade administrativa. 4. ed. – São Paulo: Saraiva, 2009. p. 406; NEVES, Daniel Amorim Assumpção; OLIVEIRA, Rafael Carvalho Rezende. Manual de improbidade administrativa: direito material e processual. 6ª ed. rev., atual. e ampl. Rio de Janeiro: Forense, 2018. p. 134; GARCIA, Emerson; ALVES, Rogério Pacheco. Improbidade administrativa. 9. ed. – São Paulo: Saraiva, 2017. pp. 1155/1156.

Parágrafo único. Ressalvado o disposto nesta Lei, o controle de legalidade de políticas públicas e a responsabilidade de agentes públicos, inclusive políticos, entes públicos e governamentais, por danos ao meio ambiente, ao consumidor, a bens e direitos de valor artístico, estético, histórico, turístico e paisagístico, a qualquer outro interesse difuso ou coletivo, à ordem econômica, à ordem urbanística, à honra e à dignidade de grupos raciais, étnicos ou religiosos e ao patrimônio público e social submetem-se aos termos da Lei nº 7.347, de 24 de julho de 1985. (Incluído pela Lei nº 14.230, de 2021)

131. VEDAÇÃO DE OUTROS PROVIMENTOS. O art. 17-D busca conferir contornos restritivos à ação de improbidade administrativa, pois lhe atribui caráter repressivo e sancionatório, em face da aplicação de sanções pessoais elencadas no art. 12, vedando, ainda, a utilização do referido instrumento processual para o controle de legalidade de políticas públicas, para a proteção do patrimônio público e social, do meio ambiente, providências que, conforme disposto no parágrafo único do mesmo dispositivo, deverão ser perseguidas por meio da ação civil pública, na forma do Lei n. 7.347/1985.

A referência à proteção ao patrimônio público não se mostra adequada, pois é gênero no qual se interesse a tutela da probidade administrativa, conforme se extrai dos arts. 37, *caput*, §§ 4º e 5º, e 129, III, da CF. O dispositivo deve ser compreendido como indicativo da vedação à utilização da ação de improbidade administrativa como mecanismo de tutela do patrimônio público por meio de provimentos outros que não aqueles contemplados na Lei n. 8.429/92.

A redação do *caput* do art. 17-D, ao afirmar que a ação de improbidade administrativa não é ação civil, não se mostra afinada ao texto constitucional. Conforme já explicitado em tópico anterior, a tutela jurisdicional civil da probidade administrativa está delineada na diretriz do art. 37, § 4º, da Constituição Federal. O dispositivo constitucional destacado proclama a repressão da improbidade administrativa na jurisdição civil a ser descrita em lei, sem prejuízo da ação penal cabível. Essas duas instâncias, entretanto, são dotadas de instrumentos e mecanismos diferentes e concorrentes.

A natureza civil das ações de improbidade é explicitada no texto da Lei n. 8.429/92, ao apontar a aplicação do procedimento comum contemplado no Código de Processo Civil, observadas as normas processuais especiais previstas na Lei 8.429/92. Incontroversa, portanto, a natureza civil[145] e não penal da ação de improbidade, dada a redação do § 4º do art. 37 da Constituição Federal, segundo o qual "os atos de improbidade administrativa importarão a suspensão dos direitos políticos, a perda da função, a indisponibilidade dos bens e o ressarcimento ao erário, na forma e gradação previstas em lei, sem prejuízo da ação penal cabível". Este entendimento foi reiterado pelo Supremo Tribunal Federal no julgamento do Tema 1199 de repercussão geral (RE 843989/PR), que teve como objeto a retroatividade ou não das alterações promovidas pela Lei n. 14.230/2021[146].

Neste contexto, a única interpretação possível ao mencionado dispositivo, em harmonia com o texto constitucional, é compreender que a intenção do legislador não foi afastar o caráter civil das ações de improbidade administrativa, mas sim explicitar que tal instrumento não se confunde com a ação civil pública prevista na Lei n. 7.347/1985, providência de todo desnecessária, diga-se de passagem.

---

145. STF, ADI 2797/DF, Rel. Min. Sepúlveda Pertence, Tribunal Pleno, j. 15/09/2005; PET 3240 AgR/DF, Rel. Min. Luís Roberto Barroso, Tribunal Pleno, j. 10/05/2018, no qual se assentou que: "A suposta gravidade das sanções previstas no art. 37, § 4º, da Constituição, não reveste a ação de improbidade administrativa de natureza penal."

146. Destacou o Ministro Alexandre de Moraes em seu voto que "A Constituição Federal, portanto, **no campo civil**, pretendeu punir mais severamente o agente público corrupto, que se utiliza do cargo ou de funções públicas para enriquecer ou causar prejuízo ao erário, desrespeitando a legalidade e moralidade administrativas, mas, para tanto, exigiu a tipificação legal das condutas denominadas "atos de improbidade" e geradoras das graves sanções previstas no § 4º do art. 37 e disciplinadas no art. 12 da Lei 8.429/1992, de maneira a possibilitar a ampla defesa e o contraditório, com absoluto respeito ao devido processo legal.

A LIA definiu os atos de improbidade administrativa como aqueles que, **possuindo natureza civil e devidamente tipificados em lei federal,** ferem direta ou indiretamente os princípios constitucionais e legais da Administração Pública, independentemente de importarem enriquecimento ilícito ou de causarem prejuízo material ao erário [...] **A Lei 14.230/21, de maneira inexplicável, pretendeu, em seu artigo 17-D, excluir a natureza civil da ação de improbidade, em que pese, esse substrato partir da própria Constituição Federal Ora, ao errônea e fictamente tentar excluir a natureza civil da ação de improbidade, a lei não teve a força de excluir a natureza civil do ato de improbidade e suas sanções, pois essa "natureza civil" tem substrato diretamente do texto constitucional** [...] – grifos nossos

Por outro lado, despicienda também a previsão contida no *caput* e no parágrafo único do art. 17-D, pois mesmo no sistema anterior era indubitável a impossibilidade de se valer do instrumento processual concebido pela Lei n. 8.429/92 para o controle de legalidade de políticas públicas e a responsabilidade de agentes públicos, inclusive políticos, entes públicos e governamentais, por danos ao meio ambiente, ao consumidor, a bens e direitos de valor artístico, estético, histórico, turístico e paisagístico, a qualquer outro interesse difuso ou coletivo, à ordem econômica, à ordem urbanística, à honra e à dignidade de grupos raciais, étnicos ou religiosos e ao patrimônio público e social, eis que a proteção a tais direitos deve seguir o rito da Lei n. 7.347/1985

Contudo, mesmo em face da nova regulamentação, nada obsta o cúmulo de demandas, como, por exemplo, ação de improbidade administrativa e ação civil pública visando à declaração de nulidade de ato administrativo ou mesmo à tutela do meio ambiente, conclusão reforçada pela redação do art. 17-D,[147] desde que observados os requisitos do art. 327 do Código de Processo Civil. Conforme lição de Cássio Scarpinella Bueno, "não há como recusar tratar-se, para empregar nomenclatura tradicional (e não obstante o tom crítico que entendo devam merecer), de verdadeira cumulação de uma 'ação civil pública", como uma "ação de improbidade administrativa" em um mesmo processo. Eventuais peculiaridades procedimentais de cada iniciativa não são óbice para tanto, mormente quando devidamente observado o disposto no art. 327, § 2º, do CPC".[148]

Art. 18. A sentença que julgar procedente a ação fundada nos arts. 9º e 10 desta Lei condenará ao ressarcimento dos danos e à perda ou à reversão dos bens e valores ilicitamente adquiridos, conforme o caso, em favor da pessoa jurídica prejudicada pelo ilícito. (Redação dada pela Lei nº 14.230, de 2021)

147. BUENO, Cassio Scarpinella. *Manual do poder público em juízo*. Op. cit., p. 550.

148. Idid., p. 549-550.

§ 1º Se houver necessidade de liquidação do dano, a pessoa jurídica prejudicada procederá a essa determinação e ao ulterior procedimento para cumprimento da sentença referente ao ressarcimento do patrimônio público ou à perda ou à reversão dos bens. (Incluído pela Lei nº 14.230, de 2021)

§ 2º Caso a pessoa jurídica prejudicada não adote as providências a que se refere o § 1º deste artigo no prazo de 6 (seis) meses, contado do trânsito em julgado da sentença de procedência da ação, caberá ao Ministério Público proceder à respectiva liquidação do dano e ao cumprimento da sentença referente ao ressarcimento do patrimônio público ou à perda ou à reversão dos bens, sem prejuízo de eventual responsabilização pela omissão verificada. (Incluído pela Lei nº 14.230, de 2021)

§ 3º Para fins de apuração do valor do ressarcimento, deverão ser descontados os serviços efetivamente prestados. (Incluído pela Lei nº 14.230, de 2021)

§ 4º O juiz poderá autorizar o parcelamento, em até 48 (quarenta e oito) parcelas mensais corrigidas monetariamente, do débito resultante de condenação pela prática de improbidade administrativa se o réu demonstrar incapacidade financeira de saldá-lo de imediato. (Incluído pela Lei nº 14.230, de 2021)

132. DESTINAÇÃO DO PRODUTO DA CONDENAÇÃO. A condenação ao ressarcimento do dano e à perda dos valores ou bens auferidos ilicitamente deverá reverter em favor da pessoa jurídica lesada, nos casos de procedência da ação movida com fundamento nos artigos 9º (enriquecimento ilícito) e 10 (prejuízo ao erário) da Lei n. 8.429/92, segundo estatui o *caput* do art. 18. Essa fórmula atual, resultante da Lei n. 14.230/21, não se diferencia muito da redação primitiva da norma.

A lei foi omissa, tanto na redação original quanto naquela dada pela Lei n. 14.230/21 quanto à destinação da multa civil. Porém, não obstante inexista previsão expressa, entende-se que a destinatária destes valores é a pessoa jurídica afetada pela conduta ímproba, pois, ainda que o artigo 18 faça referência tão somente ao ressarcimento de danos e perda ou reversão de bens auferidos ilicitamente, tem se entendido que o "sujeito passivo sempre será o ente aglutinador de todo o numerário originário do ímprobo, quer de natureza indenizatória, quer punitiva"[149].

133. LEGITIMIDADE PARA LIQUIDAÇÃO DA CONDENAÇÃO E CUMPRIMENTO DA SENTENÇA. A redação do § 1º do artigo 18 determina que liquidação do dano deve ser providenciada pelo ente lesado, assim como o respectivo cumprimento de sentença. Curiosamente, a lei atribui legitimidade para a liquidação e execução a pessoa que, na reforma promovida pela Lei n. 14.230/21, teve ceifada sua legitimidade para a propositura da ação, o que foi posteriormente revertido pelo Supremo Tribunal Federal, conforme já discorrido.

134. LEGITIMIDADE SUPERVENIENTE DO MINISTÉRIO PÚBLICO. Diante da inércia da pessoa jurídica interessada, nos termos determinados no § 1º do artigo 18, o § 2º do mesmo dispositivo transfere ao Ministério Público o ônus de promover a liquidação do dano e o cumprimento da sentença. A lei fixou o prazo de 06 (seis meses), contados do trânsito em julgado da sentença condenatória, para a adoção das referidas providências pelo ente público lesado, findo os quais, constatada eventual inércia, a legitimidade passa a ser do Ministério Público.

As disposições inseridas pelos §§ 1º e 2º do artigo 18 estão na contramão de todas as reformas processuais realizadas no Código de Processo Civil de 1973 e ratificadas no Código de Processo Civil de 2015, as quais, visando conferir maior efetividade ao processo, adotaram o processo sincrético, com a quebra da dicotomia processo de conhecimento e processo de execução. Assim, reputa-se que os §§ 1º e 2º do artigo 18 impõem indevido óbice à tutela efetiva e integral da probidade administrativa, além de restrição às atribuições constitucionais conferidas ao Ministério Público, não se compatibilizando, assim, com os arts. 2º, 5º, XXXV, 37, *caput*, e § 4º, 60, § 4º, e 129, III, da Constituição.

Descabida qualquer aproximação com as regras previstas no art. 15 da Lei n. 7.347/85, no art. 100 da Lei n. 8.078/90 e no art. 16

149. GARCIA, Emerson; ALVES, Rogério Pacheco. *Improbidade Administrativa*. São Paulo: Saraiva, 2013, p.673.

da Lei n. 4.717/65, segundo os quais, decorrido determinado período sem que o autor promova a respectiva execução, o Ministério Público tomará referida providência. Isto porque cuidam de situações nas quais o Ministério Público não é o autor da demanda, como nas ações de improbidade administrativa, ou, ainda, que envolvam a reparação de lesão a direitos individuais homogêneos, em que necessária a aferição da situação particular de cada lesado. A assimilação é descabida, pois não se mostra minimamente razoável que o legitimado para deflagrar a ação de conhecimento, destinada ao reconhecimento da violação ao direito material, não possa conduzir as providências processuais voltadas à concretização deste direito por meio do cumprimento de sentença. Se ao Ministério Público é conferida ampla legitimidade para a tutela do patrimônio público, seja por meio da ação de improbidade administrativa, seja por meio da ação civil pública para o ressarcimento de danos causados ao erário (Súmula 329 do Superior Tribunal de Justiça), soa absurda a limitação a esta legitimidade no momento culminante e satisfativo da ação de improbidade administrativa.

135. DESCONTO E RESSARCIMENTO DO DANO. O § 3º do artigo 18 determina que para efeito de cálculo do valor do ressarcimento, os serviços efetivamente prestados devem ser descontados, de maneira que o valor a ser excutido seja correspondente ao lucro percebido. Essa regra se aplica exclusivamente ao ressarcimento dano. Decerto ela foi criada para impedir o locupletamento ilícito do poder público, pois a condenação ao ressarcimento do dano teria como efeito prático a *restitutio in integrum* dos valores egressos do erário. Todavia, ela é inaplicável quando aquele que deva ressarcir dano ao patrimônio público tenha obrado com má-fé e concorrido para a improbidade administrativa, sob pena de jactar-se da própria torpeza. É preciso proteger aquele que atuou com boa-fé, distinguindo-o daquele que agiu com má-fé e obteve lucratividade ilícita. É absolutamente relevante destacar que a boa-fé deve ser bilateral nos negócios públicos.

136. PARCELAMENTO DO DÉBITO. O § 4º do artigo 18 permite ao juiz autorizar o parcelamento mensal, em até 48 (quarenta e oito) vezes, o valor correspondente ao débito decorrente da condenação, no caso em que o réu demonstre incapacidade financeira para saldo imediato.

A previsão de parcelamento, por constar do artigo que remete tão somente ao ressarcimento ao erário, exclui do parcelamento a multa civil eventualmente fixada.

O parcelamento do débito em prazo dilatado, conforme estabelecido pela Lei n. 14.230/21, viola os princípios da impessoalidade, da moralidade e da razoabilidade, cuja observância é obrigatória, a teor do disposto no *caput* do art. 37 da Carta Federal. De fato, a lei admite dilação desarrazoada e injustificada, já que atende interesses de particulares – no caso, os condenados ímprobos – em detrimento do interesse público. O parcelamento dilatado não traz benefícios ao ente lesado, mas tão somente aos agentes públicos condenados por improbidade administrativa, permitindo que eles sejam beneficiados sem qualquer justificativa plausível.

Há ofensa ao princípio da impessoalidade, que está inevitavelmente atrelado ao princípio da utilidade pública, entendida, no ensinamento de José Afonso da Silva, como a "neutralidade da atividade administrativa que se orienta no sentido das realizações do interesse público"[150], pois nenhuma disposição normativa deve ser estabelecida senão porque a utilidade pública a reclame, de modo que a impessoalidade atual como vetor impeditivo a que fatores pessoais e subjetivos atuem como móveis e fins das atividades administrativas. Como disserta a literatura, "o princípio da impessoalidade repele atos discriminatórios que importam favorecimento ou desapreço a membros da sociedade em detrimento da finalidade objetiva da norma de direito a ser aplicada"[151].

Não há qualquer utilidade pública, repita-se, em admitir o parcelamento dilatado de condenações judiciais havidas em ações de ressarcimento ao erário de devolução de valores auferidos ilicitamente. Ao contrário, exsurge da leitura do § 4º do artigo 18 da Lei n. 8.429/92, que não há qualquer utilidade pública no parcelamento.

A disposição viola, ainda, o princípio da moralidade, que se impõe à atividade legislativa, traduzido na prescrição de regras que se

150. Comentário contextual à Constituição, 2º, ed. São Paulo: Malheiros, 2006, p. 335-336.

151. MARTINS JÚNIOR, Wallace Paiva. *Tratado de Direito Administrativo: teoria geral e princípios do direito administrativo*, vol. I, São Paulo: Revista dos Tribunais, 2014, p. 331, coordenação Maria Sylvia Zanella Di Pietro.

mostrem em conformidade com a ordem ética, acordada com os valores sociais prevalentes e voltadas à realização de seus fins. O regramento dos interesses comuns à sociedade implica no dever de estabelecer imperativos acordes ao interesse público, isto é, à boa administração, e não imperativos voltados aos interesses de apenas alguns. Não se afina à moral o parcelamento amplificado de valores oriundos de atos que importem em ressarcimento ao erário ou que sejam oriundos de valores auferidos ilicitamente. Se tais valores são devidos é porque houve lesão ao erário municipal, de maneira que não há motivo para beneficiar os devedores em prejuízo do interesse público.

O § 4º do art. 18 também viola o princípio da razoabilidade, que conduz a ação estatal de acordo com os cânones de isonomia, coerência lógica, racionalidade, equidade e bom senso. A dilação de pagamento viola o bom senso e a igualdade, na medida em que somente para esse tipo de débito, qual seja, débito oriundo de condenações por improbidade administrativa, permite-se tal benesse, o mesmo não ocorrendo com outros tipos de débitos em favor do Município, como aqueles derivados de tributos, por exemplo.

Não obstante a flagrante inconstitucionalidade, uma vez deferido o parcelamento, é certo que embora a Lei n. 8.429/92 não preveja expressamente, suspende-se a execução por aplicação analógica do § 3º do artigo 916 do Código de Processo Civil. Aplicável, ainda, o disposto no § 5º do citado dispositivo da lei processual, já que no caso de o executado deixar de realizar o pagamento das prestações, terá lugar o vencimento antecipado das prestações subsequentes, com prosseguimento do processo e imediato reinício dos atos executivos. Cabível, ainda, a imposição de multa de dez por cento sobre o valor das prestações não pagas, nos termos do que estabelece o § 6º do art. 916 do Código de Processo Civil.

Art. 18-A. A requerimento do réu, na fase de cumprimento da sentença, o juiz unificará eventuais sanções aplicadas com outras já impostas em outros processos, tendo em vista a eventual continuidade de ilícito ou a prática de diversas ilicitudes, observado o seguinte: (Incluído pela Lei nº 14.230, de 2021)

I – no caso de continuidade de ilícito, o juiz promoverá a maior sanção aplicada, aumentada de 1/3 (um terço), ou a soma das penas, o que for mais benéfico ao réu; (Incluído pela Lei nº 14.230, de 2021)

II – no caso de prática de novos atos ilícitos pelo mesmo sujeito, o juiz somará as sanções. (Incluído pela Lei nº 14.230, de 2021)

Parágrafo único. As sanções de suspensão de direitos políticos e de proibição de contratar ou de receber incentivos fiscais ou creditícios do poder público observarão o limite máximo de 20 (vinte) anos. (Incluído pela Lei nº 14.230, de 2021)

137. UNIFICAÇÃO DE SANÇÕES. A Lei n. 14.230/21 passou a prever a unificação de sanções aplicadas em decisões proferidas em ações diversas, nas hipóteses de continuidade na prática do ato ilícito ou no caso da prática de novas infrações, fixando, para tanto, regras nos incisos I e II do artigo 18-A.

O inciso I estabelece que nas hipóteses de continuidade de ilícitos o juiz deve sopesar o que for mais benéfico ao réu: considerar a maior sanção fixada, aumentando-a de 1/3 (um terço) ou, então, promover o somatório das penas. Já o inciso II determina que no caso da prática de novos atos ilícitos pelo mesmo réu, o juiz deverá somar as sanções.

A inovação é carente de tratamento adequado. Ela é aplicável a decisões transitadas em julgado, mas não fixa o juízo competente para promoção da unificação das penas.

O inciso I do artigo 18-A introduz regra de unificação de penas tomando por base a ideia de continuidade na prática de atos ilícitos. Porém, diferentemente do direito penal, na qual há uma conceituação daquilo que se entende por crime continuado (art. 71, Código Penal), a reforma promovida pela Lei n. 14.230/21 não definiu o que seria continuidade para fins de responsabilização na esfera da improbidade administrativa. Inviável o empréstimo do instituto previsto na legislação penal, que condiciona o crime continuado à prática dois ou mais crimes da mesma espécie e que, pelas condições de tempo, lugar, maneira de execução e outras semelhantes, devem os subsequentes ser havidos como continuação do primeiro. Por isso, parece impossível a adoção dessa regra de concurso de ilícitos por total ausência de parâmetros legais que possam nortear o julgador. Do mesmo modo, a previsão de somatório das penas, que se assemelha à regra do concurso material do direito penal (art. 69, Código Penal), parece equivocada, sobretudo porque condicionada à situação que melhor beneficiar o réu.

Com efeito, o inciso I, ao tratar da unificação de penas, determina, sem qualquer justificativa, que se aplique o que for mais benéfico ao réu, isto é, a escolha de aplicação da regra da continuidade de ilícitos ou do somatório de penas depende exclusivamente daquilo que mais beneficiar o autor do ilícito. Ora, sequer no âmbito do direito penal que, em última análise, tutela a restrição da liberdade, existe regra que determine a aplicação daquilo que for melhor para o réu. A disposição é inconstitucional por violação aos princípios da impessoalidade, moralidade e razoabilidade, pois não há justificativa plausível para que se aplique regra de unificação de penas e, dentre as formas aplicáveis, se escolha aquela que mais beneficiar o réu.

A hipótese do inciso II do enfocado artigo 18-A é diferente porque se refere à unificação das sanções em razão da prática de novos atos ilícitos pelo mesmo sujeito. Nesse caso, a solução legal foi a soma das sanções, baseadas em fatos novos, ou seja, posteriores àquele pelo qual houve condenação.

138. TETO RESULTANTE DA UNIFICAÇÃO. É certo, ainda, que aplicada a regra de unificação das penas, o parágrafo único do art. 18-A determina que as sanções de suspensão de direitos políticos e de proibição de contratar ou de receber incentivos fiscais ou creditícios do poder público observarão o limite máximo de 20 (vinte) anos. Esse teto é exclusivamente aplicável a essas sanções temporárias, e sendo exceção à regra não pode ser ampliada para abranger outras.

O teto de 20 anos não encontra justificativa plausível, não se admitindo aqui empréstimo da regra penal que limita o tempo de cumprimento das penas privativas de liberdade (art. 75 do Código Penal).

Com efeito, a limitação penal tem fundamento na vedação constitucional à prisão perpétua e tem caráter humanizador, pois confere ao condenado um prognóstico de saída do sistema carcerário, dentro de um determinado limite de tempo. A limitação temporal está atrelada à restrição da locomoção e alimenta a esperança de liberdade, servindo como incentivo para a disciplina carcerária. Isso não se aplica às condenações por improbidade administrativa, que não ensejam restrição à liberdade, de modo que a fixação do teto de 20 anos não se justifica para fins de reprovabilidade da conduta ilícita.

Ademais, estabelecido o patamar máximo de cumprimento de pena privativa de liberdade no âmbito criminal (40 anos), considerando a envergadura dos bens jurídicos tutelados (liberdade), não se compreende as razões pelas quais o legislador fixou limite menor no âmbito da improbidade administrativa.

De qualquer modo, o patamar de 20 anos deve ser aplicado apenas na fase de cumprimento de sentença, nada obstando a que, na fase de conhecimento, o magistrado fixe sanções cuja somatória exceda tal limite.

9

DENUNCIAÇÃO CALUNIOSA (ART. 19)

CAPÍTULO VI
Das Disposições Penais

Art. 19. Constitui crime a representação por ato de improbidade contra agente público ou terceiro beneficiário, quando o autor da denúncia o sabe inocente.

Pena: detenção de seis a dez meses e multa.

Parágrafo único. Além da sanção penal, o denunciante está sujeito a indenizar o denunciado pelos danos materiais, morais ou à imagem que houver provocado.

139. DENUNCIAÇÃO CALUNIOSA ESPECÍFICA. A Lei n. 8.429 considera crime a representação, a que aludem os arts. 14 e 22, imputando ato de improbidade ao agente público ou a terceiro dele beneficiário, quando ciente seu autor da inocência daqueles.

É o único crime que a lei prevê, adicionando além do dolo direto e específico para sua configuração a reparação de danos gerados.

Sujeito ativo do delito é o autor da representação, ou seja, qualquer pessoa, como refere o art. 14 acima mencionado, e não o membro do Ministério Público ou o representante legal da pessoa jurídica lesada pelo ato de improbidade, pois, visa a norma desestimular representações infundadas ou maliciosas para promoção de investigação ou de ação.

A lei não pune aquele que não tendo ciência inequívoca da inocência dos representados exerce seu direito de petição na modalidade representação.

140. SANÇÕES. As sanções penais previstas consistem na detenção e na multa. O parágrafo único admite ainda a reparação por danos materiais, morais ou à imagem que a denunciação caluniosa tiver provocado.

10

EFICÁCIA DA CONDENAÇÃO E AFASTAMENTO PROVISÓRIO DE AGENTE PÚBLICO (ART. 20)

Art. 20. A perda da função pública e a suspensão dos direitos políticos só se efetivam com o trânsito em julgado da sentença condenatória.

§ 1º A autoridade judicial competente poderá determinar o afastamento do agente público do exercício do cargo, do emprego ou da função, sem prejuízo da remuneração, quando a medida for necessária à instrução processual ou para evitar a iminente prática de novos ilícitos. (Incluído pela Lei nº 14.230, de 2021)

§ 2º O afastamento previsto no § 1º deste artigo será de até 90 (noventa) dias, prorrogáveis uma única vez por igual prazo, mediante decisão motivada. (Incluído pela Lei nº 14.230, de 2021)

141. EFICÁCIA TEMPORAL DA CONDENAÇÃO. Coerente com o art. 15, V, da Constituição Federal, o art. 20, *caput*, da Lei n. 8.429/92 estabelece que as sanções de perda da função pública e suspensão dos direitos políticos são exequíveis com o trânsito em julgado da sentença condenatória. No direito brasileiro não há cassação dos direitos políticos, só se admitindo, além das inelegibilidades temporárias (art. 14, § 9º, da Constituição Federal), a perda ou suspensão de direitos políticos, entre outras hipóteses, decorrente de improbidade administrativa, pela expressa remissão ao art. 37, § 4º, da Constituição Federal pelo art. 15, V, da mesma Carta Magna.

Todavia, o dispositivo perdeu perdido sentido porque o § 9º do art. 12 da Lei da Improbidade Administrativa, acrescido pela Lei n. 14.230/21, estendeu o termo *a quo* (trânsito em julgado da sentença condenatória) de eficácia temporal da condenação para todas as sanções – o que não atinge o ressarcimento do dano que não é sanção. A superveniência desse § 9º do art. 12 revogou implicitamente o *caput* do art. 20 da Lei n. 8.429/92. Cuida-se de mudança inadequada à luz da efetividade do processo, ao diferir seus resultados, pois, os recursos extraordinário e especial não têm efeito suspensivo.

142. AFASTAMENTO PROVISÓRIO. O §1º do artigo 20 permite ao juiz o afastamento cautelar do agente público do exercício do cargo, emprego ou função pública. Trata-se de medida cautelar que repousa sobre os pressupostos alternativos e imprescindíveis enumerados, e que consistem na necessidade da instrução processual ou evitar a iminente prática de novos ilícitos.

Não se pode cogitar de inconstitucionalidade do § 1º do artigo 20, já que constitui medida decorrente do art. 37, § 4º, da Constituição Federal, sendo inconfundível, como providência de caráter provisório, com a sanção de perda da função pública.

A Lei n. 14.230/21 ampliou as hipóteses de afastamento provisório do agente público do exercício do cargo, função ou emprego público, antes restrito à necessidade da instrução processual. Agora, admite-se o provimento cautelar também para evitar a iminente prática de novos ilícitos. Em se tratando de norma restritiva de direitos, o afastamento é provisório e excepcional, mediante decisão fundamentada que indique um dos pressupostos legais, e seu prazo que pode ser fixado em até 90 (noventa) dias, prorrogáveis uma única vez por igual período.

A conveniência da instrução processual ou o impedimento de iminente prática de novos ilícitos devem ser devidamente demonstradas e o afastamento deve decretado pelo tempo necessário, porém no máximo de 90 (noventa) dias – período esse prorrogável por apenas uma vez. Cabe ao juiz verificar os pressupostos do cabimento ou não da liminar, e inclusive à luz de princípios como razoabilidade, proporcionalidade e prevenção, sendo essa decisão vinculada no sentido de que, existindo necessidade, não existe a faculdade de negar. Afigura-se irrelevante, por exemplo, que o mandato esteja em seu término no caso de agentes políticos, se presentes quaisquer dos pressupostos que autorizam a medida.

Não raro, para a captação dos elementos probatórios, é da conveniência da instrução afastar-se o agente de suas funções com o fim de evitar o perecimento da prova ou a influência sobre testemunhas, especialmente nos casos em que ele seja dotado de poder de mando. Sua permanência, como advertiu a jurisprudência, "poderia ser causa natural de perturbação à coleta de provas no processo (...) A propósito, é preciso se ressaltar que a prova que justifica o afastamento é de natureza processual, como diz a lei, pouco importando, pois, para tal fim, com a devida licença, que a inicial da ação civil já tivesse vindo instruída com alguns volumes de elementos coletados durante o inquérito administrativo", aditando o fundamento da credibilidade do cargo público, pela qual "a doutrina admite que a liminar se impõe, quando o agente público se porta de uma maneira tal, que induz à presunção de que, ficando em seu cargo, acarretará novos danos ao Erário Público e à sociedade"[1].

De fato, destinado à preservação da isenção e da eficiência da instrução, o afastamento se admite quando haja efetivamente riscos de que a permanência no cargo da autoridade submetida à investigação implique obstrução da instrução processual, de modo a se garantir a condução imparcial da coleta de provas na instrução processual e evitar condutas embaraçosas como a influência sobre testemunhas ou negativa à requisição de documentos e informações, a instauração de procedimentos administrativos contra subordinados sem justa causa como forma de coagi-los a não fornecer informações ou calar a verdade, a utilização do cargo e do poder hierárquico sobre servidores para suprimir ou ocultar provas e vestígios dos atos ilícitos praticados, e a falsificação de documentos com o fim de alterar a verdade e prejudicar a instrução processual. Também constitui motivo determinante para o afastamento provisório do agente público ímprobo, a omissão reiterada de informações solicitadas organismos responsáveis pelo controle da gestão da coisa pública, com vistas a interferir na produção da prova. Por vezes, a delimitação dos atos de improbidade administrativa exige

1. STJ, 5ª T., MC 1.730-SP, Rel. Min. Jorge Scartezzini, j. 7-12-1999.

análise documental que deve ser fornecida pelo próprio investigado, enquanto gestor público e ordenador de despesas, de modo que a recalcitrância no fornecimento de informações e documentos pode prejudicar a instrução probatória, tornando legítimo seu afastamento provisório, enfim, o que for relacionado à garantia de uma instrução célere, eficiente e imparcial ou, após a Lei n. 14.230/21, para evitar novas infrações, o que engloba a continuidade de condutas ilícitas anteriores, havendo, neste caso, uma postura preventiva da eclosão de agravos reiterados e contínuos à probidade, não se exigindo que sejam atos de improbidade da mesma espécie, pois, se refere à lei ao gênero novos ilícitos, conexos ou dependentes ou não.

O afastamento não implicará prejuízo total ou parcial da remuneração[2], em atenção ao princípio da irredutibilidade dos salários. A disposição aplica-se a todos os agentes públicos referidos no art. 2º da Lei n. 8.429/92 (estáveis, comissionados, temporários, militares, políticos). Não há como se sustentar alegação de omissão aos titulares de mandato eletivo, pois, a lei menciona função pública.

2. O Superior Tribunal de Justiça já decidiu que a perda parcial dos vencimentos de funcionário público afastado preventivamente configura redução de vencimentos, ferindo princípios constitucionais (1ª T., RMS 1.754-0-PR, Rel. Min. Garcia Vieira, 24-8-1994, v.u., DJU, 26 set. 1994, p. 25597).

11

INDEPENDÊNCIA DE INSTÂNCIAS (ART. 21)

Art. 21. A aplicação das sanções previstas nesta lei independe:

I – da efetiva ocorrência de dano ao patrimônio público, salvo quanto à pena de ressarcimento e às condutas previstas no art. 10 desta Lei; (Redação dada pela Lei nº 14.230, de 2021)

II – da aprovação ou rejeição das contas pelo órgão de controle interno ou pelo Tribunal ou Conselho de Contas.

§ 1º Os atos do órgão de controle interno ou externo serão considerados pelo juiz quando tiverem servido de fundamento para a conduta do agente público. (Incluído pela Lei nº 14.230, de 2021)

§ 2º As provas produzidas perante os órgãos de controle e as correspondentes decisões deverão ser consideradas na formação da convicção do juiz, sem prejuízo da análise acerca do dolo na conduta do agente. (Incluído pela Lei nº 14.230, de 2021)

§ 3º As sentenças civis e penais produzirão efeitos em relação à ação de improbidade quando concluírem pela inexistência da conduta ou pela negativa da autoria. (Incluído pela Lei nº 14.230, de 2021)

§ 4º A absolvição criminal em ação que discuta os mesmos fatos, confirmada por decisão colegiada, impede o trâmite da ação da qual trata esta Lei, havendo comunicação com todos os fundamentos de absolvição previstos no art. 386 do Decreto-Lei nº 3.689, de 3 de outubro de 1941 (Código de Processo Penal). (Incluído pela Lei nº 14.230, de 2021)

§ 5º Sanções eventualmente aplicadas em outras esferas deverão ser compensadas com as sanções aplicadas nos termos desta Lei. (Incluído pela Lei nº 14.230, de 2021)

143. INDEPENDÊNCIA DE INSTÂNCIAS. O ordenamento jurídico brasileiro admite a incidência de sistemas de responsabilização diversos sobre o mesmo fato ilícito praticado contra a Administração Pública, aptos a ensejar consequências variadas.

Com efeito, um mesmo ato ilícito que ofenda a moralidade pode ensejar responsabilização na esfera penal, com a propositura de ação penal pública; na esfera civil, o ajuizamento de ação civil com fulcro na Lei de Ação Civil Pública, Lei de Improbidade ou Lei Anticorrupção Empresarial; na esfera administrativa disciplinar, a instauração de processo disciplinar; na esfera política, responsabilização por crime de responsabilidade e na esfera eleitoral.

As regras constantes do art. 21 da Lei de Improbidade Administrativa mantém no inciso II essa diretriz, porém, foram acrescidos os §§ 1º a 5º que cuidaram de disciplinar regras de intersecção de instâncias.

144. IRRELEVÂNCIA DE DANO PATRIMONIAL. A Lei n. 14.230/21 alterou a redação do inciso I do art. 21 da Lei n. 8.429/92, para acrescentar que a aplicação das sanções previstas na Lei de Improbidade independe da efetiva ocorrência de dano ao patrimônio público, ressalvados não apenas o ressarcimento do dano, mas agora, também as condutas previstas no art. 10.

Em sua redação original, esse dispositivo mencionava que a aplicação das sanções não dependia da efetiva ocorrência de dano ao patrimônio público. A Lei n. 12.120/09 o modificou explicitando a prescindibilidade da efetiva ocorrência de dano ao patrimônio público, ressalvado o ressarcimento do dano. Coerente com essa diretriz, a redação dada pela Lei n. 14.230/21 inclui na exceção que torna o dano exigível as condutas do art. 10 da Lei n. 8.429/92, posto que elas tratam dos atos de improbidade administrativa que causam prejuízo patrimonial ao erário e que, portanto, dependem para sua caracterização desse efetivo resultado negativo, diferentemente dos atos de improbidade catalogados nos arts. 9º e 11 (enriquecimento ilícito no exercício de função pública e atentado contra os princípios da administração pública) porque neles o bem jurídico tutelado é a moralidade administrativa em si mesma considerada.

145. DESVINCULAÇÃO DAS DECISÕES DOS ÓRGÃOS DE CONTROLE. O inciso II do art. 21 da Lei n. 8.429/92 estabelece a regra da desvinculação das decisões dos órgãos de controle para a responsabilização judicial pela prática de atos de improbidade.

Com efeito, embora os órgãos de controle interno ou externo tenham importância primordial para detecção de atos dessa natureza, os resultados de sua atuação não subordinam nem condicionam a instância jurisdicional nem a iniciativa do Ministério Público, ainda que seus atos instrutórios possam conter valiosos elementos de convicção.

Pensamento contrário choca-se com o art. 5º, XXXV, da Constituição Federal, cláusula tradicional e histórica no direito brasileiro que interdita qualquer exclusão do controle dos atos estatais e de seus agentes, e alija do ordenamento jurídico o contencioso administrativo ou expediente similar. Além disso, colide com a independência do Poder Judiciário e do Ministério Público no exercício de suas funções.

As decisões, opiniões, pronunciamentos, de órgãos controladores – inclusive o Tribunal de Contas – têm natureza administrativa, e não têm força para vinculação, condicionamento ou subordinação do direito de ação.

Todavia, ao cuidar da sanção a ser aplicada ao agente público, a lei estabelece que os atos do órgão de controle interno ou externo deverão ser considerados pelo juiz quando tiverem servido de fundamento para a conduta (art. 21, § 1º). O juiz deve, ainda, considerar as provas produzidas nos órgãos de controle interno ou externo e as respectivas decisões por eles tomadas para formação de sua convicção a respeito da tipificação do ato de improbidade, especialmente a análise acerca do dolo na conduta (art. 21, § 2º). Essas inovações oriundas da Lei n. 14.230/21 impõem o dever de motivação reflexiva da decisão judicial sobre esses elementos, o que não significa vinculação.

146. COMUNICAÇÃO DE INSTÂNCIAS JUDICIAIS. No que diz respeito às esferas civil e penal, o § 3º do art. 21 da Lei n. 8.429/92 na redação dada pela Lei n. 14.230/21 determina que as sentenças civil e penal produzirão efeitos em relação à ação de improbidade quando concluírem pela inexistência da conduta ou pela negativa da autoria. A disposição incorpora a regra já prevista no art. 935 do Código Civil, que proclama a independência das instâncias, salvo quando na esfera penal já se tiver decidido sobre a inexistência do fato ou sobre a autoria. A lei de improbidade acrescenta que também nessas hipóteses, a sentença civil faz coisa julgada. Trata-se de exceção à comunicação de instâncias judiciais, que não se estende a decisões de outra natureza (administrativas, parlamentares etc.).

O § 4º do art. 21, de outro lado, padece de inconstitucionalidade manifesta. A disposição estabelece que a absolvição criminal em ação que discuta os mesmos fatos, confirmada por decisão colegiada, impede o trâmite da ação de improbidade, havendo comunicação com todos os fundamentos de absolvição previstos na lei processual penal (art. 386, CPP). Ora, o § 4º do art. 37 da Carta Federal assegura expressamente a autonomia do sistema de responsabilização de improbidade administrativa em relação à esfera do direito sancionador penal, ao estabelecer que "os atos de improbidade administrativa importarão a suspensão dos direitos políticos, a perda da função pública, a indisponibilidade dos bens e o ressarcimento ao erário, na forma e gradação previstas em lei, sem prejuízo da ação penal cabível".

Como já destacado, à exceção da sentença penal absolutória, que faz coisa julgada no cível quando reconhecida a inexistência material do fato típico ou excluída sua autoria (incisos II e V do art. 386 do CPP c.c. art. 935 do CC), as demais hipóteses de absolvição enumeradas na lei processual penal (ausência de prova da existência do fato, atipicidade, ausência de prova de ter o réu concorrido para a infração, insuficiência de provas etc.) não podem impedir o trânsito da ação de improbidade nem sua ignição.

A disposição é inconstitucional por violar a independência do sistema de responsabilização de improbidade administrativa assegurado no § 4º do art. 37 da Carta Federal.

Tanto não bastasse, a comunicabilidade automática das hipóteses de absolvição previstas no art. 386 do CPP à instância da improbidade administrativa, com exceção daquelas previstas nos incisos II e V, também enfraquece a tutela da probidade, garantida constitucionalmente, representando violação à proibição de proteção deficiente e à proibição de retrocesso. A isenção legal viola os cânones da razoabilidade e da proporcionalidade porque, em síntese, carente de racionalidade e bom senso e de justa medida, o impedimento à deflagração de instância em face de absolvições criminais por prescrição, atipicidade, insuficiência probatória etc., revelando-se o completo excesso da normativa. O Ministro Alexandre de Moraes proferiu liminar em ação direta de inconstitucionalidade suspendendo a eficácia desse dispositivo, acentuando que "a comunicabilidade ampla pretendida pela norma questionada acaba por corroer a própria lógica constitucional da autonomia das instâncias"[1].

147. COMPENSAÇÃO DE SANÇÕES. Decorrente da reforma ditada pela Lei n. 14.230/21, a Lei n. 8.429/92 conta com o § 5º do art. 21 prescrevendo que as sanções aplicadas em outras esferas de responsabilização devem ser compensadas com aquelas aplicadas na Lei de Improbidade Administrativa.

A regra deve ser interpretada restritivamente para o fim de alcançar apenas o ressarcimento ao erário e a perda de valores auferidos ilicitamente, posto que acaso fixadas em instâncias diversas, sua incidência por mais de uma vez representaria *bis in idem*, promovendo locupletamento ilícito do Estado. Não se aplica, porém, às demais sanções, tendo em vista a diversidade de bens jurídicos tutelados, sob pena de embaraço às funções jurisdicionais e afronta à coisa julgada e à independência de instâncias. Eventual sanção similar, de natureza administrativa, não tem o efeito de imunização em face da decisão judicial. E em se tratando de decisão judicial penal, a multa resultante do art. 12 da Lei n. 8.429/92 reverte em proveito da própria entidade lesada, diferentemente da multa penal.

1. STF, ADI 7.236 MC/DF, Rel. Min. Alexandre de Moraes, 27/12/2022, DJe 10/01/2023.

12

INVESTIGAÇÃO (ART. 22)

Art. 22. Para apurar qualquer ilícito previsto nesta Lei, o Ministério Público, de ofício, a requerimento de autoridade administrativa ou mediante representação formulada de acordo com o disposto no art. 14 desta Lei, poderá instaurar inquérito civil ou procedimento investigativo assemelhado e requisitar a instauração de inquérito policial. (Redação dada pela Lei nº 14.230, de 2021)

Parágrafo único. Na apuração dos ilícitos previstos nesta Lei, será garantido ao investigado a oportunidade de manifestação por escrito e de juntada de documentos que comprovem suas alegações e auxiliem na elucidação dos fatos. (Incluído pela Lei nº 14.230, de 2021)

148. INVESTIGAÇÃO. A Lei n. 8.429/92 armou o Ministério Público, no art. 22, da prerrogativa de instaurar inquérito civil ou procedimento investigativo assemelhado e de requisitar a instauração de inquérito policial para apuração dos atos de imoralidade administrativa qualificada. A alteração promovida pela Lei n. 14.230/21 explicitou o cabimento do inquérito civil – suprindo a lacuna da redação primitiva em harmonia com o art. 129, III, da Constituição de 1988, a Lei n. 7.347/85, e as leis orgânicas do Ministério Público – e suprimiu a requisição da instauração de processo administrativo.

A prerrogativa instituída é mera faculdade conferida ao Ministério Público, pois a lei salienta que o órgão "poderá instaurar" ou "requisitar". Assim, recebendo ou conhecendo notícia de improbidade administrativa, poderá optar pela solução que lhe for mais conveniente para a apuração do ato de improbidade administrativa e a promoção de futura ação civil.

O desiderato da lei é a ampliação dos meios investigatórios fornecidos ao Ministério Público, seja através de investigação própria por meio de inquérito civil ou procedimento assemelhado, seja estendendo o poder requisitório na apuração de ato de improbidade administrativa com a possibilidade de requisição de inquérito policial como instrumento profícuo para a realização desse escopo. Assim, ao lado de instaurar o inquérito civil sob sua presidência ou outro procedimento investigatório assemelhado, ele poderá requisitar o inquérito policial (e não raro o ato de improbidade administrativa caracteriza também crime funcional) visando à colheita da prova até mesmo para compor o inquérito civil, objetivando, em ambos os casos, a promoção de ação.

Como tal, servem à formação da convicção do Ministério Público, devendo a autoridade policial, no caso do inquérito policial, encetar todas as diligências, especificadas ou não, para averiguação do fato. Requisitado pelo Ministério Público o inquérito policial de que trata o art. 22, sua instauração é obrigatória e vinculada, tendo a autoridade requisitada o dever de bem desempenhar o encargo, procurando provas de todas as circunstâncias.

Se, porventura, analisado pelo Ministério Público o inquérito policial por ele requisitado à autoridade competente, não se concluir pela prática de ato de improbidade administrativa, o expediente poderá ter novas diligências determinadas (executadas diretamente pelo Ministério Público ou pela autoridade policial) ou será levado ao arquivamento.

Não se exclui a requisição do Ministério Público da instauração de procedimento investigatório pelos órgãos de controle interno da Administração Pública, pois, seu poder de requisição tem *status* no art. 129, III, da Constituição, na Lei n. 7.347/85 e em suas leis orgânicas, de maneira que a excisão dessa prerrogativa na redação dada pela Lei n. 14.230/21 não tem efeito de derrogar norma hierarquicamente superior nem abscindir, ainda que parcialmente, leis especiais.

A apuração por qualquer dessas vias pode ser decretada de ofício pelo Ministério Público, a requerimento de autoridade administrativa ou mediante representação formulada por qualquer do povo, mesmo que tenha sido rejeitada pela autoridade administrativa.

É mister que a representação, para evitar investigações temerárias e devassas politiqueiras, preencha os mínimos requisitos de admissibilidade, como os constantes do art. 14 da lei. É assaz importante que o representante indique as provas existentes acerca do ato, mas isso não é condição para o exercício do direito conferido a qualquer pessoa. A lei exige apenas que o representante indique as provas existentes quando delas tiver conhecimento, estimulando a colaboração com a justiça. Isso mostra que, havendo suspeita de ato ímprobo, a investigação acontecerá mesmo que o representante não indique as provas do fato ou da autoria, porque a lei exige – repita-se – a indicação das provas de que tenha conhecimento e não simplesmente das provas, cuja existência pode até ignorar.

E, destinando-se à mera colheita de informações e indícios de improbidade administrativa, sem que implique por si só alguma punição, o inquérito civil ou policial não obedece à cláusula do contraditório ou da ampla defesa. São procedimentos unilaterais e administrativos, sem contraditório, que se prestam apenas para a coleta de elementos para dedução de uma pretensão em juízo ou não. A defesa, com a garantia do contraditório, tem exercício no processo judicial consequente.

Esse entendimento não muda à vista do disposto no parágrafo único do art. 22, que estabelece a garantia do investigado se manifestar por escrito na investigação e juntar documentos que comprovem suas alegações, auxiliando na elucidação dos fatos. Ao investigado deve ser franqueada a juntada de documentos que repute pertinentes, bem como aos elementos de prova que, já documentados, digam respeito ao exercício do direito de defesa, em aplicação semelhante àquilo que já ocorre no inquérito policial, à vista do disposto na Súmula Vinculante 14.

A instauração da investigação por qualquer dos meios previstos na lei ou fora dela não está condicionada ao prévio pronunciamento da matéria na instância administrativa (comissões parlamentares de inquérito, julgamento das contas, de crimes de responsabilidade e de infrações político-administrativas, processos disciplinares etc.) e na jurisdição penal, segundo decorre do art. 21 da lei.

Entretanto, frise-se que o inquérito civil e o inquérito policial são meras faculdades, dispensáveis e prescindíveis, se o Ministério Público possuir elementos probatórios de convicção da prática de improbidade administrativa, como depoimentos, documentos, laudos, enfim, provas lícitas. A ação civil pública de improbidade administrativa de modo algum subordina-se à prévia conclusão ou instauração de inquérito civil ou policial[1], não estando condicionada ou vinculada às conclusões de inquérito policial requisitado com base no art. 22, e tampouco está a atuação do *Parquet* vinculada à representação tratada no art. 14 da Lei n. 8.429/92, pois, como decidiu, com acerto, o Tribunal de Justiça do Estado da Paraíba, "o Ministério Público tem o poder-dever de agir com ou sem a colaboração das entidades e pessoas envolvidas em notícias de condutas que possam ser tipificadas como atos de improbidade administrativa"[2], podendo optar pelo meio do art. 22 ou pelo inquérito civil. Tampouco o *Parquet* está condicionado ou subordinado ao requerimento da autoridade administrativa, podendo, como demonstra a regra em foco, instaurá-lo mediante impulso oficial, assim como poderá, motivadamente, indeferir sua instauração ou promover seu arquivamento.

149. INQUÉRITO CIVIL. Ao Ministério Público cabe a promoção do inquérito civil com o uso dos poderes requisitórios correspondentes (perícias, estudos, dados técnicos, informações, depoimentos, notificações etc.) para apuração de ato de improbidade administrativa, tendo em vista que a Constituição Federal (art. 129, III e VI), a Lei n. 7.347/85 (arts. 1º, IV, e 8º e parágrafo único) e, posteriormente, a Lei n. 8.625/93 (arts. 25, IV, e 26, I a III) inscrevem essas prerrogativas na instituição da proteção do patrimônio público, da moralidade administrativa e de qualquer outro interesse difuso ou coletivo.

---

1. Cf., a respeito, a jurisprudência do Egrégio Tribunal de Justiça do Estado de São Paulo sobre a faculdade de instauração do inquérito civil para promoção da ação civil pública (JTJ, 159:189 e 167:9). Destaca-se v. acórdão que, interpretando a norma do art. 22 em exame como facultativa, assentou que "a instauração de procedimento investigatório para instruir a ação civil pública não é obrigatória, sendo mera faculdade do Ministério Público" (2ª Câm. de Direito Público, AC 272.996-1/8, Guarulhos, Rel. Des. Passos de Freitas, 11-3-1997, v.u.).
2. TJPB, 1ª Câm. Cív., AC 96.002433-3, Cajazeiras, Rel. Juiz João Antonio de Moura, 27-2-1997.

Para apurar ato de improbidade administrativa o Ministério Público tem ampla opção, podendo sua escolha recair sobre o inquérito civil. A nova redação dada pela Lei n. 14.230/21 supriu a omissão existente no art. 22 da Lei n. 8.429/92 ao inquérito civil.

Ele também é faculdade do Ministério Público posto que, para formar sua convicção, poderá valer-se de procedimentos administrativos próprios sob sua direção, requisições de perícias, documentos, certidões, informações. A finalidade do inquérito civil é frustrar a proposição de lides temerárias. O inquérito civil não se curva aos princípios do contraditório e da ampla defesa, sendo peça meramente informativa e dispensável, podendo a ação ser promovida por outros meios, como prova emprestada com permissão de julgamento antecipado da lide se, no processo (civil, penal, administrativo) em que produzida, houve observância do contraditório e da ampla defesa, sem temor de cerceio de defesa.

É obrigação legal e moral da autoridade administrativa representar ao Ministério Público para dar ciência de ato de improbidade administrativa e solicitar providências, sem prejuízo da iniciativa concorrente da pessoa jurídica que representa, como deflui da leitura conjunta dos arts. 15 e 22 da lei, justamente para aquele verificar se o interesse tutelado pela lei anticorrupção não será objeto de disponibilidade indevida (prescrição forçada, procrastinação do inquérito, negociatas espúrias etc.), em prejuízo da moralidade e da legalidade. A existência desse dever não exclui a instauração *ex officio* pelo *Parquet*, de maneira que esse órgão não está a ele condicionado ou subordinado, nem às suas conclusões.

Instaurado inquérito civil pelo Ministério Público ou possuindo peças de informação derivadas de procedimento administrativo ou inquérito policial a ele remetidos, apresentada representação ou requerimento da pessoa jurídica interessada (art. 22), se não se convencer da caracterização de improbidade administrativa, deverá promover o arquivamento ou rejeitá-los, com motivação suficiente. A promoção de arquivamento do inquérito civil, das peças de informação, do procedimento administrativo próprio, ministrados ou não com o inquérito policial aludido no art. 22 da lei, ou o arquivamento direto dos meios referidos no art. 22, deverá ser submetida ao reexame obrigatório do órgão interno de revisão (art. 9º da Lei n. 7.347/85).

Outro ponto interessante é referente à valia das provas colhidas no inquérito civil. A matéria, na maioria das vezes, pode dispensar dilação probatória, especialmente se a improbidade foi detectada em informações e documentos públicos constantes do inquérito civil, pois, se há legalidade, ela reside na motivação e no processo administrativo do ato impugnado, competindo, no mais, ao réu provar inexistência de dano como fato impeditivo, modificativo ou extintivo, cujo ônus lhe compete. A questão foi bem equacionada em decisão do Superior Tribunal de Justiça ao salientar que "o inquérito civil público é procedimento informativo, destinado a formar a *opinio actio* do Ministério Público. Constitui meio destinado a colher provas e outros elementos de convicção, tendo natureza inquisitiva", de maneira que "as provas colhidas no inquérito têm valor probatório relativo, porque colhidas sem a observância do contraditório, mas só devem ser afastadas quando há contraprova de hierarquia superior, ou seja, produzida sob a vigilância do contraditório" e "as provas colhidas no inquérito civil, uma vez que instruem a peça vestibular, incorporam-se ao processo, devendo ser analisadas e devidamente valoradas pelo julgador"[3]. De acordo com a jurisprudência, "a prova colhida inquisitorialmente não se afasta por mera negativa, cabendo ao juiz, no seu livre convencimento, sopesá-las, observando as regras processuais pertinentes à distribuição do ônus da prova"[4].

O inquérito civil, como já exposto, é procedimento unilateral, facultativo e inquisitivo, e presta-se à formação da convicção do Ministério Público para o exercício responsável do direito de ação, não estando curvado, por isso, às exigências da cláusula do *adjective due process of law* (contraditório e ampla defesa), pois dele não resulta sanção ou dever nem se criam, modificam ou extinguem direitos. A defesa, em sua plenitude, se exerce em juízo na ação civil pública subsequente.

3. RSTJ 191/242.
4. STJ, REsp 849.841/MG, 2ª Turma, Rel. Min. Eliana Calmon, 28/08/2007, DJ 11/09/2007, p. 216.

13

PRESCRIÇÃO (ART. 23)

CAPÍTULO VII
Da Prescrição

Art. 23. A ação para a aplicação das sanções previstas nesta Lei prescreve em 8 (oito) anos, contados a partir da ocorrência do fato ou, no caso de infrações permanentes, do dia em que cessou a permanência. (Redação dada pela Lei nº 14.230, de 2021)

I – (revogado); (Redação dada pela Lei nº 14.230, de 2021)

II – (revogado); (Redação dada pela Lei nº 14.230, de 2021)

III – (revogado). (Redação dada pela Lei nº 14.230, de 2021)

§ 1º A instauração de inquérito civil ou de processo administrativo para apuração dos ilícitos referidos nesta Lei suspende o curso do prazo prescricional por, no máximo, 180 (cento e oitenta) dias corridos, recomeçando a correr após a sua conclusão ou, caso não concluído o processo, esgotado o prazo de suspensão. (Incluído pela Lei nº 14.230, de 2021)

§ 2º O inquérito civil para apuração do ato de improbidade será concluído no prazo de 365 (trezentos e sessenta e cinco) dias corridos, prorrogável uma única vez por igual período, mediante ato fundamentado submetido à revisão da instância competente do órgão ministerial, conforme dispuser a respectiva lei orgânica. (Incluído pela Lei nº 14.230, de 2021)

§ 3º Encerrado o prazo previsto no § 2º deste artigo, a ação deverá ser proposta no prazo de 30 (trinta) dias, se não for caso de arquivamento do inquérito civil. (Incluído pela Lei nº 14.230, de 2021)

§ 4º O prazo da prescrição referido no *caput* deste artigo interrompe-se: (Incluído pela Lei nº 14.230, de 2021)

I – pelo ajuizamento da ação de improbidade administrativa; (Incluído pela Lei nº 14.230, de 2021)

II – pela publicação da sentença condenatória; (Incluído pela Lei nº 14.230, de 2021)

III – pela publicação de decisão ou acórdão de Tribunal de Justiça ou Tribunal Regional Federal que confirma sentença condenatória ou que reforma sentença de improcedência; (Incluído pela Lei nº 14.230, de 2021)

IV – pela publicação de decisão ou acórdão do Superior Tribunal de Justiça que confirma acórdão condenatório ou que reforma acórdão de improcedência; (Incluído pela Lei nº 14.230, de 2021)

V – pela publicação de decisão ou acórdão do Supremo Tribunal Federal que confirma acórdão condenatório ou que reforma acórdão de improcedência. (Incluído pela Lei nº 14.230, de 2021)

§ 5º Interrompida a prescrição, o prazo recomeça a correr do dia da interrupção, pela metade do prazo previsto no *caput* deste artigo. (Incluído pela Lei nº 14.230, de 2021)

§ 6º A suspensão e a interrupção da prescrição produzem efeitos relativamente a todos os que concorreram para a prática do ato de improbidade. (Incluído pela Lei nº 14.230, de 2021)

§ 7º Nos atos de improbidade conexos que sejam objeto do mesmo processo, a suspensão e a interrupção relativas a qualquer deles estendem-se aos demais. (Incluído pela Lei nº 14.230, de 2021)

§ 8º O juiz ou o tribunal, depois de ouvido o Ministério Público, deverá, de ofício ou a requerimento da parte interessada, reconhecer a prescrição intercorrente da pretensão sancionadora e decretá-la de imediato, caso, entre os marcos interruptivos referidos no § 4º, transcorra o prazo previsto no § 5º deste artigo. (Incluído pela Lei nº 14.230, de 2021)

150. PRESCRIÇÃO DA PRETENSÃO SANCIONADORA. Por força de regra constitucional, a Lei n. 8.429/92 disciplina, no art. 23, a prescrição para aplicação das sanções nela previstas, regulamentando a perda do direito de punir pela inércia estatal. O artigo 37, § 5º, da Constituição Federal, prescreve que a "lei estabelecerá os prazos de prescrição para ilícitos praticados por qualquer agente, servidor ou não, que causem prejuízos ao erário, ressalvadas as respectivas ações de ressarcimento".

A reforma promovida pela Lei n. 14.230/21, fixou em 08 (oito) anos o prazo para aplicação das sanções nela previstas (art. 23, *caput*), a ser contado a partir da ocorrência do fato ou, tratando-se de infrações permanentes, do dia de cessação da permanência.

O prazo de 08 (oito) anos passou a ser único para todos os autores do ato ilícito, sejam agentes públicos ou terceiros que concorrem para o ato, diversamente da regra prevista na redação original da Lei n. 8.429/92, que previa prazos prescricionais distintos para agentes públicos ocupantes de mandato, cargo em comissão e função de confiança (vínculo temporário), agentes públicos no exercício de cargo efetivo ou emprego (vínculo permanente) e atos de improbidade administrativa praticados por agentes que integrassem as entidades referidas no parágrafo único, do artigo 1º.

Na redação atual o *termo a quo* do lapso prescricional passou a ser a ocorrência do fato ou a cessação da infração, no caso de atos ilícitos de caráter permanente, diversamente da redação original da Lei n. 8.429/92, na qual se adotavam regras diversas, quais sejam, o término do mandato ou extinção do vínculo, considerando a teoria da *actio nata* (art. 23, incisos I, II e III).

A fixação de um prazo único (08 anos) de prescrição para todos os autores do ato ilícito consiste em modificação legislativa positiva, pois a regra anterior ensejava que o cálculo da prescrição partisse de uma gama variada de prazos, considerando a diversidade de leis específicas que disciplinavam faltas disciplinares puníveis com demissão a bem do serviço público no caso de agentes públicos com vínculo permanente nas diversas esferas de governo (art. 23, inciso II). Além disso, não havia regras específicas para empregados públicos e servidores temporários e particulares beneficiários ou partícipes, não obstante a supressão dessas lacunas pela jurisprudência.

Porém, a nova contagem inicial do lapso prescricional, fixada pela Lei n. 14.230/21, merece críticas, pois não se pode conceber que o termo *a quo* seja a ocorrência do fato ilícito ou sua cessação no caso de infrações permanentes. Com efeito, na redação original do dispositivo, o termo inicial de contagem do prazo prescricional da pretensão sancionadora recaía sobre um fato administrativo objetivo (término do mandato, do cargo em comissão ou da função de confiança ou no prazo prescricional previsto em lei específica para faltas disciplinares puníveis com demissão a bem do serviço público nas hipóteses de exercício de cargo efetivo ou emprego). A nova redação, como mencionado, passa a prever que a prescrição da pretensão sancionadora tem início a partir da ocorrência do fato.

Incide na espécie a teoria da *actio nata*, pela qual o início do prazo prescricional não se dá necessariamente no momento em que ocorre a lesão ao direito, mas quando o titular do direito subjetivo violado obtém plena ciência da lesão e de toda a sua extensão. Tratando do tema, Marcus Paulo Queiroz Macedo, destaca que "como o Ministério Público não participa, pela sua própria natureza de órgão externo fiscalizador, diretamente da administração pública, o conhecimento, por parte da instituição, da prática de ato improbo dependerá, como regra geral, de desdobramentos de investigações próprias ou de fato de terceiro que dele tenha ciência prévia, como a representação de cidadão, a notícia da imprensa, a comunicação pela Câmara de Vereadores ou pelo Tribunal de Contas do Estado, o que, não raras vezes, ocorre após vários anos e, de tal sorte, poderia inviabilizar a aplicação da lei de improbidade administrativa ao caso"[1]. Não se pode punir o titular de uma pretensão com a prescrição se ele não detinha o poder ou a faculdade de agir. Somente é razoável iniciar-se a contagem desse lapso se há possibilidade de agir.

O Superior Tribunal de Justiça reconheceu a aplicação da teoria da *actio nata* no balizamento da persecução dos atos de improbidade

1. *A aplicação da teoria da actio nata às ações de improbidade administrativa.* Disponível em https://congressoestadual2018.ammp.org.br/public/arquivos/teses/5.pdf). Acessado em 19.11.2021.

administrativa, estabelecendo que "o termo *a quo* do prazo prescricional da ação de improbidade conta-se da ciência inequívoca, pelo titular de referida demanda, da ocorrência do ato ímprobo, sendo desinfluente o fato de o ato de improbidade ser de notório conhecimento de outras pessoas que não aquelas que detém a legitimidade ativa *ad causam*, uma vez que a prescrição presume inação daquele que tenha interesse de agir e legitimidade para tanto (...). A declaração da prescrição pressupõe a existência de uma ação que vise tutelar um direito (*actio nata*), a inércia de seu titular por um certo período de tempo e a ausência de causas que interrompam ou suspendam o seu curso (...). Deveras, com a finalidade de obstar a perenização das situações de incerteza e instabilidade geradas pela violação ao direito, e fulcrado no Princípio da Segurança Jurídica, o sistema legal estabeleceu um lapso temporal, dentro do qual o titular do direito pode provocar o Poder Judiciário, sob pena de perecimento da ação que visa tutelar o direito (...). "Se a inércia é a causa eficiente da prescrição, esta não pode ter por objeto imediato o direito, porque o direito, em si, não sofre extinção pela inércia de seu titular. O direito, uma vez adquirido, entra como faculdade de agir (facultas agendi), para o domínio da vontade de seu titular, de modo que o seu não-uso, ou não-exercício, é apenas uma modalidade externa dessa vontade, perfeitamente compatível com sua conservação (...)"[2].

A previsão de que o termo *a quo* do prazo prescricional tem início com a ocorrência do fato ilícito contraria o interesse público e representa proteção deficiente da probidade administrativa, afetando, em última análise, a legitimação constitucional conferida pelo artigo 129, inciso III, da Constituição Federal ao Ministério Público para a propositura da ação pela prática de improbidade administrativa.

151. CAUSAS SUSPENSIVAS DA PRESCRIÇÃO. A Lei n. 8.429/92, na redação dada pela Lei n. 14.230/21, estabelece que o prazo prescricional é suspenso em duas situações: a) pela instauração de inquérito civil ou b) pela instauração de processo administrativo para apuração

2. STJ, REsp. 999.324, 1ª Turma, Rel. Min. Luiz Fux, 26/10/2010. No mesmo sentido: AgRg no REsp 1509971/SP, 1ª Turma, Rel. Min. Benedito Gonçalves, 23/06/2015, DJe 01/07/2015; Resp 1268594/PR, 2ª Turma, Rel. Min. Eliana Calmon, 05/11/2013, DJe 13/11/2013.

dos atos ilícitos previstos na lei (§ 1º, art. 23). O prazo de suspensão em ambos os casos é de até 180 (cento e oitenta) dias contados de forma corrida e o reinício de contagem se dá após esgotado o lapso temporal, salvo se concluída antes a investigação ou o processo administrativo. Esse prazo é assaz exíguo e não se coaduna com as complexas investigações da prática de improbidade que demandam tempo superior para formação de juízo de convicção seguro para o exercício responsável do direito de ação ou promoção de arquivamento.

Carente a lei, ainda, de previsão de suspensão da prescrição em virtude de tratativas para celebração de acordo de não persecução civil, deve-se recorrer à regra prevista no artigo 34 da Lei n. 13.140/2015, que dispõe sobre a autocomposição de conflitos no âmbito da Administração Pública, pela qual a prescrição é suspensa pela instauração de procedimento administrativo para a resolução consensual de conflito, considerando-se instaurado o procedimento quando o órgão ou entidade pública emitir juízo de admissibilidade, retroagindo a suspensão da prescrição à data de formalização do pedido de resolução consensual do conflito.

152. CAUSAS INTERRUPTIVAS DA PRESCRIÇÃO. A interrupção da prescrição antes do trânsito em julgado, na redação dada pela Lei n. 14.230/21, ocorre nas seguintes hipóteses: a) pelo ajuizamento da ação de improbidade administrativa; b) pela publicação da sentença condenatória; c) pela publicação de decisão ou acórdão de Tribunal de Justiça ou Tribunal Regional Federal que confirma sentença condenatória ou que reforma sentença de improcedência; d) pela publicação de decisão ou acórdão do Superior Tribunal de Justiça que confirma acórdão condenatório ou que reforma acórdão de improcedência; e) pela publicação de decisão ou acórdão do Supremo Tribunal Federal que confirma acórdão condenatório ou que reforma acórdão de improcedência.

Acerca das hipóteses previstas nos itens *c*, *d* e *e* supra, é necessário ponderar que, a despeito da menção a acórdão de acórdão que tenha confirmado decisão ou acórdão condenatórios, o preceito deve ser interpretado de forma ampla, não se exigindo que os recursos, de apelação, especial ou extraordinário, tenham sido conhecidos e julgados no mérito, mas apenas que, seja porque desprovidos no mérito, ou seja porque inadmitidos, tenha sido mantida a decisão condenatória do tribunal de origem. Interpretação diversa, no sentido de que apenas se julgado no mérito os recursos haveria a interrupção da prescrição, faria com que o réu que interpôs recurso inadmissível, agindo de boa ou má-fé, teria situação privilegiada se comparado ao réu que se desimcumbiu do ônus de apresentar recurso admissível, pois em relação ao primeiro a prescrição não seria interrompida, ao passo que para o segundo seria. Tal aplicação do preceito não se mostra razoável, inclusive porque a *mens legis* é evitar o advento da prescrição em razão do legítimo exercício do direito de interposição de recursos.

Interrompida a prescrição todo o prazo começa a correr, novamente, do dia da interrupção, porém pela metade do prazo previsto no *caput* do art. 23, ou seja, por 04 (quatro) anos conforme o § 5º do art. 23, o que se mostra inconstitucional, conforme abaixo explicitado.

Além das causas previstas no § 4º do art. 23, a fim de evitar o perecimento da pretensão sancionadora, é possível a adoção de outras medidas aptas a promover a interrupção da prescrição, como o protesto judicial (art. 202, II, Código Civil), já reconhecido como meio hábil à interrupção da prescrição a ser utilizado para conservação do direito de ação dentro do prazo fixado em lei para a propositura da ação civil por ato de improbidade administrativa.[3]

A prescrição também poderá ser interrompida, especialmente durante a fase extrajudicial, pela declaração inequívoca do autor do ato ilícito que importe reconhecimento de sua prática, nos termos do disposto no inciso VI, do artigo 202, do Código Civil.

Com efeito, nos termos da disposição legal mencionada, a prescrição se interrompe pela confissão ou declaração do investigado assumindo a autoria do ato ilícito ou a responsabilidade por sua prática.[4] Daí a

3. STJ, Resp 1522694, Rel. Min. Francisco Falcão, publicado em 26.04.2017.
4. Tratando do tema, José dos Santos Carvalho Filho acentua que "Esse fato interruptivo da prescrição pode ocorrer quando cometido ato de improbidade administrativa. É verdade que não será usual; revela-se pouco provável, mas, inegavelmente, será possível. É o caso em que o agente autor da improbidade confessa a prática do ato no curso da prescrição, firmando declaração ou documento análogo. A confissão ou a autoacusação substituem a ação do titular do direito, no caso o Estado, não se podendo falar em inércia deste. Desse modo, a declaração do autor interrompe o prazo prescricional, cuja contagem deve ser reiniciada".

importância de o acordo de não persecução civil conter expressamente a declaração de assunção de responsabilidade do investigado pela prática do ato de improbidade administrativa.

153. COMUNICABILIDADE DAS CAUSAS SUSPENSIVAS E INTERRUPTIVAS. As causas suspensivas e interruptivas da prescrição previstas na Lei n. 8.429/92 produzem efeitos em relação a todos os autores do ilícito (art. 23, § 6º). Desse modo, se dois agentes públicos cometem, em conjunto, determinado ato de improbidade administrativa e apenas um deles passa a ser processado, a sentença condenatória interrompe o prazo prescricional também em relação ao réu não processado. Nos atos de improbidade conexos, que sejam objeto do mesmo processo, estende-se aos demais a suspensão ou interrupção relativa a qualquer deles (art. 23, § 7º).

154. PRESCRIÇÃO INTERCORRENTE. Os §§ 4º, 5º e 8º do artigo 23 da Lei n. 8.429/1992, com a redação dada pela Lei n. 14.230/2021, contemplaram a prescrição intercorrente nas ações de improbidade administrativa. A regra estabelece que o juiz ou o tribunal, após ouvido o Ministério Público, deverá, de ofício ou a requerimento da parte interessada, reconhecer e decretar a prescrição caso o prazo referido no § 5º do art. 23 (04 anos), ocorra entre os marcos interruptivos referidos no § 4º.

Não há crítica a se fazer a respeito do reconhecimento da prescrição intercorrente, salvo quanto ao lapso temporal de contagem fixado na lei e à carência de sua vinculação à inércia do autor da demanda. Com efeito, na definição de José dos Santos Carvalho Filho, a prescrição intercorrente "é aquela que decorre da paralisação de um processo judicial causada pela omissão da parte quanto ao dever de praticar os atos processuais a seu cargo. (...) a parte não agiu com inércia originária, e tanto assim que propôs a ação para interromper a prescrição, mas, por desídia, agiu com inércia superveniente, ou seja, aquela ocorrida depois da propositura da ação"[5].

CARVALHO FILHO, José dos Santos. *Improbidade Administrativa – Prescrição e outros prazos extintivos*, 3ª ed. São Paulo: Atlas, 2019, p. 209-210.

5. CARVALHO FILHO, José dos Santos. *Improbidade administrativa: prescrição e outros prazo extintivos*. 2. ed. São Paulo: Atlas, 2016, p. 115-116.

Compreende-se, portanto, o fundamento para sua incidência, já que a inércia do titular da ação por desídia, por determinado período, justificaria a extinção da pretensão sancionadora. Tanto é que o Código Civil estabelece, no artigo 202, parágrafo único, que "a prescrição interrompida recomeça a correr da data do ato que a interrompeu, ou do último ato do processo para a interromper". Trata-se, assim, de fenômeno admitido e já previsto no ordenamento jurídico.

O instituto da prescrição intercorrente alinha-se à garantia processual fundamental da duração razoável do processo, contemplada no artigo 5º, LXXXVIII, da Constituição Federal, segundo o qual, a todos, no âmbito judicial e administrativo, são assegurados a razoável duração do processo e os meios que garantam a celeridade de sua tramitação.

A observância da duração razoável do processo não deve se dar a todo custo, pois se trata de cláusula a ser compatibilizada com outros preceitos constitucionais, como o devido processo legal, a isonomia, o contraditório e a ampla defesa, exigindo previsão em lei, e não pode dispensar a inércia ou desídia exclusivamente imputável ao autor como seu pressuposto lógico e inexorável.

Conforme destaca Nelson Nery Júnior, a "busca pela celeridade e razoável duração do processo não pode ser feita a esmo, de qualquer jeito, a qualquer preço, desrespeitando outros valores constitucionais e processuais caros e indispensáveis ao estado democrático de direito. O mito da rapidez acima de tudo e o submito do hiperdimensionamento da malignidade da lentidão são alguns dos aspectos apontados pela doutrina como contraponto à celeridade e à razoável duração do processo que, por isso, devem ser analisados e ponderados juntamente com outros valores e direitos constitucionais fundamentais, notadamente o direito ao contraditório e à ampla defesa"[6].

É indubitável que ao réu na ação de improbidade administrativa deve se garantir a duração razoável do processo. Contudo, a adoção de mecanismos voltados a concretizar a referida garantia constitucional requer contextualização com o direito constitucional fundamental à tutela do patrimônio público, consubstanciado no artigo 37, *caput*, e

6. NERY JÚNIOR, Nelson. *Princípios do processo na Constituição Federal.* 13.ed. rev., atual. e ampl. – São Paulo: Editora Revista dos Tribunais, 2017. p. 374.

§ 4º, da Constituição Federal, bem como com as garantias ao devido processo legal, ao contraditório e à ampla defesa, preordenadas a ambos os litigantes, autor e réu (artigo 5º, LV, da Constituição Federal), e não somente ao requerido da ação de improbidade administrativa, além da necessidade conatural da inércia exclusivamente imputável ao requerente.

Desse modo, não é possível um tratamento dogmático apriorístico da matéria, por exemplo, pela adoção genérica do prazo de 04 (quatro) anos para a prescrição intercorrente em qualquer ação de improbidade administrativa, sem se considerar a gravidade, a complexidade, ou mesmo a conduta dos atores processuais.

É imprescindível a análise do caso concreto com suas particularidades, como a natureza do processo e complexidade da causa; o comportamento das partes e de seus procuradores; a atividade e o comportamento das autoridades judiciárias e administrativas competentes; a fixação de prazos para a prática de atos processuais que assegure, de forma efetiva, o direito ao contraditório e à ampla defesa, são circunstâncias que interferem no equacionamento da duração razoável do processo.[7]

Ressalte-se que ligado ao próprio fundamento que justifica seu reconhecimento, qual seja, a inércia e desídia da parte, o prazo para o reconhecimento da prescrição intercorrente sempre foi o mesmo prazo da prescrição para propositura da ação. Nesse sentido, "na medida em que os pressupostos da prescrição são os mesmos, seja qual for a sua modalidade, o prazo de sua consumação deve ser o mesmo. Assim, se o prazo legal é de três anos para a prescrição antes da ação, o mesmo prazo deve ser considerado se for intercorrente a prescrição"[8].

Logo, não há justificativa plausível para que o prazo para reconhecimento da prescrição intercorrente seja calculado pela metade da prescrição antes da ação, ainda mais considerando o prazo médio de tramitação das ações de improbidade. De fato, o Conselho Nacional de Justiça, em estudo realizado no ano de 2015, apurou que o tempo

7. NERY JÚNIOR, Nelson. *Princípios do processo na Constituição Federal*. Op. cit., p. 372.
8. Idem, p. 115-116.

decorrido entre a data de ajuizamento de uma ação de improbidade administrativa e seu julgamento é de em média 4,24 anos, sendo que do número de ações estudadas, o julgamento de 25% delas se iniciou com mais de 5.65 anos[9].

Todas estas considerações conduzem à conclusão de que o prazo de 04 (quatro) anos previsto nos §§ 5º e 8º do artigo 23 da Lei n. 8.429/1992, dada a necessidade de se compatibilizar a duração dos processos com o tempo necessário para a adequada e efetiva resposta estatal voltada à tutela da probidade administrativa, ofende a garantia de duração razoável do processo contemplada no artigo 5º, LXXVIII, da Constituição Federal.

Pontue-se que a fixação do referido prazo não se alinha aos compromissos internacionais assumidos em razão da subscrição da Convenção das Nações Unidas contra a Corrupção, notadamente em seu artigo 29[10].

Há, da mesma forma, ofensa ao princípio da proporcionalidade e ao princípio do devido processo legal substantivo, na medida em que se confere proteção insuficiente ao bem jurídico material tutelado, de matiz fundamental, à luz dos artigos 5º, LIV, c.c e 37, *caput*, e § 4º, da Constituição Federal.

Essa mesma observação se mostra ainda mais evidente e pertinente quando se percebe que os marcos interruptivos, estipulados na lei, só incidem em relação às decisões condenatórias ou confirmatórias de condenação ocorrida em instância anterior ou inferior.

Ou seja, a partir do momento da eventual sentença de improcedência estará o autor, Ministério Público, diante de tarefa impossível. Mesmo que venha a obter reforma da sentença em grau de recurso, não poderá alcançar o resultado desejado pelo sistema, de tutela da

---

9. *Lei de improbidade administrativa: obstáculos à plena efetividade do combate aos atos de improbidade*. Coordenação Luiz Manoel Gomes Júnior, equipe Gregório Assagra de Almeida... [et al.]. – Brasília: Conselho Nacional de Justiça, 2015.

10. Art. 29. Cada Estado Parte estabelecerá, quando proceder, de acordo com sua legislação interna, um prazo de prescrição amplo para iniciar processos por quaisquer dos delitos qualificados de acordo com a presente Convenção e estabelecerá um prazo maior ou interromperá a prescrição quando o presumido delinqüente tenha evadido da administração da justiça.

probidade administrativa, pois o resultado será, invariavelmente, o reconhecimento da prescrição em caráter intercorrente.

Nesta mesma esteira, detecta-se a imposição de indevida restrição ao acesso à justiça, garantia concretizada no artigo 5º, XXXV, da Constituição Federal.

Admitir-se-ia, tão somente, a aplicação da técnica de interpretação conforme a Constituição, a fim de que a regra da prescrição intercorrente incida apenas em caso de inércia do autor, à luz do artigo 240, § 3º, do CPC. Ainda assim, a respeito do tema, o Supremo Tribunal Federal decidiu, em repercussão geral, que o novo regime prescricional previsto na Lei n. 14.230/2021 é irretroativo, aplicando-se os novos marcos temporais somente a partir da publicação da lei (Tema 1199).

155. IMPRESCRITIBILIDADE DO RESSARCIMENTO DO DANO. Nos termos da regra constitucional estabelecida no § 5º do art. 37 da Carta Federal, as ações de ressarcimento ao erário são imprescritíveis, pois a remissão ao legislador infraconstitucional, para estabelecer prazos prescricionais, ressalva as ações de ressarcimento.

Entretanto, não obstante o entendimento pacífico que se consolidara nos Tribunais Superiores a respeito da imprescritibilidade das ações de ressarcimento ao erário[11], o Supremo Tribunal Federal sedimentou em repercussão geral que é "prescritível a ação de reparação de danos à Fazenda Pública decorrente de ilícito civil" (Tema 666), e que "são imprescritíveis as ações de ressarcimento ao erário fundadas na prática de ato doloso tipificado na Lei de Improbidade Administrativa" (Tema 897). Desta maneira, as pretensões de ressarcimento de dano ao erário são imprescritíveis, embora prescritíveis as sanções da Lei n. 8.429/92.

156. PRAZO PARA CONCLUSÃO DO INQUÉRITO CIVIL. A Lei n. 14.230/21 inovou ao tratar do inquérito civil no âmbito da improbidade administrativa, pois impôs prazo para sua conclusão, bem como para a propositura da ação pelo Ministério Público.

11. STJ, 2ª Turma, AgRg no REsp n.1443872/CE, Rel. Min. Herman Benjamin, DJe 20.03.2015; STF, 1ª Turma, AI 819135 Agr, Rel. Min. Luiz Fux, DJe 19/08/2013.

O § 2º do art. 23 estabeleceu que o inquérito civil deve ser concluído no prazo de 365 (trezentos e sessenta e cinco) dias corridos, prorrogável uma única vez por igual período, mediante ato fundamentado submetido à revisão da instância competente do órgão ministerial, conforme dispuser a respectiva lei orgânica. Concluída a investigação, se não for caso de arquivamento, a ação deve ser proposta no prazo de 30 (trinta) dias (§ 3º, art. 23).

A regra é especial em relação à disciplina do inquérito civil estabelecida na Lei n. 7.347/85, de modo que o prazo de tramitação da investigação instaurada pelo Ministério Público, bem como o prazo para a propositura da ação somente tem lugar nos casos de atos de improbidade administrativa.

A norma, por outro lado, é criticável. Conquanto previsto o prazo e sua possibilidade de prorrogação e o controle respectivo, as investigações de improbidade são complexas e demandam elementos de convicção custosos e variados, muitos em poder da própria Administração Pública, de maneira que se esta ou seus agentes o procrastinarem isso deve ser considerado.

Em outros termos, os excessos de prazo imputados aos agentes, entidades e órgãos investigados não devem ser computados para mensuração do prazo de conclusão do inquérito civil – e, aliás, também para a prescrição da pretensão sancionadora.

Por outro lado, o controle é salutar, em especial para verificar se não indevida morosidade no trâmite, e tem a potencialidade do diagnóstico de eventual violação de dever funcional.

Para além, a previsão do § 3º do art. 23 é manifestamente inadequada: ela simplesmente declara que, encerrado o prazo, a ação deverá ser proposta no prazo de 30 (trinta) dias, se não for caso de arquivamento do inquérito civil. Ora, não tem cabimento, e atenta contra a independência funcional do Ministério Público e o seu dever de exercício responsável do direito de ação, assim como contra os direitos dos réus ou investigados, a estipulação de ajuizamento da ação se ainda não concluído o inquérito e formado juízo seguro de convicção. Isso pode conduzir ao aforamento de demandas açodadas e precipitadas. O inquérito civil, todavia, não poderá ser arquivado simplesmente por esse motivo (transcurso do prazo de conclusão) porque não foi instituído o arquivamento por decurso de prazo. A referência ao arquivamento existente na norma é relacionada à ausência de prova de autoria, materialidade ou responsabilidade da prática de improbidade, e não à insuficiência de prova motivada pelo decurso do prazo de conclusão do inquérito civil. Ademais, o prazo de 30 (trinta) dias para ajuizamento da ação é absolutamente impróprio, desprovido de sanção por sua inobservância, de maneira que não impede o ajuizamento nem o arquivamento após seu transcurso.

Afronta a razoabilidade e a proporcionalidade, além de implicar proteção insuficiente ao direito fundamental à probidade (art. 37, § 4º, da CF), compreender-se que o prazo de dois anos seria peremptório, até mesmo porque, para além da complexidade própria das investigações que envolvem prática de atos de corrupção, o prazo prescricional previsto em lei é de oito anos.[12] Não há que se falar, portanto, em constrangimento ilegal caso superado o prazo, assim como se observa em relação ao inquérito policial, desde que, à obviedade, a prorrogação seja motivada e submetida ao controle do órgão competente.

12. JUSTEN FILHO, Marçal. Reforma da lei de improbidade administrativa comentada e comparada: Lei 14.231, de outubro de 2021. 1 ed – Rio de Janeiro: Forense, 2022. p. 254-255. Ensina o autor que: "A regra do § 3º do art. 23 deve ser interpretada em termos. Ali está previsto que, encerrado o prazo para o inquérito civil, caberá ou o seu arquivamento ou o exercício do direito de ação no prazo de trinta dias. O prazo de trinta dias deve ser reputado como não peremptório. Não é cabível reputar que, decorridos esses trinta dias, tornar-se-ia vedado o exercício do direito de ação. Essa interpretação é incompatível com a regra do *caput* do art. 23, que fixa prazo prescricional de oito anos. Nem caberia reputar que o referido prazo de trinta dias seria decadencial, implicando a extinção da pretensão de direito material. Essa interpretação conduziria ao despropósito de existência de um prazo decadencial de trinta dias apenas em relação às hipóteses em que tivesse sido instaurado um inquérito civil. Então, se inexistisse a instauração do inquérito civil, não haveria qualquer prazo decadencial. Não existe fundamento lógico para um tratamento normativo consagrando distinção tão relevante e radical. Ademais, a norma teria criado um incentivo à ausência de realização do inquérito civil, já que em tal hipótese existiria um período de tempo mais dilatado para o exercício do direito de ação".

14

CAPACITAÇÃO DOS ÓRGÃOS DE CONTROLE (ART. 23-A)

Art. 23-A. É dever do poder público oferecer contínua capacitação aos agentes públicos e políticos que atuem com prevenção ou repressão de atos de improbidade administrativa. (Incluído pela Lei nº 14.230, de 2021)

157. APRIMORAMENTO DO CONTROLE INTERNO E EXTERNO. O art. 23-A da Lei n. 8.429/92 impõe o dever de capacitação permanente dos agentes públicos, inclusive os agentes políticos, envolvidos com o controle interno e externo dos atos que configuram improbidade administrativa.

O controle da Administração Pública tem matriz constitucional. Desponta a atividade controladora no perfil de Poderes como o Legislativo e de órgãos autônomos como o Ministério Público e o Tribunal de Contas.

Além disso, a Carta Federal estabelece que a fiscalização do Município será exercida pelo Poder Legislativo Municipal, mediante controle externo, e pelos sistemas de controle interno do Poder Executivo Municipal, na forma da lei (art. 31, §1º, Constituição). Normas de reprodução obrigatória fixam que a fiscalização contábil, financeira, orçamentária, operacional e patrimonial da União e das entidades da administração direta e indireta, quanto à legalidade, legitimidade, economicidade, aplicação das subvenções e renúncia de receitas, será exercida pelo Congresso Nacional, mediante controle externo, e pelo sistema de controle interno de cada Poder (art. 70, *caput*, Constituição), bem como que os Poderes Legislativo, Executivo e Judiciário manterão, de forma integrada, sistema de controle interno para os fins elencados nos incisos I a IV do art. 74 da Carta Federal, prevendo-se, no § 1º do citado dispositivo, que os responsáveis pelo controle interno, ao tomarem conhecimento de qualquer irregularidade ou ilegalidade, dela darão ciência ao Tribunal de Contas da União, sob pena de responsabilidade solidária.

Desse modo, o controle está atrelado a dever jurídico imposto a todo agente público, derivado do princípio republicano, que impõe responsabilidade no exercício do poder. Nesse sentido, é fundamental que todos aqueles que estejam incumbidos de atuar na prevenção ou repressão de atos de improbidade administrativa sejam permanentemente submetidos a capacitação para aprimoramento no exercício de suas funções, elaborando, modernizando, conhecendo ou disseminando técnicas, estratégias e táticas tanto para prevenção quanto para repressão desses ilícitos.

15

DESPESAS PROCESSUAIS E SUCUMBÊNCIA (ART. 23-B)

Art. 23-B. Nas ações e nos acordos regidos por esta Lei, não haverá adiantamento de custas, de preparo, de emolumentos, de honorários periciais e de quaisquer outras despesas. (Incluído pela Lei nº 14.230, de 2021)

§ 1º No caso de procedência da ação, as custas e as demais despesas processuais serão pagas ao final. (Incluído pela Lei nº 14.230, de 2021)

§ 2º Haverá condenação em honorários sucumbenciais em caso de improcedência da ação de improbidade se comprovada má-fé. (Incluído pela Lei nº 14.230, de 2021)

158. DESPESAS PROCESSUAIS E SUCUMBÊNCIA. O dispositivo em análise cuida do regime de despesas processuais e de sucumbência nas ações de improbidade administrativa, repetindo a regulamentação vigente e sedimentada no sistema processual coletivo, presente nos arts. 17 e 18 da Lei n. 7.437/1985, art. 87, parágrafo único, do Código de Defesa do Consumidor e artigo 13 da Lei de Ação Popular, em linha com a diretriz contida no art. 5º, LXXIII da Constituição Federal.

Em síntese, não haverá adiantamento de custas, emolumentos, honorários periciais e quaisquer outras despesas, e nem mesmo condenação do autor em honorários, custas e despesas processuais, salvo comprovada má-fé.

A isenção de custas e outras despesas processuais é restrita ao autor da ação de improbidade administrativa, não se estendendo tal benefício ao réu da demanda, conforme pacífico entendimento do Superior Tribunal de Justiça.[1]

Quanto ao adiantamento de custas, honorários e outras despesas, a razão repousa no incentivo à demanda voltada à tutela de bem jurídico coletivo,[2] evitando que eventual ausência de recursos obste a defesa de bens transindividuais. A hipótese se assemelha à incidência da gratuidade da justiça, em que há interesse público e social a fim de que não seja obstada a tutela jurisdicional por falta de pagamento de honorários, o que implicaria óbice ao acesso à justiça.[3]

Nas ações de improbidade administrativa ajuizadas pelo Ministério Público, o adiantamento de honorários deverá ficar a cargo da Fazenda Pública, conforme Tema 510 de recurso repetitivo do Superior Tribunal de Justiça, aplicável mesmo após a vigência do CPC de 2015, em razão da natureza especial da legislação processual coletiva.[4]

Caso o pedido seja julgado procedente, os requeridos deverão recolher, ao final, todos os valores relativos às custas e despesas processuais. Por outro lado, em caso de improcedência da demanda, tais valores deverão ser suportados pela União, se o Ministério Público Federal for o autor, ou pelos respectivos Estados ou Distrito Federal, se o autor foi algum Ministério Público Estadual ou do Distrito Federal.

Por fim, nada obsta a celebração de negócio jurídico processual atípico envolvendo o custeio, inclusive adiantamento, de honorários periciais e despesas pelo requerido, até mesmo como cláusula de acordo de não persecução cível e voltada para eventual execução do ajuste em juízo. Cuida-se de ajuste autorizado pelo art. 190 do CPC e que tem o condão de fomentar a celeridade processual, evitando discussões sobre a responsabilidade da Fazenda Pública em arcar com o pagamento destes valores.[5]

---

1. STJ, AgInt no AREsp n. 1.465.539/RJ, Rel. Min. Mauro Campbell Marques, Segunda Turma, Dje de 19.08.2019; AResp n. 2.728.110/MG, Rel. Min. Presidente Herman Benjamin, j. 11/10/2024)
2. LEONEL, Ricardo de Barros; *Manual do processo coletivo*. Op. cit., p. 461.
3. Ibidem. p. 461-462.
4. STJ, AgInt no RMS 61.709/SP, Rel. Min. Assusete Magalhães, Segunda Turma, j. 19.11.2019.
5. MAGALHÃES JR, Alexandre Alberto de Azevedo; *Convenção processual na tutela coletiva*. Op. cit., p. 255-256 e 276-278.

159. HONORÁRIOS. Se improcedente a ação de improbidade administrativa, não haverá condenação em honorários sucumbenciais, salvo comprovada má-fé, hipótese na qual, se a demanda tiver sido proposta pelo Ministério Público, a condenação recairá sobre a Fazenda Pública, em razão da ausência de personalidade jurídica do *Parquet*, bem como pelo fato de a responsabilização por atos de agentes públicos recair sobre o próprio Estado.[6]

160. DANO PROCESSUAL. Nas hipóteses de dano processual é imprescindível a comprovação do dolo ou culpa do agente público responsável pelo ajuizamento da ação de improbidade administrativa, o que deverá ser realizado por meio de ação de ressarcimento em face do Estado, sendo parte ilegítima o agente público, assegurado o direito de regresso contra o responsável se comprovados dolo ou culpa.[7] Não se admite a responsabilidade civil objetiva no microssistema processual coletivo, inclusive nas ações de improbidade administrativa, entendimento reforçado pelo art. 181 do Código de Processo Civil, segundo o qual o Ministério Público responde regressivamente apenas em caso de dolo ou fraude.

6. LEONEL, Ricardo de Barros; *Manual do processo coletivo*. Op. cit., p. 465. Vide, ainda, STF, AI 552.366-AgR/MG, Rel. Min. Ellen Gracie, Segunda Turma, j. 06/10/2009, bem como o Tema 940 de repercussão geral.
7. Tema 940 de Repercussão Geral.

16

IMPROBIDADE E PARTIDOS POLÍTICOS (ART. 23-C)

Art. 23-C. Atos que ensejem enriquecimento ilícito, perda patrimonial, desvio, apropriação, malbaratamento ou dilapidação de recursos públicos dos partidos políticos, ou de suas fundações, serão responsabilizados nos termos da Lei nº 9.096, de 19 de setembro de 1995. (Incluído pela Lei nº 14.230, de 2021)

161. EXCLUSÃO DOS ATOS ILÍCITOS ENVOLVENDO RECURSOS PÚBLICOS GERIDOS POR PARTIDOS POLÍTICOS. Os partidos políticos, apesar de constituírem pessoas jurídicas de direito privado (art. 44, V, CC), recebem recursos de natureza pública, oriundos do Fundo Especial de Assistência Financeira aos Partidos Políticos.

De fato, o Fundo Partidário, a teor do disposto no art. 38 da Lei n. 9.096/95 (Lei Orgânica dos Partidos Políticos), é formado por multas e penalidades pecuniárias aplicadas nos termos do Código Eleitoral e leis conexas; recursos financeiros destinados por lei, em caráter permanente ou eventual; doações de pessoa física ou jurídica, efetuadas por intermédio de depósitos bancários diretamente na conta do Fundo Partidário e dotações orçamentárias da União em valor nunca inferior, cada ano, ao número de eleitores inscritos em 31 de dezembro do ano anterior ao da proposta orçamentária, multiplicados por trinta e cinco centavos de real, em valores de agosto de 1995.

Verifica-se, portanto, que grande parte dos recursos que constituem o Fundo partidário, destinados aos partidos políticos, têm natureza pública.

A Lei n. 14.230/21, ao introduzir o art. 23-C na Lei n. 8.429/92, teve por fim excluir os partidos políticos do rol de entes lesados da Lei de Improbidade, desqualificando a prática de atos ilícitos contra os recursos públicos por eles geridos como improbidade administrativa.

Os partidos políticos estavam inseridos no rol de entes lesados por improbidade administrativa, considerando a redação originária do art. 1º da Lei n. 8.429/92, admitindo, com isso, que seus dirigentes fossem equiparados a agentes públicos para fins de responsabilização e aplicação das sanções, nos termos do art. 2º.

A inconstitucionalidade do art. 23-C é manifesta, por violação ao princípio da isonomia e da proibição da proteção insuficiente. Com efeito, considerando que os recursos públicos do Fundo Partidário merecem a mesma proteção dos demais recursos do erário, não há justificativa plausível para estabelecer tratamento diferenciado e menos gravoso aos dirigentes partidários e demais autores dos atos ilícitos perpetrados contra os partidos políticos.

Decisão liminar em ação direta de inconstitucionalidade suspendeu a eficácia desse dispositivo estimando que a norma se choca com o art. 37, § 4º, da Constituição, violando a isonomia, a proporcionalidade e a vedação à proteção deficiente, dispensando interpretação conforme no sentido de que os atos que ensejem enriquecimento ilícito ou lesão ao erário de partidos políticos ou suas fundações poderão ser responsabilizados nos termos da Lei n. 9.096/95, sem prejuízo da incidência da Lei n. 8.429/92[1].

1. STF, ADI 7.236 MC/DF, Rel. Min. Alexandre de Moraes, 27/12/2022, DJe 10/01/2023.

17

EFICÁCIA TEMPORAL DA LEI (ARTS. 24 E 25 E ARTS. 3º A 5º DA LEI N. 14.230/21)

CAPÍTULO VIII
Das Disposições Finais

Art. 24. Esta lei entra em vigor na data de sua publicação.

Art. 25. Ficam revogadas as Leis n°s 3.164, de 1° de junho de 1957, e 3.502, de 21 de dezembro de 1958 e demais disposições em contrário.

162. CLÁUSULAS DE VIGÊNCIA E REVOGAÇÃO. A Lei n. 8.429/92 revogou expressamente a legislação anterior, consistente no complexo das Leis n. 3.164/57 e n. 3.502/58, e que foi recepcionada pela Constituição de 1988 e punia a improbidade administrativa apenas na modalidade enriquecimento ilícito no exercício de função pública, com a perda de bens.

O Supremo Tribunal Federal e o Superior Tribunal de Justiça sufragaram o entendimento da irretroatividade da Lei n. 8.429/92, vedando sua aplicação a fatos ocorridos em período anterior à sua vigência[1], o que se afigura correto em face da segurança jurídica. Esse entendimento não afasta a aplicabilidade das Leis n. 3.164/57 e n. 3.502/58 no tocante à perda de bens decorrente de enriquecimento ilícito nem, se for o caso, ao ressarcimento de danos lastreado na Lei n. 4.717/65 ou na Lei n. 7.347/85[2].

---

1. STF, RE 1.379.162/SP, Rel. Min. Cármen Lúcia, 25/04/2022; STJ, REsp 1.197.330/MG, 1ª Turma, Rel. Min. Napoleão Nunes Maia Filho, 21/05/2013, DJe 12/06/2013.
2. STF, ARE 1.197.667-AgR, 1ª Turma, Rel. Min. Alexandre de Moraes, DJe 17-09-2020.

No tocante à orientação desenvolvida pelo Supremo Tribunal Federal a propósito do § 5º do art. 37 da Constituição de 1988, foi decidido que "somente são imprescritíveis as ações de ressarcimento ao erário fundadas na prática de ato de improbidade administrativa doloso tipificado na Lei de Improbidade Administrativa – Lei 8.429/1992 (TEMA 897). Em relação a todos os demais atos ilícitos, inclusive àqueles atentatórios à probidade da administração não dolosos e aos anteriores à edição da Lei 8.429/1992, aplica-se o TEMA 666, sendo prescritível a ação de reparação de danos à Fazenda Pública[3]".

3. STF, RE 636.886/AL, Tribunal Pleno, Rel. Min. Alexandre de Moraes, 20/04/2020, DJe 24/06/2020.

LEI Nº 14.230, DE 25 DE OUTUBRO DE 2021

(...)

Art. 3º No prazo de 1 (um) ano a partir da data de publicação desta Lei, o Ministério Público competente manifestará interesse no prosseguimento das ações por improbidade administrativa em curso ajuizadas pela Fazenda Pública, inclusive em grau de recurso.

§ 1º No prazo previsto no *caput* deste artigo suspende-se o processo, observado o disposto no art. 314 da Lei nº 13.105, de 16 de março de 2015 (Código de Processo Civil).

§ 2º Não adotada a providência descrita no *caput* deste artigo, o processo será extinto sem resolução do mérito.

163. LEGITIMIDADE ATIVA E REGRA DE TRANSIÇÃO. A Lei n. 14.230, de 25 de outubro de 2021, alterou radicalmente a Lei n. 8.429, de 02 de junho de 1992, inclusive no que concerne à legitimidade ativa para a promoção da ação civil nela prevista, confiando-a exclusivamente ao Ministério Público (art. 17). A legitimidade ativa do *Parquet* repousa no art. 129, III, da Constituição Federal. Regra transitória do *caput* do art. 3º da Lei n. 14.230 estabelece o dever de o Ministério Público assumir o polo ativo das demandas em andamento ajuizadas pela pessoa jurídica interessada, inclusive as que encontrem em grau de recurso, no prazo de 01 (um) a contar de sua publicação. Durante esse interregno, o processo ficará suspenso (art. 3º, § 1º) e omisso, silente ou moroso o órgão ao seu cabo o processo será extinto sem resolução do mérito (art. 3º, § 2º).

O Supremo Tribunal Federal, entretanto, concedeu interpretação conforme a Constituição Federal ao *caput* e §§ 6º-A, 10-C e 14, do art. 17 da Lei n. 8.429/92, com a redação dada pela Lei n. 14.230/21, no sentido da existência de legitimidade ativa concorrente entre o Ministério Público e as pessoas jurídicas interessadas para a propositura da ação por ato de improbidade administrativa, suspender os efeitos do § 20 do art. 17 da Lei n. 8.429/92, com a redação dada pela Lei n. 14.230/21, e suspendeu os efeitos do art. 3º da Lei n. 14.230/21[1], com eficácia *ex nunc*, e, posteriormente, julgou o mérito, declarando a inconstitucionalidade parcial, sem redução de texto, do *caput* e dos §§ 6º-A e 10-C do art. 17, assim como do *caput* e dos §§ 5º e 7º do art. 17-B, da Lei 8.429/1992, na redação dada pela Lei 14.230/2021, de modo a restabelecer a existência de legitimidade ativa concorrente e disjuntiva entre o Ministério Público e as pessoas jurídicas interessadas para a propositura da ação por ato de improbidade administrativa e para a celebração de acordos de não persecução civil[2], o que torna estéril a norma enfocada.

Art. 4º Ficam revogados os seguintes dispositivos e seção da Lei nº 8.429, de 2 de junho de 1992:

I – parágrafo único do art. 1º;

II – arts. 4º, 5º e 6º;

III – Seção II-A do Capítulo II;

IV – parágrafo único do art. 7º;

V – inciso XXI do *caput* do art. 10;

VI – incisos I, II, IX e X do *caput* do art. 11;

VII – inciso IV do *caput* e parágrafo único do art. 12;

VIII – §§ 1º e 4º do art. 13;

IX – § 1º do art. 16;

1. STF, ADI 7.042 MC/DF, Rel. Min. Alexandre de Moraes, 17/02/2022, DJe 21/02/2022.
2. STF, ADI 7.042/DF, Tribunal Pleno, Rel. Min. Alexandre de Moraes, 31/08/2022.

X – §§ 1º, 2º, 3º, 4º, 8º, 9º, 10, 12 e 13 do art. 17;

XI – incisos I, II e III do *caput* do art. 23.

Art. 5º Esta Lei entra em vigor na data de sua publicação.

164. CLÁUSULAS DE VIGÊNCIA E REVOGAÇÃO DA LEI N. 14.230. Enquanto o art. 4º da Lei n. 14.230/21 cuida de revogar alguns dispositivos da Lei n. 8.429/92, seu art. 5º finca sua vigência com a publicação. A maioria desses preceitos constantes da redação primitiva da Lei n. 8.429 e das leis que lhe alteraram até a reforma promovida pela Lei n. 14.230 foi apreciada no curso desta obra ao ensejo da nova modelagem a seus correlatos institutos.

Adiante serão examinados particularmente alguns preceitos da Lei n. 8.429 que foram revogados, frisando, desde já, que foi positiva a revogação da fase preliminar atinente ao juízo de delibação, constante dos §§ 7º a 10 do art. 17 acrescidos pela Medida Provisória n. 2.245-45, de 2001, sobretudo pela nova conformação dada ao § 7º desse art. 17 pela Lei n. 14.230.

165. A REVOGAÇÃO DOS ARTS. 4º E 5º DA LEI N. 8.429. Não se furta a obtemperar a desnecessidade e inconveniência de revogação dos arts. 4º e 5º da Lei n. 8.429. Com efeito, o art. 4º continha norma de forte conteúdo ético e de potente carga propedêutica ao determinar que os agentes públicos de qualquer nível ou hierarquia são obrigados a velar pela estrita observância dos princípios de legalidade, impessoalidade, moralidade e publicidade no trato dos assuntos que lhe são afetos.

O art. 5º enunciava que "ocorrendo lesão ao patrimônio público por ação ou omissão, dolosa ou culposa, do agente ou de terceiro, dar-se-á o integral ressarcimento do dano". Essa norma inspirava a promoção de ação civil pública visando exclusivamente ao ressarcimento de danos por lesão ao patrimônio público motivada por ação ou omissão dolosa ou culposa, e que não se confundia com a acusação de improbidade – aliás, a descartava ou estava prescrita a pretensão de aplicação das sanções do art. 12. A revogação, no entanto, não exclui essa potencialidade, lastreada na Lei n. 7.347/85 e nas leis orgânicas do Ministério Público.

166. A REVOGAÇÃO DOS INCISOS I E II DO ART. 11 DA LEI N. 8.429 E SEU ROL TAXATIVO: O ERRO TÁTICO. Com relação à revogação dos incisos I e II do art. 11 da Lei n. 8.429/92, a Lei n. 14.230 padece de grave e sério erro tático, exibindo seu inconteste retrocesso e a proteção insuficiente da probidade administrativa, incompatível com o *caput* e o § 4º do art. 37 da Constituição. Desvio de finalidade é um dos típicos e clássicos exemplos de improbidade, assim como a omissão ou retardamento na prática de atos de ofício. A supressão dessas figuras fragiliza e reduz o combate à improbidade.

O desvio de finalidade é a subversão do interesse público que deve orientar a atividade de qualquer administrador da coisa pública. Deixou-se, assim, de considerar ato de improbidade administrativa hipóteses que, sob aparência de legalidade, revelavam escopo do agente público voltado a alcançar fim proibido em lei ou finalidade diferente daquela prevista em sua esfera de competência, totalmente divorciada do interesse público que deve nortear a atividade estatal. Trata-se de uma das mais graves patologias dos atos da Administração e que historicamente fomentou a articulação do princípio da moralidade administrativa para seu combate nas vias jurisdicionais.

Já o inciso II do art. 11 cuidava da negligência na atuação administrativa, atribuível àquele que retarda ou deixa de praticar indevidamente ato de ofício. Sobretudo no exercício do poder de polícia, que constitui instrumento de que o Estado dispõe para prevenir danos à coletividade, a omissão do Estado, decorrente do não agir que era exigível do agente público responsável, macula a probidade administrativa e tinha sua punição assegurada pelo inciso II do art. 11. Não é à toa que a redação do inciso II coincidia com a redação do tipo penal de prevaricação (art. 319 do Código Penal), restando caracterizado o ato ímprobo em casos como o de omissão deliberada na apuração de infração disciplinares de subalternos.

E, para completar, a nova redação dada ao *caput* do art. 11 da Lei n. 8.429/1992 tornou a enumeração dos atos de improbidade administrativa que violam princípios da Administração Pública taxativa (*numerus clausus*). A redação original do *caput* do artigo 11 encerrava rol exemplificativo de condutas (*numerus apertus*), o que permitia qualificar como ímprobo outros atos graves, violadores dos princípios da Administração Pública, ainda que não expressamente previstos em seus incisos – tais como a tortura, o assédio moral, o assédio sexual, o racismo, a desobediência dolosa a decisões judiciais, a admissão de pessoal sem observância dos requisitos de habilitação ou para cargos comissionados em desvio de função no desempenho de funções técnicas ou burocráticas, a celebração ou prorrogação de contratos por prazo determinado preterindo a investidura de servidores aprovados em concurso público, a distribuição de recursos públicos em prol de apaniguados, o gasto desmesurado em propaganda procrastinando despesas obrigatórias, a perseguição ou discriminação de servidores ou terceiros por motivos político-partidários, religiosos, filosóficos, as tentativas de enriquecimento ilícito ou de prejuízo ao erário etc. – e que têm em si a nota da desonestidade.

O artigo 11 funcionava como norma residual de atos que violavam o dever de probidade, mas que não se encontravam expressamente descritos nos artigos 9º, 10 e no próprio artigo 11. Como se constata, a nova redação dada ao *caput* do artigo 11 da Lei n. 8.429/1992 e a revogação dos incisos I e II do mesmo dispositivo, promovidos pelo artigo 2º da Lei n. 14.230/2021, diminuem o campo de resposta estatal aos atos e omissões que maculam o dever de probidade administrativa.

Além de a alteração legislativa não se compatibiliza com a Convenção das Nações Unidas contra a Corrupção, cujo art. 19 é enfático ao orientar a punição do abuso de funções ou do cargo – consistente na realização ou omissão de um ato, em violação à lei, por parte de um funcionário público no exercício de suas funções, com o fim de obter um benefício indevido para si ou para outra pessoa –, há nítida ofensa ao princípio da proibição da proteção insuficiente de tal maneira que se viola o princípio da proporcionalidade derivado do postulado do devido processo legal, em sua dimensão substantiva (art. 5º, LIV, Constituição).

Em sua redação original, o *caput* e os incisos I e II do art. 11 encerravam normas que protegiam de forma mais ampla e eficiente a probidade administrativa do que a redação e a supressão conferidas pela Lei n. 14.230/2021. Referidas normas davam efetiva concretude ao comando insculpido no art. 37, § 4º, da Constituição, caudatário direto dos princípios democrático e republicano, que orientam a construção do Estado Democrático de Direito. De fato, a punição do desvio de finalidade, da negligência na atuação estatal e a possibilidade de enquadramento de outros atos que violavam princípios da Administração Pública como improbidade administrativa, além daqueles descritos nos incisos do artigo 11, promovia espectro de maior proteção ao dever de probidade, previsto não apenas no § 4º do art. 37, mas em diversas outras disposições da Carta Federal (art. 5º, LXXIII, art. 14, § 9º, 37, *caput* e 85, V).

Os incisos I e II do art. 11 puniam a inobservância do princípio da probidade, subprincípio contido no princípio da moralidade. O ato administrativo é inevitavelmente maculado pelo desvio voltado à satisfação de interesses estranhos ao serviço ou para amparo de interesses públicos não expressos na regra de competência. Da mesma maneira, a omissão desidiosa na ação estatal subverte o dever de atuação por impulso oficial, imolando em maior grau a competência administrativa vinculada. Ambos molestam a ética pública tendo em conta, entre tantas outras referências, que o agente público "deve servir a Administração com honestidade, procedendo no exercício de suas funções sempre no intuito de realizar os interesses públicos, sem aproveitar os poderes ou facilidades delas decorrentes em proveito pessoal ou de outrem a quem queira favorecer"[3].

Ora, a Lei n. 8.429/1992, em sua redação original se mostrou fundamental para viabilizar a efetividade das normas constitucionais que asseguram o dever de probidade na Administração Pública. Logo, a suavização promovida pelo art. 2º da Lei n. 14.230/2021, nos dispositivos acima mencionados, representa manifesta violação ao princípio da proibição de proteção insuficiente de direitos constitucionalmente tutelados – que representa uma das facetas do princípio da proporcionalidade (art. 5º, LIV, Constituição).

---

3. CAETANO, Marcello. *Manual de Direito Administrativo*. Coimbra: Livraria Almedina, 1997, tomo II, pp. 749-750, n. 288.

Por força desse princípio, a lei ou o Estado não podem apresentar insuficiência em relação à tutela dos direitos fundamentais – entre os quais, se alinha o direito subjetivo público a um governo honesto. O postulado cria um dever de proteção para o Estado (para o legislador e para o juiz), que não pode simplesmente ignorar ou se desfazer de mecanismos de tutela para o fim de garantir a proteção a direitos fundamentais. Segundo explica a doutrina, "a proporcionalidade possui uma dupla face: de proteção positiva e de proteção de omissões estatais. Ou seja, a inconstitucionalidade pode ser decorrente de excesso do Estado, caso em que determinado ato é desarrazoado, resultando desproporcional o resultado do sopesamento (*Abwägung*) entre fins e meios; de outro, a inconstitucionalidade pode advir de proteção insuficiente de um direito fundamental-social, como ocorre quando o Estado abre mão do uso de determinadas sanções penais ou administrativas para proteger determinados bens jurídicos. Este duplo viés do princípio da proporcionalidade decorre da necessária vinculação de todos os atos estatais à materialidade da Constituição, e que tem como consequência a sensível diminuição da discricionariedade (liberdade de conformação) do legislador."[4] E isso porque há "um dever de proteção por parte do Estado, inclusive quanto a agressões contra direitos fundamentais provenientes de terceiros", de tal sorte que a violação da proibição de insuficiência "encontra-se habitualmente representada por uma omissão (ainda que parcial) do poder público, no que diz com o cumprimento de um imperativo constitucional, no caso, um imperativo de tutela ou dever de proteção"[5].

Desse modo, além da compreensão sedimentada do princípio da proporcionalidade sob o viés da proibição de excesso, tem igual importância a outra faceta desse princípio, pelo qual o Estado tem o dever de proteção e promoção de bens jurídicos tutelados. É dizer: a violação da proporcionalidade ocorre não apenas pelo excesso da ação estatal, mas também na ação estatal que se mostre gravemente

4. STRECK, Lenio Luiz. A dupla face do princípio da proporcionalidade: da proibição de excesso (*Übermassverbot*) à proteção deficiente (*Untermassverbot*) ou de como não há blindagem contra normas penais inconstitucionais. *Revista da Ajuris*, ano XXXII, n. 97, mar./2005, p. 180.
5. SARLET, Ingo Wolfgang. Constituição e proporcionalidade: o direito penal e os direitos fundamentais entre a proibição de excesso e de insuficiência. *Revista da Ajuris*, ano XXXII, n. 98, jun./2005, pp. 107 e 132.

insuficiente. Os deveres de proteção de bens jurídicos elegidos na Carta Federal, como a probidade administrativa, são violados quando o titular do dever falha por atuar de modo insuficiente a protegê-lo. A proteção deficiente atua como critério da legitimidade constitucional para o controle da omissão ou da atuação insuficiente do Estado no cumprimento de seu dever. Portanto, a Lei n. 14.230/2021 ofende o princípio da proporcionalidade ao conferir proteção insuficiente à probidade administrativa, com espaços de imunidade ou impunidade.

O defeito deriva da opção legislativa tomada pelo legislador, sobre o qual recai o dever de proteção, em se desfazer de medidas que garantiam proteção efetiva e adequada ao direito constitucionalmente protegido. Essa desproporção caracteriza violação ao princípio da proibição de proteção insuficiente, e, destarte, resulta em antijuridicidade, no sentido de considerar inconstitucionais o *caput*, bem como a revogação dos incisos I e II do art. 11.

Tanto não bastasse, o art. 2º da Lei n. 14.230/2021 promoveu verdadeiro recuo legislativo na tutela da probidade administrativa, o que é vedado por força do princípio da vedação de retrocesso.

A proibição de retrocesso, como princípio implícito da Constituição de 1988, decorre do sistema jurídico-constitucional e veda que o legislador infraconstitucional possa revogar leis que concretizam direitos fundamentais sem que seja criada regulamentação substitutiva. Interdita, ainda, que o legislador venha a reduzir, de forma arbitrária e desproporcional, o patamar de desenvolvimento infraconstitucional de um direito fundamental. A Constituição de 1988, apesar de elencar os direitos fundamentais e torná-los intangíveis como cláusulas pétreas, admite e em determinados caso determina que a concretização de vários desses direitos se faça por meio de lei infraconstitucional, como ocorre com o sistema de responsabilização por atos de improbidade administrativa (art. 37, § 4º), circunstância que pode levar a sua redução ou supressão por meio de lei posterior, conduzindo, por vezes, ao esvaziamento dos comandos constitucionais nelas previstos.

Sobre o tema ensina Ana Paula de Barcellos que "a vedação de retrocesso, por sua vez, desenvolveu-se especialmente tendo em conta os princípios constitucionais e, em particular, aqueles que estabelecem fins materiais relacionados aos direitos fundamentais, para cuja consecução é necessária a edição de normas infraconstitucionais. Consciente de que estar normas infraconstitucionais é que formarão o caminho capaz de levar ao fim pretendido, o propósito da vedação é evitar que o legislador vá atirando as tábuas e destrua o caminho porventura já existente, sem criar qualquer alternativa que conduza ao objetivo em questão"[6].

Do mesmo modo, Luis Roberto Barroso destaca que "a vedação do retrocesso, por fim, é uma derivação da eficácia negativa, particularmente ligada aos princípios que envolvem os direitos fundamentais. Ela pressupõe que esses princípios sejam concretizados através de normas infraconstitucionais (isto é: frequentemente, os efeitos que pretendem produzir são especificados por meio da legislação ordinária) e que, com base no direito constitucional em vigor, um dos efeitos gerais pretendidos por tais princípios é a progressiva ampliação dos direitos fundamentais. Partindo desses pressupostos, o que a vedação do retrocesso propõe se possa exigir do Judiciário é a invalidade da revogação de normas que, regulamentando o princípio, concedam ou ampliem direitos fundamentais, sem que a revogação em questão seja acompanhada de uma política substitutiva ou equivalente. Isto é: a invalidade, por inconstitucionalidade, ocorre quando se revoga uma norma infraconstitucional concessiva de um direito, deixando um vazio em seu lugar. Não se trata, é bom observar, da substituição de uma forma de atingir o fim constitucional por outra, que se entenda mais apropriada. A questão que se põe é a da revogação pura e simples da norma infraconstitucional, pela qual o legislador esvazia o comando constitucional, exatamente como se dispusesse contra ele diretamente"[7].

Foi exatamente isso o que ocorreu com a edição superveniente da Lei n. 14.230/2021, que alterando a Lei n. 8.429/1992, suprimiu os incisos I e II do art. 11 e tornou taxativo o rol de atos de improbidade por violação a princípios, sem oferecer alternativa legal para a proteção da sociedade contra a prática dessas condutas ilícitas. O desvio de finalidade e a negligência na atuação administrativa,

6. BARCELLOS, Ana Paula de. *A Eficácia Jurídica dos Princípios Constitucionais: O Princípio da Dignidade da Pessoa Humana*. São Paulo: Renovar, 2002, p. 80.

7. O começo da história. A nova interpretação constitucional e o papel dos princípios no direito brasileiro. Revista da EMERJ, v. 6, n. 23, 2003, p. 59.

anteriormente tipificados como atos ímprobos por força dos incisos I e II do art. 11 atualmente não mais representam ofensa jurídica sob o ponto de vista da repressão à improbidade. Do mesmo modo, o racismo, o assédio sexual, o assédio moral, as tentativas de enriquecimento ilícito ou de prejuízo ao erário, e todas as demais condutas que por inúmeras vezes foram reprimidas como atos de improbidade administrativa por violação aos princípios da Administração Pública por força do rol aberto do art. 11, passaram a ser admitidas como se normais fossem na esfera do direito sancionador da improbidade, tornando-se impunes neste espectro.

Patente a inconstitucionalidade do *caput*, bem como a revogação dos incisos I e II do art. 11, por violação ao princípio da vedação de retrocesso em razão do grave amesquinhamento do núcleo fundamental do direito à probidade nas relações estatais.

167. RETROATIVIDADE OU IRRETROATIVIDADE DA LEI N. 14.230. Intensa controvérsia há em torno da retroatividade ou irretroatividade das inovações da Lei n. 14.230, de 2021, tendo em vista a carência de norma a respeito nesse diploma legal. Cabe explorar se suas regras mais benéficas ou inovadoras se aplicam a fatos anteriores à sua égide que foram ou não objeto de ação civil e, ainda, de decisão condenatória recorrível ou irrecorrível, no tocante à capitulação legal do ato de improbidade e à prescrição, sendo certo que normas mais gravosas não podem retroagir[8].

O ordenamento jurídico rechaça alterações legislativas abruptas, sobretudo em casos que envolvam situações complexas, bastando destacar o disposto no art. 8º da Lei Complementar n. 95/98. Fundamento essencial do Estado Democrático de Direito é o princípio da segurança jurídica, estadeado em vetores como irretroatividade das normas, previsibilidade, calculabilidade, proteção da confiança legítima (estadeada na boa fé), estabilidade das situações consolidadas, prescritibilidade etc. As alterações de um regime jurídico devem ser acompanhadas de normas transitórias para prestígio da segurança

8. STJ, REsp 720.337/AL, 2ª Turma, Rel. Min. Humberto Martins, 26-08-2008, DJe 16-09-2008.

jurídica, como se colhe da jurisprudência[9] e da literatura[10], que não se esgota na blindagem oferecida pela irretroatividade das normas. Disso se ressente a Lei n. 14.230 que não contém regra específica, havendo opiniões favoráveis e desfavoráveis à sua aplicação retroativa embaladas sob o influxo de perspectivas diversas como a retroatividade da norma mais benéfica[11] (ainda que com divergência[12]), a irretroatividade baseada na prevalência do interesse público[13] etc. pois a lei nova alterou a prescrição e as sanções, eliminou a culpa *lato sensu* como elemento subjetivo e aboliu figuras típicas de improbidade, repercutindo diretamente em pretensões.

É imperativo extrair da nova legislação interpretação compatível com os princípios da segurança jurídica, do acesso à justiça e da proteção da confiança, harmonizando a eficácia imediata do novo lapso com a imunização da legítima expectativa do exercício do direito de investigação e de deflagração de ação em relação fatos anteriores, notadamente em face da ausência de regime normativo de transição. A questão não é simples. Se não cabe rescisória porque não se cuida de violação manifesta à norma jurídica (que sequer havia) nem prova nova, era absolutamente imprescindível que se colocasse um marco temporal definido, excluindo da incidência da novel legislação processos em andamento ou ainda sem trânsito em julgado da condenação, pois o art. 5º, XL, da Constituição, se aplica exclusivamente à lei penal, e o art. 5º, XXXVI, da Constituição, assegura a coisa julgada, funcionando aquela norma como exceção à regra nesta contida.

9. STF, RE 566.621/RS, Tribunal Pleno, Rel. Min. Ellen Gracie, 04/08/2011, DJe 11/10/2011, RTJ 223/540.

10. "A revisão radical de determinados modelos jurídicos ou a adoção de novos sistemas ou modelos suscita indagações relevantes no contexto da segurança jurídica, tornando imperativa a adoção de cláusulas de transição nos casos de mudança radical de um dado instituto ou estatuto jurídico." (MENDES, Gilmar Ferreira; BRANCO, Paulo Gustavo Gonet. *Curso de direito constitucional*. 16. ed. e-book. São Paulo: Saraiva Educação, 2021, n.p.).

11. STJ, RMS 37.031/SP, 1ª Turma, Rel. Min. Regina Helena Costa, 08-02-2018, DJe 20-02-2018; STJ, REsp 1.402.893/MG, 1ª Turma, Rel. Min. Sérgio Kukina, 11-04-2019, DJe 22-04-2019; STJ, AgInt no REsp 1.602.122/SP, 1ª Turma, Rel. Min. Regina Helena Costa, 07-08-2019, DJe 14-08-2018.

12. STJ, AgInt no AREsp 1.547.754/SP, 1ª Turma, Rel. Min. Gurgel de Faria, 16-11-2021, DJe 09-12-2021; STJ, AgRg no EDcl no REsp 1.281.027/SP, 2ª Turma, Rel. Min. Mauro Campbell Marques, 18/12/2012.

13. STJ, RMS 33.484/RS, 2ª Turma, Rel. Min. Herman Benjamin, 11/06/2013.

Para além, vem à lume a prescrição, havendo critérios como a inaplicabilidade a fatos anteriores à sua emersão (como já julgado em relação à estabilidade do ato administrativo[14]), o recurso à analogia ao art. 2.028 do Código Civil[15] (como consta de precedente sobre a decadência administrativa)[16] ou à Súmula 445 do Supremo Tribunal Federal[17], e sem prejuízo da *actio nata*, a contagem do prazo prescricional de oito anos em relação aos fatos pretéritos deve ter início a partir da vigência da Lei n. 14.230/21, pois, a surpresa de uma novel legislação não se concilia com a calculabilidade e a previsibilidade que as normas estatais devem oferecer. Ora, como reputar inércia do titular de um direito – base da prescrição como expediente de pacificação social pelo decurso do tempo – se então não havia possibilidade de sua cogitação. A ciência jurídica não se coaduna com a surpresa, a imprevisibilidade, sem embargo de levar em consideração o influxo de norma contida em tratado internacional preconizando prazo mais dilatado de prescrição, como consta da Convenção das Nações Unidas contra a Corrupção, internalizada pelo Decreto 5.687, de 2006[18]. A abreviação do prazo prescricional, ou a sua retroação, não se conformam com a normativa internacional firmada na fórmula "prazo de prescrição amplo", nem autoriza a afetação de atos consumados em momento precedente, sob pena de ruptura com a estabilidade que deve presidi-los considerando, entre outros fatores, as legítimas aspirações de responsabilização por improbidade.

No que se relaciona às normas processuais, a aplicabilidade da lei nova não tem o poder de afetar ato jurídico perfeito (art. 5º, XXXVI, Constituição Federal), como a citação anterior ao seu advento, à vista do princípio do isolamento dos atos processuais constante do

14. STJ, MS 9.112/DF, Corte Especial, Rel. Min. Eliana Calmon, 16-02-2005, DJ 14-12-2005, p. 174.
15. Art. 2.028. Serão os da lei anterior os prazos, quando reduzidos por este Código, e se, na data de sua entrada em vigor, já houver transcorrido mais da metade do tempo estabelecido na lei revogada.
16. STF, ADI 6.019/SP, Tribunal Pleno, Rel. Min. Roberto Barroso, 12-05-2021, DJe 06-07-2021.
17. "A Lei 2.437, de 7-3-1955, que reduz prazo prescricional, é aplicável às prescrições em curso na data de sua vigência (1º-1-1956), salvo quanto aos processos então pendentes."
18. Artigo 29 – Cada Estado Parte estabelecerá, quando proceder, de acordo com sua legislação interna, um prazo de prescrição amplo para iniciar processos por quaisquer dos delitos qualificados de acordo com a presente Convenção e estabelecerá um prazo maior ou interromperá a prescrição quando presumido delinquente tenha evadido da administração da justiça.

art. 14 do Código de Processo Civil, enunciando que "a norma processual não retroagirá e será aplicável imediatamente aos processos em curso, respeitados os atos processuais praticados e as situações jurídicas consolidadas sob a vigência da norma revogada". Assim se resolve a questão da prescrição intercorrente, norma processual por excelência, até porque pensamento diverso a caracterizaria como prescrição retroativa. Desta maneira, ela tem aplicação somente a partir da publicação da Lei n. 14.230/21 em face do disposto no art. 14 do Código de Processo Civil e incide apenas em caso de exclusiva inércia do autor, à luz do art. 240, § 3º, do Código de Processo Civil. Inadmissível a contagem retroativa da prescrição intercorrente se esta não era previsível. Daí segue que os novos prazos prescricionais só se aplicam a atos processuais posteriores à Lei n. 14.230/21.

O Supremo Tribunal Federal em sede de repercussão geral assentou as seguintes teses: (a) a norma benéfica da Lei n. 14.230/2021 – consistente na revogação da modalidade culposa do ato de improbidade administrativa –, é irretroativa, em virtude do inciso XXXVI do art. 5º da Constituição Federal, não tendo incidência em relação à eficácia da coisa julgada, nem durante o processo de execução das sanções e seus incidentes; (b) o novo regime prescricional previsto na Lei n. 14.230/2021 é irretroativo, aplicando-se os novos marcos temporais a partir da publicação da lei (Tema 1199)[19]. Em consequência, é evidente que não cabe ação rescisória com base na Lei n. 14.230. E se mantida a lógica desse julgamento, a abolição de figuras de espécies de atos de improbidade ou a sua remodelagem e a alteração de sanções seguirá o curso de blindagem em relação à *res judicata*.

19. "1) É necessária a comprovação de responsabilidade subjetiva para a tipificação dos atos de improbidade administrativa, exigindo-se – nos artigos 9º, 10 e 11 da LIA – a presença do elemento subjetivo – DOLO; 2) A norma benéfica da Lei 14.230/2021 – revogação da modalidade culposa do ato de improbidade administrativa –, é IRRETROATIVA, em virtude do artigo 5º, inciso XXXVI, da Constituição Federal, não tendo incidência em relação à eficácia da coisa julgada; nem tampouco durante o processo de execução das penas e seus incidentes; 3) A nova Lei 14.230/2021 aplica-se aos atos de improbidade administrativa culposos praticados na vigência do texto anterior da lei, porém sem condenação transitada em julgado, em virtude da revogação expressa do texto anterior; devendo o juízo competente analisar eventual dolo por parte do agente; 4) O novo regime prescricional previsto na Lei 14.230/2021 é IRRETROATIVO, aplicando-se os novos marcos temporais a partir da publicação da lei" (Tema 1199).

O Supremo Tribunal Federal afirmou a inaplicabilidade do Tema 1.199 a casos que envolvam alterações processuais, como, por exemplo, a indisponibilidade de bens.[20] Contudo, no julgamento do ARE 806.568/SP a Corte Especial do STF afirmou a aplicação do Tema 1.199 à nova redação conferida ao art. 11,[21] a despeito de decotar a aplicação do citado tema, por ausência de aderência, no tocante à aferição da qualidade do dolo exigível para a caracterização do ato de improbidade administrativa.[22]

---

20. STF, RE 1.445.312 AgR -segundo, Rel. Min. Alexandre de Moraes, Primeira Turma, j. 25/09/2023.
21. O referido acórdão é objeto de embargos de declaração nos quais apontados alguns vícios que desaconselham sua utilização como precedente qualificado que transpareça o entendimento da Corte Suprema sobre a matéria, notadamente porque, conforme apontado em embargos de declaração pendentes de julgamento, foi conferido caráter infringente aos embargos de declaração sem que o Ministério Público tivesse sido intimado, com a utilização de acórdão paradigma exarado em *habeas corpus,* inadmissível para configuração da divergência conforme a jurisprudência da Corte, além da inobservância do art. 939 do Código de Processo Civil, de maneira que cinco Ministros deixaram de se pronunciar sobre o mérito do recurso extraordinário e, notadamente, sobre a aplicação do Tema 1.199 ao artigo 11. A despeito de sufragada por apenas 4 (quatro) Ministros, aparenta, indevidamente, configurar o entendimento da Suprema Corte, quando, na realidade, 5 (cinco) Ministros deixaram de se manifestar sobre o mérito dos embargos de divergência e do recurso extraordinário, eis que não observado o art. 939 do Código de Processo Civil. Contudo, a aplicação do Tema 1199 ao art. 11 da LIA foi posteriormente ratificada por ambas a turmas do STF: RE 1.453.452-AgR, Rel. Min. Cristiano Zanin, Primeira Turma, j. 06/02/2024; RE 1.357.060-AgR, Rel. Min. André Mendonça, Segunda Turma, j. 19/12/2023.
22. STF, Referendo na MC na Reclamação n. 71.034/SP, Rel. Min. Flávio Dino, Redator do acórdão Min. Cristiano Zanin, Primeira Turma, j. 23/09/2024. O Ministro Cristiano Zanin pontuou que: "[...] 3. O Supremo Tribunal Federal, ao julgar o Tema 1.199 da Repercussão Geral, decidiu que a improbidade administrativa somente estaria configurada em conduta dolosa (e não culposa). No entanto, no precedente vinculante, não há qualquer menção à exigência de dolo específico para a configuração do ato de improbidade administrativa [...] Após examinar detidamente os autos, entendo que a condenação por improbidade administrativa, no caso concreto, ocorreu com fundamento no reconhecimento de terem sido praticadas condutas dolosas. Portanto, na minha compreensão, pedindo vênia ao Relator, o eminente Ministro Flávio Dino, não houve desrespeito ao que foi decidido no Tema 1.199/RG — o que ocorreria se as decisões tivessem fundamento na existência de condutas culposas. Ademais, a discussão trazida nesta reclamação, a respeito da distinção entre dolo específico e dolo genérico, e suas consequências em relação à Lei nº Lei 14.230/2021, não foram objeto de decisão no Tema 1.199/RG. Diante disso, verifico que não há aderência estrita entre o ato reclamado e o conteúdo do paradigma apontado como violado, o que, em regra, nos termos da jurisprudência firme do Supremo Tribunal Federal, torna inviável o manejo da reclamação, em casos desse jaez". No mesmo sentido: STF, Reclamação n. 64.174/GO, Rel. Min. Nunes Marques, j. 16/09/2024. A Corte Especial do STJ adotou entendimento similar: STJ, AgInt nos EDcl no RE nos EDcl no AgInt no Recurso Especial nº 1.705.651/SP, Rel. Min. Og Fernandes, Corte Especial, j. 10-06-24: "AGRAVO INTERNO NO RECURSO EXTRAORDINÁRIO. SUFICIÊNCIA DA FUNDAMENTAÇÃO DO JULGADO RECORRIDO. CONFORMIDADE COM O TEMA N. 339 DO STF. PRESSUPOSTOS DE ADMISSIBILIDADE DO RECURSO DE COMPETÊNCIA DO STJ. AUSÊNCIA

168. PRINCÍPIO DA CONTINUIDADE TÍPICO-NORMATIVA.

No Tema 1.199 de repercussão geral a Corte Suprema fixou tese no sentido de que "3) A nova Lei 14.230/2021 aplica-se aos atos de improbidade administrativa culposos praticados na vigência do texto anterior da lei, porém sem condenação transitada em julgado, em virtude da revogação expressa do texto anterior; devendo o juízo competente analisar eventual dolo por parte do agente", tornando obrigatória a verificação da manutenção da tipicidade à luz das alterações promovidas na Lei n. 8.429/92, inicialmente no tocante à exclusão dos tipos culposos, entendimento que se estendeu para a análise das alterações promovidas no art. 11 (ARE 806.568/SP), salvo no tocante ao dolo específico, conforme item supra.

Em decorrência do juízo de conformação que é realizado a fim de se cumprir as balizas do Tema 1199, com sua extensão para o art. 11, não basta ao magistrado avaliar se houve a revogação ou alteração superveniente do tipo imputado aos réus das ações de improbidade administrativa. Exige-se, também, a verificação acerca da subsistência da tipicidade da conduta com base nas novas redações dos artigos 9º, 10 e 11, em especial no que se refere a este último preceito, pois se, a despeito da revogação ou alteração do preceito inicialmente imputado, subsistir a possibilidade de enquadramento da conduta nos novos incisos, incidirá o princípio da continuidade típico-normativa, com o prosseguimento da ação de improbidade administrativa.[23]

A título de exemplo, se a imputação inicial foi realizada com base no artigo 10, VIII (frustrar a licitude de procedimento licitatório ou

DE REPERCUSSÃO GERAL. TEMA N. 181 DO STF. NEGATIVA DE SEGUIMENTO. SUPERVENIÊNCIA DA LEI N. 14.230/2021. TEMA N. 1.199 DO STF. CONDUTA DOLOSA. IRRETROATIVIDADE. LIMITES DO JUÍZO DE ADMISSIBILIDADE [...] 6. No caso, não há necessidade de conformação do acórdão recorrido ao que foi decidido pelo STF no Tema n. 1.199, pois as instâncias ordinárias destacaram a conduta dolosa do agente público. 7. Nos estreitos limites do juízo de conformação previsto no art. 1.030 do Código de Processo Civil não é possível tratar de questões diversas daquelas que constam da tese firmada sob o regime da repercussão geral. [...] Ressalte-se que a tese constante do Tema n. 1.199 não se refere à necessidade de comprovação do dolo específico do agente, condenado pela prática de ato de improbidade administrativa".

23 STF, ARE 1.346.594 AgR Segundo/SP, 2ª Turma, Rel. Min. Gilmar Mendes, 24/10/2023, DJE 31/10/2023; RE 1.452.533 AgR, 1ª Turma, Rel. Min. Cristiano Zanin, 08/11/2023, DJE 21/11/2023; STJ, AgInt no AResp 1.206.630/SP, 1ª Turma, Rel. Min. Paulo Sérgio Domingues, 27/02/2024, DJE 01/03/2024.

dispensá-lo indevidamente), em hipótese na qual o dano seria presumido, ou *in re ipsa*, conforme admitia o Superior Tribunal de Justiça, a atual exigência de efetividade do dano não implica a atipicidade da conduta, eis que subsiste a possibilidade de tipificação com base na nova redação do artigo 11, V.[24]

Da mesma forma, caso inicialmente a conduta tenha sido tipificada na antiga redação do art. 11, "caput", em razão da prática de nepotismo, com ofensa aos princípios da moralidade e impessoalidade, subsiste a tipificidade da conduta no atual inciso XI do artigo 11, que dispõe caracterizar ato de improbidade administrativa "nomear cônjuge, companheiro ou parente em linha reta, colateral ou por afinidade, até o terceiro grau, inclusive, da autoridade nomeante ou de servidor da mesma pessoa jurídica investido em cargo de direção, chefia ou assessoramento, para o exercício de cargo em comissão ou de confiança ou, ainda, de função gratificada na administração pública direta e indireta em qualquer dos Poderes da União, dos Estados, do Distrito Federal e dos Municípios, compreendido o ajuste mediante designações recíprocas".[25]

---

24. STJ, AgInt no AResp n. 1.611.566-SC, Rel. Min. Benedito Gonçalves, 1ª Turma, j. 20/05/24: "ADMINISTRATIVO. AGRAVO INTERNO NO AGRAVO EM RECURSO ESPECIAL. AÇÃO CIVIL PÚBLICA. IMPROBIDADE ADMINISTRATIVA. VIOLAÇÃO DOS PRINCÍPIOS ADMINISTRATIVOS. INCÊNDIO EM PRÉDIO PÚBLICO. SITUAÇÃO EMERGENCIAL A PERMITIR CONTRATAÇÃO DIRETA. INCLUSÃO DE OBRAS E REFORMAS DE AMBIENTES NÃO ATINGIDOS PELO EVENTO DANOSO. DISPENSA INDEVIDA DE LICITAÇÃO. FAVORECIMENTO DE PARTICULAR E TERCEIRO. COMPROVAÇÃO DO ELEMENTO SUBJETIVO. REEXAME DE MATÉRIA FÁTICO PROBATÓRIA. IMPOSSIBILIDADE. SÚMULA 7/STJ. CONDENAÇÃO COM BASE NO ART. 11 DA LIA. PRINCÍPIO DA CONTINUIDADE TÍPICONORMATIVA. INEXISTÊNCIA DE ABOLIÇÃO DA IMPROBIDADE NO CASO CONCRETO. EXPRESSA TIPIFICAÇÃO DA CONDUTA NO INCISO V DO ART. 11 DA LIA. DOSIMETRIA DAS SANÇÕES. NECESSIDADE DE NOVA ADEQUAÇÃO. [...] 4. Na espécie, o Tribunal de origem, com base no conjunto fático e probatório constante dos autos, atestou a prática de ato ímprobo, em razão de dispensa indevida de licitação e do favorecimento de particular e terceiro, consignando a presença do elemento subjetivo em relação aos fatos apurados. A reversão de tal entendimento exige o reexame de matéria fático-probatória, o que é vedado em sede de recurso especial, nos termos da Súmula 7/STJ. 5. Nesse contexto, nota-se que a referida conduta (dispensa indevida de licitação e favorecimento de particular e terceiro) guarda correspondência com a hipótese prevista no inciso V do art. 11 da LIA, de maneira a atrair a referida tese da continuidade típico-normativa".

25. STF, Rcl 71.689/DF, Rel. Min. Alexandre de Moraes, j. 16/09/2024: "Logo, também não há que se falar em ofensa do ato reclamado ao que decidido pela CORTE quando da apreciação do Tema 1.199-RG. No caso concreto, como bem ressaltado pelo voto condutor do acórdão reclamado, apesar da conduta do Reclamante ter sido enquadrada no inciso I do art. 11, da lei 8.429/1992, revogado pela Lei 14.230/2021, essa figura, se encontra presente em outro inciso do mesmo dispositivo legal, qual seja, inciso XI que dispõe que constitui ato

de improbidade "nomear cônjuge, companheiro ou parente em linha reta, colateral ou por afinidade, até o terceiro grau, inclusive, da autoridade nomeante ou de servidor da mesma pessoa jurídica investido em cargo de direção, chefia ou assessoramento, para o exercício de cargo em comissão ou de confiança ou, ainda, de função gratificada na administração pública direta e indireta em qualquer dos Poderes da União, dos Estados, do Distrito Federal e dos Municípios, compreendido o ajuste mediante designações recíprocas". Assim, resta configurada a continuidade normativa que manteria a condenação".

BIBLIOGRAFIA

ALMEIDA, Diogo Assumpção Rezende de. *O princípio da adequação e os métodos de solução de conflitos*. Revista de Processo, vol. 195, ano 36, p. 187-208. São Paulo: RT, maio, 2011.

ANDRADE, Adriano; MASSON, Cleber; ANDRADE, Landolfo. 'Interesses difusos e coletivos esquematizado'. São Paulo: Método, 2015.

ATALIBA, Geraldo. *República e Constituição*. 2. ed. São Paulo: Malheiros Editores, 1998.

BARACHO, José Alfredo de Oliveira. O enriquecimento injusto como princípio geral do Direito Administrativo in *Revista dos Tribunais, nº 755*. São Paulo: Revista dos Tribunais, set. 1998.

BARCELLOS, Ana Paula de. *A Eficácia Jurídica dos Princípios Constitucionais: O Princípio da Dignidade da Pessoa Humana*. São Paulo: Renovar, 2002.

BARROSO, Luis Robert. O começo da história. A nova interpretação constitucional e o papel dos princípios no direito brasileiro. Revista da EMERJ, v. 6, n. 23, 2003.

BARROSO, Luís Roberto. *Curso de direito constitucional contemporâneo: os conceitos fundamentais e a construção do novo modelo*, 7. ed., São Paulo: Saraiva, 2018.

BEDAQUE, José Roberto dos Santos. *Comentários ao Código de Processo Civil – volume III (arts. 119-187)*. São Paulo: Saraiva Educação, 2019.

BEDAQUE, José Roberto dos Santos. *Os elementos objetivos da demanda examinados à luz do contraditório*. In: BEDAQUE, José Roberto dos Santos; e TUCCI, José Rogério Cruz e (coord.). *Causa de pedir e pedido no processo civil (questões polêmicas)*. São Paulo: Revista dos Tribunais, 2002.

BEDAQUE, José Roberto dos Santos. *Tutela provisória: analisada à luz das garantias constitucionais da ação e do processo*. 6.ed., rev. e refundida. São Paulo: Malheiros, 2021.

BINENBOJM, Gustavo. *A consensualidade administrativa como técnica juridicamente adequada de gestão eficiente de interesses sociais.* Revista Eletrônica da Procuradoria Geral do Estado do Rio de Janeiro – PGE-RJ, Rio de Janeiro, v. 3 n. 3, set./dez.2020.

BOBBIO, Norberto; MATEUCCI, Nicola; e PASQUINO, Gianfranco. *Dicionário de política*. 6. ed. Trad. João Ferreira. Brasília: Editora UnB, 1994. vol. 1.

BONIZZI, Marcelo José Magalhães. *Fundamentos da prova civil.* São Paulo: Editora Revista dos Tribunais, 2017.

BRANDÃO, Antônio José. "Moralidade Administrativa" *in Revista de Direito Administrativo,* nº 25, jul./set. 1951, pp. 457-459.

BUENO, Cassio Scarpinella. *Manual do poder público em juízo.* São Paulo: SaraivaJur, 2022.

BUENO, José Antonio Pimenta. *Direito Público Brasileiro e análise da Constituição do Império*, Brasília: Senado Federal-Editora Universidade de Brasília, 1978.

CABRAL, Antonio do Passo. *Despolarização do processo.* In: ZUFFELATO, Camilo; YARSHELL, Flávio Luiz (org.). "40 anos da teoria geral do processo no Brasil, Passado, presente e futuro". São Paulo: Malheiros, 2013.

CABRAL, Antonio do Passo. *Pactum de non petendo: promessa de não processar no direito brasileiro.* In: Revista de Processo, São Paulo, n. 305, p. 30, jul. 2020.

CAETANO, Marcello. *Manual de Direito Administrativo.* Coimbra: Livraria Almedina, 1997, tomo II.

CARVALHO FILHO, José dos Santos. *Improbidade Administrativa – Prescrição e outros prazos extintivos*, 3ª ed. São Paulo: Atlas, 2019.

CARVALHO FILHO, José dos Santos. *Improbidade administrativa: prescrição e outros prazo extintivos*. 2. ed. São Paulo: Atlas, 2016.

CARVALHO FILHO, José dos Santos. *Manual de Direito Administrativo*, 9. ed. Rio de Janeiro: Lumen Juris, 2002.

CASTRO NUNES, "Teoria e Prática do Poder Judiciário", p. 641/650, 1943, Forense.

COSTA, Rafael de Oliveira Costa; e BARBOSA, Renato Kim. *Nova Lei de improbidade administrativa*, São Paulo: Almedina, 2022.

CRETELLA JÚNIOR, José. *Curso de Direito Administrativo*, 17. ed. Rio de Janeiro: Forense, 2000.

DAL POZZO, Antonio Araldo Ferraz; DAL POZZO, Augusto Neves; DAL POZZO, Beatriz Neves; FACCHINATTO, Renan Marcondes. *Lei Anticorrupção: apontamentos sobre a Lei nº 12.846/2013*. 2. ed. São Paulo: Contracorrente, 2015.

DECOMAIN, Pedro Roberto. 'Improbidade administrativa'. São Paulo: Dialética, 2014.

DI PIETRO, Maria Sylvia Zanella. *Discricionariedade administrativa na Constituição de 1988*, São Paulo: Atlas, 1991.

DIDIER JR, Fredie e BONFIM, Daniela Santos. *A colaboração premiada como negócio jurídico processual atípico nas demandas de improbidade administrativa*. A&C – Revista de Direito Administrativo. Belo Horizonte, ano 17, n. 67, p. 105-120, jan./mar. 2017.

DIDIER JR, Fredie; ZANETI JR, Hermes; Curso de direito processual civil: processo coletivo – v.4 – 16.ed. rev. atual, e ampl. – São Paulo: Ed. Juspodivm, 2022. p. 25-30.

DINAMARCO, Candido Rangel. *Litisconsórcio*. 8. Ed. rev. ampl. atual. São Paulo: Malheiros, 2009.

DINO, Nicolao. A colaboração premiada na improbidade administrativa: possibilidade e repercussão probatória. *In*: SALGADO, Daniel Resende; QUEIROZ, Ronaldo Pinheiro. *A prova no enfrentamento da macrocriminalidade*. 2. ed. Salvador: Juspodivm, 2016.

FACCHINATTO, Renan Marcondes. *Lei Anticorrupção: apontamentos sobre a Lei nº 12.846/2013*. 2. ed. São Paulo: Contracorrente, 2015.

FAORO, Raymundo. *Os donos do poder: formação do patronato político brasileiro*, 3. ed., São Paulo: Globo, 2001.

FERRARESI, Eurico. *Improbidade administrativa: Lei 8.429/1992 comentada*. São Paulo: Método, 2011.

FERRAZ JÚNIOR, Tércio Sampaio. *Introdução ao Estudo do Direito*, 2. ed. São Paulo: Atlas, 1994.

FERREIRA FILHO, Manoel Gonçalves. *Comentários à Constituição brasileira*. 5 ed. São Paulo: Saraiva, 1984.

FERREIRA FILHO, Manoel Gonçalves. *Constituição e governabilidade*, São Paulo: Saraiva, 1995.

FERREIRA, Daniel. *Sanções administrativas*. São Paulo: Malheiros, 2001.

FERREIRA, Wolgran Junqueira. *Enriquecimento ilícito dos servidores no exercício da função*, Bauru: Edipro, 1994.

FIGUEIREDO, Marcelo. *O Controle da Moralidade na Constituição*, Malheiros: São Paulo, 2003.

FIGUEIREDO, Marcelo. *Probidade Administrativa*, 1 ed. São Paulo: Malheiros, 1999.

FRANCO SOBRINHO, Manoel de Oliveira. *O princípio constitucional da moralidade administrativa*, 2. ed., Curitiba: Genesis, 1993.

FREITAS, Juarez. Do princípio da probidade administração e sua máxima efetivação, *RDA, v. 204*, abr./jun. 1996.

FREITAS, Juarez. *O controle dos atos administrativos e os princípios fundamentais*. O controle dos atos administrativos e os princípios fundamentais. São Paulo: Malheiros Editores, 1997.

FREYRE, Gilberto. *Casa grande & senzala*. 51. ed. São Paulo: Global, 2008.

GAJARDONI, Fernando da Fonseca; CRUZ, Luana Pedrosa de Figueiredo; GOMES JR., Luiz Manoel; FRAVETO, Rogério. *Comentários à Lei de improbidade administrativa [livro eletrônico]: Lei 8.249/1992, com as alterações da Lei 14.230/2021*, 3. ed., São Paulo: Thomson Reuters Brasil, 2021.

GARCIA, Emerson Garcia; e ALVES, Rogério Pacheco. *Improbidade Administrativa*, Rio de Janeiro: Lumen Juris, 2006, 3ª ed.

GARCIA, Emerson; ALVES, Rogério Pacheco. Improbidade administrativa. 9. ed. – São Paulo: Saraiva, 2017.

GARCIA, Emerson; ALVES, Rogério Pacheco. *Improbidade Administrativa*. São Paulo: Saraiva, 2013.

GIACOMUZZI, José Guilherme. *A moralidade administrativa e a boa-fé da Administração Pública: o conteúdo dogmático da moralidade administrativa*, São Paulo: Malheiros, 2002.

GIRGLIOLI, Pier Paolo. *Dicionário de Política*, Brasília: Editora UnB, vol. 1, 1994, 6 ed., pp. 124-125, BOBBIO, Norberto; MATEUCCI, Nicola; e PASQUINO, Gianfranco, tradução de João Ferreira.

GONZALEZ PEREZ, Jesus. *La ética en la Administración Pública*, Madrid: Civitas, 1996.

GORDILLO, Agustín. *Tratado de Derecho Administrativo*, 2. ed., Buenos Aires: FDA, 2012, tomo VI, AP II pp. 15-19, AP III, pp. 16-17.

HIROSE, Regina Tamami. "A atuação estratégica da Procuradoria-Geral da Fazenda Nacional (PGFN) na prevenção e no combate à corrupção e à sonegação fiscal", *in Advocacia pública contemporânea*. Belo Horizonte: Fórum, 2019, pp. 287-311, coordenação MOURÃO, Carlos Figueiredo e HIROSE, Regina Tamami.

HOLANDA, Sérgio Buarque de. *Raízes do Brasil*, 26. ed. São Paulo: Companhia das Letras, 2009.

JUSTEN FILHO, Marçal. *Reforma da lei de improbidade administrativa comentada e comparada:* Lei 14.231, de outubro de 2021. 1 ed – Rio de Janeiro: Forense, 2022.

LEAL, Victor Nunes. *Coronelismo, enxada e voto: o município e o regime representativo no Brasil.* 4. ed., São Paulo: Companhia das Letras, 2012.

LEONEL, Ricardo de Barros. *Manual do processo coletivo.* 5. ed. rev., ampl. e atual. São Paulo: Malheiros, 2021.

LEONEL, Ricardo de Barros. *Nova LIA: aspectos da retroatividade associada ao Direito Sancionador.* Disponível em: https://www.conjur.com.br/2021-nov-17/leonel-lia-retroatividade-associada-direito-sancionador. Acesso em: 13/06/2023.

LEONEL, Ricardo de Barros. *Pontos para reflexão sobre a nova Lei de Improbidade.* Disponível em: https://www.conjur.com.br/2021-jun-22/leonel-pontos-reflexao--lei-improbidade. Acesso em: 10 de agosto de 2022.

LEONEL, Ricardo de Barros. *Processo e procedimento na nova Lei de Improbidade Administrativa.* 2021. Disponível em: https://www.conjur.com.br/2021-nov-26/ricardo-leonel-processo-procedimento-lei-improbidade. Acesso em 29 de junho de 2022.

LEONEL, Ricardo de Barros. *Solidariedade e divisibilidade das obrigações nos acordos civis em tutela coletiva.* In MPMG Jurídico – Revista do Ministério Público do Estado de Minas Gerais, Tratamentos adequados e soluções consensuais, 2024.

LIMA, Ruy Cirne. *Princípios de Direito Administrativo*, 5. ed. São Paulo: Revista dos Tribunais, 1982.

LOPES, Maurício Antônio Ribeiro. *Ética e Administração Pública*, São Paulo: Revista dos Tribunais, 1993.

LUCCA, Rodrigo Ramina de. *Disponibilidade processual*: a liberdade das partes no processo. Coordenado por Teresa Arruda Alvim e Eduardo Talamini. São Paulo: Thomson Reuters Brasil, 2019.

MAGALHÃES JR, Alexandre Alberto de Azevedo. *A tutela do patrimônio público.* In: VITORELLI, Edilson (org.). Manual dos direitos difusos. 2. Ed. rev., atual. e ampl. Salvador: Editora Juspodivm, 2018.

MAGALHÃES JR, Alexandre Alberto de Azevedo; *Convenção processual na tutela coletiva.* Salvador: Juspodivm, 2020.

MANCUSO, Rodolfo de Camargo. *Ação Popular*, São Paulo: Revista dos Tribunais, 1994.

MARCELO CAETANO, "Direito Constitucional", vol. II/12-13, item n. 9, 1978, Forense.

MARINONI, Luiz Guilherme. *In* SARLET, Ingo Wolfgang; MARINONI, Luiz Guilherme; MITIDIERO, Daniel. *Curso de Direito Constitucional.* São Paulo: Saraiva, 2017.

MARQUES, Silvio Antonio. *Improbidade administrativa: ação civil e cooperação jurídica internacional.* São Paulo: Saraiva, 2010.

MARTINS JR, Wallace Paiva. Acordo de não persecução civil. *In*: CUNHA, Rogério Sanches (coord.). *Acordos de não Persecução Penal e Cível.* São Paulo: Juspodivm, 2021.

MARTINS JÚNIOR, Wallace Paiva. "Agentes políticos", *in Tratado de direito administrativo*, 2, São Paulo: Saraiva, 2013, coordenação de DALLARI, Adilson Abreu; NASCIMENTO, Carlos Valder do Nascimento; e MARTINS, Ives Gandra da Silva.

MARTINS JÚNIOR, Wallace Paiva. Comentários ao art. 30, *in* DI PIETRO, Maria Sylvia Zanella; MARRARA, Thiago (Coord.). *Lei Anticorrupção comentada*, 3. ed., Belo Horizonte: Fórum, 2021.

MARTINS JÚNIOR, Wallace Paiva. Improbidade administrativa: causas, efeitos, sujeitos e tipos na atualidade, *in Justitia*, São Paulo, anos 68-69 (202/203), jan./dez. 2011-2012, pp. 229-237.

MARTINS JÚNIOR, Wallace Paiva. *Ministério Público: a constituição e as leis orgânicas.* São Paulo: Atlas, 2015.

MARTINS JÚNIOR, Wallace Paiva. Princípios do acordo de não persecução civil. In *MPMG Jurídico - Revista do Ministério Público do Estado de Minas Gerais, Tratamentos adequados e soluções consensuais,* 2024.

MARTINS JÚNIOR, Wallace Paiva. *Probidade administrativa*, 4. ed., São Paulo: Saraiva, 2009.

MARTINS JÚNIOR, Wallace Paiva. Sanções por ato de improbidade administrativa. *Enciclopédia jurídica da PUC-SP.* Celso Fernandes Campilongo, Alvaro de Azevedo Gonzaga e André Luiz Freire (coords.). Tomo: Direito Administrativo e Constitucional. Vidal Serrano Nunes Jr., Maurício Zockun, Carolina Zancaner Zockun, André Luiz Freire (coord. de tomo). 1. ed. São Paulo: Pontifícia Universidade Católica de São Paulo, 2017. Disponível em: https://enciclopediajuridica.pucsp.br/verbete/29/edicao-1/sancoes-por-ato-de--improbidade-administrativa

MARTINS JÚNIOR, Wallace Paiva. *Tratado de Direito Administrativo: teoria geral e princípios do direito administrativo*, vol. I, São Paulo: Revista dos Tribunais, 2014, p. 331, coordenação Maria Sylvia Zanella Di Pietro.

MATTOS NETO, Antônio José de. Responsabilidade Civil por Improbidade Administrativa in *Revista dos Tribunais, nº 752.* São Paulo: Revista dos Tribunais, junho de 1998.

MAZZILLI, Hugo Nigro. *Compromisso de Ajustamento de Conduta: evolução e fragilidades e atuação do Ministério Público*. Revista de Direito Ambiental, Vol. 41, Ano 2006.

MEDAUAR, Odete. *Direito administrativo em evolução*. São Paulo: Revista dos Tribunais, 2003.

MEIRELLES, Hely Lopes. *Direito Administrativo Brasileiro*, 20 ed. São Paulo: Malheiros.

MEIRELLES, Hely Lopes. *Direito Administrativo Brasileiro*, 28. ed. São Paulo: Malheiros, 2003.

MEIRELLES, Hely Lopes. *Direito administrativo brasileiro*. 35. ed. São Paulo: Malheiros, 2009.

MEIRELLES, Hely Lopes. *Mandado de Segurança, Ação Popular, Ação Civil Pública, Mandado de Injunção e Habeas Data*, 16 ed. São Paulo: Malheiros, 1995.

MELLO, Celso Antônio Bandeira de. *Curso de Direito Administrativo*, 6 ed. São Paulo: Malheiros, 1995.

MELLO, Cláudio Ari. Improbidade administrativa - Considerações sobre a Lei nº 8.429/92. *Cadernos de direito constitucional e ciência política*, v. 11, abr./jun., 1995.

MELLO FILHO, José Celso de. *Constituição Federal anotada*. 2 ed. São Paulo: Saraiva, 1986.

MELLO FILHO, José Celso de. *Constituição Federal anotada*, São Paulo: Saraiva, 1986.

MENDES, Gilmar Ferreira; BRANCO, Paulo Gustavo Gonet. *Curso de direito constitucional*. 16. ed. e-book. São Paulo: Saraiva Educação, 2021, n.p.

MIRANDA, Francisco Cavalcanti Pontes de. *Comentários à Constituição de 1946*, 3. ed. Rio de Janeiro: Borsoi, 1960, tomo VI.

MIRANDA, Francisco Cavalcanti Pontes de. *Comentários à Constituição de 1967*, tomo V, 3 ed. Rio de Janeiro: Forense, 1987.

MOREIRA NETO, Diogo de Figueiredo. *Mutações do Direito Administrativo*, Rio de Janeiro: Renovar, 2000.

NEIVA, José Antonio Lisbôa. 'Improbidade administrativa: legislação comentada artigo por artigo: doutrina, legislação e jurisprudência'. Niterói: Impetus, 2013

NERY JÚNIOR, Nelson. *Princípios do processo na Constituição Federal*. 13.ed. rev., atual. e ampl. - São Paulo: Editora Revista dos Tribunais, 2017.

NEVES, Daniel Amorim Assumpção; OLIVEIRA, Rafael Carvalho Rezende; Comentários à reforma da lei de improbidade administrativa: Lei 14.230, de 25.10.2021 comentada artigo por artigo – Rio de Janeiro: Forense, 2022.

NEVES, Daniel Amorim Assumpção; OLIVEIRA, Rafael Carvalho Rezende. Manual de improbidade administrativa: direito material e processual. 6ª ed. rev., atual. e ampl. Rio de Janeiro: Forense, 2018.

NOHARA, Irene Patrícia. *Reforma Administrativa e Burocracia: impacto da eficiência na configuração do Direito Administrativo Brasileiro*, São Paulo: Atlas, 2012.

OLIVEIRA, Beatriz Lopes de; MARQUES, Silvio Antonio. Acordos de Não Persecução no Brasil e em perspectiva comparada. In *Ministério Público Estratégico – vol. 08: resolução consensual e tratamento adequado de conflitos, controvérsias e problemas na tutela de direitos fundamentais pelo Ministério Público.* Indaiatuba: Editora Foco, 2024.

OLIVEIRA, José Roberto Pimenta; e GROTTI, Dinorá Adelaide Musetti. Panorama do sistema de responsabilização pela prática de atos de improbidade administrativa na Lei de Improbidade Administrativa reformada, *in Lei de Improbidade Administrativa Reformada*, São Paulo: Revista dos Tribunais, 2022, p. 66, coordenação DAL POZZO, Augusto Neves; e OLIVEIRA, José Roberto Pimenta.

ORTIZ, Carlos Alberto. Improbidade Administrativa in *Cadernos de Direito Constitucional e Eleitoral, nº 28*, p. 20, São Paulo: Imprensa Oficial do Estado de São Paulo.

OSÓRIO, Fábio Medina. *Direito Administrativo Sancionador*. São Paulo: Revista dos Tribunais, 2000.

OSÓRIO, Fábio Medina. *Improbidade Administrativa*, Porto Alegre: Síntese, 1997.

PEREZ, Jesus Gonzalez. *La ética en la Administración pública,* Madrid: Civitas S.A., 1996.

PINTO, Francisco Bilac Moreira. *Enriquecimento ilícito no exercício de cargos públicos*, Rio de Janeiro: Forense, 1960.

QUEIROZ, Ronaldo Pinheiro de. Dolo de beneficiamento na improbidade administrativa. Disponível em: <https://www.jota.info/opiniao-e-analise/artigos/dolo-debeneficiamento-na-improbidade-administrativa-23052022> Acesso em 18-07-2022.

REALE, Miguel. *Lições preliminares de Direito*, 10. ed., São Paulo: Saraiva, 1983.

ROCHA, Cármen Lúcia Antunes. *Princípios constitucionais dos servidores públicos*, São Paulo: Saraiva, 1999.

RODRIGUES, Geisa de Assis. *Ação civil pública e o termo de ajustamento de conduta*: teoria e prática. 2. ed. Rio de Janeiro: Forense, 2011.

RUI BARBOSA. "Comentários à Constituição Federal Brasileira", vol. I/203-225, coligidos e ordenados por Homero Pires, 1932, Saraiva, v.g.

SABÁN, Alfonso. *El marco jurídico de la corrupción*, Madrid: Ed. Civitas, 1991.

SALGADO FILHO, Nilo Spinola. *Probidade Administrativa. In* Manual de Direitos Difusos. São Paulo: Verbatim, 2012.

SALVADOR, Frei Vicente do. *História do Brasil, 1500-1627*. 5. ed. São Paulo: Melhoramentos, 1965.

SANTOS, José Anacleto Abduch; BERTONCINI, Mateus; COSTÓDIO FILHO, Ubirajara. *Comentários à Lei 12.846/2013: Lei anticorrupção*. 2. ed. São Paulo: Revista dos Tribunais, 2015.

SARLET, Ingo Wolfgang. Constituição e proporcionalidade: o direito penal e os direitos fundamentais entre a proibição de excesso e de insuficiência. *Revista da Ajuris*, ano XXXII, n. 98, jun./2005.

SCHWARCZ, Lilia Moritz. *Sobre o autoritarismo brasileiro*. 1. ed., São Paulo: Companhia das Letras, 2019.

SILVA, José Afonso da. Comentário contextual à Constituição, 2. ed. São Paulo: Malheiros, 2006.

SILVA, José Afonso da. *Curso de Direito Constitucional Positivo*, 6 ed. São Paulo: Revista dos Tribunais.

SOBRANE, Sérgio Turra. *Improbidade Administrativa: aspectos materiais, dimensão difusa e coisa julgada*, São Paulo: Atlas, 2010.

STRECK, Lenio Luiz. A dupla face do princípio da proporcionalidade: da proibição de excesso (*Übermassverbot*) à proteção deficiente (*Untermassverbot*) ou de como não há blindagem contra normas penais inconstitucionais. *Revista da Ajuris*, ano XXXII, n. 97, mar./2005, p. 180.

SUNDFELD, Carlos Ari. *Licitação e contrato administrativo*, 4. ed., São Paulo: Malheiros, 1994.

TEIXEIRA, J. H. Meirelles. *Curso de direito constitucional*. Rio de Janeiro: Forense Universitária, 1991.

TUCCI, José Rogério Cruz e. *Comentários ao Código de Processo Civil - volume VII (arts. 318-368)*. São Paulo: Saraiva Educação, 2017.

VENTURI, Elton. *Transação de direitos indisponíveis?* Revista de Processo, vol. 251/2016, jan./2016.

WANIS, Rodrigo Otávio Mazieiro. *A defesa da sociedade contra os atos de improbidade administrativa: análise crítica e desafios para a atuação eficiente do Ministério Público*, Belo Horizonte: Editora D'Plácido, 2019.

ANOTAÇÕES

ANOTAÇÕES

ANOTAÇÕES

ANOTAÇÕES

ANOTAÇÕES

ANOTAÇÕES

ANOTAÇÕES

ANOTAÇÕES

ANOTAÇÕES

ANOTAÇÕES

EDITORA JusPODIVM
www.editorajuspodivm.com.br

Impressão e Acabamento
Plena Print
Indústria Gráfica

JUS3949